航海类高等职业教育项目化教材

船舶操纵

陈进涛　主编
殷施科　於　健　主审

上海浦江教育出版社

图书在版编目(CIP)数据

船舶操纵/陈进涛主编. —上海：上海浦江教育出版社有限公司，2014.8
(航海类高等职业教育项目化教材)
ISBN 978-7-81121-348-5

Ⅰ.①船… Ⅱ.①陈… Ⅲ.①船舶操纵—高等职业教育—教材 Ⅳ.①U675.9

中国版本图书馆 CIP 数据核字(2014)第167131号

上海浦江教育出版社出版

社址：上海市海港大道 1550 号上海海事大学校内　邮政编码：201306
电话：021-38284923(总编室)　38284910/12(发行)　38284910(传真)
E-mail：cbs@shmtu.edu.cn　URL：http://www.pujiangpress.cn
上海图宇印刷有限公司印装　上海浦江教育出版社发行
幅面尺寸：185 mm×260 mm　印张：18　字数：438 千字
2014 年 8 月第 1 版　2014 年 8 月第 1 次印刷
责任编辑：丁　慧　封面设计：赵宏义
定价：57.00 元

总　　序

当前，我国高等职业教育已进入了快速发展时期，职业教育的教学模式也悄然发生着改变，传统学科体系的教学模式正逐步转变为行动体系的教学模式。项目化教学是“行动导向”教学法的一种，因其具有实践性、自主性、发展性、综合性、开放性等多个优点而被高等职业院校广泛采用。但由于受传统学科体系的教学模式和海事局船员适任考试评估大纲的影响，航海类高等职业教育的教材目前大多仍按知识体系架构编写，内容偏重于理论知识，而轻视实践技能的训练，与职业能力培养要求存在较大的差距。国内部分院校虽然也进行过项目化教学改革的尝试，但编写的配套教材大多采用模块（知识体系）＋实训（海事局评估项目）架构，教学方法上采用“理论与实践交替互动”的模式，没有真正实现以项目为载体的理实一体化教学。

为了培养高素质航海技术技能人才，使教学模式遵循职业教育教学规律和高职学生的认知规律，我们组织编撰了《航海类高等职业教育项目化教材》（丛书）。为了高质量地完成教材的编撰工作，编委会组织了一批企业专家、知名学者和专职教师，在以华东师范大学博士徐国庆教授为核心的“职业教育项目化教改团队”的指导下，大力推进航海类专业以工作任务为导向的课程体系改革。本次课程体系改革，完全打破以往的基于知识体系的课程体系模式，而是以海船船员典型工作任务为导向，从船员岗位的工作领域和职业能力分析入手，形成了一套集知识目标和技能目标于一体、融理论学习和技能训练于一身的全新航海类项目化专业主干课程教材。

教材是课程教与学的载体，也是课程教与学模式的具体体现。在重新优化和构建以工作任务为导向的课程体系的基础上，编委会配套制定了各课程教学标准，分组开展了项目化课程设计，并以此指导项目化系列教材的编撰。

本套教材紧扣船员工作岗位的实际工作项目，通过“项目描述”“项目目标”“任务描述”“任务实施”“任务评价”等栏目逐层递进，在项目实施中完成对学生知识的积累和能力的培养。这种“做中学、学中做”教学方法，既符合高等职业教育的需求，也符合高等职业院校学生的认知规律。

航海类专业职业教育“课证融通”的特点，要求毕业生参加海事局组织的船员适任证书考试和评估，并取得相应船员适任证书。所以，本套教材在编撰过程中，还特别强调紧扣国际海事组织STCW公约2010年马尼拉修正案的新内容、新要求，在知识内容和实训项目设置上，完全涵盖中国海事局全国海船船员适任考试和适任评估两个大纲的要求，实现了理论和实践的有机融合。此外，本套教材还根据航海技术的最新发展动态，增加或修订了一些新技术或新设备内容，由此满足船员适任考试和评估的双重需要，还可作为船舶技术人员的参考用书。

本套教材的编撰，是我国航海教育项目化课程改革的有益探索和创新，由于我们的水平有限，书中或仍有某些不足，敬请专家、同行和其他读者不吝指教，以便我们适时改进，为推进我国航海高等职业院校项目化课程改革添砖加瓦。

《航海类高等职业教育项目化教材》编写委员会

2014年7月

前　言

本书依据STCW公约马尼拉修正案、《中华人民共和国海船船员适任考试大纲(2012)》和高职院校示范性专业课程建设的要求编著而成，适用于高职院校航海技术专业的课程教学、无限航区各等级海船二/三副适任证书考试培训，也可作为航海院校师生的教学参考书和航运公司船员的工作指导书。

本书根据工作岗位的需要编著，充分体现实践导向、任务驱动的教材开发理念。在内容的选取上，依据政行企校四方组成的专业教学指导委员会所确定的船舶操纵领域若干项工作任务，划定每项工作任务所需要的若干项职业能力、每项职业能力所需的若干项技能、每项技能所需的若干项知识；围绕“能力支撑任务、技能构成能力、知识服务技能”的主线，构建项目教材的三维立体化结构：X轴(知识)——理论、方法、经验，Y轴(职业)——岗位、任务、项目，Z轴(学习)——叙述、对话、操作；每个项目将工作过程与学习过程有机地融合在一起，尽量做到“教学做”三位一体；教材表述实现由阐述式向对话式的转变，图例立体逼真、案例扣人心弦；教材中融入实践一线的新知识、新技术、新方法、新经验，反映工作领域的前沿科技和发展动向。

本书共分八个项目，项目一介绍舵设备的正确应用与船舶控向；项目二介绍推进器的正确应用与船舶控速；项目三介绍外力影响下的船舶操纵；项目四介绍系泊设备的正确应用与靠离泊操纵；项目五介绍锚设备的正确应用与锚泊操纵；项目六介绍特殊水域中的船舶操纵；项目七介绍大风浪中的船舶操纵；项目八介绍应急操船与船舶搜救。

本书由江苏海事职业技术学院陈进涛主编，殷施科船长/副教授、於健教授主审。项目一、四、六、七、八由陈进涛编著；项目二由陈进涛、张一鸣与南京长江油运公司张维俊船长合作编著；项目三由王仁强与太仓港集装箱海运有限公司晁阳副总经理/船长合作编著；项目五由代其兵与长航南京油运股份有限公司马福平船长合作编著。本书在编著过程中得到江苏国际海员服务有限公司季建华船长、天津理工大学崔建辉副教授/船长的热心指导和鼎力支持，在此表示诚挚的感谢！

由于编者水平有限，不足之处在所难免，竭诚希望前辈、同行和读者提出意见与建议，以提高我们今后的工作水平。

编　者
2013年12月

目　录

绪　论

船舶操纵(ship handling or ship manoeuvring)指船舶驾驶人员依据船舶操纵原理和船舶的内外部条件,运用操纵工具(设备),保持或改变船舶的运动状态,以完成一系列的操纵任务。船舶驾驶人员包括船长、驾驶员、引航员;船舶的内部条件包括船舶特性、船员特性、装载情况等;船舶的外部条件包括风/流/浪情况、水域深浅/宽窄情况、交通情况等;操纵工具包括车、舵、锚、缆、侧推器、拖船等;一系列的操纵任务包括船舶掉头、靠离码头、系离浮筒、抛起锚、特殊水域中的操纵、恶劣天气下的操纵、应急操纵与船舶搜救等。船舶操纵的过程包括分析、判断、指挥和实施等环节。

一、船舶操纵系统

船舶操纵系统可以看作是人、船舶和环境三者构成的闭环系统,如图 0-1 所示,即船舶的驾引人员(操船者)利用操纵设备,克服外界环境条件的影响完成所设定的操纵目标。

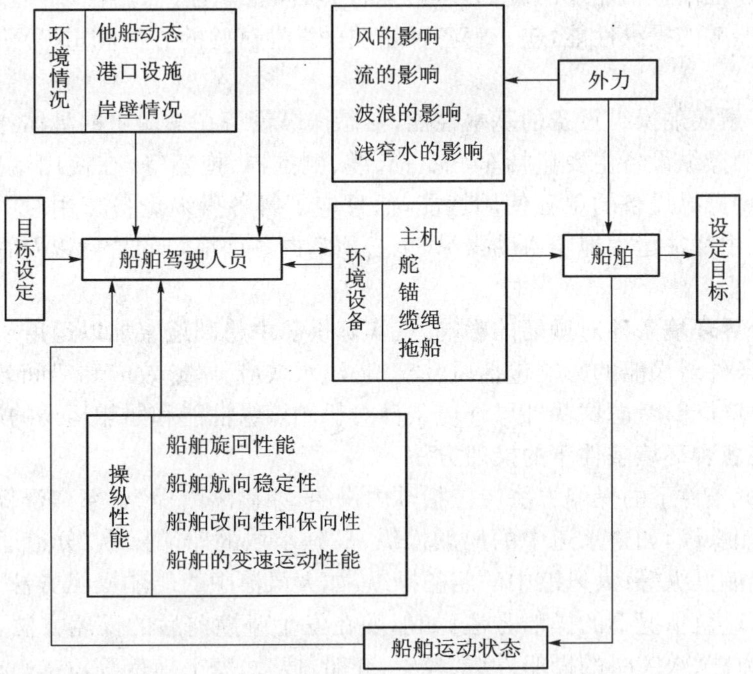

图 0-1　船舶操纵系统

二、《船舶操纵》内容的结构层次

本书共有八个项目 19 个模块,项目一:舵设备的正确应用与船舶控向,包括舵设备的结构认识、舵设备的运用、操纵船舶安全旋回、船舶航向稳定性与保向性的改善等4个模块。项目二：推进器的正确应用与船舶控速，包括螺旋桨的作用、船舶变速性能、船舶动力装置的操作（轮机概论）等3个模块。项目三：外力影响下的船舶操纵，包括风流影响下的船舶操纵、受限水域影响下的船舶操纵等2个模块。项目四：系泊设备的正确应用与靠离泊操纵，包括系泊设备的正确应用、靠离泊操纵等2模块。项目五：锚设备的正确应用与锚泊操纵，包括锚设备的结构认识、锚设备的运用与锚泊操纵等2个模块。项目六：特殊水域中的船舶操纵，包括狭水道中船舶操纵（含弯曲水道/运河/桥区）、岛礁水域的船舶操纵、冰区水域船舶操纵、分道通航制和船舶交通管理区域的船舶操纵等4个模块。项目七：大风浪中的船舶操纵，主要介绍船舶在大风浪中航行的操船技法和避台操纵。项目八：应急操船与船舶搜救，主要介绍发生海损事故时的应急操船与搜救行动。

三、《船舶操纵》课程学习的总任务

从图0-1可以看出，对于船舶驾驶人员，首先，必须了解、掌握船舶的操纵性能和操纵设备的性能；其次，应掌握外界环境条件对船舶操纵性能以及船舶操纵的影响；再次，应掌握在特定环境条件下（如大风浪中、狭水道中、冰区、岛礁区中）的操船方法。只有这样才能顺利完成操船任务，保证船舶的安全。因此，通过对《船舶操纵》课程的学习，学员应掌握以下内容。

1. 全面掌握船舶的操纵性能、船舶操纵性指数的含义及其在操船中的应用

船舶的操纵性能包括船舶的旋回性、转艏性、航向稳定性、保向性以及船舶变速运动性能等。为测定船舶的操纵性能，应了解各种船舶操纵性试验的方法和IMO有关船舶操纵性衡准的基本内容。

2. 全面了解船舶操纵设备的基本性能，熟悉操纵设备在操船中的具体作用

船舶配备的操纵设备主要包括车、舵、锚、缆、侧推器、拖船等，在使用这些操纵设备时，不仅应了解各种操纵设备的单独使用性能，而且应了解各操纵设备兼用时的复合性能。另外，在港内操船中往往运用拖船协助操纵，也必须掌握各种拖船的特性以及在拖船协助下的船舶运动。

3. 掌握外界环境条件对操船的影响，在实际操船中趋利避害加以运用或控制

外界环境条件对操船的影响包括风、流、浪、浅水效应、岸壁效应和船间效应等对操纵的影响，在操船中应同时考虑这些外界环境条件对船舶操纵性能和船舶运动的影响。

4. 掌握在各种环境条件下的操船方法

在各种环境条件下的操船方法应包括港内操船，如靠离泊操纵、系离浮筒、锚泊操纵等；特殊水域的船舶操纵，如狭水道中的船舶操纵、岛礁水域的船舶操纵、分道通航制水域的船舶操纵、冰区船舶操纵等；大风浪中的船舶操纵，如大风浪中的船舶操纵方法、避离热带气旋的船舶操纵等；应急情况下的操船方法，如船舶在发生碰撞前后的操船方法、船舶在发生搁浅前后的操船方法、火灾时的操船方法、救生、弃船、搜救、海上拖带等。

四、《船舶操纵》课程在航海技术专业中的地位

在航海实际工作中，操纵船舶的好坏直接关系到能否降低或避免船舶的航行和碰撞危险的风险，事关人命、船舶、货物和环境的安全。因此，在航海技术专业课程体系中，《船舶操

纵》是一门实用性很强的主干/核心课程，对高级航海人才的培养起着关键性的作用。《船舶操纵》是航海技术专业学生取得职业资格证书的必修课程之一，在一般性的考证科目上，国家海事局要求学生的得分率必须达到70%以上；在考证科目《船舶操纵与避碰》上，海事局要求学生的得分率必须达到80%以上。

航海技术专业的莘莘学子：为达成“航行更平安，海洋更清洁”这一崇高而伟大的目标，请努力学好《船舶操纵》吧！

项目一
舵设备的正确应用与船舶控向

核心概念

舵设备；船舶控向；舵效；自动舵；旋回性能；航向稳定性

项目描述

本项目是课程的基础性内容，其中“舵设备的正确应用”又是“船舶控向”的基础。该项目涵盖舵设备的结构认识、舵设备的运用、操纵船舶安全旋回、船舶航向稳定性与保向性的改善等模块。要求学生通过项目学习与实践，掌握正确运用舵设备以保持和改变船舶的方向。

学习目标

1. 通过对舵设备结构的深刻认识，能正确运用舵设备及时地改变船舶的运动方向；
2. 通过对船舶旋回性能的深刻认识，能在狭水道和恶劣天气下完成船舶掉头任务；
3. 能够巧妙地运用舵设备保持船舶的航向，达成节能减排的目标。

模块1　舵设备的结构认识

模块描述

本模块是项目中的基础模块，涵盖舵设备的组成、舵的种类和结构、操舵装置的种类和工作原理、操舵装置控制系统的种类和工作原理，要求学生通过对舵设备的结构认识，具有识别舵设备的组成以及舵的种类、结构的能力，能够描述操舵装置及其控制系统的结构特点，具有剖析操舵装置及控制系统工作原理的能力。

学习目标

1. 具有识别舵的种类、结构的能力；
2. 具有操舵装置的工作原理知识；
3. 具有操舵装置控制系统的工作原理知识。

工作任务

任务1　舵的类型和结构认识

任务2　操舵装置的工作过程认识

任务3　操舵控制系统的工作过程认识

任务4　自动舵的工作原理与结构认识

导　　入

汽车转向是通过方向盘和传动装置转动车轮实现的，那么船舶的转向是如何实现的呢？

知识准备

船舶作为水上运输交通工具，在运动过程中需舵设备实现保向和改向。舵设备是舵及其支承部件和操舵装置的总称，是操纵船舶的主要设备，其作用是使在航船舶保持所需航向、改变原来航向或进行旋回运动。作为船舶驾驶员，需要对舵设备的工作原理及其特性进行认识和理解。舵设备由舵、操舵装置和操舵装置控制系统及其他附属装置等组成，具体见图1-1-0。

（1）舵：通常安装在船尾后部最下端的螺旋桨后面，以承受水流的作用，产生转船力矩使船回转。

（2）操舵装置：舵机及转舵机构的统称，安装在艉尖舱甲板平台上的舵机房内。舵机为转舵的动力源，通过转舵机构将转舵力矩传递给舵杆，带动舵叶转动。

（3）操舵装置控制系统：主要部件安装在驾驶室内，通过电力或液压控制系统将舵令由驾驶室传递给舵机，以控制其动作。

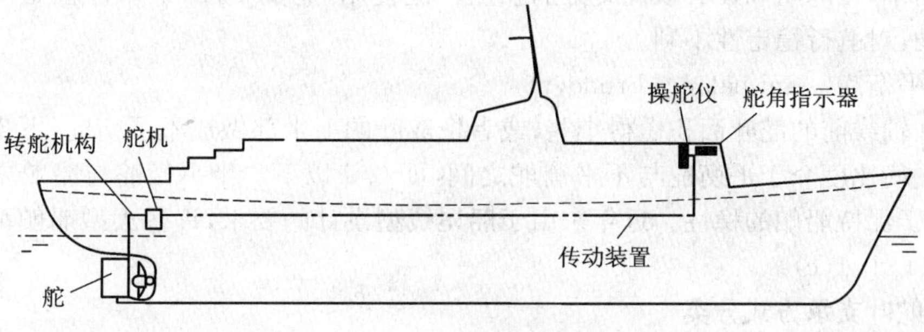

图 1-1-0　舵设备组成

任务实施

任务 1　舵的类型和结构认识

一、舵的种类与特点

1. 按舵杆轴线位置分类

1）不平衡舵（unbalanced rudder）

又称普通舵。舵叶面积全部位于舵杆轴线后，平衡比度为 0；舵钮支点较多，舵杆强度容易得到保证。舵的压力中心离转动轴较远，有利于保持航向的稳定性，转舵时所需转舵力矩较大。一般只限于沿海航行的小型驳船，见图 1-1-1(a)。

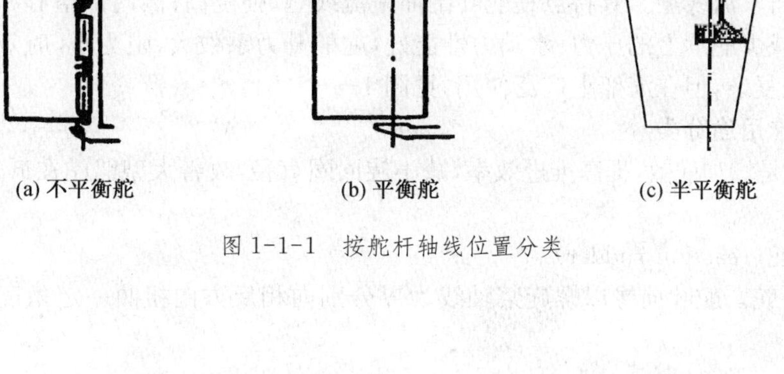

图 1-1-1　按舵杆轴线位置分类

2）平衡舵(balanced rudder)

舵叶的部分面积位于舵杆轴线位前，这部分面积与舵叶全部面积之比称为平衡比度或平衡系数，一般在0.2～0.3。舵叶的压力中心靠近舵轴，转舵时所需的转舵力矩小，可相应减小舵机功率，在海船和拥有双螺旋桨的船上广泛使用，见图1-1-1(b)。但是该舵在工作时容易摆动，对航行稳定性不利。

3）半平衡舵(semi-balanced rudder)

把舵杆轴线前的舵叶面积做得小些；或者把舵叶的上半部做成不平衡舵，下半部分做成平衡舵。平衡比度介于平衡舵与不平衡舵之间，即0.2以下。半平衡舵与船舶尾柱连接在一起，有利于保持船舶的稳性。近年来由于船尾线型设计的要求，许多大型船舶都采用半平衡舵，见图1-1-1(c)。

2. 按舵叶支承方式分类

1）双支承舵(double bearing rudder)

有2个支承点的舵。上支承点一般在船体上，对于双支承的平衡舵，下支承点在舵叶下端的舵托处；对于双支撑的半悬挂舵，下支承点在舵叶的半高处。

2）多支承舵(multipintle rudder)

多于2个支承点的舵。其支点可为舵承、舵钮和舵托等。与船体尾柱连接有3个及以上支承点的舵。舵的质量由船体内的支承和舵托支承。

3）悬挂舵(hanging rudder)

只有上支承而无下支承，其舵叶全部悬挂在船体外的舵杆上。舵杆受弯矩大，常用作多舵船的边舵。

4）平衡悬挂舵(balanced spade type rudder)

舵叶从上往下逐渐变窄，以减少对舵轴的弯矩。建造和安装比较简单，其不足是整个舵的质量只能由船体内的舵承承受，在沿岸航行的短途运输船舶上广泛使用。

5）半悬挂舵(semi-hanging rudder)

指下支承的位置设在舵叶中间的舵，舵叶下半部分呈悬挂状。

3. 按舵叶剖面形状分类

1）平板舵(flat-plate rudder)

又称单板舵，舵叶是由1块钢板或钢板两面交替安装的横向加强筋(舵臂)构成，其特点为阻力较大，舵效随着舵角的增大而变差，失速现象发生早，仅用于小船，见图1-1-2(a)。

2）流线型舵(streamlined rudder)

又称复板舵。它以水平隔板和垂直隔板作为骨架，外围是以流线型的复板覆盖而成的空心体，其剖面成流线型。其特点是舵叶剖面呈流线型，强度高；因内部空心和水密，从而产生一定浮力，减少舵承上的压力；水动力性能好，舵的升力系数大，阻力小，舵效高(舵力大)；虽然构造比较复杂，但在海船上广泛使用，见图1-1-2(b)。

4. 按特殊用途分类

一般特点是增加舵效，提高推进效率，减小旋回圈直径，改善大型船舶在低速时的操纵性能等。

1）反应舵(reaction rudder)

又称迎流舵。舵叶前缘以螺旋桨轴线为界分别向相反方向扭曲一定角度，使其迎着螺

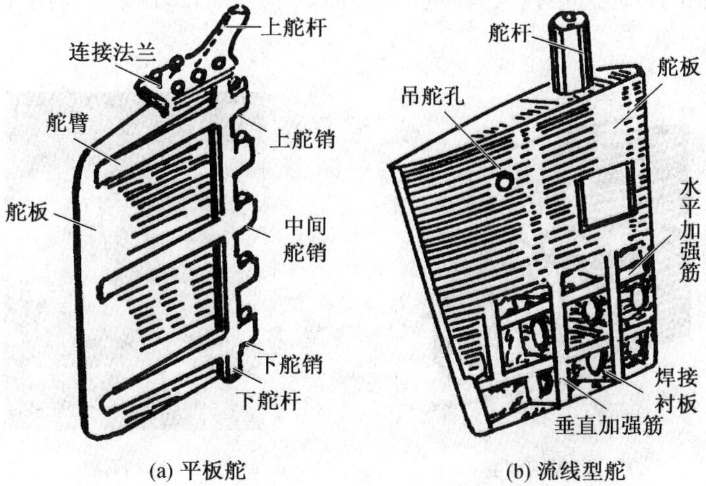

(a) 平板舵　　(b) 流线型舵

图 1-1-2　按舵叶剖面形状分类

旋桨排出的旋状水流。使艉流中的轴向诱导速度增大,减小阻力,增大推力,见图1-1-3(a)。

2) 主动舵(active rudder)

在舵的内部,与推进器轴一般高处装设一个水平马达,由此马达驱动附在舵后的小螺旋桨。这个小螺旋桨固定在舵的中心轴方向上,并外加导管保护和整流,转舵时随舵叶一起转动。在转舵的同时螺旋桨随之转动并发出推力,从而增加转船力矩。即使在低速甚至主机停车的情况下,这种舵也能获得转船力矩,大大提高船舶的操纵性,见图 1-1-3(b)。

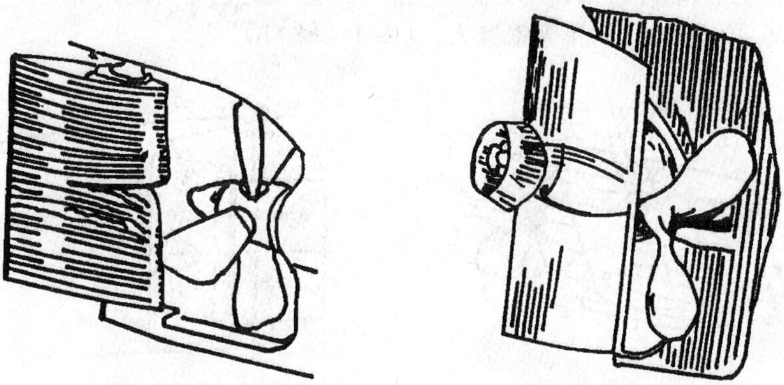

(a) 反应舵　　(b) 主动舵

图 1-1-3　按特殊用途分类

3) 整流帽舵(bulb rudder)

在流线型舵正对螺旋桨轴线部位装设一个圆锥形的流线型体,俗称整流帽。有利于改善螺旋桨排出流的乱流状态,提高螺旋桨的推力,改善船尾的振动情况,见图 1-1-4(a)。

4) 襟翼舵(flap-type rudder)

又称可变翼形舵。仿效飞机的襟翼,在普通主舵叶后缘装一个称为襟翼的副叶组成。当主舵叶转动一个舵角时,副舵叶绕主舵叶的后缘转出一个更大的 β 角(称襟角),产生更大的流体动力。该舵的转船力矩较大，转舵力矩却较小，舵效较好，舵机动率也较高，但结构较复杂，见图 1-1-4(b)。

(a) 整流帽舵

(b) 襟翼舵

图 1-1-4 整流帽舵与襟翼舵

5) 组合舵(unit rudder)

又称希林舵或工字型舵。在流线型舵叶的上、下两端各安装一块制流板，舵的剖面设计成象鱼的形状。舵角可在±75°范围内使用，减少舵叶上、下两端的绕流损失，进一步改善舵的流体性能。具有低速时操纵性好，浅水中舵效无显著下降的优点，见图 1-1-5(a)。

6) 科特导流管舵

在螺旋桨外围套装导流管，并在其后端处装一舵叶。主要有 2 种形式，一种是导流管固定焊接在船尾骨架上，舵叶可以转动；另一种是导流管与舵叶可在允许角度内一起转动。可增加推进效率，保护螺旋桨，防止绳索缠入，见图 1-1-5(b)。

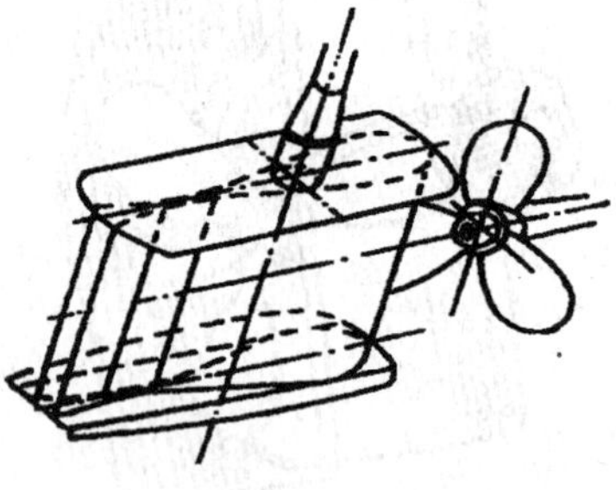

(a) 组合舵

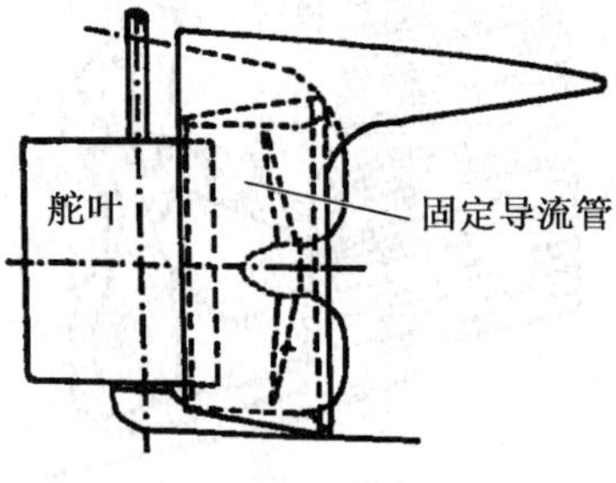

(b) 科特导流管舵

图 1-1-5 组合舵与科特导流管舵

7) 鱼尾舵(fishtail rudder)

比较有代表性的是平衡比度为 0.2 的麦柯里针型舵。该舵主要用在船速较低的船上。水流流过舵叶的尾部时摩擦力增加，此时舵像一个艉部的侧推器，为围绕舵的水体提供额外的拉力，有助于提高船舶的操纵性能。

二、流线型平衡舵的结构

一般流线型平衡舵的结构主要由舵叶、舵杆和舵承等 3 部分组成，见图 1-1-6。

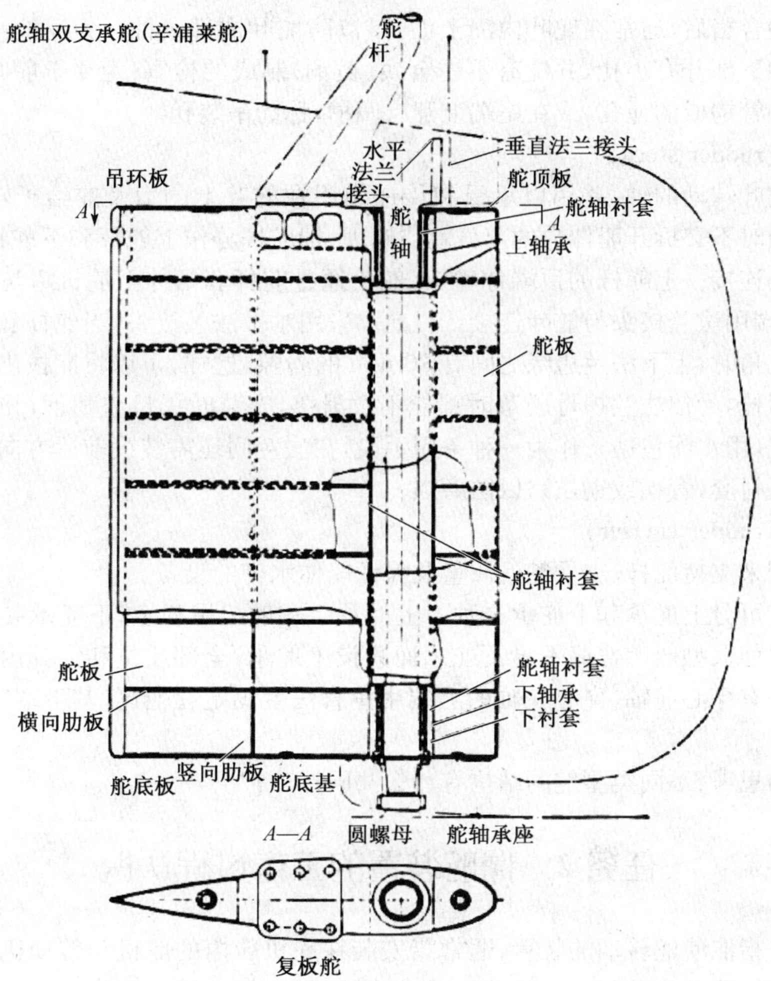

图 1-1-6　流线型平衡舵

1. 舵叶(rudder blade)

为保证舵叶的强度和线型,用水平隔板和垂直隔板按线型组成骨架,将 2 块流线型舵的外壳直接焊在骨架外面。按规范要求,舵叶焊成或修复后,每个密封部分都应进行密性试验。密性试验前应将舵表面清洁干净,焊缝应清除氧化皮及焊渣,不得对水密焊缝涂刷油漆,敷设隔热材料及水泥等。常用的密性试验方法为灌水和充气等。

1) 灌水试验

试验水压要求在由下式所得的水柱高度条件下保持 15 min 以上,不得变形和渗漏。

$$H = 1.2d + V^2/60 \tag{1-1-1}$$

式中:d 为满载吃水,m; V 为船速,kn。

2) 充气试验

舵的充气试验在满足下式压力条件下保持 15 min,并外涂肥皂水进行渗漏检查。

$$P = 0.005d + 0.025 \tag{1-1-2}$$

式中:d 为满载吃水,m。

密性试验合格后，通常在舵叶内灌上沥青，以防舵叶内部锈蚀。为灌放水和防腐沥青，在舵叶上部和下部开有小孔，并配有不锈金属（黄铜）制成的栓塞；为便于舵叶的装卸，在舵叶上开有由钢管构成的绳孔，或在尾端上开有凹槽，称为吊装孔。

2. 舵杆(rudder stock)

舵杆是舵叶转动的轴，并用以承受和传递作用在舵叶上的力及舵给予转舵装置的力。为使舵在受损时不必拆开船体内的部分就能修理，把舵杆分作上舵杆和下舵杆两段制造，然后用法兰接头连接。上舵杆的顶端称舵头，舵头通过舵杆套筒伸至舵机室与转舵装置相连接；上舵杆下端用法兰接头与舵叶连接。目前都采用水平法兰接头，当舵杆和舵叶各转到相反舷的最大舵角时，上下法兰边缘之间有 30 mm 的间隙，这样，可以将舵拔出。连接法兰时至少用 6 只螺栓，为使法兰螺母脱落时螺栓不致滑落，安装时螺母应朝下，并加防止螺母松动的保护装置，用水泥包搪。作为一种备用手段，在法兰间还需装设前后方向的键块。舵杆磨擦处应装上衬套（青铜或铜质），以防磨损。

3. 舵承(rudder carrier)

舵承是用来支持舵杆、支承舵的质量及保证船体水密的设备。

按其位置可分上舵承和下舵承 2 种。上舵承装在舵机甲板上，下舵承装在舵杆筒口或舵杆筒内。目前大型船舶普遍不设下舵承而只设上舵承，全部质量和力都由其承担。这种舵叶中往往装有穿心舵轴，穿心舵轴的上端用垂直法兰固定在船尾，其下端穿过艉柱承座，用螺母固定。

▲问题与思考：不同类型舵的结构有什么共同特点？

任务 2　操舵装置的工作过程认识

操舵装置指能使舵转动的装置，通常指安装在舵机舱内的舵机和传动机构。船上习惯将整个操舵装置简称为舵机。

一、操舵装置的分类

1. 按公约和规范分

主要分为主操舵装置和辅助操舵装置。

1）主操舵装置

指在正常情况下为驾驶船舶而使舵产生动作所必需的机械、转舵机构、舵机装置动力设备（如设有）以及附属设备和向舵杆施加转矩的设施（如舵柄或舵扇）。主操舵装置应在驾驶室和舵机室都设有控制器。其中，舵机装置动力设备包括电动操舵装置、电动液压操舵装置和驱动机及与之相连接的泵等其他液压操舵装置。转舵机构指将液力转变为机械动作转动舵的部件。

2）辅助操舵装置

指在主操舵装置失效时，为驾驶船舶所必需的设备。这些设备不应属于主操舵装置的任何部分，但可共用其中的舵柄、舵扇或作同样用途的部件。

船舶要求设有 2 套操舵装置，一套是主操舵装置，另一套是辅助操舵装置。小船的辅助操舵装置可以人力操纵，大船必须用动力操纵。现在较大船舶上的主操舵装置一般有 2 套相同的动力，且使用其中一套动力就能满足操舵要求，因此可不设辅助操舵装置。

2. 按动力源分

主要分为电动操舵装置、液压操舵装置和人力操舵装置等。

人力操舵装置用于小型船舶，只有当其操作力在正常情况下不超过 160 N，且确保其结构不致对操舵手轮产生破坏性的反冲作用时，方可允许使用。

1）电动操舵装置(electric steering gear)

主要由电动机、传动齿轮、舵扇和舵柄等组成，见图 1-1-7。

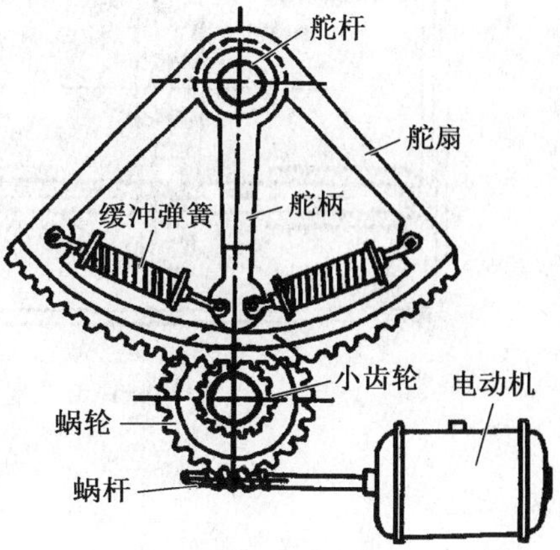

图 1-1-7　电动操舵装置

当由驾驶室操舵装置控制系统遥控电动机转动时，通过蜗杆、蜗轮和小齿轮带动松套在舵杆上的舵扇旋转，舵扇再通过缓冲弹簧推动键套在舵杆上的舵柄，从而使舵杆和舵偏转。

采用蜗杆、蜗轮的传动方式主要是为获得较大的减速比，以增大转矩，同时也可以利用其机械传动中的自锁作用，防止舵叶在受外界冲击作用下发生逆转现象，从而起保护电动机的作用。缓冲弹簧的硬度较大，在正常力的作用下弹簧不会变形，相当于刚体能顺利地传递转舵力矩；当舵叶受到外界巨大冲击力作用时，弹簧能吸收冲击能量，起保护舵机的作用。这种操舵装置的舵扇下面装有楔形块，停泊时打上楔形块可刹住舵扇，防止舵受波浪冲击而损坏舵机。

电动操舵装置的结构简单、操作容易、传动可靠、维修方便、体积庞大、噪声大、质量大，但制造精度要求高、运转平稳性和对舵上外力缓冲性能等没有液压舵机好，仅用于中小型船舶。现已基本被淘汰。

2）液压操舵装置(hydraulic steering gear)

液压操舵装置主要指液压舵机，液压舵机也称为电动液压舵机或电液舵机。主要由电动机、油泵、管路和转舵机构等组成。这种操舵装置是现代海船广泛采用的一种操舵装置。它的工作原理是电动机驱动主油泵运转，主油泵吸排油产生油压，通过管路系统进入转舵油缸，推动油缸中的柱塞或叶片运转，从而带动舵杆、舵叶转动。其特点是传动平稳、无噪声、质量小、体积小、转矩大、易于遥控和管理、能实现无级调速、操作方便，在操舵次数频繁的情况下，相对于电动操舵装置具有较高的可靠性。大型、高速和转舵力矩大的船舶，如果采用较高的工作油压，可获得尺寸较小、质量较小、布置紧凑的转舵装置。

液压操舵装置的种类很多，按控制方式可分为变向泵式(又称泵控式)和换向阀式(又称阀控式)2 种，前者使用变向变量泵，后者使用定向定量泵；按转舵机构中运动部件的运动方式可分为往复式(柱塞式)和转叶式 2 种，见图 1-1-8。

1）往复式液压舵机

柱塞式液压舵机也称柱塞式液压舵机，目前海船上常用的有二缸柱塞式和四缸柱塞式。一般由动力源、转舵机构和操纵追随机构等 3 部分组成。动力源——电动机、主辅油泵和控制阀箱；转舵机构——将柱塞的直线运动转变成舵柄绕舵杆作旋转运动的装置有滑式(十字头)、滚轮式及摇摆式 3 种，大型船舶均使用滑式；操纵追随机构——由减速器、螺杆、滑块、操纵杆、连杆(也称浮动杆)、反馈杆(也称追随杆)等一系列拉杆组成,主要控制主油泵的工作状态。

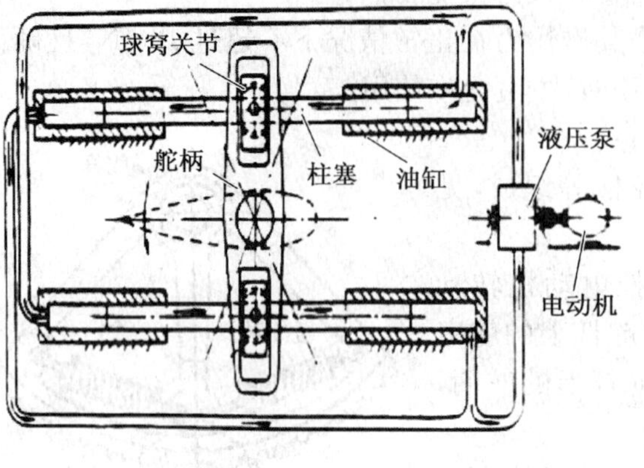

(a) 往复式

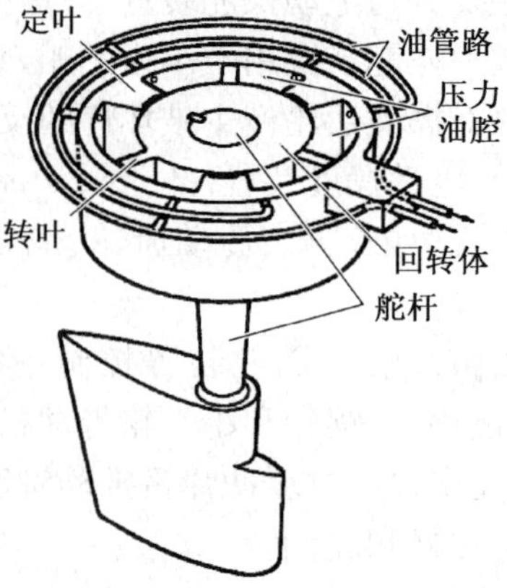

(b) 转叶式

图 1-1-8 液压操舵装置

2) 转叶式液压舵机

转叶式液压舵机由转舵机构和动力源 2 部分组成。油缸体内有 3 个定叶和 3 个转叶,将油缸体分成 6 个工作腔,工作腔内充满油液,定叶与缸体固接,转叶用键固连在舵杆上。开动电机使变量泵工作。摇控油泵控制杆控制油液的流向和流量,通过管路向 3 个对应的工作腔送油,从另 3 个工作腔排油。如果油液如图 1-1-8 中箭头所指的方向流向,则转叶向逆时针方向转动,带动舵杆,使舵叶转出相应的角度。舵机构由油缸、回转体组成,回转体键套在舵杆上。动力源由电动机、主油泵、辅油泵和安全控制阀箱等组成。

二、舵角限位器

航行中船舶使用的最大有效舵角,一般流线型舵为 32°,平板舵为 35°。为防止在操舵时实际舵角太大超过有效舵角,在操舵装置的有关部位设置舵角限位器,其极限值为 35°~38°。舵角限位器有机械、电动等多种类型。机械舵角限位器可以设在舵叶上或下舵杆与舵柱的上部。另外,在舵柄两极限舵角位置处装设角铁架。当舵转到满舵时,舵柄被角铁架挡住,不能继续转动。电动舵角限位器为装于舵柄两侧极限位器的开关,当舵转到满舵时,舵柄与其相连的装置使开关处于断路位置,与开关串连的舵用电机即停止向某一舷继续转动。当舵机电机反转时,舵柄或与其相连的装置和开关脱离接触,开关即在弹簧的作用下回到通路位置,见图 1-1-9。

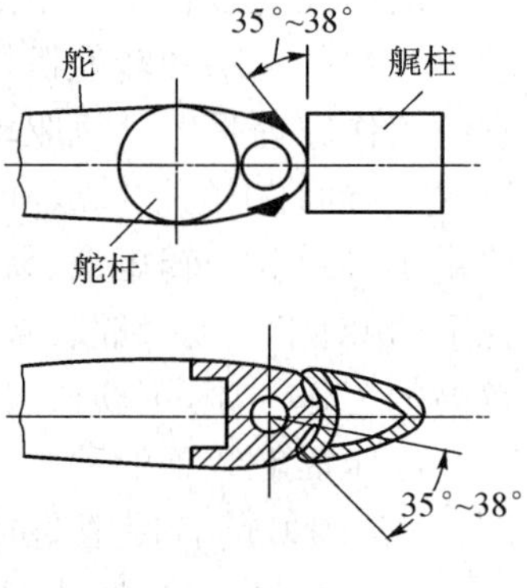

图 1-1-9 舵角限位器

三、操舵装置的基本要求

SOLAS 公约与我国《钢质海船入级与建造规范》对操舵装置的基本要求作了规定,其基本精神是要求舵机必须具备足够的转舵力矩和转舵速度,并且在某一部分发生故障时能够迅速采取替代措施，确保操舵能力。

1. 总的要求

(1) 每艘船舶应配备满意的主操舵装置和辅助操舵装置。主操舵装置和辅助操舵装置的布置应使二者之一在发生故障时，不致另一装置不能工作。

(2) 所有操舵装置的部件和舵杆应有使有关当局满意的坚固和可靠的构造。对于非双套的必要部件的适用性应特别注意：任何这类必要部件，若合适时应采用耐磨轴承，如球轴承、滚柱轴承或者能持久润滑或设有润滑装置的套筒轴承。

(3) 承受内部液压的管系和其他操舵装置部件的设计压力，应为规范要求运行状态下出现的最大工作压力的 1.25 倍，同时应考虑在该系统低压一侧可能存在的压力。

(4) 凡在液压系统中能被隔断的和由于动力源或外力作用能产生压力的任何部件，应设置安全阀。安全阀的调定应不超过设计压力。安全阀应有足够尺寸并布置成能够避免过分升高的压力超过设计压力。

2. 监控与供电要求

(1) 对于电动或电动液压操舵装置，应在驾驶室和适当的主机控制位置装设指示其电动机正在运转的设备。

(2) 由 1 台或几台动力设备组成的每一电动或电动液压操舵装置至少应由 2 个自主配电板直接供电的专用电路供电，但是其中之一可以由应急配电板供电。与电动或电动液压主操舵装置相联系的电动或电动液压辅助操舵装置可与向此主操舵装置供电的电路之一联结。向电动或电动液压操舵装置供电的电路应有足够容量，以便能同时向与它联结且可能需要同时工作的所有电动机供电。

(3) 这类电路和电动机应设有短路保护和过载报警装置。包括启动电流在内的过电流保护装置(如有时)，应不小于所保护电路或电动机全负荷电流的 2 倍，并应布置成能允许适当的启动电流通过。如采用三相供电，应设有能指示任一相所发生故障的报警装置。警报应是声光的，并应位于正常控制主机的主机处所或控制室内明显的位置。

3. 对主操舵装置和舵杆的要求

(1) 具有足够强度，并能在船舶最大航海吃水和最大营运前进航速时进行操舵，能使舵自任一舷 35°转至另一舷 35°，并且在相同条件下自一舷的 35°转至另一舷 30°所需的时间不超过 28 s；

(2) 为满足上述要求，当舵柄处的舵杆直径(不包括航行冰区的加强)大于 120 mm 时，该操舵装置应为动力操纵；

(3) 设计成船舶最大后退航速时不致损坏度和最大舵角进行验证。

4. 对辅助操舵装置的要求

设计要求不需要在试航中的最大后退航速：

(1) 具有足够的强度和足以在可驾驶的航速下操纵船舶，并能在应急情况下投入工作；

(2) 应能在船舶最大航海吃水和最大营运前进航速的一半但不小于 7 kn 时进行操舵，使舵自一舷 15°转至另一舷 15°，且所需时间不超过 60 s；

(3) 为满足上述要求，以及在任何情况下当舵柄处的舵杆直径(不包括航行冰区的加强)大于 230 mm 时，该操舵装置应为动力操纵。人力操舵装置只有当其操作力在正常情况下不超过 160 N，且确保其结构不致对操舵手轮产生破坏性的反冲作用时，方允许装船使用。

5. 主操舵装置和辅助操舵装置动力设备的布置要求

（1）当动力源发生故障失效后又恢复输送时能自动再启动；

（2）能从驾驶室控制，使其投入工作；

（3）任一台操舵装置动力设备的动力源发生故障时，应在驾驶室里发出声、光警报。

6. 对具有2台以上相同动力设备的主操舵装置的要求

如果主操舵装置具有2台及以上相同的动力设备，则在下列条件下可不必设置辅助操舵装置：

（1）对于客船，当任一台动力设备不工作时，主操舵装置仍能按上述第3条第1款的规定进行操舵；

（2）对于货船，当所有动力设备都工作时，主操舵装置能按上述第3条第1款的规定进行操舵；

（3）主操舵装置布置成当其管系或一台动力设备发生单项故障时，此故障能被隔离，使操舵能力能够保持或迅速恢复。

另外，非液压形式的操舵装置，应达到等效的标准，并经船级社同意。操舵装置应设有有效的舵角限位器。以动力转舵的操舵装置，应装设限位开关或类似设备，使舵在到达舵角限位器前停止。装设限位开关或类似设备应该与转舵机构本身同步，而不应与舵机的控制同步。操舵装置应有保持舵位不动的制动装置。

7. 对操舵装置的控制系统的布置要求

（1）对于主操舵装置，应在驾驶室和舵机室两处都设有控制器。

（2）当主操舵装置按照上述第6条的规定设置时，应设置2套独立的控制系统，且每套系统均应能在驾驶室控制。但这并不要求设双套操舵手轮或手柄。如果控制系统由液压遥控传动装置组成时，则除1万总吨及以上的油船、化学品船或气体运输船外，不必设置第二套独立控制系统。

（3）对于辅助操舵装置应在舵机室进行控制，如辅助操舵装置用动力操纵，则也应能在驾驶室进行控制，并应独立于主操舵装置的控制系统。

8. 能从驾驶室操作的主、辅助操舵装置的控制系统应符合的要求

（1）舵机室应设有能将驾驶室操纵的任何控制系统从正在运转的操舵装置上断开的设施。

（2）此控制系统应能在驾驶室某一位置被投入工作。

9. 驾驶室与舵机室之间应设有通信设施

10. 对舵角位置的要求

（1）如主操舵装置为动力操纵，则应在驾驶室显示。舵角的显示装置应独立于操舵装置的控制系统。

（2）在舵机室内能看到舵角的指示。

11. 对液压动力操舵装置的要求

（1）考虑到液压系统的形式和设计特点，应具有保持液压流体清洁的设备；

（2）每一液压系统的循环油箱应设低位警报器，以尽早指示液体的泄漏，在驾驶室和机器处所内易于观察的地方发出声、光警报；

（3）当主操舵装置要求动力操纵时，应设有一个固定储存柜，其容量足以使一个动力转舵系统包括循环油箱进行再充液。储存柜应用管路固定联结，使液压系统能在舵机室内便于充液，并应设有液位计。

12. 对安全阀的要求

能被隔断的液压系统的任何部分，以及由于动力源或外力作用能产生压力的任何部分均应设置安全阀。安全阀应调整在不大于设计压力时开启。阀应具有足够大的通径，以防止压力的升高超过设计压力。安全阀开启压力应不小于 1.25 倍的最大工作压力。

13. 对舵机室的要求

(1) 易于到达，并尽可能与机器处所分开；

(2) 布置适当，以保证有通向操舵机械和控制器的工作通道。且为保证万一液压流体发生泄漏时有适宜的工作条件，这些布置包括扶手、栏杆和格木栅板或其他防滑地板。

14. 对操舵装置应急动力的要求

对于舵柄处舵杆直径大于 230 mm(不包括航行冰区加强)的所有船舶，应设有能在45 s内向操舵装置自动供电的替代动力源。这种动力源，应为应急电源或位于舵机室内的独立动力源，其容量至少满足供应符合上述第 3 条第 2 款要求的操舵装置的 1 台动力设备及与其联用的控制系统和舵角指示器提供足够的能源。此独立动力源应只准专用于上述目的。在 1 万总吨及以上的每艘船舶上，其替代动力源应具有足够供应至少连续工作30 min的能量，而在任何其他船舶上则至少为 10 min。

如操舵装置的替代动力源为 1 台位于舵机室内独立的由发动机驱动的液压泵，其发动机的自动起动装置应符合应急发动机组自动起动的有关规定。

15. 对 1 万总吨以上的油船、化学品船或气体运输船和 7 000 总吨以上其他船舶的要求

其主操舵装置应设有 2 台及以上符合上述第 6 条规定的相同的动力设备。

16. 对 1 万总吨以上的油船、化学品船、液化气体运输船的其他要求

除满足第 15 条的规定外，其操舵装置还应符合如下规定：

(1) 主操舵装置应这样设置，即由于主操舵装置的一个动力转舵系统的任何部分(但除舵柄、舵扇或为同样目的服务的部件或因转舵机构卡住以外)发生单项故障以致丧失操舵能力时，应在 45 s 内能够重新获得操舵能力。

(2) 主操舵装置应包括：①2 个独立和分开的动力转舵系统，每个系统均满足上述第 3 条第 1 款的要求；或②至少 2 个相同的动力转舵系统在正常运转中同时工作时，能满足上述第 3 条第 2 款的要求。当需要符合此要求时，各液压动力转舵系统应相互联结。任一个系统中液压流体丧失时应能被发现，有缺陷的系统应能自动隔离，以使其他动力转舵系统保持安全运行。

(3) 非液压型式的操舵装置应能达到同等的标准。

17. 对 1 万总吨以上但小于 10 万载重吨的油船、化学品船或液化气体运输船的要求

其操舵装置，如能够达到同等安全衡准和符合下述规定时，可允许采用不同于上述第 15 条所述的办法，即对舵的 1 个或几个动力转舵系统不必应用单项故障标准：

(1) 由于管路或 1 台动力设备的任何部分发生单项故障而丧失操舵能力时，应在 45 s 内恢复操舵能力；

(2) 如果操舵装置只包括单一转舵系统，则应对设计时的应力分析，包括疲劳分析和断裂力学分析(如适用)和对所使用的材料、密封装置的安装、试验检查以及有效维护规定等予以特别考虑。

如舵机制造厂欲使其产品符合国际海事组织通过的《1 万总吨及以上但小于 10 万载重吨的油船、化学品船和液化气体运输船的非双套转舵系统的验收准则》的要求，则应提供相应的资料，并经船级社认可。

任务 3　操舵控制系统的工作过程认识

操舵装置控制系统（steering gear control system）指将舵令由驾驶室传至舵机装置动力设备之间的一系列设备。由发送器、接受器、液压控制泵及其电动机、电动机控制器和电缆等组成。

一、操舵装置控制系统的种类

1. 按控制信号的传递方法分

可分为电力控制系统和液压控制系统。液压控制系统主要由发送器和受动器组成，发送器安装在驾驶台，受动器安装在舵机房，二者之间由充满甘油与水的混合液体的管路连通。主要适用于港作船等小型船舶，因其存在很多缺陷，目前海船上不再采用。现代海船广泛使用的是电力控制系统。该系统的主要优点是：轻便灵敏、便于遥控和操舵自动化、线路易于布置、不受温度变化和船体变形的影响、工作可靠及维修管理方便。

2. 按操舵方式分

可分为应急操舵控制、随动操舵控制和自动操舵控制系统等。根据操舵的实际需要，目前采用电力控制系统的海船都可实现自动操舵、随动操舵和应急操舵的功能，其中，海船都应配备随动操舵控制系统和应急操舵控制系统。这 2 套系统的线路必须独立布置，当一套操舵系统发生故障时，可立即转换使用另一套操舵系统。

二、随动操舵控制系统

设有舵角反馈装置，在发出指令舵角后，舵按要求方向转到要求舵角后能自动停止。万一舵在外力作用下跑舵，舵机也能自动工作使之返回指令舵角。这种能进行追随控制的操舵系统称为随动操舵系统。目前，海船上常用的有液压舵机的随动操舵控制系统和电动舵机的随动操舵控制系统。

1. 液压舵机的随动操舵控制系统

对于阀控型舵机，液压舵机的电力控制系统的控制对象一般控制三位四通电磁换向阀，以改变主油路中流向推舵油缸的液油方向。对于泵控型舵机，一般为控制伺服油缸、控制伺服电动机或者控制力矩马达等，然后再由这些受控对象控制变量泵的变量机构。由于自整角机可以无触点传递角位移信号，可靠性高，电力控制系统中广泛使用其作为操舵仪的信号发送和反馈元件，见图 1-1-10。

当操舵台的舵轮转出一舵角信号并停止在某一舵角后，该舵角信号被放大器放大后送至力矩电机。随后，力矩电机驱动伺服电动机控制油泵盘倾斜一个角度，油泵即开始排出相应的液压油。在液压油的作用下柱塞开始直线运动，并通过舵柄带动舵叶开始转动，来自舵柄处的反馈信号发到操作台并逐渐缩小与舵令信号的电位差。在此过程中，力矩电动机驱动机械伺服电动机逐渐回到中间位置(0°)，直至电位差为0。此时，油泵倾斜盘也返回到平衡位置，吸油与排油停止，舵叶便停止在舵轮所给出的指令舵角上。

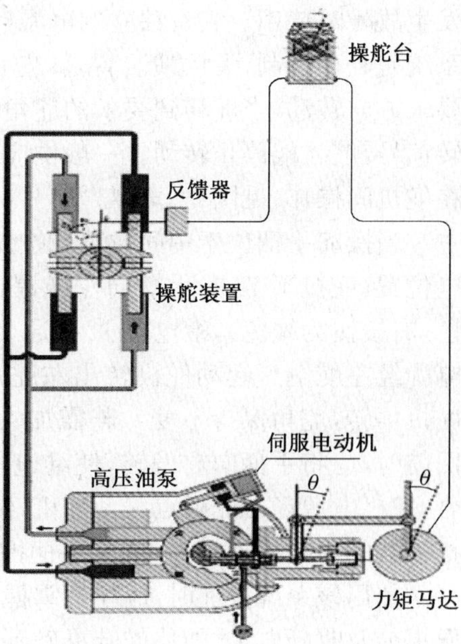

图 1-1-10　液压舵机的随动操舵控制系统的工作原理

2. 电动舵机的随动操舵控制系统

电动舵机的随动操舵控制系统由电阻 r_1 和 r_2 组成的电桥、放大器、继电器和舵角反馈装置等组成，见图 1-1-11。

由舵轮控制的电阻滑动触臂 L_1 可在电桥电阻 r_1 上移动，电阻 r_1 和 r_2 组成电桥，由交流船电供电，电阻滑动触臂 L_2 电舵角反馈发送器控制，也可在电桥电阻 r_2 上移动。当驾驶台的舵轮位于正舵(0°)且船尾的舵也位于正舵(在艏艉线上)，即 L_1 与 L_2 分别处于各自电阻中点时，电桥的电位平衡，L_1 与 L_2 引入放大器接线端 a 与 b 两点的电压为0，此时舵机不工作。如果转动舵轮，L_1 在电阻 r_1 上移动后使电桥失去平衡，L_1 与 L_2 的电位不一致而产生电位差，放大器 a，b 两点便输入操舵信号电压，经放大整流后输出直流控制电压至继电器 J。操左舵时，继电器 $J_{左}$ 接通，舵机直流电源经 $J_{左}$ 启动舵机工作，带动舵叶转出左舵角。同时，通过机械连接使舵角反馈发送器转动，并通过电路使舵角反馈接受器也同步转动，带动电阻滑动触臂 L_2 在 r_2 上移动，直至 L_2 与 L_1 同位，电桥恢复平衡状态，输入放大器信号电压为0，舵机停止工作。这时舵叶便处于舵轮所给出的指令舵角上。回舵时，反向将舵轮转回零位，舵机也反向转动，使舵回到正中位置。由此可见，改变操舵手轮的转动方向，便可改变舵叶的偏转方向。这种操舵方式的舵轮转动角和舵叶的偏转角度相当，操舵时比较直观。

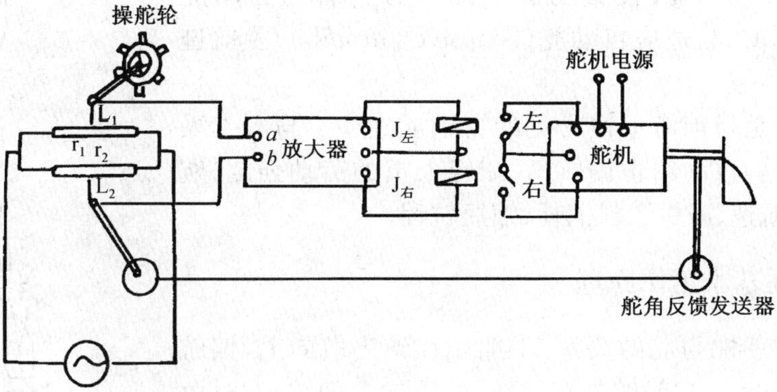

图 1-1-11　电动舵机的随动操舵控制系统的工作原理

三、应急操舵控制系统

应急控制系统也称直接控制系统或手柄控制系统。该系统在自动和随动操舵控制装置发生故障时使用。它有独立的电源(由直流船电供电)。该系统是开环控制,无反馈装置,转舵命令发出后,舵按指令要求方向转动,当舵转到要求的舵角时,需要操舵者发出停转信号,舵才能停止转动。一般供应急操舵和检修时用,可在舵机间操作,见图1-1-12。

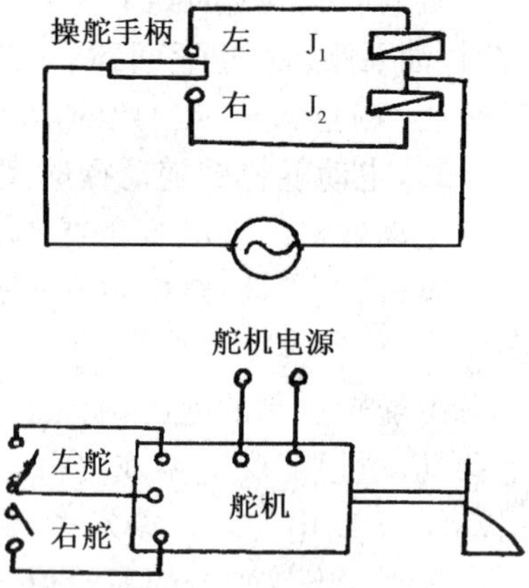

图 1-1-12　应急操舵控制系统工作原理

当操舵手柄位于中间位置或按钮处于松开位置时为断电位置,舵机不工作,手柄向左或揿下左按钮(左按钮为红色,右按钮为绿色),继电器 J_1 接通,使左舵触点闭合,舵机电源经左舵触点起动舵机转出左舵角。松开手柄或按钮,舵机停转,舵角保持不变。若需加大舵角,重复上述操作。回航时,应将手柄向右偏转,使继电器 J_2 接通,右舵触点闭合,舵机电源经右舵触点起动舵机,使舵向右回转。当舵角指示器的指针接近 0°时,应将手柄提前放在中间位置。

使用该系统操舵时,应注意掌握船舶回转惯性的作用,要提前及时断电,才能使舵叶准确到达所需的舵角。

(1) 按舵角操舵:到达所需舵角及时松开手柄;

(2) 按航向操舵:应结合改向大小,船舶的回转惯性,合理使用舵角,及时断电,才能使船舶准确到达所需的航向。

任务 4　自动舵的工作原理与结构认识

自动舵(autopilot),是一种自动操舵装置控制系统,能模拟并代替人力操舵,还可以与其他导航设备结合组成自动导航系统,使船舶全程无人驾驶成为可能,大大提高自动化水平。在海船上一般装有自动舵,按其功能不同可分为普通自动舵(general autopilot)、自适应自动舵(adaptive autopilot)及航迹舵等。

普通自动舵是目前海上最常见的自动舵之一。与人工操舵比较,其优点是:自动纠正偏航角、减轻人员的劳动强度、航向精度高、提高航速、减少燃料消耗、缩短航程。

一、自动舵基本工作原理

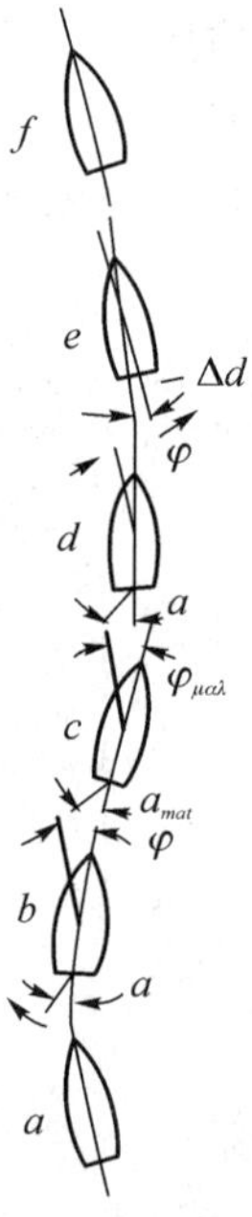

图 1-1-13　自动舵对航向的调节过程

自动操舵中船舶与舵的关系:①船舶在给定航向上,偏航角 $\phi=0$,偏舵角 $\alpha=0$;②船舶向右偏航,接着向左偏舵,这时由于 ϕ 信号电压大于 α 信号电压,继续偏航;③ϕ 和 α 都达到最大值,偏航、偏舵停止;④船舶向原航向回转、回舵,这时 ϕ 信号电压小于 α 信号电压;⑤船舶接近回到给定航向时,舵已向右偏一舵角——Δd(稳舵角),以克服向左回转惯性;⑥船舶回转到给定航向($\phi=0$),舵也回到零位($\alpha=0$),见图 1-1-13。

由此可见,自动舵实际上是一个航向、舵角的自动调节系统,其基本工作原理见图1-1-14。将自动舵与随动操舵相比较,随动操舵的指令机构是人工操舵的舵轮,而自动舵是航向信号。除与随动操舵一样有一个内部的舵角闭环调节系统外,还增加一个外部的航向闭环调节系统。

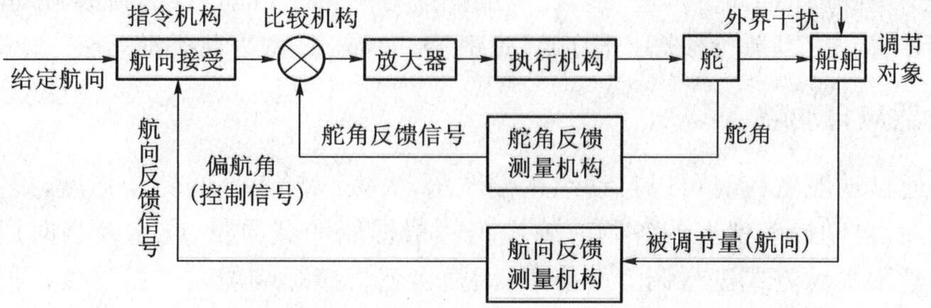

图 1-1-14　自动舵的工作原理

二、普通自动舵

按其调节规律分,基本可分为 3 种:比例舵、比例-微分舵、比例-微分-积分舵。

1. 比例舵

这种自动舵按船舶偏航角 ϕ 的大小调节偏舵角 β,其偏航角与偏舵角之间的关系为

$$\beta = -K_1\phi \qquad (1\text{-}1\text{-}3)$$

式中:K_1 为比例系数,负号表示偏舵的方向与偏航方向相反。K_1 可以根据船舶类型、海况、装载情况加以选择和调整。这种类型的自动舵结构简单,自动操舵时主要根据偏航角 ϕ 的大小给出偏舵角 α,比较直观。但它没有考虑偏航角速度,即船舶偏航惯性的影响,也没有考虑风流、装载等引起的恒值干扰的影响。因此,航向稳定的过程较慢,航迹易呈现出"S"形曲线,精度较差。目前,海船已不采用这种老式自动舵。

2. 比例-微分舵

这种自动舵根据船舶偏航角的大小和偏航角速度的大小调节偏舵角,其偏舵角 β 与偏航角 ϕ 之间的关系为

$$\beta = -(K_1\phi + K_2 \mathrm{d}\phi/\mathrm{d}t) \qquad (1\text{-}1\text{-}4)$$

式中:K_2 为比例系数。在安装试航时需将比例系数 K_1,K_2 选择调节合适,否则会影响航行质量。K_1,K_2 根据船舶种类、装载和偏航惯性等加以选择和调整。

由于增加航向变化率 $\mathrm{d}\phi/\mathrm{d}t$(即考虑船舶偏航惯性的影响),因而加快给舵速度,能更好地克服船舶的回转惯性,使船舶较快地稳定在原定航向上,大大提高维持航向的精确度。这种类型的自动舵比较接近人工操舵。使用仍较普遍(增加 1 个人工调节的压舵旋钮),国产红旗 5 型属这一类型。

3. 比例-微分-积分舵

这种舵在比例-微分舵的基础上经改进而成,实际上是在比例-微分舵的基础上增加一个积分器,其目的是为克服由于风流或螺旋桨不对称等原因而产生的恒值干扰。其偏舵角 β 与偏航角 ϕ 之间的关系为

$$\beta = -\left(K_1\phi + K_2 \mathrm{d}\phi/\mathrm{d}t + K_3\int \phi \mathrm{d}t\right) \tag{1-1-5}$$

式中：K_3为积分系数。积分调节功能的增加，能将风流或螺旋桨不对称排出流等原因产生的恒值干扰影响积累起来，并以此信号控制舵机，施反向舵角平衡恒值干扰力矩的影响，使船舶稳定在指定的航向上航行，进一步提高船舶航行质量。目前，各国新型自动舵大多采用这种类型，但结构复杂，造价较高。国产红旗7型、航舵5L型为此类舵。

三、自适应自动舵

采用普通自动舵航行时可以自动纠正偏航角，大大减轻人员的劳动强度，提高航向精度和航速。然而，自动操舵仪上的各调节旋钮仍然根据船舶载质量、吃水及当时风浪等海况，凭船员的经验用手动方式进行调节和修正，因而也就直接影响舵角的精确度。同时，自动舵操舵次数较多，阻力增加，转舵后船舶阻力也增大，加大主机负荷，导致主机转速下降。为防止转速下降，调速器将开始工作，即增加燃油消耗量。显然，从节能的角度看，在自动舵的操作中尚存在不足之处。

为减少转舵次数和所受阻力，保持船舶沿原航向行驶以节省油耗，最近几年出现一种具有自适应控制功能的自适应自动舵，简称自适应舵。自适应舵能适应船舶的运动特性和海况的变化，自动地确定各项系数，从而可以进行最佳控制，减少操舵次数、减小舵角等，弥补一般自动舵存在的不足。

目前，虽然自适应舵的生产厂家和型号较多，但基本的主要组成部分见图1-1-15。

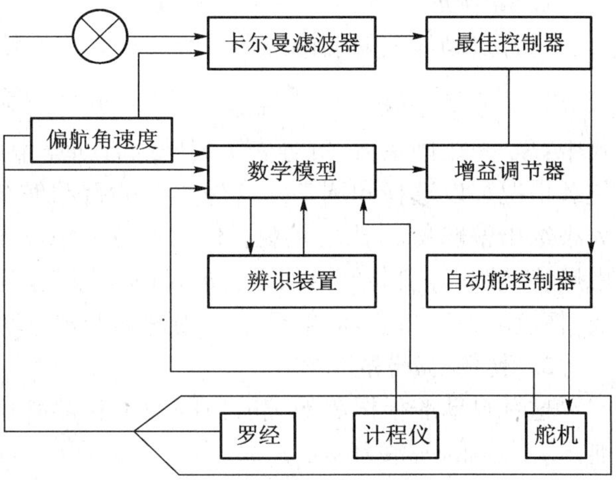

图1-1-15 自适应舵的组成

自适应舵包含自动舵控制器、舵机和反馈装置等普通自动舵的部件和功能。此外，还包括：

数学模型：自适应舵实际上是普通自动舵加上微机控制。微机内贮存着供计算、比较、鉴别用的船舶运动特性的模型。

辨识装置：由于船舶运动特性的模型随着载质量、吃水差、船速和海况等变化，因此，当上述因素有变化时必须建立最新的数学模型，这种检出模型的变化并形成新模型的过程称为"辨识"。当船舶离港用于手动操舵和自动舵时就开始识别，并在操作过程中不断更新模型，这些工作由辨识装置完成。

卡尔曼滤波器：可以有效地滤除罗经输出信号中所包含的不规则噪声成分，并估算出船在某一舵角下何时开始转向。并且用统计方法处理新模型输出的船舶偏航与由罗经所观测的偏航角不同的差值，从而估算出转舵时船舶的偏航角。

最佳控制器：以节能为主要指标。将卡尔曼滤波器检出的偏航角加到最佳控制器，经最佳控制器处理后，发出使船舶回到原航向的舵角指令。目前，有些自适应舵以偏航角、偏航角速度和上述性能指标自动确定，不需要像普通自动舵那样凭经验进行人工手动设定。

增益调节器：当海况良好时，自适应舵的操纵性能不受影响，能保持既定航向。但当海况恶劣、波浪等噪声增大时，噪声对船舶转向的影响也随之增大，导致卡尔曼滤波器检测的精度下降。在此情况下，如果最佳控制器仍以小舵角、较少的转舵数进行控制，势必造成偏航角增大，为改善操纵性能，需设置增益调节器来调整增益参数。由于船舶运动特性模型和噪声模型事先已存入微型计算机，故检测出海况变化后，通过软件自动选择节能方式和保向方式。当海况恶劣到一定程度，操纵性能变差时，可自动转入保向方式上运行。除上述主要组成部分外，还有报警、电源和舵轮等其他部分。

▲问题与思考：与普通自动舵相比，自适应舵有哪些优势？

任务评价

评价内容		评 价 标 准	权重/%	分项得分
任务完成情况	任务 1	通过观察航行中船舶认知舵的作用、种类和结构	30	
	任务 2	通过观察航行中船舶认知操舵装置能够产生转舵力矩的工作原理	30	
	任务 3	通过观察航行中船舶认知操舵装置控制系统的工作原理	30	
职业素养		责任心，团队意识	10	
总分			评价者签名：	

任务拓展——课外阅读

自动驾驶仪

自动驾驶仪（navipilot）是以自动舵为基础，以计算机为核心，并连接综合导航仪或船位接收机的一个自动航行控制系统，又称航迹舵。

1. 主要作用

当初始人工输入相关航路数据后，能使船舶自动沿着计划航线航行，并能在预定的转向点上自动转向，从而实现船舶驾驶的高度自动化。

2. 基本原理

航迹舵组件实际上通过一台微处理器，将人工输入的转向点经纬度与通过定位传感器得到的实时船位等数据进行计算、比较、分析和处理，并得到一个可供自动舵执行的航向（也称指标航向 Cs），见图 1-1-16。在执行过程中，因为船舶受风流压的影响，船位会偏离计划航线，而当船位一旦偏离计划航线，航迹舵组件就立即给出一个新的指标航向，所以指标航向是一连串变化的航向，一般过 15～30 min 修正一次风流压；指标航向小数点的处理为 0.1～0.5 取 0.5，0.6～0.9 取 1.0；这样，能确定转向时刻与均匀地改变指标航向，从而达到保持船舶自动航行在所规定的航迹带内，并按指标航向自动转向，达到自动驾驶的目的。

1）计划航向的确定

当计划航线一旦确定后，即可向航迹舵组件中输入各转向点的经纬度，微处理器就能计算出各转向点之间航法。2 个转向点之间的航线航法有 2 种选择：一是恒向线航法（RL）；二是大圆航法(GC)。在确定是RL还是GC后,计划航线与计划航向C便可以计算出来。对于GC航法,在一段时间内(如4 h)认为计划航向是不变的。但是,船舶若以此计划航向C作为指标航向Cs指令自动舵方式航行,由于有风流的影响,船舶不能保持航行在计划航线上。

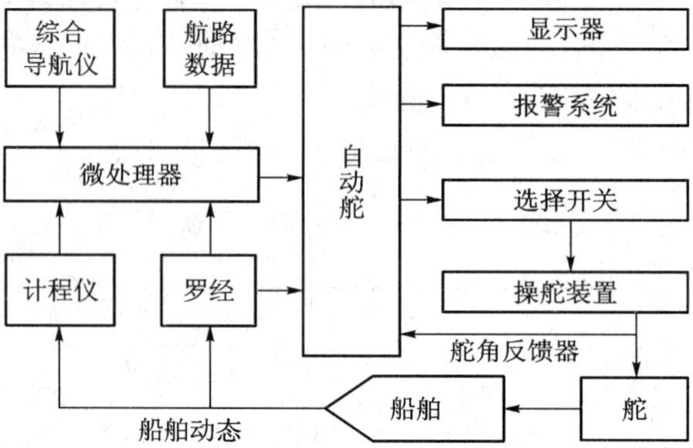

图 1-1-16　航迹舵基本原理

2) 实时船位数据的获得与处理

获得连续精确的船位是航迹舵正常工作的关键,而船位数据通过定位传感器输入到航迹舵组件中。目前,常用的定位传感器是GPS,它能满足连续性的要求,精确度又比较高(误差在±100 m),根据GPS的船位特点及航迹舵对船位的要求,还应对GPS船位进行3种处理:坐标系误差的修正、船位数据的滤波处理及粗大误差的剔除。

3) 航迹带宽的设置

当得到计划航向和实时船位数据后,微处理器将二者进行比较,并计算出船舶到下一个转向点应驶的航向。然而,由于罗经精度和自动舵保持航向的误差等因素的影响,如果不断地采用实时船位计算下一个转向点应驶的航向来修正指标航向Cs,便可保持船舶航行于计划航线上。但由于陀螺罗经的精度与自动舵能保持航向精度的限制,此种方法往往行不通。若到转向点航程为1 000 n mile,位置偏移XTE为2 n mile,航向的偏差仅为0.1°,显然,用这样小的偏差去修正Cs,让自动舵去保持航行在计划航线上是不可能的。

在实际操作中,驾驶员应根据海况设定一个允许的位置偏移量XTE(d_0)与一个位置偏移量限制XTE_{max}(d_{max})。若船舶航行在计划航线的$\pm d_0$带内,就认为船舶基本航行在计划航线上。若船舶航行在计划航线的$\pm d_{max}$以外,就认为此时航迹舵不能自动保持舵迹,需驾驶员进行处理。若船舶航行在计划航线的$\pm(d_{max}-d_0)$带内,航迹舵组件就根据计算的风流压差去修正Cs,消除风流的影响,使船舶回到$\pm d_0$带内。XTE的计算以计划航线为基准,见图1-1-17。

航迹舵组件在自动转向中主要的功能是确定转向时刻与均匀地改变指标航向Cs。假定实现转向所需的提前量为m分钟(也可根据航向改变量与转向允许速率计算),则自动转向原理见图1-1-17。图中,当船舶航行到A′, B′或D′时,航迹舵组件就均匀地指令新的指标舵向Cs自动舵装置中,实现自动转向。

目前,在有些自动化程度高的大型船舶上,还安装主机、舵机和侧推器联合控制装置。

通常装有主机、舵机和艏艉侧推器的船舶，其几个操作系统要分开操作；而安装主机、舵机和侧推器联合控制装置后，这几个操作系统在主驾驶室里由一个单手柄控制就可操作，该控制装置称单手柄操作系统。

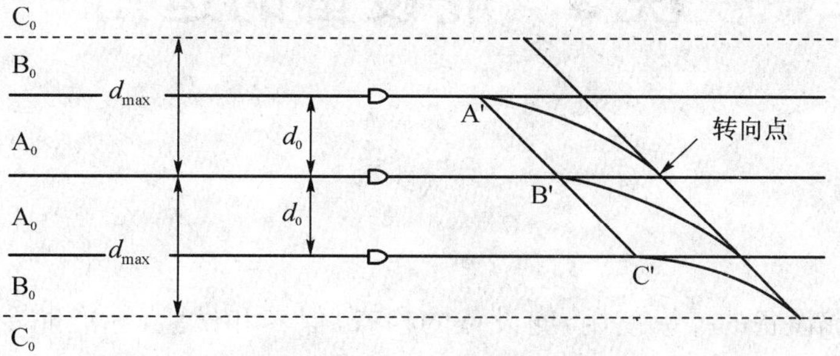

图 1-1-17　自动转向原理

模块2　舵设备的运用

模块描述

本模块涵盖舵设备的操纵使用，舵设备的检查、保养和试验，标准舵令及基本操舵方法等内容，要求学生通过学习，具有能够严格按照标准舵令进行操舵，根据水文条件及装载状况合理选择一种操舵方式并采取操船行动的能力。

学习目标

1. 具有熟练地进行3种操舵方式转换的能力；
2. 能够正确调节操舵控钮，从而实现减小船舶阻力、提高船速、缩短航程的目标；
3. 掌握舵设备的实验、检查的规范要求。

工作任务

任务1　操舵控钮的使用

任务2　操舵技术训练

任务3　舵的工作原理认知

任务4　改善舵效的操船技术训练

导　　入

1. 推动船尾转向的力来自哪里？
2. 为什么舵叶安装在螺旋桨的后方？

知识准备

机翼是飞机的一个主要组成部分，它是具有一定界面形状的流线体。机翼问题起源于飞机的机翼，机翼的升力用以平衡飞机的重力，机翼和机身的阻力则由飞机发动机产生的推力克服。随后，机翼问题发展为与流体做相对运动时，流体作用于物体上流体动力的普通问题。在船舶动力学中的水下或水上船体、螺旋桨、稳定鳍、舵等都是特定的机翼问题。物体在空气中运动为空气动力，在水中则为水动力，统称为流体动力。

由伯努利定理可知，流体在一个管道中流动时，流速大的地方压力小，流速小的地方压力大。该原理可通过下述简单的试验直观地观察到：双手将一张薄纸的一端靠近下嘴唇，另一端自然下垂，沿纸的上方水平吹气，结果手中的纸条会向上飘起来。当纸上方的空气流动起来后，纸也随之漂浮起来，这是由于吹气时纸片上方空气的流速大，压强变小，下方较大的压强把纸片“举”起来。如果吹出的气越快，纸条会向上飘得越高，由此说明气流越快则压强越小。

舵设备是船舶重要的保向和改向设备，作为船舶驾驶员应掌握其基本的操作使用方法；在开航前要仔细检查，平时也要注意检查保养，使舵设备随时处于良好的工作状态；明白舵力的产生过程；懂得改善舵效的措施。

任务实施

任务1　操舵控钮的使用

一、基本操舵按钮的使用

在驾驶台设有主操舵台，操舵控制系统的主要部分设在操舵台内，并设有操舵器和其他控钮。不同生产厂家生产的自动操舵仪，其外观形式、控钮的设置和布置不尽相同，操舵仪控制面板一般设有下列装置，见图 1-2-1。

1. 电源转换开关：自动舵电源由机舱主配电板及应急发电机舱的应急配电板直接供电，并由开关转换。

2. 舵机动力转换开关：液压舵机都装有 2 台油泵机组，用开关选用 1 号或 2 号机组。在海上航行时，一般选用其中一台；在狭水道、进出港航行时，同时启用 2 台油泵机组，以保证舵效迅速和可靠。

3. 操舵部位选择开关：可选择的部位一般为驾驶台和舵机舱。选定某部位操舵时，其他部位不应产生误动作。

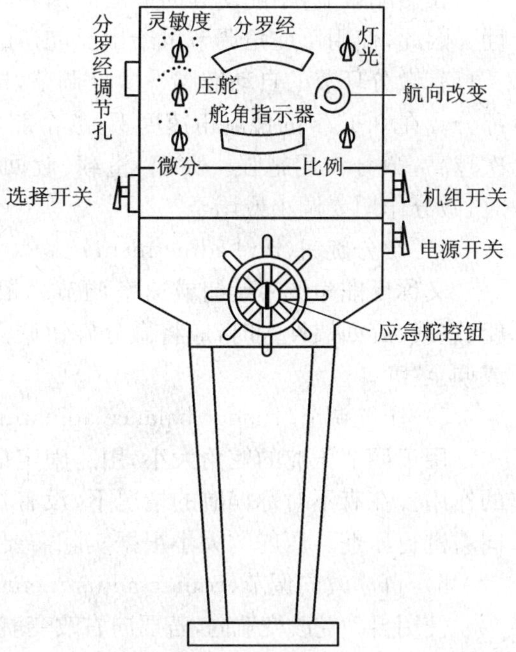

图 1-2-1　操舵面板

4. 操舵方式选择开关：每台自动舵一般有 3 种不同的操舵传动方式，即随动、自动和应急操舵方式。①随动操舵——通常称人工操舵，由舵工根据舵令操舵，转动舵轮，舵叶随之转动，当舵叶转至所操舵角时停止。这种操舵方式用于进出港、离靠码头、航行于狭水道等航区复杂水域、雾行和避让等时机。②自动操舵——用于船舶航行在较长时间的直航向时，可减轻舵工的劳动强度、提高操舵精度和船舶航速、缩短航程、节约燃料。③应急操舵——在自动操舵和随动操舵系统发生故障时，应立即使用应急操舵。应将操舵仪上的操舵方向式开关转入“手柄”位置，然后操作手柄开关。有的自动舵操舵台上没有单独专设手柄开关，这时只要将手轮轴销拔出，旋转 90°后置于凹槽内固定就可将舵轮当手柄进行操舵。

5. 舵控制面板调节旋钮的使用：为完善自动舵的工作性能，在使用中还要通过自动操舵仪面板上的调节旋钮对自动操舵系统进行调节，以达到最佳使用效果。

1）灵敏度调节(sensitivity adjustment)

又称天气调节。它是调节自动舵系统开始投入工作的最小偏航角，即调节系统死区的大小。死区调得很小，即偏航角很小(一般为 0.2°～0.5°)，舵机就开始工作，这样灵敏度就高。在良好海况下，灵敏度可以调高些，这样偏舵角可用得小，船舶的偏航也能及时克服，航迹可走得直；反之，在恶劣海况下，航向偏摆厉害，灵敏度太高，势必使舵机频繁启动，不断工作而容易受到损坏。

天气调节也称航摆角调节，表示航摆角调得越大，死区越大，灵敏度越低。调节时一般是刻度越大，灵敏度越高，但有的刻度越大表示航摆角越大，灵敏度越低。

2）比例调节(rudder adjustment)

比例调节又称舵角调节。调节的是自动舵的偏舵角和偏航角的比例。比例系数一般为 0.5～4。万吨级船舶在实际使用中的比例系数以 2～3 为宜。刻度的挡次越高，比例系数越大，偏舵角越大。调节时应根据海况、船舶装载情况和舵叶浸水面积等不同情况确定。海况恶劣、空载、舵叶浸水面积小，应选用高挡；风平浪静、船舶操纵性能好时用低挡。

3）反舵角调节

在船舶偏航，用舵使其向原航向回转时，还必须再操一个反舵角来克服船舶回转时的惯性。因此，使用反舵角调节可给出反舵角的大小，以阻止船舶向另一侧的偏摆。

有微分环节的自动舵则设微分调节，即通过调节偏舵角中与偏航角速度成比例的舵角部分。在 0.1°/s 的偏航角速度下，这个舵角为 1°～3°，刻度的“0”挡，表示没有微分作用。挡次越高，微分作用越强。大船、重载、旋回惯性大时，微分要调大；反之，要调小。海况恶劣时，微分作用要调小或调至“0”。

4）微分旋钮(rate adjustment)

又称反舵角调节旋钮或速率调节。根据船舶偏航惯性的大小调节该旋钮的大小。大船、重载、旋回惯性大时，应将微分旋钮调大；反之，则应调小。海况恶劣时，微分旋钮要调小或调至“0”。

5）压舵调节(rudder balance adjustment)

用于调节压舵的舵角大小，用一固定信号使舵叶偏转一个固定的角度，以抵消单侧偏航的作用。在有不对称偏航的情况下，没有积分环节自动压舵的自动舵，使用压舵调节向左或向右进行压舵。压舵的大小根据实际需要，所压的舵角可以从舵角指示器上读出。

6）自动改向调节(course adjustment)

使用自动舵改变航向，若要向右改变航向 5°：按下旋钮，向右转到 5°处，待船舶转到给定航向时，指针能自动回零，不需人工复位。航向改变调节只供小角度的改向，因此比例舵应放在最小一挡。如需改变较大角度，应分次进行，一般每次只改变 10°，最大不应超过 20°。

7）零位修正调节

用于修正自动舵中航向指示刻度盘与陀螺罗经的同步误差。自动舵的指令来自航向信号，船舶航向以陀螺罗经(主罗经)为准。自动舵上的航向指示器(分罗经)如与主罗经不同步，将产生误差。调节时，应先取下螺母，用专门钥匙插入，旋转刻度盘，使它的读数与陀螺罗经一致，然后将调节旋钮的指针拨回零位。

6. 指示器与声光警报器：指示的内容包括船舶航向（分罗经）、设定航向、舵角指令、实际舵角、左舵或右舵指示灯等。声光警报器报警的内容有系统失电、偏航角超过设定值、舵角超过限制值、分罗经失电等。

▲经验技巧：对照实景图片逐个认识操舵控钮。

二、自动舵的使用操作程序

各种类型的自动舵操作都与罗经、舵机组合起来，并且都具有随动、自动和手柄（应急）3种操舵方式。

1. 随动操舵

（1）通知机舱接通驾驶室自动舵，然后把驾驶室内的双电源开关（即机组转换开关）放在“1”或“2”的位置上。一般较大型船舶的操舵装置都使用2套相同动力的机组，平时只使用一套，另一套备用。

（2）将操舵仪的电源开关放在自（随）动位置。

（3）将操舵仪上的操舵方式选择开关放在“随动”位置。

（4）转动手轮即可操舵。

▲知识链接：在哪些情况下，必须进行随动操舵？

2. 自动操舵

（1）从随动舵转换为自动舵时，注意压舵及航向改变旋钮均应放在“0”位上，分罗经刻度与主罗经刻度一致。

（2）先将灵敏度调高一些。

（3）操手轮使船首正好在要求的航向上，驾驶台及操舵仪上的舵角指示器均正好在“0”上时，将选择开关从“随动”转至“自动”。

（4）根据具体海况及船舶装载情况调节主操舵台面板上的有关旋钮。转动“天气调节”“比例调节”及“微分调节”等旋钮，使之配合得当，以最小的偏舵角和最少的偏航次数得到最好的舵向稳定性，必要时再使用“压舵”。对于采用机械断续接触进行调节的自动舵，调节时应将旋钮对准刻度，不能放在2个刻度之间。

（5）夜间用灯光调节旋钮将面板的照明亮度调至恰当强度。

▲使用自动舵的注意事项

（1）自动舵只是在船舶驶出港不必经常转向的情况下才使用，而船舶在进出港、过狭水道、避让、雾航、大风浪天气、航行于渔区、礁区等复杂海区时，一般都使用随动操舵。应急操舵则是在随动操舵失灵时才使用。

（2）在大风浪航行时，为保护自动舵应改用人工操舵。

（3）使用自动舵航行时，每一航行班次（每4 h）至少应检查一次随动操舵装置是否正常。

（4）在随动操舵状态下，自动操舵的各有关调节旋钮不起作用，但当随动转入自动操舵时，应先将压舵旋钮和自动改向旋钮调至零位。

▲小组讨论：如果不按上述步骤，将会产生什么严重后果？

3. 应急操舵

当自动操舵及随动操舵失灵时，应立即使用手柄（应急）操舵。

（1）将操舵仪的电源开关放在“手柄”位置。

（2）将手轮轴销拔出，旋转 90°后置于凹槽内固定，便可将手轮当做手柄一样操舵。

4. 关机

（1）将电源开关放在断开位置。

（2）各种调节旋钮处于零位或最小位置。

（3）选择开关及舵轮处于随动位置。

任务 2 操舵技术训练

船舶在航行中，驾驶人员根据航行的需要对舵工下达舵令，由舵工根据口令进行操舵，以控制船舶的航行方向。驾驶人员在下达口令时，应考虑船舶在各种不同情况下的应舵性能和舵工的操舵水平，所下达的口令应确切、明了和清楚。舵工在操舵时应有高度的责任感，思想集中、动作准确。当听到驾驶人员下达舵令后，应立即复诵并执行以防听错。如遇舵工复诵口令错误或操作不当，驾驶人员应立即加以纠正。舵工在未听清口令或不理解驾驶人员下达的口令时，可要求重复一遍。

一、舵令训练

舵令训练规范见表 1-2-1。

表 1-2-1 舵令训练规范

1. 舵角舵令		
1. Midships	正舵	舵保持在艏艉线位置上
2. Port five/ten/fifteen/twenty/twenty-five	左 舵 5°/10°/15°/20°/25°	操左舵 5°/10°/15°/20°/25°
3. Hard-a-port	左满舵	操舵至最左位置
4. Starboard five/ten/fifteen/twenty/twenty-five	右 舵 5°/10°/15°/20°/25°	操右舵 5°/10°/15°/20°/25°
5. Hard-a-starboard	右满舵	操舵至最右位置
6. Ease the wheel	回舵	把舵角回到正舵位置，并保持正舵
7. Ease to five/ ten/ fifteen/ twenty	回到 5°/10°/15°/20°	把舵角回到 5°/10°/15°/20°，并保持 5°/10°/15°/20°
8. Steady	把定	尽快减少船舶偏转
2. 航向舵令		
Steer ×××		走×××°
Course ×××		航向×××°
Course again		航向复原
3. 导标舵令		
Heading to the buoy		对准浮标走
Keep straight to the lighthouse		对准灯塔走

▲情景意识训练：2 人一组，1 人当驾驶员、1 人当舵工，开展操舵口令训练。

二、操舵基本技术

1. 按舵角操舵

舵工在听到驾驶人员下达舵角口令后，应立即复诵并迅速、准确地把舵轮转到所需舵角位置，注意查看舵角指示器所指示的舵叶实际偏转情况和角度，当舵叶转到所要求的角度时，应及时报告。在驾驶人员下达新的舵令前，不得随意改动舵的位置。船舶在进出港和靠离泊时通常采用按舵角操舵。

2. 按罗经操舵

船舶在海上航行时，大多按罗经操舵，使其保持在所需的航向上。当船舶需要改变航向时，驾驶人员可直接下达新航向的口令，舵工复诵后将新航向与原航向作比较，马上得出转向角的大小。根据转向角的大小和方向，舵工可确定舵角的大小，一般情况下，如转向角超过 30°，可用 10°～15°舵角；如转向角小于 30°，则宜用 5°～10°舵角。用舵后船舶开始转向，此时可根据罗经基线和刻度盘的相对转向情况，掌握船舶回转时的角速度。当船舶逐渐接近新航向时，应根据船舶惯性和回转角速度的大小，按经验提前回舵并可向反方向压一舵角以防船舶回转过头，这样船舶就能较快地进入并稳定在新航向上。

在船舶按预定航向航行时，由于受到各种因素的影响，经常会发生偏离预定航向的现象。为此，舵工应注视罗经刻度盘的动向，发现偏离或有偏离倾向时，应及时采用小舵角（一般为 3°～5°）进行纠偏，以维持舵向。纠偏时要求舵工反应快、用舵快、回舵也快。

船舶由于受单侧风浪、潮流、积载不当或推进器不对称等恒值干扰力矩的影响而始终向固定一侧偏转时，应采用适当的反向舵角消除这种偏转，称为压舵。压舵角的大小可通过实践确定，通常先操正舵，查看船首向哪一舷偏转，然后操一反向舵角。如所用舵角太小，船首仍将偏向原来一舷；舵角太大，则反之。反复调试压舵角，直至能将船首较稳定地保持在预定航向上。

3. 按导标操舵

在近岸航行时，特别是在狭水道或进出港时，经常利用船首对准前方的某个导标航行。舵工根据驾驶人员所指定的导标，操舵使船首对准该导标，并记下航向角度，报告给驾驶人员。如发现偏离，立即进行纠正，并检查航向有无变化。如有变化，舵工应及时提醒驾驶人员是否存在风流压。

4. 大风浪中操舵

由于船舶在大风浪天气下左右前后颠簸剧烈，航向很难稳定，因此，应指派经验丰富的舵工操舵，并细心观察风流影响的综合结果，提前回舵或压舵。

三、操舵注意事项

（1）操舵时要有高度的责任感，注意力集中，时刻注视罗经航向，始终保持船舶驶于指定航向。

（2）严格遵照舵令操舵，未得到舵令不能任意改变航向。驾驶人员与操舵人员要密切配合，如有疑问要互相及时提醒，以防发错或听错舵令乃至操错舵角，还必须及时复诵和报告执行情况。

（3）努力掌握本船的舵性，如左舵与右舵、空载与满载、强风与急流、浅水与波浪、顶流与顺流、快车与慢车等情况下舵来得快与慢，偏转惯性大与小。

(4) 熟悉本船操舵装置的转换开关，能迅速转换各种操舵方式。

(5) 注意随动舵与应急舵的不同，前者有舵角反馈，而后者则没有，操舵方法亦有所不同。

任务3 舵的工作原理认知

舵是一种重要的船舶操纵设备，是船舶控制方向的主要手段。在操纵船舶的过程中，船舶驾引人员用舵进行的操纵主要包括用小舵角使船舶保持其航向、用中舵角改变其航向和用大舵角进行旋回。本节主要讨论舵力及舵力转船力矩，船体、螺旋桨、舵的综合效应以及舵效。

一、舵力及舵力转船力矩

▲经验技巧：从飞机机翼的工作原理说起

若将舵单独置于水中使之前进，或在有均匀水流中使之与水流成某一角度，即保持某一舵角时，在舵的周围，除有平行于运动方向的平行流外，还附加有由于操某一舵角而产生的环绕舵的附加流。因此，在舵迎流的一侧（即操舵的一侧），由于平行流与附加流的流向相反，使迎流面的流速减小，流压增大；在舵的背流面，由于二者流向相同，使流速增大，流压降低。这样舵叶两面出现压力差，形成舵力 P(rudder force)。舵力 P 可分解为垂直于流体方向的升力和平行于流体方向的阻力，也可以分解成垂直于舵叶纵剖面的垂向分力 P_N 和平行于舵叶纵剖面的舵阻力。P_N 也称为舵的垂直压力或舵的正压力(normal pressure)，见图 1-2-2。

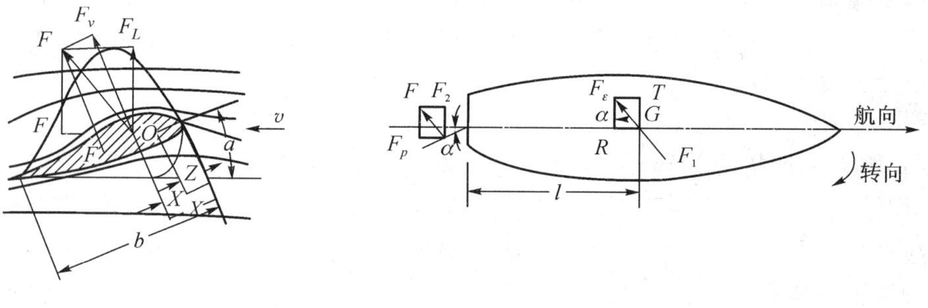

图 1-2-2 舵力的产生过程

对于平板舵（亦称单板舵）的正压力 P_N 和压力中心位置 x，常采用 Beaufoy 式计算

$$P_N = 576.2A_R v_R^2 \sin\delta \tag{1-2-1}$$

$$x/b = 0.195 + 0.305\sin\delta \tag{1-2-2}$$

式中：P_N 为平板舵正压力，N；A_R 为舵面积，m^2；v_R 为舵的前进速度或水相对于舵的流速，m/s；δ 为水对舵的冲角或舵角，(°)；b 为平板舵的宽度，m；x 为从平板舵前缘到舵正压力中心的距离，m。

船舶在航行中的舵力转船力矩为

$$M = kA_R v_R^2 \sin\delta \cdot L/2\cos\delta = 1/4kLA_R v_R^2 \sin 2\delta \tag{1-2-3}$$

▲依据图 1-2-3,推导公式 1-2-3

从式 1-2-3 可以看出,当 $\delta=45°$时,舵力转船力矩为最大值。但在实际中,因为舵叶形状等方面原因的影响,在转头初期,若取 $\delta=45°$,则系数 k 值常会减小,且阻力增大,舵机功率也需增大,所以一般船舶取 35°为极限舵角;而超大型船舶往往取 40°作为极限舵角。据理论和实践证明,舵的进速增大,舵力也就明显增大。在舵速一定时,转船力矩随舵角而变,当海船舵角约等于 35°时,转船力矩达到最大值;若继续增大舵角,则转船力矩反而开始下降。当舵角处于 25°～35°时,舵效最好。一般船舶的最大有效舵角为 32°～35°,舵角 32°～35°又称为使用极限舵角。几何舵角为 35°～38°。

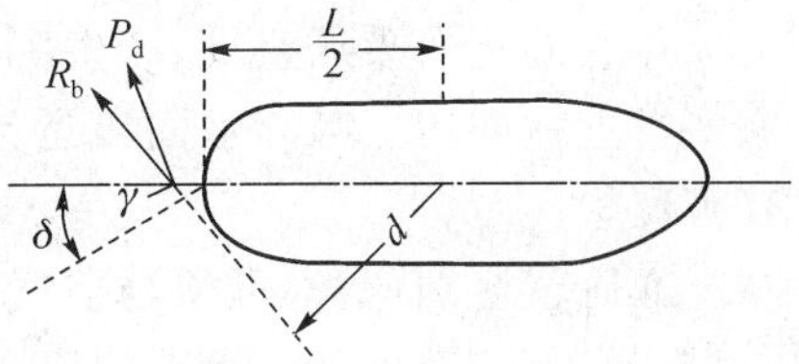

图 1-2-3　舵力矩的推导图

思考:式 1-2-3 中的系数是变量还是常量?

在静水港,船舶受吹拢风影响,采用甩艉离泊时,此时船首仅留艏倒缆,进车操舵甩艉,则支点为船首,舵力转船力矩为

$$M_0 = P_N \cdot L \cdot \cos\delta \tag{1-2-4}$$

▲画图推导公式 1-2-4

二、使舵力减小的流体现象

1. 失速现象(stall)

随着舵角的增大,通常舵力也增大,但当舵角增大到一定值后,舵力反而下降的现象叫失速现象。原因是:舵角太大时则涡流(vortex)太大,而涡流使两侧的压力差趋向平衡。舵力达到最大时的舵角称极限舵角或临界舵角(critical angel or burbling point)。

▲精炼概括:失速的根源在哪里?

实验证明:极限舵角与舵的高宽比,即纵横比(chord span ratio 或 aspect ratio)密切相关,由图 1-2-4 可知,舵的高宽比越大,舵力曲线斜率越陡,这就可以保证操小的舵角能够得到较大的升力,从而提高小舵角的保向性。然而,高宽比过大,将同时导致临界舵角的变小,从而较早地引起失速现象,在大舵角旋回操纵中会造成新的不利问题。

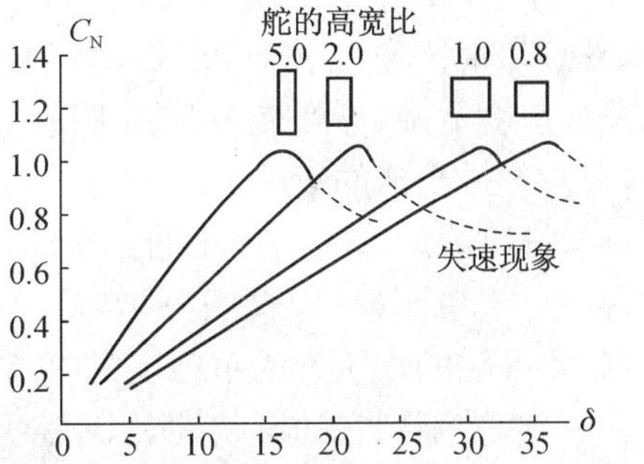

图 1-2-4　极限舵角与舵的高宽比的关系

另外,在安装船尾舵时,提高具有适当舵面积的舵的高宽比,会受到船舶实际吃水以及船尾线型的限制。当然,也会受到舵机功率等方面的限制及影响,故一般船舶配舵的高宽比多在 1.4～1.9,厚宽比多在 0.12～0.18。

2. 空泡现象(aviation)

当使用大舵角或舵的前进速度相当大时,特别是舵的前缘横截面曲率较大时,舵的背面压力出现剧烈下降。当下降至或接近于该温度下的汽化压力时,在舵的背面将产生空泡,形

成涡流，使舵力下降。

3. 空气吸入现象(aeration)

在舵的背面吸入空气、产生涡流，使舵力下降的现象，称为空气吸入现象。空气吸入现象多发生在舵的上缘与水面接近或高出水面且速度较大的情况下，这也是一种降低舵力的有害现象。

▲比较鉴别：空泡现象与空气吸入现象的根本区别在哪里？

三、船尾舵的性能

安装于船尾的舵，由于受到船体和推进器作用的影响，其性能与单独舵的性能不同，主要表现在以下3个方面：

1. 舵与船体之间的相互干扰

▲教学技巧：实时画图解说

船舶操舵后，舵周围出现的压力变化，即左右两侧的压力差将波及船体尾部两侧，使船体也产生左右的压力差，这相当于增加船尾舵的舵力。当舵安装在船尾时，船体对舵本身的效率也有影响，因此船体与舵之间相互干扰。根据Gawn的研究，这种船体与舵之间的相互干扰的结果将使船尾舵的舵力比单独舵的舵力提高20％～30％，而且船尾的钝材越大，舵与船尾的间隙越小，这种效果越显著。另外，船体对舵的影响还表现在伴流对舵速的影响上。

2. 伴流与排出流的影响

船舶航行中舵始终受到伴流(wake)和螺旋桨排出流(discharge current)的影响。

1) 伴流的影响

由于船尾处伴流的方向与船舶的前进方向一致，因此伴流降低舵叶对水的相对速度，导致舵力的下降，见图1-2-5。

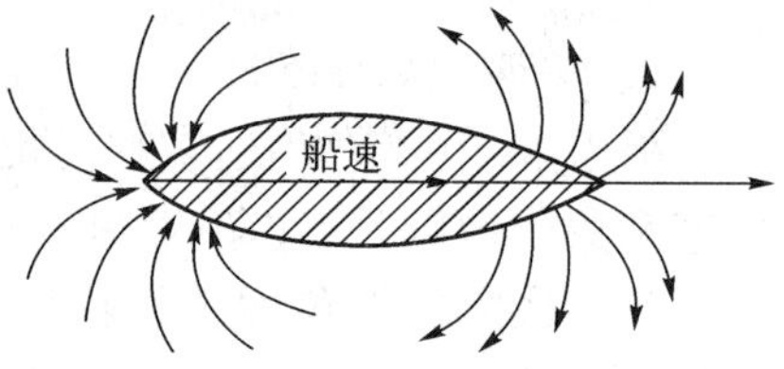

图1-2-5　船尾伴流

在实际操船中，在船舶驶向锚地或泊位的过程中下令停车，在螺旋桨停转的瞬间，船舶虽然还有相当大的余速，却很快失去舵效，正是由于伴流的影响使舵处的来流速度下降，导致舵力急剧下降。肥大型船和宽体船，因其伴流大，该现象更显著。

2) 排出流的影响

排出流的影响与伴流的影响相反，螺旋桨排出流增大舵处的相对水流速度，从而提高舵力。对于单车船，根据观测，螺旋桨的排出流可使打在舵上的流速平均增加船速的50％左右，使得舵的正压力为单独舵的2.5倍左右；对于双车单舵船，因为舵不在螺旋桨排出流的正后方，受不到它的影响，所以不会增大舵的正压力。

另外，螺旋桨排出流的增速与螺旋桨的滑失比有密切的关系，螺旋桨的滑失比越大，排出流增速也越大。舵的正压力的增加率约与螺旋桨滑失比的1.5次方成正比。

3) 伴流、排出流的综合影响

处于船尾的舵同时受伴流和螺旋桨排出流的影响，一方面伴流降低舵处的来流速度，另一方面螺旋桨排出流增加舵处的来流速度。表1-2-2和1-2-3为Baker和Bottomley等人进行实验研究的结果，数据表明船后舵的正压力与单独舵正压力之比在不同船速、不同舵角时因伴流、排出流而发生的变化。

表 1-2-2　单车单舵船的伴流、排出流对舵力的影响(船尾舵舵力/单独舵舵力)

船速/kn	舵角/(°)	伴流影响	排出流影响	综合影响
8	15	0.35	2.58	0.90
8	30	0.43	2.58	1.09
10	15	0.40	2.40	0.97
10	30	0.46	2.40	1.14

表 1-2-3　双车单舵船的伴流、排出流对舵力的影响(船尾舵舵力/单独舵舵力)

船速/kn	舵角/(°)	伴流影响	排出流影响	综合影响
8	15	0.39	0.93	0.37
8	30	0.51	1.11	0.56
10	15	0.44	0.93	0.42
10	30	0.60	1.09	0.65

对于单车单舵船，由于伴流影响，其舵力将降至单独舵舵力的一半以下，但排出流的有利影响几乎可以抵消伴流的不利影响，因此，船尾舵的正压力大致相当于单独舵的正压力。

对于双车单舵船，由于舵设置于双车的居中位置，伴流影响虽与单车单舵船相差不多，使舵的正压力下降 40%～60%，但排出流对舵的正压力几乎没有影响，因此船尾舵的正压力只有单独舵的正压力的 40%～60%。对于双车双舵船，因其排出流的有利影响远超出伴流的不利影响，舵效较好，对操纵较为有利。

在实际操船中，常常采用减小伴流、提高螺旋桨滑失比提高排出流的速度等方法增加舵力及舵力转船力矩，从而提高舵效。例如，在港内操船中，在大角度转向前，船舶驾引人员常在转弯前停车淌航，当到达转向点附近时操大舵角、主机突进以提高舵效，使船舶在较小的水域内转过较大的角度。这样一方面既能尽量抑制船速过高，为下一步港内操船创造条件，另一方面又能有效地发挥舵的作用。

3. 船舶旋回中的舵力降低

船舶在旋回中，一方面由于旋回中的降速，舵处的来流速度下降，导致舵力下降；另一方面，由于船舶在旋回中舵处的有效冲角减小(即有效舵角减小)导致舵力下降。

一般情况下，所操舵角为 35°时，有效舵角会减小 10°～13°。因此，为确保 35°时应有的旋回力矩，获得足够的舵效，大型船舶常以 40°作为极限舵角。

任务 4　改善舵效的操船技术训练

一、舵效的涵义

船舶舵效(steerage)是一个综合概念，广义上是指操舵后船舶的反应，包括船速下降的程度、船舶偏转的程度、船舶横移的程度和船舶横倾的程度；狭义上是指运动中的船舶在操一定舵角后,使船舶在一定的时间、水域内,取得的船舶转头角的大小。船舶能在较短时间、较小的水域内转过较大的角度,则船舶的舵效较好;反之,则认为舵效较差。通常情况下,如无特别说明,"舵效"是指狭义上的舵效。

二、改善舵效的操船技术

从实际操船看,影响船舶舵效的主要因素以及为提高舵效应采取的措施如下。

1. 舵角

舵角的大小直接影响船舶转船力矩和转头角的大小。舵角增大时,虽然 K', T' 均减小,但 K'/T' 值反而增大,所以增大舵角是提高船舶舵效的有效措施。

2. 舵速

即舵处的有效来流速度。舵速越大,舵的正压力以及舵力转船力矩也越大,舵效越好。舵速由船速、伴流和螺旋桨排出流 3 部分组成。在实际操船中,降低船速、提高螺旋桨转速是提高船舶舵效的有效途径。尽管船速的降低使舵速有所下降,但同时降低伴流速度,而且降低船速和提高螺旋桨转速均提高螺旋桨的滑失比,从而提高螺旋桨的排出流速度,提高舵速。因此,总体而言,降低船速、提高螺旋桨转速大大提高舵处的来流速度,增加舵力转船力矩,从而提高旋回性指数 K 的值,使舵效增强。与此同时,船速的降低,减小船舶旋回中的滞距,使船舶旋回所需的水域变小,也增加舵效。有关经验表明,手操舵所能保持舵效的最低航速约为 3 kn,而使用自动舵能够有效保向的最低船速为 8 kn。

3. 船舶的排水量

船舶的排水量越大,其转动惯量也越大,舵效变差,其表现为起转迟钝,停转不易。因此,在港内操纵满载大型船舶时要特别注意,一般宜早用舵、早回舵,而且所用的舵角也比较大。

4. 船舶纵倾

艏倾时舵效较差,适当艉倾时舵效较好。

5. 船舶横倾

船体横倾时,左右两侧的水线面积和入水体积发生差异,因而两侧所受的水动力也发生差异,改变左右舷作用力的对称性。由于横倾,水阻力线向低舷侧偏移,与螺旋桨推力作用线不在同一条线上,构成阻力-推力转矩(简称"推阻力矩"),使船首向低舷侧偏转。与此同时,由于船首低舷一侧水线面积和入水体积较大,挡水力度大,因而船首低舷一侧的兴波波高要比高舷一侧的大,船首两侧的水压力差产生向高舷侧的横向力转矩,即艏波峰压力矩(简称"艏波峰矩"),使船首向高舷一侧偏转。横倾船低速时,推阻力矩起主要作用,推首向低舷侧偏转;高速时,艏波峰矩起主要作用,推船首向高舷侧偏转。总之,船舶横倾时,低速时船首偏向低舷一侧、高速时船首偏向高舷一侧(口诀:"高高低低")。

所以,船舶横倾时,高速航进中,如向低舷一侧转向,由于低舷侧水阻力较大,舵效较差;如向高舷侧转向,则舵效较好。

6. 舵机性能

操舵所需的时间越短,舵效越好。从实际使用情况看,液压舵机的性能较好,舵来很快,回得也快;蒸汽舵机来得慢,回得快,容易把定;而电动舵机来得快,回得慢,不易把定。

7. 风、流、浅水等外界因素

风对舵效的影响视情况而定(详见项目三)。顶流时舵效较好,而顺流时舵效较差。船舶在浅水中,由于船舶旋回阻尼力矩增大,舵效较深水中差。

▲探究思考:风对舵效的影响视情况而定,为什么?

任务评价

评价内容		评 价 标 准	权重/%	分项得分
任务完成情况	任务 1	操舵控钮的使用	20	
	任务 2	操舵技术训练	20	
	任务 3	舵的工作原理认知	20	
	任务 4	改善舵效的操船技术训练	30	
职业素养		全面了解舵设备的检查保养	10	
总分			评价者签名:	

任务拓展

课外精读——舵设备的检查与保养

▲教学建议:在学生自主阅读的前提下,教员联系实际举例说明

一、日常检查保养

1. 开航前

1) 船舶开航前 12 h 内进行核查和试验

(1) 试验程序一般包括下列操作:①主、辅操舵装置及操舵装置遥控系统;②驾驶室内的操舵位置,舵角指示器,应急动力;③操舵装置遥控系统动力故障报警器,操舵装置动力设备故障报警器和自动隔断装置及其他自动设备。

(2) 核查和试验应包括:①操满舵,操舵装置及其联结部件的外观检查;②驾驶室与舵机室间的通信手段。

对于定期从事短期航行的船舶,主管机关可免除上述规定的核查和试验要求,但这些船舶每周至少应进行一次核查和试验。

2) 船舶开行前 1 h 校对舵

为确保驾驶台舵角指示器与舵的实际角度相符合,查看转舵装置是否运转正常。由值班驾驶员通知大副会同轮机长和电机员到舵机间校对舵。值班驾驶员带领舵工在驾驶室用电话与舵机间的大副联系。经舵机间内轮机长和电机员试运转后,由大副指挥校对舵。

(1) 试舵前:派人查看船尾舵叶周围是否有障碍物;核对各种舵角与舵角指示器和主罗经与分罗经的误差情况;舵机间不准放置杂物,应保持清洁、干燥。舵机间内的备件等应绑扎好,防止船舶摇摆时移动。

(2) 对舵的步骤:①转动舵轮或扳动手柄,检查操舵台舵轮舵角指示器、反馈舵角指示器及舵机室的实际舵角三者是否一致;②用同样方法向右(左)操满舵快速活舵一次,回至正舵;③分别连续操左(右)5°,15°,25°满舵和回舵,观察遥控机构、追随机构、舵角指示器和其他工作系统的运作情况是否正常。电动舵角指示器在正舵位置应无误差,在其他舵角位置不应超过±1°。2台主操舵装置或手柄操舵装置,应分别试舵。

2. 航行中

值班驾驶员应经常检查油压、电源和操舵情况是否正常,切忌"跑舵"。遇大风浪时,应检查舵机间可移动物体是否绑扎好。当使用自动操舵方式时,每个班次最少进行自动操舵与随动操舵的一次转换,以观察转换装置是否灵活可靠,工作是否正常。此外,在不影响航行安全的前提下,还要对应急舵进行定期的试操。

3. 停靠后

应关闭电源或打开油压操舵器的旁通阀,有舵轮掣的上好舵轮掣,为防止无关人员进入驾驶台、舵机间随便板动舵轮及操舵仪上的各种开关旋钮,应及时关闭驾驶台和舵机间。

规定的核查和试验日期及进行应急操舵演习的日期和详细内容,应记入航海日志内。

驾驶室及舵机室内,应永久展示操舵装置遥控系统和操舵装置动力装置转换程序的简单操作说明,并附有方框图。驾驶员应熟悉操舵系统的操作以及从一个系统转换到另一系统的程序。

二、定期检查

1. 每3个月应对舵设备进行一次全面的检查和保养。

(1) 舵杆、舵叶各部分磨损及损坏情况,作好记录。舵杆(销)一般在下舵承处(或舵销处)的轴颈应大于非工作部分的轴颈,否则应修理或换新。工作轴颈表面允许存在少量分散的锈蚀斑点,但深度不超过舵杆(销)直径的1%,舵杆非工作轴颈允许减少量为原设计直径的7%。舵钮与舵钮,或舵叶与舵托平面极限间隙一般为安装间隙的50%。

(2) 检查电操舵装置的绝缘和触点情况,用不带毛头的细布揩拭清洁。自动部分检查其灵敏度。液压舵机要检查管路是否泄漏及液压油的质量。

(3) 检查转舵装置电动机的运转及损耗情况,加以清洁,并作好记录。液压式舵机要检查泄漏情况及油的质量以及时修复并充液。

(4) 每3个月至少应进行一次应急操舵演习,以熟练应急舵操作程序和应急舵设备情况。

2. 每6个月检查备用操舵装置的活络部分,加以润滑,除锈涂油,并作转换操作试验,保证其性能良好。液压操舵系统每年或检修后应将整个系统彻底清洗一次,清除锈垢等,以免影响效用。结合坞内检验时,将舵轴或舵销原地顶高或将舵杆拆下,检查舵轴、舵销及舵承的磨损及腐蚀情况,测量舵承间隙及舵的下沉量,检查舵杆、舵轴法兰盘及其连接螺栓和螺母,检查舵销螺母的止动装置。对舵叶进行外部检验,检查舵叶腐蚀程度和是否有裂缝,必要时对舵叶作测厚检查,当对舵叶的水密性有任何怀疑时或修理后,应进行密性试验。

模块 3　操纵船舶安全旋回

模块描述

本模块是项目中的核心和复杂模块，涵盖旋回过程各阶段的界定及特征、影响旋回性的因素和改善旋回性的操纵技术、旋回要素的认知等任务，要求学生通过对船舶旋回规律的认识，能扬长避短地利用船舶的内外部条件改善旋回性能，从而能在较小的水域内实现掉头任务。该模块的学习需要前模块作铺垫，同时又是对前模块的巩固。

学习目标

1. 能依据旋回运动的特征，判断旋回性的好差；
2. 能依据旋回轨迹识读旋回要素；
3. 能扬长避短地利用船舶内外部条件改善旋回性能，从而在较小的水域内实现掉头任务。

工作任务

任务 1　船舶旋回运动的过程认知
任务 2　识记船舶旋回要素
任务 3　运用船舶旋回要素解决操纵问题
任务 4　影响船舶旋回性的因素分析

导　入

1. 交通工具掉头的快慢、掉头占用范围的大小会带来什么样的影响？
2. 在狭窄水道使船舶掉头的措施有哪些？

知识准备

一个物体的转动需要力矩，力矩的产生需要力，施加在船舶上的力必须是水对船舶的反作用力，与之相对应的，对水的作用力需要船舶的控向设备产生。

旋回性指数 K 能够反映船舶旋回性的优劣：船舶进入稳定的圆周运动后，K 等于稳定的转头角速度 r_0 与舵角 δ_0 之比。

任务实施

任务1　船舶旋回运动的过程认知

在实际操船中，对舵的使用大致可分为小舵角的保向操纵、一般舵角的转向操纵及大舵角的旋回操纵等3种。定速直航的船舶操某一大舵角后进入定常旋回的运动性能称为船舶的旋回性能，它是船舶操纵性当中极为重要的一种性能。

船舶以一定航速直进当中操某一舵角并保持之，船舶将进入旋回过程。根据船舶在旋回运动过程中所受外力特点的变化，以及运动状态的不同，可将船舶旋回过程划分为3个阶段。

1. 第一阶段

（1）定义：用舵后船舶重心基本直进的阶段（时间大致相当于操舵时间）。

（2）特征：速度基本不降；重心基本直进（有少许反移、船尾反移较大）；少许内倾。因此，这一阶段也称为横移内倾阶段。

▲试用图解分析

2. 第二阶段

（1）定义：从船舶重心开始作圆弧运动到转头角速度达最大值（稳定值）的阶段。

（2）特征：随着船舶斜航运动的出现，同时船首回转不断发展，艏艉线与切线速度方向的夹角（漂角）增大；船舶加速旋回，角加速度减小；原来的反向横移逐渐转化为向操舵一侧横移（正向横移）。由于斜航阻力与舵阻力增大、推进效率下降，导致船速逐渐下降。该阶段角速度非线性增加，直至最大；非线性减少，直至为0。由于船作圆弧运动，产生惯性离心力使船舶内倾消失、外倾出现，并渐次增大，最大外倾角一般为定常外倾角的1.2～1.5倍，达到最大外倾角后，船舶经过1～2次摇摆，最后稳定于某一定常外倾角 Q 上。外倾角 Q 的大小与船速、所操的舵角、船舶的旋回性能和船舶的初稳性高度 GM 等有关，船速越高，船舶的旋回直径越小，船舶的初稳性高度越低，定常外倾角 Q 越大。一般货船满舵旋回时的外倾角在静水中可达3°～5°。然而，恢复力矩较小的船舶在高速航进中操大舵角时，将会产生较大横倾，船速大于30 kn的高速船，定常外倾角可达12°～14°。船舶在大风浪中大角度转向或掉头时，如船舶在波浪中横摇的相位与旋回中外倾角的相位一致，则船舶有倾覆的危险，这是操船中应避免的一个重要问题。值得注意的是，由于舵力所产生的内倾力矩有利于抑制船舶的外倾角，因此当船舶在旋回中一旦产生较大的外倾角时，切忌急速回舵或操相反舷舵，否则会进一步增大外倾角，威胁船舶安全。

3. 第三阶段

（1）定义：船舶作定常旋回运动的阶段。

（2）特征：船舶的旋回角加速度变为0，船舶的旋回角速度达到最大值并稳定于该值，外倾角、漂角、线速度趋于稳定并保持定值，因此，该阶段也称为定常旋回（steady turning）阶段。

任务2　识记船舶旋回要素

定速直航（一般为全速）的船舶操一定舵角（一般为满舵）后，其重心所描绘的轨迹叫做旋回圈(turning circle)。旋回圈的各种数据在操纵船舶时有重要参考价值。表征船舶旋回过程的要素可以分为表征船舶旋回圈形状大小的几何要素以及描述船舶旋回运动状态的运动要素。

1. 表征船舶旋回圈形状大小的几何要素

表征旋回圈大小的几何要素主要有进距、横距、旋回初径、旋回直径、滞距和反移量、最大纵横距等,见图 1-3-1。

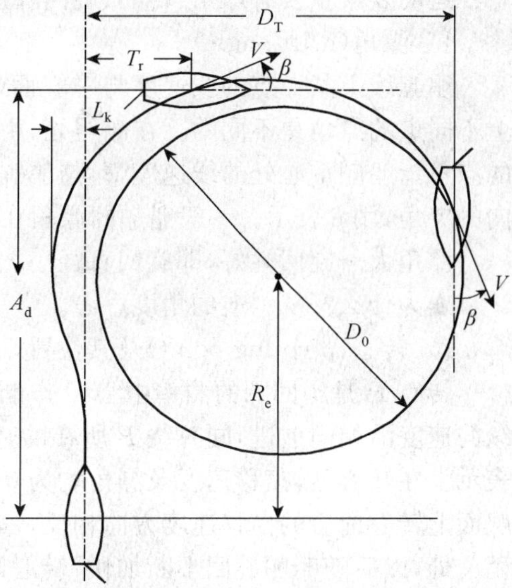

图 1-3-1 旋回圈

1) 进距(advance)

进距也称纵距,指从操舵开始到船舶的航向转过任一角度时重心所移动的纵向距离。通常,旋回资料中所说的纵距,特指当航向转过 90°时的进距,并以 A_d 表示,它为旋回初径的 0.6～1.2 倍。最大纵距指重心运动方向改变 90°重心纵移的距离。

2) 横距(transfer)

横距指从操舵开始到船舶的航向转过任一角度时船舶重心所移动的横向距离。通常,旋回资料中所说的横距,特指当航向转过 90°时的横距,并以 T_r 表示,它大约为旋回初径的一半。

3) 旋回初径(tactical diameter)

旋回初径指从操舵开始到船舶的航向转过 180°时重心所移动的横向距离,并以 D_T 表示。它为 3～6 倍的船长。最大横距指重心运动方向改变 180°重心横移的距离。

4) 旋回直径(final diameter)

旋回直径指船舶作定常旋回时重心轨迹圆的直径,亦称旋回终径,并以 D 表示,它为旋回初径的 0.9～1.2 倍。

5) 心距 (reach)

稳定的旋回中心 O 与操舵时的船舶重心间的纵向距离,为船长的 1～2 倍,它与操舵后船舶重心基本直进的距离(即船从操舵起到进入圆弧运动的距离——滞距)差不多,二者都是衡量舵效的标准之一。

6) 反移量(kick)及船尾的反移量

反移量亦称偏距,指船舶重心在旋回初期向操舵相反一舷横移的距离。通常,该值极小,其最大量在满载旋回时仅为船长的 1%左右。但操船中应注意的是,船尾的反移量不容忽视,其最大量为船长的 1/5～1/10,出现在操舵后船舶的转头角达一个罗经点(11.25°)左右的时刻。

反移量的大小与船速、舵角、操舵速度、排水状态及船型等因素有关。船速大→舵力大→反移量大,舵角大→舵力大→反移量大,操舵速度慢→舵力缓缓增加→推移效果差→反移量小,操舵速度快→舵力突然增加→推移效果好→反移量大;满载时的直行惯性大→反移不容易,空载时直行惯性小→反移容易;粗短船所受的侧向水阻力小→反移量大,瘦长船所受的侧向水阻力大→反移量小。

上述要素从不同的角度规定着旋回圈的形状及大小。在航海实践中,旋回圈的大小常常用其旋回初径 D_T 表示。有的也采用其旋回初径与其船长 L(一般为两柱间长)的比值 D_T/L 表示,称为相对旋回初径。

2. 描述船舶旋回运动状态的运动要素

运动要素主要有漂角、转心、旋回降速幅度和旋回横倾幅度、旋回周期等。

1) 漂角(drift angle)

艏艉线上某一点的线速度与艏艉面(线)的交角称为漂角,见图 1-3-1。船舶在艏艉线上不同点的漂角是不同的。在船尾处,由于其横移速度最大,因此漂角也最大。但通常所说的漂角指船舶重心处的线速度 V_t 与艏艉面的交角,也就是艏向与重心 G 点处旋回圈切线方向的夹角,用 β 表示。一般船舶的漂角在 3°~15°之间,最大可达到 20°左右。

漂角大→旋回性好,即旋回直径小。

▲为什么?从斜航的角度思考。

2) 转心(pivoting point)及其位置

转心 P 是旋回圈的曲率中心 O 作艏艉面的垂线的垂足。旋回中的船舶在某一瞬间以纵向速度沿艏向前进,同时绕 P 所在的竖轴而旋转的运动叠加,这一点就是转心,通常以 P 表示。在转心处,横移速度及漂角均为 0,因而该点处的线速度方向与艏艉线方向一致,与艏艉面上转心前后的横移速度方向相反。船舶操舵旋回时,在旋回的初始阶段,转心约在重心稍前处,以后随船舶旋回不断加快,转心随着旋回中的漂角的增大而逐渐向船首方向移动。当船舶进入定常旋回阶段,即船舶旋回中的漂角保持不变时,转心 P 逐渐稳定于某点。对于不同船舶,该点的位置在离船首柱后 1/3~1/5 船长处;船处于后退中,转心位置则在船尾附近。旋回性能越好、旋回中漂角越大的船舶,其旋回时的转心越靠近船首。

3) 旋回中的降速幅度

一般从操舵开始到船首转过 90°左右船舶进入定常旋回后,速度不再下降。减速的幅度同旋回初径 D_T 与船长 L 的比值有密切的关系,D_T/L 值越小,旋回性越好,减速越显著。一般船舶旋回中的降速幅度为旋回操舵前船舶速度的 25%~50%,而旋回性能很好的超大型油船在旋回中的降速幅度最大可达到原航速的 65%。

4) 旋回横倾幅度(List)

通常认为,在其他条件一定时,旋回横倾幅度越大,旋回性越好。

5) 旋回时间

旋回时间指船舶旋回 360°所需的时间。它与船舶的排水量有密切关系,排水量大,旋回时间增加。万吨级船舶快速满舵旋回一周约需 6 min,而超大型船舶的旋回时间则几乎增加 1 倍。船速大时间短。

任务 3 运用船舶旋回要素解决操纵问题

由旋回试验测定的旋回圈资料是船舶操纵性能的重要内容之一,它不仅用于评价船舶的旋回性能,同时可以直接用于实际操船。

1. 旋回初径、进距、横距、滞距等在实际操船中的应用

在水深足够的宽敞水域,旋回初径可以用于估算船舶用舵旋回掉头所需的水域。横距可以用于估算操舵转艏后，船舶与岸或其他船舶是否有足够的间距。滞距可以用于推算两船对遇时无法旋回避让的距离，即两船对遇时的距离小于两船的滞距之和，则用舵无法避让；两船对遇时，可用两船进距之和估算最晚施舵点。如果船舶对遇时，两船间距大于两船滞距之和而小于进距之和。从理论上讲，可通过两船左右来回操舵协调行动进行避让（先使船首让开，再操相反舷舵，使船尾让开），但实际操作时极为困难。

旋回初径和进距可以用于估算用舵旋回掉头所需水域的大小。旋回速率可在船舶降速过程进行运用。

2. 反移量在实际操船中的应用

反移量在实际操船中的应用很多，现举数例说明其利用与防止的有关问题。

例如，本船航行中发现有人落水时，应立即向落水者一舷操舵，使船尾迅速摆离落水者，以免使之卷进船尾螺旋桨流内。又如，在船首较近的前方发现障碍物时，为紧急避开，应立即操满舵尽量使船首让开；当估计船首已可避开时，再操相反一舷满舵以便让开船尾。再如，当船舶前部已离出码头拟进车离泊时，如操大舵角急欲转出，则由于艉外摆而将触碰码头。为避免发生事故应适当减速，待驶出一段距离后再使用小舵角慢慢转出。船舶过弯道时，高速大舵角转向，则会引起较大的反移量，因此应注意保持足够的船岸间距并采用正确的操船方法。

▲技巧点拨：画图分析应用问题。

任务 4 影响船舶旋回性的因素分析

旋回圈的大小与船型、舵面积、所操舵角、操舵时间、载态、水深、船速、船舶的纵倾和横倾、螺旋桨转速等密切相关。另外，受风流的影响，旋回圈的大小也有很大变化。这里仅讨论无风流等外力作用的情况下影响旋回初径、进距、横距的主要因素。

1. 方形系数 C_b(block coefficient)

方形系数较低的瘦形高速船（$C_b \approx 0.6$）较方形系数较高的肥形船（$C_b \approx 0.8$）的旋回性能差得多，即船舶的方形系数越大，船舶的旋回性越好，旋回圈越小。超大型船舶较一般货船的方形系数值较高，长宽较低，有着较好的旋回性，它在定常旋回中的漂角也较大，最大可达到 20°左右。

2. 吃水

一般船舶均有舵面积比随吃水的增加而降低的趋势，导致相应的舵力的旋回阻矩增大，舵力转船力矩减少，而且，随着吃水的增加，船舶通过重心 G 点竖轴的转动惯量增加，初始旋回大大减缓。因此，若纵倾状态相同，吃水大（排水量大）时，因惯性大旋回进距增大，横距和旋回初径大些；吃水小（排水量小）时，因惯性小旋回进距减小，横距和旋回初径也小些。

3. 船体水线下侧面积分布

就整体而言，前部水下侧面积分布大，如有球鼻艏的或船尾比较瘦削的船舶和艏倾船，旋回中的阻尼力矩小（总的水动力协助转向），旋回性较好，旋回圈较小；后部水下侧面积分布大，如船尾有钝材或船首比较削进（cut up）的船舶和艉倾船，旋回中的阻尼力矩比较大（总的水动力妨碍转向），旋回性较差，旋回圈较大，但航向稳定性较好。

有吃水差和平吃水相比较，相当于较大程度地改变船舶水线下船体侧面积的分布状态，对船舶旋回性能带来明显的影响。艉倾增大，旋回圈也将增大。对于 $C_b=0.8$ 的船舶，若艉倾增大量为船长的 1%，旋回初径可增加 10%左右；对于 $C_b=0.6$ 的船舶，若艉倾增大量为船长的 1%，旋回初径可增加 3%左右。这也说明方形系数越大的船舶，当艉倾增加时，旋回初径增加得越多。

实际上，满载和轻载时的纵倾状态是很难相同的。通常在满载状态下艉纵倾比较小，而在轻载状态下则有相当大的艉倾。轻载时的吃水较浅，尽管此时的舵面积比有所增大，而转动惯量较小，使船舶的旋回圈变小。但因为艉倾较大，所以旋回圈又有增大的趋势。总的看来，空载与满载时的旋回初径及横距相差无几，只是满载时旋回的进距较轻载时大一些。

4. 舵角

在极限舵角的范围内，操不同舵角时的旋回初径总的变化情况是，随着舵角的减小，旋回初径将会急剧增加，当然旋回时间也将增加。对于不同的船舶，随着舵角的减小，旋回初径的增加率不一样，其中舵的高宽比小的船舶，其旋回初径的增加率较大。

5. 操舵时间

操舵时间主要对船舶的进距影响较大，进距随操舵时间的增加而增大，而对横距和旋回初径的影响不大，旋回直径则不受其影响。

6. 舵面积比

舵面积比(rudder area ratio)指舵面积与船体浸水侧面积的比值。增加舵面积比将会使舵的转船力矩增大，提高船舶的旋回性，旋回圈变小。但增加舵面积比的同时又增加旋回阻尼力矩，当舵面积比超过一定值后，旋回性就不能提高。也就是说，就一定船型的船舶而言，舵面积比的大小在降低旋回初径方面存在一个最佳值。

7. 船速

除船速很低或高速船高速旋回外，在一般商船速度范围内，船速对旋回圈大小的影响很小。但船速对旋回时间的影响明显，船速快，旋回时间大大缩短。

如果船舶在满舵旋回的同时从全速前进中停止主机，即减速旋回，由于停车后马上失去螺旋桨排出流速度，舵力大大减小，旋回圈增大；相反，船舶从静止或低速状态时加车进行旋回，即加速旋回，因为排出流速度立即增大，加之伴流较小，所以舵力较强，旋回圈明显变小。

8. 横倾

船体存在横倾时，左右浸水面积不同，两侧所受的水动压力也不相同，改变左右舷各种作用力的对称性。由于横倾，水作用力中心向低舷侧横移一段距离，与螺旋桨推力作用线不在同一条线上，构成阻力-推力转矩，使船首向低舷侧偏转。同时由于横倾，低舷侧的浸水面积较高舷侧大，因而低舷的船首兴波比高舷侧的大，两舷的压力差产生向高舷侧的横向力转矩即艏波峰压力转矩，使船首向高舷一侧偏转。

低速时，推力-阻力转矩起主要作用，推船首向低舷侧偏转。此时，若操舵向低舷侧旋回则其旋回圈较小；反之，如操舵向高舷侧旋回则其旋回圈较大。高速时，艏波峰压力转矩起主要作用，推船首向高舷侧偏转。此时，如操舵向低舷侧旋回其旋回圈较大；反之，如操舵向高舷侧旋回则其旋回圈较小。但总的来讲，横倾对旋回圈的影响并不大。

9. 水深

由于浅水中横向阻力明显增大，漂角明显下降，同时浅水中的舵力有所下降，舵力转船力矩下降，再加上浅水中的阻尼力矩明显增大，船舶的旋回性下降，因此，在浅水中的旋回圈明显增大。当水深吃水比小于 2 时,旋回圈有所增大(特别是对于高速船);当水深吃水比小于 1.5 时,旋回圈明显增大;当水深吃水比小于 1.2 时,旋回圈急剧增大。

10. 螺旋桨的转动方向

由于受螺旋桨横向力的影响,船舶向左或向右旋回时的旋回圈的大小将有所不同。对于右旋固定螺距螺旋桨单车船而言,在其他条件相同的情况下,向左旋回时的旋回初径要比向右旋回时的旋回初径要小一些。(▲正舵时艏自然左偏?)但对于超大型船舶,这一差别很小。迎风掉头初径小。

另外,船体的污底,风、流的作用都将对船舶旋回圈的大小产生影响。例如,顶风、顶流使旋回圈进距减小,顺风、顺流使旋回圈进距增大等。

▲经验交流

(1) 对于"粗短船与旋回圈大小的关系",联系俗话"船小好掉头"记忆。

(2) 关于"横倾对旋回的影响",记住口诀"高高低低",即高速时,船首偏向高舷一侧;低速时,船首偏向低舷一侧。

▲缩小旋回水域的操船技能训练

通过模拟操船、运用控制变量法解决问题:影响旋回初径的内部因素及影响规律是什么?在航海实践中为缩小旋回圈应如何操船?

过程与方法:在教员的指导下,学员在驾驶台操纵"船舶"满舵旋回;在电子海图中的船舶旋回圈航迹上量取旋回初径;在船型、船速一定时,比较艏倾、艉倾时的旋回初径;在船型、纵倾一定时,比较快速、慢速时的初径;在船速、纵倾一定时,比较粗短船、瘦长船的初径;最后向教员报告答案。

结论:船速低,则旋回圈稍小、艏倾旋回圈小、粗短船旋回圈小;在实践中应通过采取低速、艏倾等措施缩小掉头占用水域,瘦长船在狭窄航道掉头时应谨慎行事。

▲消除险情的操船技术推介

(1) 需解决的问题:旋回中一旦出现过大的外倾,如何应急操纵?依据是什么?

(2) 思路引领:外倾的根源、圆周运动的规律。

(3) 应急操纵技法:立即减速,然后慢慢回舵,切忌急速回舵,更不能操相反舷舵。

(4) 应急操纵技法的依据:同学小组讨论交流后,由各小组代表作答,教员点评、归纳。

任务评价

评价内容		评　价　标　准	权重/%	分项得分
任务完成情况	任务 1	通过观察船舶的旋回运动,说出船舶旋回的主要特征	30	
	任务 2	根据各种船舶旋回的表现,判断船舶旋回性的好差	20	
	任务 3	准确描述旋回运动的诸要素	20	
	任务 4	描述改善旋回性能的操船技术	20	
职业素养		能流畅地阐述知识,展示技能	10	
总分			评价者签名:	

任务拓展

一、完成工作任务表单

1. 观察实船旋回试验图(图 1-3-2)

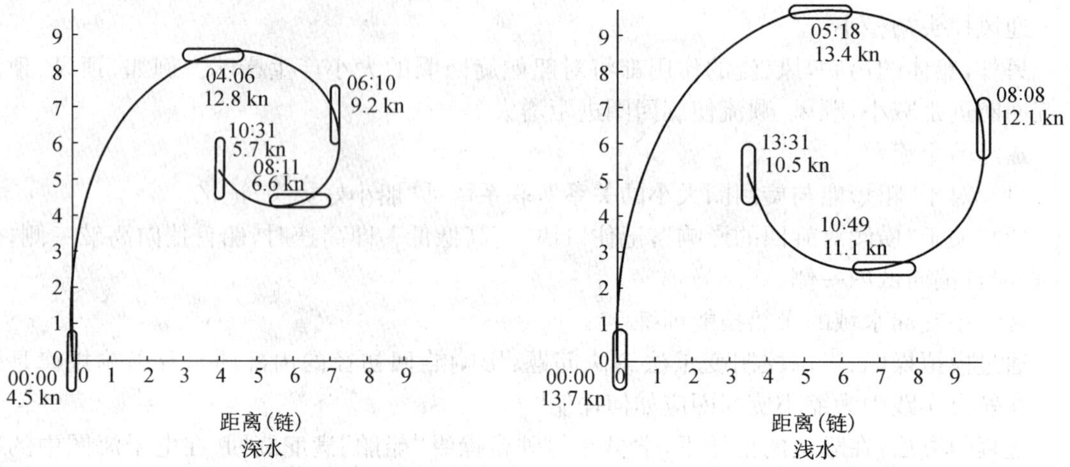

图 1-3-2　船舶在不同水深中的旋回情况

2. 填写任务表单

通过对图 1-3-2 中的有关信息的采集填写表 1-3-1。

表 1-3-1　SUPPERTANKER 船舶在不同水深水域的旋回要素测定结果

水深	要素								
	进距/m	横距/m	心距/m	最大横距/m	旋回初径/m	旋回直径/m	降速幅度/%	改向 90°需时/min	周期/s
深水									
浅水									

3. 分析任务表单

不同水深中的舵效、旋回初径、转头角速度的差异。

4. 完成情况评价标准告知

通过对任务表单的系统分析，应能得出如下结果(标准答案)：①在浅水中船舶的进距、横距、改向 90°所用时间都比深水中大，说明浅区中的舵效差；②在浅水中船舶的最大横距、旋回初径、旋回直径都比深水中大，降速幅度比深水中小，说明浅区中的旋回性差；③在浅水中船舶的旋回周期较深水中大，说明船舶在浅水中转头慢。

二、阅读《用锚缩小旋回水域操船技法》

用锚缩小旋回水域操船技法

船舶由于进出港状态的变换，或由于适应码头货位货场的装卸条件，或由于港内操船安全方面的考虑，常需要进行港内掉头操纵，如顺风或顺流进港，为争取顶风或顶流靠泊需在港内掉头后再靠；离港时出口航道在船尾方向也需离泊后掉头出港等。港内水域狭窄，条件复杂，很难凭一次全旋回完成掉头操纵，需要正确运用车、舵、锚、缆和拖船等操纵设备，充分估计船舶的惯性冲程和旋回范围，并根据本船线型尺度、载况、风流条件、操纵性能和掉头区的具体情况，制定出具体的操纵方案，选择有利的掉头时机和掉头方向，力求操纵准确、安全可靠。掉头时应遵章悬挂或显示相应的号型、号灯，配合声号或高频通话并注意附近船舶动态等环境变化。

(一) 掉头时所需水域的估算

在泊位系泊设施附近，由于船舶操纵的实际需要，应设置必要的使船掉头的水域，俗称掉头区(turning basin)。船舶在港内出于控制船速的需要以及实际水域有限，不可能按船舶全速满舵掉头的要求加以设置。

根据一般船舶的操纵性能，利用锚、风流等外力因素的有利影响以及利用拖船协助掉头等不同条件，船舶掉头范围可参考下列数据：

(1) 先使船舶降速，而后提高主机转速，满舵向右掉头需约直径 $3L$(L 为船长)的圆形水域；

(2) 如使用 1 艘拖船协助掉头，则需约直径 $2L$ 的圆形水域；

(3) 若因地形等原因，利用顺流抛锚自力向右掉头需约直径 $2L$ 的圆形水域；

(4) 完全使用拖船掉头时(2 艘或 2 艘以上)，需约直径 $1.5L$ 的圆形水域。

(二) 常用掉头方法的操纵要领

1. 顺流抛锚掉头

顺流抛锚掉头(turning short round with an anchor)，是借锚的抓力拉住船首，利用流或风的有利因素推船尾掉头。船舶顺流进港，常需要在狭小的港内掉头后顶流靠泊。顺流抛锚掉头是较为常用的一种港内掉头方法，见图 1-3-3。

操纵要点如下：

1) 选择合适的流速

顺流掉头，流越急，掌握船位越困难，锚机受力过大易出事故，一般流速不应大于 1.5 kn；反之，若流速小于 0.5 kn，容易造成掉头过程太长而阻塞航道过久。因此，一般情况下，流速应控制在 0.5～1.5 kn，如系重载万吨级船舶，则船抵掉头区时的流速以 1～1.5 kn 为宜，即便空载受流影响虽易控制，但也不宜在流速过急时进行。在潮流港切忌在急涨、急落或平流中掉头，务必使船抵掉头区时恰为流趋缓和边流流向未变之时，流急或无力时均需要拖船协助掉头。

2) 保证足够的掉头水域

按上述方法确定。

3) 确定正确的掉头方向

(1) 右旋 FPP(固定螺距螺旋桨)单桨船一般宜采用向右掉头，以便获得倒车沉深横向力和排出流横向力加速船首右转。

(2) 遇到 4～5 级以上的横风，为争取上风位置，减少风致漂移量，宜采取迎风掉头，特别是空船尤应如此。

(3) 弯曲水道处凸岸边流缓，可以减少船首锚的负荷；而凹岸边流急，冲击船尾部，可加快船身回转速度，缩短掉头时间，故应向凸岸一边掉头。

4）控制余速

根据本船停止性能及早停车淌航，务必使船抵掉头区前，余速减小至最低限度，绝不能把制动船舶前冲惯性寄托于抛锚前的快倒车，不然船位和船首向难以控制，而且惯性过大，不易用倒车抑制。例如，万吨满载船约在8链外就应将车停下。重载船受风影响不大时，宁可早些停车，这样可为无舵效时必须使用短暂进车留有余地。抵落锚点前，应适当使用倒车，减低冲力，助船右转。

5）掌握正确的抛锚时机

抵落锚点前1～2倍船长处的船位应摆在航道中央略偏左的地方，此时若对水余速超过1 kn，应立即使用倒车刹减，同时操右满舵，使船首向右侧回转，并超过航道中线而船身约与流向成30°的状态（位2），船身受流，横移阻力急增，余速剧减，可伺机停车并抛右锚，一般出链2.5～3倍水深，一次出够、刹牢，防止松链过长而拉断锚链。

抛锚后如发现冲势仍大，拖锚淌航过快时，切不可松出右链，以免刹不住或使之挣断。此时，应当加抛左锚、出链1节入水，或者请拖船助操，立即于左艄部就位进行顶推。落锚时，应注意海底电缆，尽量避免在其上游不远处掉头，以防锚勾上电缆造成严重损失。

6）控制船身

抛锚掉头，假定锚和船首位置不动或移动很小，但船身是以锚为支点进行回转的，在驾驶台仍可发现串视物标在前后变化，尤其是驾驶台在艉部的船舶更为显著。因此，船位的判断主要依据船首与物标之间的相对位移决定。一般当船首掉转到70°左右后（位3），由于流压和后侧锚链的弹力作用，船身易出现后缩现象，艄艉应随时报告离岸距离和周围海面情况，以便及时进车进行抑制。当船转至近乎横流时（位4），作为支点的锚受力最大，可用片刻进车、右舵，以缓解锚链张力，配合顶流，拎直船身（位6）。见图1-3-3。

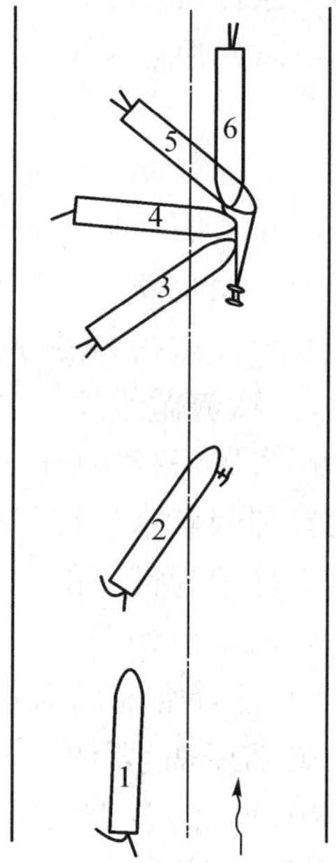

图1-3-3　抛锚掉头

7）起锚

应注意锚链的导向，及时用车舵配合，如加抛另一锚，则应先绞后抛锚，不然双锚易发生绞缠。

模块 4　船舶航向稳定性与保向性的改善

核心概念

航向稳定性；初始旋回性；控制稳定性；船舶保向性

学习目标

1. 能依据船舶在航行中的表现，判断航向稳定性的好差；
2. 能利用操船手段改善航向稳定性与保向性；
3. 能根据船况和外力的动态变化灵活采取保向行动。

模块描述

船舶能否较好地保向航行关系到船舶航行的安全性和经济性，航向稳定性决定着保向性的好差；本模块涵盖航向稳定性的概念、衡量标准、影响因素，船舶保向性的概念和影响因素等任务；要求学生通过对航向稳定性和保向性的认识，扬长避短地利用船舶的内外部条件，较好地保持船舶定向航行。该模块与前模块是对立统一的 2 个方面。

工作任务

任务 1　改善船舶航向稳定性的操船技术

任务 2　改善船舶保向性的操船技术

导　入

1. 从节能减排的角度分析船舶航迹呈 S 形的后果是什么？
2. 航船若能良好地保持定向航行，则会带来什么样的效益？

知识准备

正舵直航中的船舶，当受到风、浪或其他因素的瞬时性干扰后，船舶将不可避免地偏离原来的直航运动状态。但当干扰过去后，偏离原来直航运动的船舶能否自行恢复到原来航线上去（即能否实现位置稳定）？能否自行恢复到原来的航向上去（即能否实现方向稳定）？能否较快地稳定在新的航向上，具有新的直线运动（即能否实现直线稳定）？这就是船舶运动稳定性所要讨论的问题，见图 1-4-0。

船舶本身不具备方向和位置稳定性，在实际营运中，船舶在人-机系统控制下才具备方向和位置稳定性，因此也称为控制稳定性。例如，自动舵的使用实现船舶的方向稳定，航迹舵的使用实现船舶的位置稳定。船舶本身通常具备直线稳定性。本模块所涉及的"航向稳定性"不是方向和位置稳定性，而是直线稳定性。

静航向稳定性(statical course stability)，指船舶受外力作用而稍微偏离原航向，但重心仍在原航向上斜航前进，有关该斜航漂角将如何变化的性能。通常的船舶在斜航中，见图1-4-0，因为漂角的出现将产生使漂角继续增大的转头力矩，所以常常是静航向不稳定的。船舶越是艏倾，船体侧面积在船首分布越多，其静航向稳定性就越差。

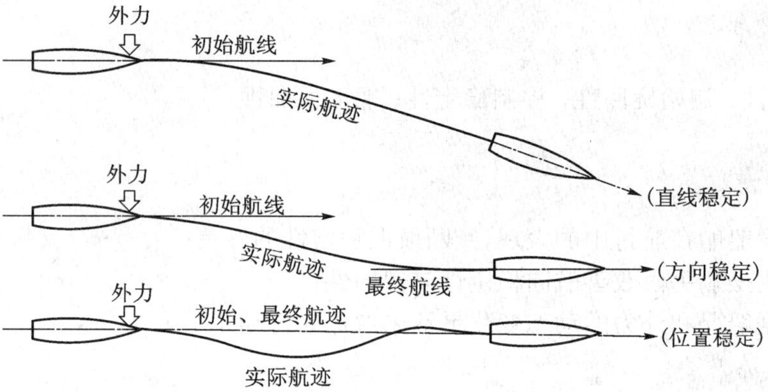

图 1-4-0　船舶稳定性的类型

任务实施

任务1　改善船舶航向稳定性的操船技术

一、航向稳定性的定义

一般所说的航向稳定性指船舶动航向稳定性或船舶直线稳定性(dynamical course stability)。正舵直航船在外界干扰下偏离原航向(或原航线)，当干扰消失后，迟早能够稳定在新航向(新航线)上的性能。若在干扰消失后不能较快地稳定在新航向(线)上，则航向稳定性较差；若在干扰消失后能较快地稳定在新航向(线)上，则航向稳定性较好；若在干扰消失后船舶一直偏转不停，则不具备航向稳定性(这样的船几乎没有)。

二、航向稳定性好坏的判别(衡量)标准

1. 追随性指数 T

依据船舶运动原理，直航船舶在干扰过去后的转头惯性角 $\varphi = r_0 T$。转头惯性角应由干扰的大小(用初始转头角速度表示)和追随性指数 T 值的大小决定。在同样干扰情况下，航向稳定性好的船舶，干扰造成的偏航角也应该低。

$T>0$，说明船舶具有航向稳定性，且 T 值为越小的正数，航向稳定性越好；$T<0$，说明船舶不具有航向稳定性。追随性好的船可以同时判断为航向稳定性好的船。

2. 看船舶表现

如直航中即使很少操舵、用小舵角也能较好的保向。例如，为保向所操舵角小于 5°，每分钟操舵次数小于 6 次；而当操舵改向时，又能较快地应舵；转向中回舵后又能较快地把航向稳定下来，说明航向稳定性好。

如直航中只有频繁操舵、用大舵角才能保持航向；而当操舵改向时，应舵慢；转向中回正舵，航向要经较长时间才能稳定下来，说明航向稳定性较差。

▲回答：为什么可以依据船舶的表现判定船舶航向稳定性的好差？（提示：从概念出发）

三、影响航向稳定性的主要因素

1. 船型（船舶线型）

一般说来，方形系数较低、长宽比较高的瘦削型船舶具有较好的航向稳定性。浅吃水的宽体船、油船之类的肥大型船舶，方形系数一般在 0.8 左右，其航向稳定性在小舵角范围内总带有不稳定性。因此，这种船舶在小舵角保向航行中，船首的偏摆角度往往较大，并给人以稳不住的感觉。

2. 水线下船体侧面积形状

船体水线下侧面积在船尾分布较多的船舶，回转阻尼力矩大，航向稳定性好，保向性能好。如船尾有钝材，船首较为瘦削的船舶保向性好，而有球鼻艏的船舶保向性下降。

3. 船速

对于同一艘船舶，提高船速，航向稳定性和保向性也相应提高。

4. 吃水

船舶满载与轻载时相比较，转动惯量明显增大，航向稳定性和保向性变差。应注意的是，船舶空载或轻载时如受强风影响，由于受风面积大，保向性反而较差。

5. 舵面积比

舵面积比越大，船尾附近水线下侧面积增加，航向稳定性和保向性提高。

6. 纵倾与横倾

艏倾时艏部水线下侧面积增加，航向稳定性和保向性下降。艉倾时航向稳定性和保向性提高。船舶在横倾时比没有横倾时保向性下降。

7. 外界因素

在浅水中航行时，回转阻尼力矩增加，航向稳定性和保向性比深水中好。同理，船体污底严重时保向性提高。顺风、顺流航行时，保向性下降；顶风、顶流时，保向性提高。

任务 2　改善船舶保向性的操船技术

1. 船舶保向性概念

船舶保向性指船舶在外力作用下（如风、流、浪等），由舵工（或自动舵）通过罗经识别船舶艏摇情况，通过操舵抑制或纠正艏摇并使船舶驶于预定航向上的能力。简言之，船在舵、车等工具的控制下保持定向航行的能力。

2. 影响船舶保向性的主要因素

1）所有影响航向稳定性的因素均构成影响船舶保向性的因素

2）舵角

增大所操的舵角能明显改善船舶的保向性。超大型油船在小舵角状态下有航向不稳定的趋势，需用较大舵角才能保向。

3）舵机和罗经性能

4）舵工操舵技能

5）其他因素：船舶顺风浪或顺流航行中保向性反而降低。

▲思考与探讨：航向稳定性与船舶保向性之间的联系与区别？船舶定向航行的精度太高有什么副作用？

任务评价

评价内容		评 价 标 准	权重/%	分项得分
任务完成情况	任务 1	全面掌握改善航向稳定性的操船技术	40	
	任务 2	透彻改善船舶保向性的操船技术	50	
职业素养		能用专业术语流畅表达	10	
总分			评价者签名：	

任务拓展

一、自主学习"航向稳定性试验的技法"

螺旋试验是 Dieudonne 提出的试验方案。从右满舵开始，经零舵角至左满舵，依次逐渐慢慢减小舵角，而后以同样的方法从左满舵回到右满舵进行各舵角旋回，求出各舵角 δ 与对应的定常旋回角速度 r 之间的关系，$\delta - r$ 曲线见图 1-4-1。

不论哪种船舶，$\delta - r$ 曲线不外乎 2 种形式：①属于 aoa/oa 曲线形式的，因为其舵角 δ 与转头角速度 r 为单值对应，所以该船为航向稳定的船；②$\delta - r$ 曲线呈现出 ABCDA/DEBA，带有环形 BCDE 这种曲线形式的，$\delta - r$ 只有在环形范围外才为单值对应，而在环形范围内则为多值对应，这种船就是航向不稳定的船。这种船在旋回中即使将舵角减至较小程度仍会有相当的转头角速度，甚至用反舵小舵角仍维持原转头方向不变。当然，不稳定环宽 ce 和环高 bd 越大，即环形范围面积越大，该船航向就越不稳定。一般环宽达到 20°以上时，操纵就有显著困难。

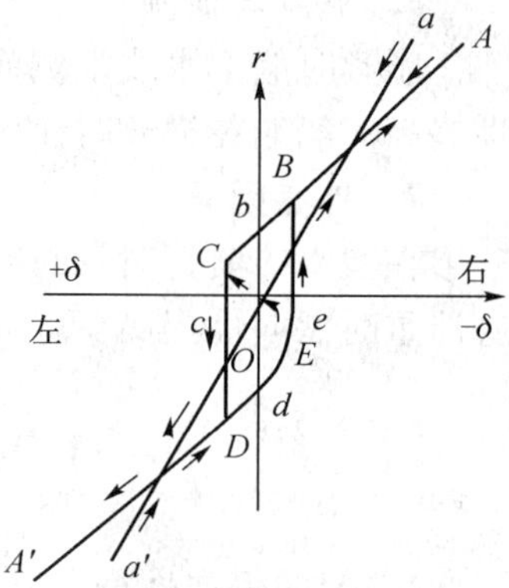

图 1-4-1　螺旋试验 $\delta - r$ 曲线

螺旋试验是固定各舵角被动地等待回转角速度 r 稳定，而且需进行多次小舵角的旋回运动，尤其对于航向不稳定的船舶，试验时所需水域大，费时久。为此，Bech 提出逆螺旋试验方法。该方法与螺旋试验正好相反，选定一系列回转角速度 r 值，通过操舵使船舶保持各角速度值定常回转，然后求取对应于各角速度所需操舵的舵角平均值，从而得出 $r - \delta$ 曲线。该方法比较省时，容易进行，抗外界干扰能力较强。经逆螺旋试验得到的 $r-\delta$ 曲线，见图 1-4-2。具有航向稳定性的船舶的 $r-\delta$ 如图 1-4-2 中的 ef 直线形，不具有航向稳定性的船舶的 $r-\delta$ 关系多呈 S 形曲线。航向不稳定性较强的肥大型船 S 形曲线不稳定环向宽度越大，宽度用临界舵角（$-\delta_c$，δ_c）的范围表示，在临界舵角范围内，r 与 δ 成多值对应关系。

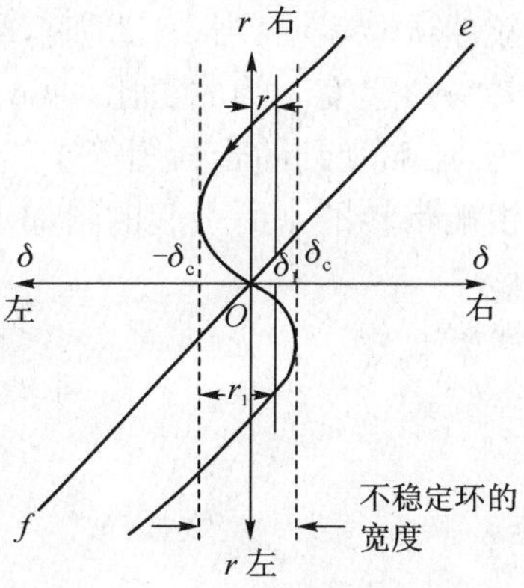

图 1-4-2　逆螺旋试验 $r-\delta$ 曲线

二、相关专业论文精读

《关注船舶航向稳定能力确保航行安全与经济》（节选）

1. 关注航向稳定能力的必要性

航向稳定能力是航向稳定性的俗称，简称向稳力。有人认为，航向稳定能力的高低取决于船舶本身的特性，与装载情况和操船行为无关；也有人认为，比较两船航向稳定能力的标准是追随性指数。以上观点属于认识上的误区，源于对航向稳定能力的实质、航向稳定能力与追随性指数的关系、追随性指数的局限性、影响航向稳定能力的因素等缺乏透彻的理解和深入的研究，也与业内对航向稳定能力的研究缺乏系统性、严密性和充分论证性有关。

航向稳定能力差的船舶在风、浪、流的干扰下，一方面，极易偏向且偏向幅度较大，进而引起大幅偏位，偏离计划船位和航线，出现搁浅、触礁和碰撞危险；另一方面，必须通过频繁操舵保向，使航迹呈蛇形弯曲，这既增加操舵阻力又增加航程，导致营运不经济。因此，每一位驾驶人员都要对本船的航向稳定情况有个正确的评估和把握，如果发现本船的航向稳定能力不够理想，就应在船舶装载和操控方面及时采取措施加以弥补，以确保船舶营运的安全和经济。

2. 航向稳定能力的内涵分析

用通俗化语言来说，向稳力指船舶在方向上所具备的抵御风、流、浪等外力干扰的能力。投入营运的船舶都具备向稳力，但向稳力有高低之分：如果船舶在方向上不易受外界干扰或受外界干扰的影响小，则向稳力好；如果船舶在方向上易受外界干扰或受外界干扰的影响大，则向稳力差。

从学术角度来说，向稳力指正舵直航船在外界干扰下偏离原航向，当干扰结束后能够或迟或早地稳定在新航向上的性能。当干扰结束后如能尽快地稳定在新航向上，则向稳力好；如不能尽快地稳定在新航向上，则向稳力差。换句话说，若干扰消失后的转头惯性角（φ）小，说明船舶能尽快地稳定在新航向上，从而向稳力好；若 φ 大，说明船舶不能尽快地稳定在新航向上，从而向稳力差。

应当特别加以说明的是，向稳力并非船舶保向性，二者既有区别又有联系。船舶保向性指船舶在受到外力干扰影响时，在舵、车等工具的控制下保持定向航行的能力。当向稳力差时，驾驶人员将会感觉到运用舵、车控制船舶定向航行很费劲，即保向很困难；当向稳力好时，保向很省事，因此向稳力好则保向性好。此外，影响保向性的因素还有舵角、舵机和罗经性能、舵工操舵技能等。

3. 船舶追随性指数的导出

船舶操一舵角 δ 后，将受到由舵力矩 $M(\delta)$ 和转头阻矩 $M(\gamma)$ 构成的合力矩 M 的作用。

航船试验表明:当 $\delta<25°$ 时,$M(\delta)$ 与 δ 约成正比,即 $M(\delta)\approx a\cdot\delta$, a 为舵力矩系数;$M(\gamma)$ 与转头角速度 γ 约成正比,即 $M(\gamma)\approx b\cdot\gamma$, b 为转头阻矩系数。依据工程力学中的合力矩定理:船舶受到的合力矩等于船舶的虚转动惯量 $I(I=I_0+\Delta I$, I_0 为船本身的转动惯量、ΔI 为由船带转的水所引起的附加惯量)与转头角加速度 $\acute{r}$ 的乘积,即

$$M = M(\delta) - M(\gamma) = I\acute{r} \tag{1-4-1}$$

$$a\cdot\delta - b\cdot\gamma = I\acute{r} \tag{1-4-2}$$

$$(I/b)\,\acute{r} + \gamma = (a/b)\delta, \tag{1-4-3}$$

设

$$I/b = T\ (\text{追随性指数}) \tag{1-4-4}$$

$$a/b = K\ (\text{旋回性指数}) \tag{1-4-5}$$

于是,得到微分船舶操纵运动方程

$$T\acute{r} + \gamma = K\delta \tag{1-4-6}$$

正舵直航船开始操舵时($t=0$),$\gamma=0$,以此为初始条件代入式 3 可求出

$$\gamma = K\delta(1 - \mathrm{e}^{-t/T}) \tag{1-4-7}$$

当时间趋向于无穷大时,将 $t=\infty$ 代入式 4 可知,γ 达到稳定值或最大值

$$\gamma_{\max} = K\delta_0 \tag{1-4-8}$$

当操舵后的时间 $t = T$ 时,由式 4 可知,γ 上升到 $0.63K\delta_0$,即

$$\gamma_T = 63\%\gamma_{\max} \tag{1-4-9}$$

因此,T 指转头角速度 γ 从 0 增加到 $63\%\ \gamma_{\max}$ 所需要的时间。T 越短,说明 γ 上升得越快,船首对舵的响应快;T 越长,说明 γ 上升得越慢,船首对舵的响应慢。可见,T 反映船首对操舵的追随情况,称为船舶追随性指数,T 小则追随性(转艄性)好、T 大则追随性(转艄性)差。

4. 追随性指数与航向稳定能力的关系研究

当直航船在正舵($\delta=0$)的情况下受外力的干扰时,式 1-4-6 变成

$$T\acute{r} + \gamma = 0 \tag{1-4-10}$$

设干扰消失的时刻为 $t=0$,此时的船舶转头角速度为 γ_0,把这一初始条件代入式 1-4-10,可得到干扰消失后的 γ 随时间 t 的变化规律

$$\gamma = \gamma_0\mathrm{e}^{-t/T} \tag{1-4-11}$$

再对式 1-4-11 积分,可得

$$\varphi = \int_0^{\infty}\gamma\mathrm{d}t = \int_0^{\infty}\gamma_0\mathrm{e}^{-t/T}\mathrm{d}t = \gamma_0 T \tag{1-4-12}$$

由式 1-4-11 可知:追随性指数 T 越小,惯性转头角速度 γ 衰减得越快,航向就能较快地稳定下来,向稳力越好;T 越大,γ 衰减得越慢,航向就不能较快地稳定下来,向稳力越差。

由式 1-4-12 可知:当干扰消失后,船舶因干扰影响造成的惯性偏航角 φ 由追随性指数

T 的大小和干扰的大小(可由干扰造成的初始转头角速度 γ_0 表示)决定。在同样的干扰情况下,若 T 小,则偏航角 φ 小,说明向稳力好;若 T 大,则偏航角 φ 大,说明向稳力差。

综上所述,追随性指数 T 既能反映追随性的好坏,又能反映向稳力的好坏。追随性好的船同时也是向稳力好的船。

5. 航向稳定能力优劣的鉴定标准研究

对于同一艘船,追随性指数 T 小,说明向稳力好;追随性指数 T 大,说明向稳力差。依据这一重要规律,在实际航行中,只要注意对本船"察言观色"就可知晓本船追随性指数 T 的大小、惯性偏航角 φ 的大小或向稳力的优劣。

如果发现以下情况之一,就可断定向稳力好:①船舶在直航中,即使很少操舵也能较好地保向,或用小舵角也能较好地保向(意味着 φ 小);②当船舶在直航中操舵改向时,能较快地应舵(意味着 T 小);③船舶在转向中回正舵时又能较快地把航向稳定下来(意味着 φ 小);④为保向所操的舵角 $\delta<5°$,操舵次数/min<6。

反之,如果发现以下情况之一,就可断定向稳力差:①若船舶在直航中只有频繁操舵或用大舵角才能保持航向;②当操舵改向时,应舵慢;③船舶在转向中回正舵时,航向要经较长时间才能稳定下来;④为保向所操的舵角 $\delta\geqslant5°$,操舵次数/min≥6。

但是,追随性指数 T 只能被用作纵向比较本船的过去、现在和将来,即仅可用于比较本船的上一航次、本航次和下一航次的向稳力,而不能用于横向比较不同船舶间的向稳力的优劣。

6. 影响航向稳定能力的因素分析

依据 $T'=T\cdot V/L$,对同一艘船而言,在船长 L,船速 V 一定的前提下,影响 T 的因素即是影响 T' 的因素,且 T 与 T' 同升同降,影响 T, T' 的因素即是影响航向稳定能力的因素。依据 $T=I/b$(式 1-4-4),T 是船舶转动惯量与船舶转头阻矩系数之比,也即 T 的大小完全取决于 I 与 b。

船型对向稳性的影响分析:船型可用方形系数 C_b 表示,C_b 是决定船舶水中转头阻矩大小的重要因素。C_b 大,即水线以下船体肥大,船舶转动时带动的水多,附加惯量 ΔI 大、I 大,由式 1-4-1 可知 T 大。所以浅吃水的宽体船、油船等 $C_b\approx0.8$ 的肥大型船舶,向稳力较差,在小舵角保向航行中,船首的偏摆角度往往较大,并给人以稳不住的感觉;而长宽比大、瘦削的 C_b 小的船,则具有较好的向稳力。

船体浸水侧面积分布情况对向稳性的影响分析:浸水侧面积在艉部分布较多者,如船尾有钝材的船、艏部削进的船和艉倾船,重心偏后,于是 I 较小,由式 1-4-4 可知 T 较小,向稳力较好;浸水侧面积在艏部分布较多者,如船首有球鼻艏的船、艏倾船,向稳力较差。

排水量 D 与吃水 d 对向稳性的影响分析:轻载船质量小,故 I 较小,由式 1-4-4 可知 T 较小,向稳力较好;满载船质量大,于是 I 较大,由式 1-4-4 可知 T 较大,向稳力较差(受风时另当别论)。

水深 H 对向稳性的影响分析:在浅区(H 小),I 增加,然而转头阻矩系数 b 增加得更多,结果使 $T=I/b$ 变小,向稳力因水深变浅而得到提高;从实践角度来说,浅区由于水动力较大,船在外力干扰下航向偏离的幅度有限。

船速对向稳性的影响分析:对于同一艘船,随着船速的提高,定向直航的惯性增大,从而抵御外力干扰的能力增强,向稳力变好。从理论上分析,由于定向直航的惯性增大使得偏向上的惯性减弱(即 I 减小),由式 1-4-4 可知 T 较小,向稳力变好。而影响 T 或 T' 的因素见表 1-4-1。

表 1-4-1 影响 T 或 T' 的因素

影响因素	C_b↑	艉浸水侧面积分布多	排水量 D↑或吃水 d↑	船速 V↑	水深 H↓
T 与 T' 的变化	↑	小	↑	↓	↓

7. 弥补航向稳定能力不足的造船与航运措施

若增大舵叶面积,一方面,当舵放中间(正舵)时,相当于加长船尾、减小方型系数,使 T 变小、向稳力变好;另一方面,当操舵时因舵力矩系数 a 增大,转艏性变好,再根据 $a/b=K$(式 1-4-5)旋回性指数增大,旋回性变好。通常 T, K 不能同时变好,但适当增大舵叶面积恰能使 T, K 同时变好。因此在造船时,适当增大舵叶面积是改善船舶操纵能力包括航向稳定能力的绝佳措施。

造船时适当把后部做宽以增大后部浸水面积,从而使向稳力变好。营运中若需要弥补旋回性的不足,就在前部多装些货,在后部少装些货。

根据船舶的不同用途打造不同的船型:若船舶被用作长时间定向航行,应考虑打造成瘦长型;若船舶经常在狭水道频繁改向机动航行,应考虑打造成粗短型。

设法消除或减小操舵罗经的误差、提高其准确度;选用舵效来得快、回得也快的电动液压舵机,并注意改善舵机的性能。

C_b 大、浸水侧面积在艏部分布较多、排水量 D 或吃水 d 大的船,向稳力“先天不足”,因此在装载时宜留有适当的艉纵倾,使吃水差 ($t = d_F - d_A$) 处于 $-0.6 \sim -0.2$ m 的范围,并密切注意船体两侧的对称性。

舵工要不断提高操舵技能,一要及早发现船舶偏航并及时用舵、车保向,二要预测外力干扰的大小和方向,以提前压舵抵消。船舶驶经水底有坡度的浅区时会出现航向不灵的“症状”,故宜慢速行驶以减轻症状和储备舵力,必要时运用主机突进助舵以纠正艏偏;与他船对驶相遇时,为避免船间效应产生的偏向作用,尽量使船间距不小于两船船长之和,并低速行驶;为避免岸推船首、岸吸船尾的效应,船在近岸航行时应保持岸距、慢速行驶。

空船压载航行时,艉纵倾较大且吃水较浅,故向稳力和舵效很好;满载船航行时,艉纵倾大幅减小且吃水较深,故向稳力和舵效大大下降。对此,航行中宜适当保持较高的速度,纠偏时使用较大的舵角。

项目二 推进器的正确应用与船舶控速

核心概念

1. 舵设备——控制船舶方向的设备,是船舶最基本的操纵工具;
2. 舵效——为完成一定的转头角,航船在用舵后所占用的水域大小;
3. 船舶控向——船舶驾驶人员运用舵设备根据操纵任务保持或改变船舶的运动方向;
4. 船舶旋回性——为完成掉头任务,航船在用舵后所占用的横向水域的大小。

项目描述

本项目是课程的基础性内容之一,其中“推进器的正确应用”又是“船舶控速”的基础。该项目包括“螺旋桨的作用”“变速性能”与“动力装置的操作”模块。学生通过项目学习与实践,能正确运用推进器改善船舶的操纵性能、保持和改变船舶的速度。

学习目标

1. 了解推进器的种类及其优缺点、主机功率的种类、船速的种类及其运用场合;
2. 理解阻力的种类与构成;
3. 掌握减小阻力和改变推力的操船技术;
4. 能扬长避短地运用螺旋桨的致偏效应完成相关的操船任务;
5. 能够依据船舶的变速性能高效地启动和制动船舶。

模块1　螺旋桨的作用

模块描述

螺旋桨是船舶操纵的基本工具之一，因而“螺旋桨的作用”是本课程的基础性模块之一。模块涵盖阻力与推力、船速与功率、螺旋桨的致偏效应等内容，要求学生通过对螺旋桨作用的认识，扬长避短地利用螺旋桨改善船舶的操纵性能。

学习目标

1. 能依据船速、转速、推力的关系提高滑失，以增加推进效率和舵效；
2. 能测定船速；
3. 能扬长避短地利用螺旋桨的致偏效应完成操船任务。

工作任务

任务1　船舶阻力与螺旋桨的推力认知

任务2　主机功率和船速认知

任务3　防范和利用螺旋桨的致偏效应

导　　入

1. 推动船舶进退的力量从何而来？
2. “螺旋桨唯一作用是产生推力”，这种说法对否？

知识准备

把主机发出的功率转换成推动船舶前进的功率的装置或机构，统称推进器。推进器的种类主要有螺旋桨、平旋推进器、明轮、喷水推进器等。目前机动船上普遍使用的是螺旋桨。螺旋桨的种类主要分为固定螺距螺旋桨（Fixed Pitch Propeller，FPP）和可变螺距螺旋桨（Controllable Pitch Prpeller，CPP）两大类。主机通过艉轴带动螺旋桨转动，产生推力，推动船舶前进，同时由于螺旋桨的结构、船尾结构等方面的原因，在螺旋桨转动时还将产生螺旋桨横向力，使船舶产生偏转。作为船舶驾驶人员应掌握螺旋桨各方面的性能，趋利避害地加以运用。

任务实施

任务1　船舶阻力与螺旋桨的推力认知

船舶以一定的航速行驶于水面，必须克服船舶本身所受的各种阻力。船舶依靠主机发出的功率，驱动推进器产生推力；当推力与阻力平衡时，船舶将作匀速运动；当推力大于阻力时，船舶将作加速运动；当推力小于阻力时，船舶将作减速运动。

一、船舶阻力

▲学习提示：区分阻力的种类时须紧扣定义。

航行中的船舶所受的阻力(resistance)包括基本阻力 R_0 与附加阻力 ΔR 这 2 个部分，即 $R = R_0 + \Delta R$，基本阻力 R_0 指新出坞的裸体船(不包括附属体，如舵、螺旋桨等)在平静水面行驶时水对船体产生的阻力。基本阻力由摩擦阻力(frictional resistance)、涡流阻力(eddy-making resistance)和兴波阻力(wave resistance)等构成；后二者统称压差阻力，通常也称为剩余阻力(residual resistance)。

摩擦阻力的大小取决于船体的湿水面积、船体的粗糙度和船速，在一般商船速度范围内占总阻力的 70%～80%，并与船速的 1.825 次方成正比。剩余阻力的大小取决于船体的形状和船速，与船速的 2～3 次方成正比，且船速越高，幂次越高。对于给定的船舶，其基本阻力的大小与船舶吃水、船速密切相关。当吃水一定时，基本阻力与船速有关。在船速较低时，基本阻力与船速的关系近似于线性变化；但当船速较高时，基本阻力则随船速的增加急剧增大，且船速越高，增大的幅度越大。基本阻力随船速而出现上述变化的原因在于，船速较低时，摩擦阻力占基本阻力的比例较高；而船速较高时，剩余阻力尤其是兴波阻力所占比例将越来越大。单就兴波阻力而言，与船速的 4～6 次方成正比。当船速一定时，吃水越大，基本阻力越大。

附加阻力由污底阻力(fouling resistance)、附体阻力(appendage resistance)、空气阻力(air resistance)和汹涛阻力(rough water resistance)等组成。

显然，船舶的附加阻力与船体的污底程度、附体的数量及结构、风浪的大小、航道的浅窄等因素有关。对于商船，因其速度不快，空气阻力仅占总阻力的 2%～4%。

二、螺旋桨的推力

▲学习提示：围绕影响推力的因素展开。

1. 推力的产生

在主机驱动下，转动的螺旋桨推水向后运动，水对螺旋桨的反作用力在船首方向的分量为推船前进的推力(thrust)，倒车时产生指向船尾的拉力。流向螺旋桨盘面的流称为吸入流(suction current)；离开螺旋桨盘面的流称为排出流(discharge current)。吸入流的特点是流速较慢，范围较宽，流线几乎相互平行；排出流的特点是流速较快，范围较小，水流旋转激烈，见图 2-1-1。

2. 影响推力的因素

1）滑失与滑失比

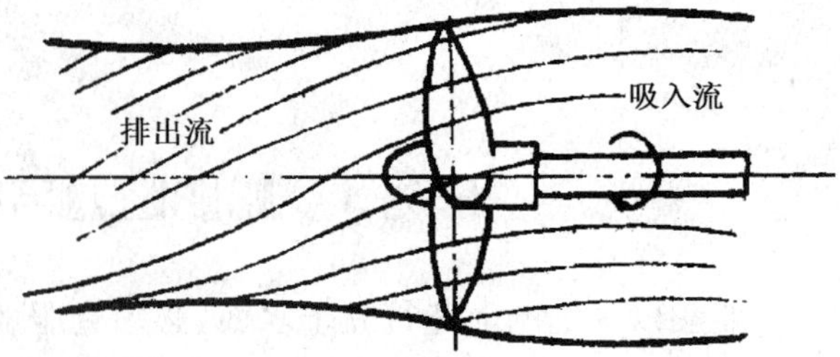

图 2-1-1 螺旋桨流

如果螺旋桨不在水中运动，而像螺杆在螺母中运动一样，那么旋转一周后，它在轴线方向上移动的距离等于它的螺距 P。但因为螺旋桨是在水中工作的，常会发生滑脱现象，即在旋转一周后前进的路程 h_A 较螺距 P 小。同样，若螺旋桨转速为每秒 n 转，则螺旋桨的前进速度 V_A 比理论上应能前进的速度 nP 小。

螺旋桨理论上应能前进的速度 nP 与螺旋桨的前进速度 V_p 之差，称为滑失速度，也可简称为滑失，其表达式为：$S = nP - V_p$。滑失速度 S 与理论速度 nP 之比叫滑失比，即 $S_r = (nP - V_p)/nP$。滑失与滑失比越大，推力越大。

在实际操船中，船舶驾引人员常通过降低船速、增加主机转速提高螺旋桨的滑失比提高舵效。例如，在港内操船需要大幅转向时，常在转向前采取停车淌航等措施降低船速，在船舶到达预计的转向点附近时操大舵角配合主机突进提高螺旋桨的滑失比，提高舵效，可使船舶在较小的水域内转过较大的角度。值得注意的是，当螺旋桨滑失比增加时，在增加螺旋桨推力的同时，也增加螺旋桨的转矩，即需要主机克服更大的转矩，容易使主机超负荷工作而损坏主机。因此，船舶在高速前进中突然开高转速倒车、高速后退中开高转速进车，或者船舶静止中突然开高速进车或倒车往往会造成主机超负荷工作，应该予以避免。另外，船舶在大风浪中或浅窄水域航行时，螺旋桨的滑失比增大，也容易使船舶主机超负荷工作。

2）用车状态

当主机倒车时，由于螺旋桨和主机结构方面的原因，在同转速、船速下的倒车给出的拉力较进车给出的推力低，仅为进车推力的 60%～70%。大型船舶更小，只有 30%～40%。

3）螺旋桨沉深

螺旋桨没入水中的深度对螺旋桨的推力和转矩也有较大影响。当螺旋桨没入水中的深度不足，螺旋桨转动造成空气吸入现象或部分螺旋桨露出水面时，螺旋桨的推进效率降低，螺旋桨的推力和转矩相应也将大大减小。

4）伴流

当螺旋桨处的伴流增加时，螺旋桨的滑失比增加，增大螺旋桨的推力，从而提高螺旋桨的推进效率。但伴流降低舵处的来流速度，因而降低舵效。

任务 2 主机功率和船速认知

一、主机功率

▲学习提示：从效率角度区分功率的种类。

从功率的传递情况看，主机发出的功率除驱动螺旋桨转动产生推力为船舶作前进运动提供有效功率外，还必须提供驱动螺旋桨产生相应转矩所需要的功率以及克服主机和传动轴系摩擦所需要的功率。主机功率主要有以下几种：

（1）机器功率(Machinery Horse Power，MHP)：指主机发出的功率。根据主机种类的不同，测定机器功率的部位不同，机器功率在不同类型主机中有不同的表示方式。

（2）收到功率(Delivered Horse Power，DHP)：指机器功率经过减速装置、活塞、轴承和其他机件的摩擦损失传至主轴尾端与螺旋桨连接处的功率。

（3）推力功率(Thrust Horse Power，THP)：指螺旋桨获得收到功率后，发出的推进功率。它等于螺旋桨发出的推力 T 与螺旋桨进速 V_p 的乘积。

（4）有效功率(Effective Horse Power，EHP)：指克服船舶阻力 R 而保持一定船速 V_s 所需要的功率。它等于船舶阻力 R 与船速 V_s 的积。

▲各功率之间的关系，见图 2-1-2。

螺旋桨 DHP 与 MHP 的比值称为传递效率，其值通常为 0.95～0.98；EHP 与 DHP 之比称为推进器效率，该值为 0.60～0.75；EHP 与 MHP 之比称为推进系数，该值为 0.5～0.7，即主机发出功率变为船舶推进有效功率后损失将近一半。

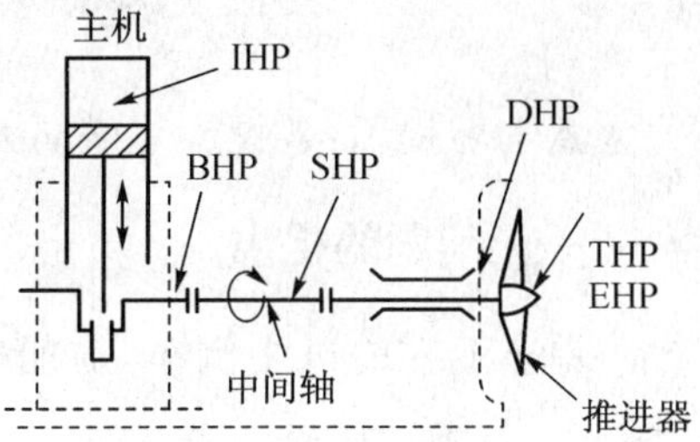

图 2-1-2　船用功率的名称

二、船速分类

▲学习提示：运用反证法说明诸类船速的适用场合。

1. 额定船速

根据一定标准验收后的主机，可供海上长期使用的最大功率就是该主机的额定功率(Max. continuous output)。在可以忽略其浅水影响的平静深水域中，在主机功率为额定功率稳定输出的条件下，所得到的主机稳定的转速称为主机的额定转速 n_H。

在额定功率、额定转速条件下，船舶在平静的深水域中取得的船速称为额定船速。在新船试航时可通过实船试验测得。投入营运后由于主机的磨损和船体的陈旧，额定船速将会降低。额定船速是船舶在深水域中可供使用的最高船速。

2. 海上船速

海上由于气候多变，为确保长期安全航行，需留有适当的主机功率储备，因而主机的海上常用功率要较其额定功率低，通常为额定功率的 90%；相应的海上常用主机转速 n_0 为额定转速的 96%～97%。主机按海上常用输出功率、常用转速运转时，在平静深水域中取得的船速即为海上船速。

3. 港内船速

近岸航行，尤其是近港航行，常需备车；港内船舶密集，水深较浅，弯道较多，用舵频繁。为便于操纵与避让和不使主机超负荷，港内航行最高船速也应较海上船速低。该船速通常由船长和轮机长商定并共同遵守执行。一般港内的最高主机转速为海上常用转速的 70%～80%。

港内船速与海上船速一样，常按主机输出功率的比例不同划分为“前进三”“前进二”“前进一”和“微速前进”挡。微进时的主机输出功率和转速是主机可以输出的最低功率和最低转速。

如同前进时港内船速分级一样，在倒车挡次中也分为“后退三”“后退二”“后退一”等挡。

通常港内"后退三"时的主机转速为海上常用转速的 60%~70%。

应当指出，在港内或某些内海航区或狭水道，为保证航行安全，根据经验与统计，特别规定最高限速。如本船所用的港内船速高于该限速时，则应遵照各港内或航区的有关规定执行。

此外，营运中的船舶为最大限度地节约成本，提高船舶运输的经济效益，常采用经济航速航行。所谓的经济航速，指能使船舶费用与燃料费用之和(即运输成本)达到最低的航速。其中船舶费用包括船舶折旧费、保险费、船员费用、修理费、港口使费、润滑油费用等。

任务3　防范和利用螺旋桨的致偏效应

▲学习提示：各螺旋桨横向力的学习紧扣三要素——成因、大小、方向。

一、问题的提出

单车船在前进中倒车，航船船首右偏，什么原因？见图 2-1-3。

螺旋桨工作时，除产生正、反向推力外，还会产生推动船舶偏转的效应，这种效应叫"车效应"。车效应包括浸深横向力、伴流横向力、排出流横向力、推力偏心效应等。海船大多属于单车船，FPP 单车船大多使用右旋车(即进车时右转、倒车时左转的车)，有些 CPP 单车船采用左旋车(即进车时左转、倒车时右转的车)。单车船的车效应总是存在着的，不可忽略。而双车船的车效应，则视情况而定。在正常航行时，由于左右双车转向相反且转速相等，两车各自产生的车效应相互抵消，总的车效应为 0；但在机动操纵致使双车工况不一时，两车各自产生的车效应不能相互抵消甚至相互叠加。

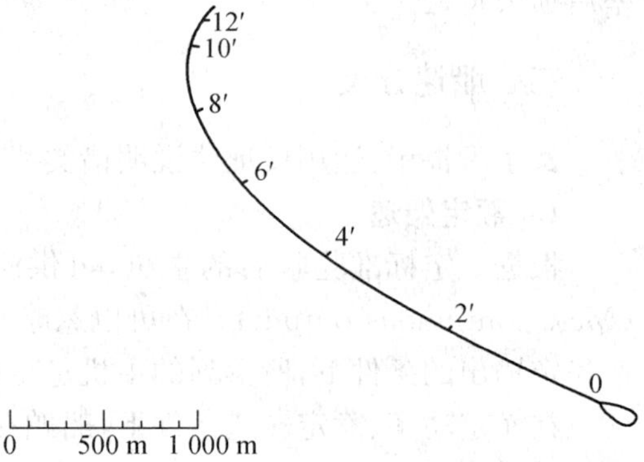

图 2-1-3　单车船在前进中倒车时的航迹

二、沉深横向力(ΔQ_1)的实质与内涵剖析

ΔQ_1产生的原因：见图 2-1-4，螺旋桨接近水面工作时(浸深与桨径比 $I/D_P<0.75$)，吸入空气，致使水的密度下降，造成螺旋桨遭受的旋转阻力 Q 下降；由于上桨处吸入的空气比下桨处的多，因此上桨旋转阻力 $Q_上$ 比下桨旋转阻力 $Q_下$ 下降得多，造成 $Q_上<Q_下$，$Q_下-Q_上$ (ΔQ_1) 即浸深横向力。

ΔQ_1作用的方向：ΔQ_1推艉的方向与螺旋桨的转向相同，即进车时桨右转，ΔQ_1推艉朝右(推艏朝左)；倒车时桨左转，ΔQ_1推艉朝左(推艏朝右)。

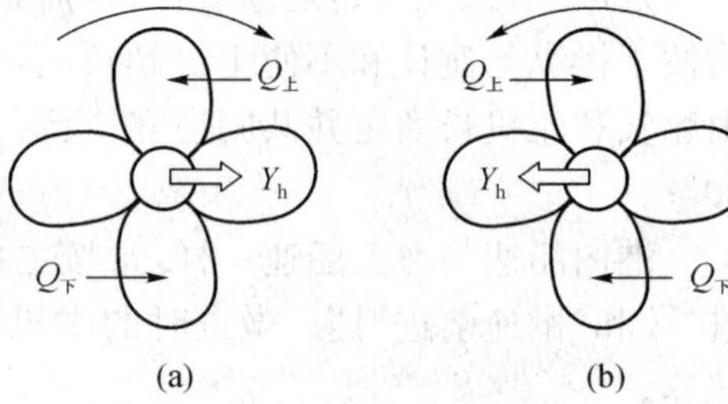

图 2-1-4　沉深横向力

影响 ΔQ_1 大小的因素：浸深越小，ΔQ_1 越大；倒车时的 ΔQ_1 比进车时大；滑失（转速×螺距－船速）越大，则螺旋桨负荷越大，ΔQ_1 越大。例如，当船刚离码头或锚地（静止中进车）时、船在低速淌航中突然加车时、船过浅区时，滑失很大，导致 ΔQ_1 很大。

三、伴流横向力（ΔQ_2）的实质与内涵剖析

ΔQ_2 产生的原因：船舶航行（前进）时，船尾会出现追随艉部前行且流经螺旋桨的伴流，见图 2-1-5，由于艉型具有“上肥下瘦”的特征，从而出现伴流速度“上大下小”的差异。依据《船舶原理》理论，“伴流增加螺旋桨的旋转阻力”，上桨处的伴流大则 $Q_上$ 增加得多，下桨处的伴流小则 $Q_下$ 增加得少，造成 $Q_上$ 比 $Q_下$ 更大，$Q_上-Q_下$（ΔQ_2）即伴流横向力。

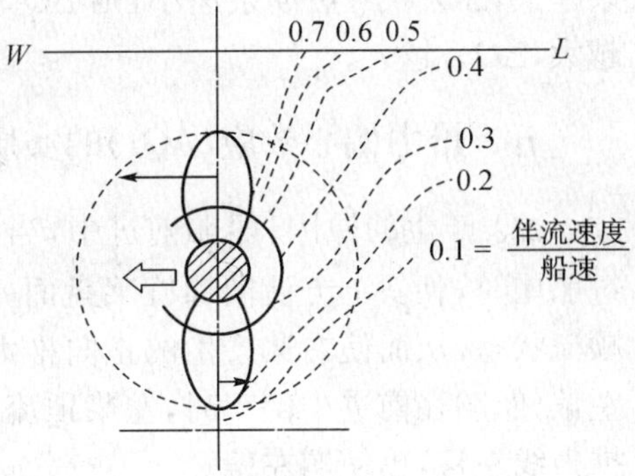

图 2-1-5　伴流横向力

ΔQ_2 作用的方向：推艉的方向与螺旋桨的转向相反，即进车航行时桨右转，ΔQ_2 推艉朝左（推艏朝右）；前进中倒车时桨左转，ΔQ_2 推艉朝右（推艏朝左）。

影响 ΔQ_2 大小的因素：与艉型（即伴流速度的上下差异）有关，V 型艉比 U 型艉大；船速越大，则伴流越大，ΔQ_2 越大；此外，转速越大、ΔQ_2 越大。

四、排出流横向力（ΔQ_3）的实质与内涵剖析

1. 进车航行时的排出流横向力（ΔQ_{3-1}）

ΔQ_{3-1} 产生的原因：见图 2-1-6，船舶进车时，螺旋桨排出流打在舵上，分别打在舵一侧的下部与另一侧的上部，当船处于非前进状态时（即静止或后退时），没有伴流，则两侧的排出流冲角一样，两侧的排出流对舵的冲击力都一样，不存在冲击力的差值；但当船在前进时，船尾伴流出现且“上大下小”，造成作用于舵下部的排出流的冲角大于作用于上部的排出流的冲角，从而出现下、上部冲击力的差值，该值就是 ΔQ_{3-1}。

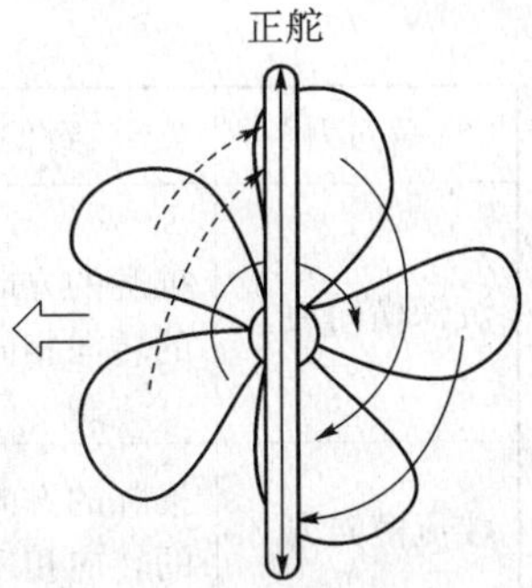

图 2-1-6　进车航行时的排出流横向力

ΔQ_{3-1} 作用的方向：右旋车船进车航行时，艉左艏右；左旋车船进车航行时，艉右艏左。

影响 ΔQ_{3-1} 大小的因素：船速越大则伴流越大，ΔQ_{3-1} 越大；此外，转速越大、船尾吃水越浅（即舵越接近水面），ΔQ_{3-1} 越大。

2. 倒车时的排出流横向力（ΔQ_{3-2}）

ΔQ_{3-2} 产生的原因：见图 2-1-7，船舶倒车时，螺旋桨的排出流打在船尾，分别打在艉一侧的上部与另一侧的下部。一方面，由于艉型“上肥下瘦”，使得作用于艉上部的排出流冲角大于作用于艉下部的排出流冲角；另一方面，朝着艉下部冲击的排出流还有一小部分打入船底下的水中，出现上、下部冲击力的差值，该值就是 ΔQ_{3-2}。

ΔQ_{3-2} 作用的方向：右旋车船倒车，艉左艏右；左旋车船倒车，艉右艏左。

排出流横向力 ΔQ_3 作用方向的规律：通过对 ΔQ_{3-1} 与 ΔQ_{3-2} 作用方向的比较可知，船舶无论是处于进车航行状态还是倒车状态，ΔQ_3 的作用方向均是左旋车船——艏左，右旋车船——艏右（口诀是“左旋艏左，右旋艏右”）。

影响 ΔQ_{3-2} 大小的因素：与艉型有关，V 型艉比 U 型艉大；前进中倒车时，相对来流起削弱排出流的作用，起初前冲余速大，ΔQ_{3-2} 小、后期余速小，则 ΔQ_{3-2} 大；转速越大则排出流越大，ΔQ_{3-2} 越大。

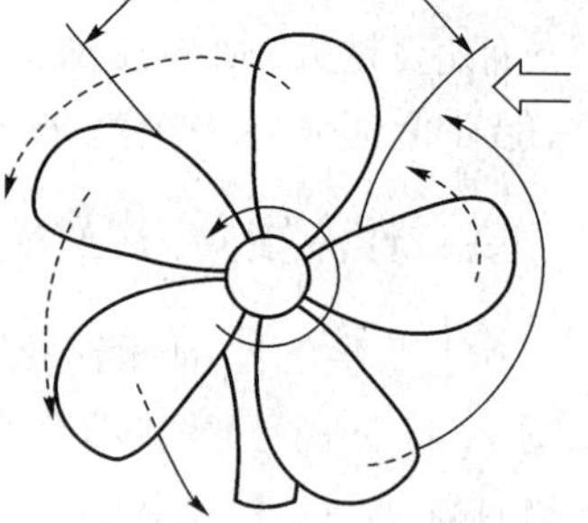

图 2-1-7　倒车时的排出流横向力

五、推力偏心效应（ΔQ_4）的实质与内涵剖析

ΔQ_4 产生的原因：船舶前进中，当流经船底的相对来流经过船尾时，朝斜上方流向螺旋桨盘面。以右旋车为例，进车时右桨叶呈顶流状态、左桨叶呈顺流状态，从而使右桨产生的正向推力大于左桨，结果造成正向推力线向右舷侧偏移，使艏左偏；船舶在前进中倒车时，左桨顶流、右桨顺流，左桨产生的反向推力大于右桨，造成反向推力线左移，也使艏左偏。

ΔQ_4 作用的方向：推力线偏移的方向与螺旋桨的转向一致，桨右转时推力线右移、桨左转时推力线左移。也可归纳为：右旋车船在前进中无论是进车还是倒车，ΔQ_4 均使艏左偏；左旋车船在前进中无论是进车还是倒车，ΔQ_4 均使艏右偏（口诀是“左旋艏右，右旋艏左”）。

影响 ΔQ_4 大小的因素：船速越大，则相对来流越大，ΔQ_4 越大；转速越大，ΔQ_4 越大；与艉型有关，直立型艉比斜坡型艉大。

六、各类车效应所表现出的主要个性特征比较

表 2-1-1　各种车效应所表现出的主要个性特征

横向力	致偏作用	产生条件	影响其大小的因素	量　值
沉深横向力	推艉的方向与螺旋桨的转向相同	螺旋桨沉深比 $h/D<0.65\sim0.75$	h/D 越小、船速越低、转速越高、水深越小，该力越大；倒车比进车大	视 h/D 值的大小
伴流横向力	推艉的方向与螺旋桨的转向相反	存在伴流/船舶前进	伴流分布差异越大、船速越高、转速越高，该力越大	较小的量
排出流横向力	左旋车推艏向左 右旋车推艏向右	排出流能够作用于舵上或船尾	船速、转速越大、船尾吃水越浅，该力越大	较大的量
推力中心偏位	推力线偏移的方向与螺旋桨的转向相同	船舶前进	船速越高、转速越高，偏位越明显	较小的量

对于 CPP 单桨船，为使其在操纵中与右旋 FPP 单桨船的致偏作用一致，常采用左旋式。

对于双车船，为充分发挥螺旋桨致偏作用在操纵中的有效性，FPP 双车船多采用外旋式，而 CPP 双车船则多采用内旋式。其原理是：当双车船两车均以同样转速同时进车或倒

车时，它们所产生的横向力互相抵消，船舶将基本不发生偏转。当双车船两车的转速不同，或一舷进车另一舷倒车时，一方面因两车推力大小不同或推力方向不同，自然形成强大的转船力矩；另一方面，如FPP双车船采用外旋式，CPP双车船采用内旋式，螺旋桨的各致偏作用也与上述转船力矩的方向相一致，有利于船舶掉头。

七、右旋FPP单桨船的偏转趋势

▲学习提示：列表填空。

前面讨论各种螺旋桨横向力的成因和致偏作用，现运用前述的结论分析船舶在各种运动状态下的一般偏转趋势。

1. 静止中的船舶正舵进车时的偏转

开始动车时，船速仍较低，伴流横向力、进车排出流横向力以及推力中心偏位的影响均较小；船舶在沉深横向力的作用下使船首左偏。空船或轻载时，螺旋桨的沉深比 h/D 值较小，沉深横向力较大，船首左偏比较明显；重载船沉深横向力较小，则几乎不出现偏转。

随着船速的提高，沉深横向力减小，伴流横向力、排出流横向力推艉向左的影响增强，将逐渐削弱甚至克服沉深横向力的作用。

船舶在静止中进车，不论出现左偏或右偏，均可用 $2°\sim3°$ 舵角加以克服，保证船舶直航。

2. 前进中倒车时的偏转趋势

开始倒车时，船速仍较高，伴流仍很强，伴流横向力的影响使船首左偏；因船前进的速度较高，倒车排出流横向力使船首右偏的影响较弱；艉吃水较浅的船，沉深横向力的影响使艄右偏。总体而言，船舶的偏转方向不定，此时用舵就能克服偏转。

随着船速降低，倒车排出流横向力的影响逐渐增强，而伴流横向力逐渐减弱，船首将出现明显的向右偏转。此时，船虽仍在前进中，但倒车排出流却大大降低舵处的来流速度，舵效极差，即使操舵也无效果。一般船舶为控制船首右转，只有在倒车开出前先操左舵，使船先具备左转趋势，上述右偏现象才有所缓解。

3. 静止中正舵倒车时的偏转特性

静止中的船舶操正舵倒车时，伴流尚未发生，只有倒车排出流横向力及艉吃水较小时的螺旋桨沉深横向力的影响使船首向右偏转。吸入流产生的舵力因舵速较低，即使使用右满舵也不能控制这种船首右转的现象，直至船舶具有相当的后退速度后，舵与水的相对速度增大，才能产生足够的舵力转船力矩以削弱船首向右偏转的趋势。实船经验表明，后退中的舵力一般仍不能制止船首向右偏转。

随着船舶退速的提高，沉深横向力的影响相对减弱，排出流横向力的影响也将因船体左侧所受水动力的影响而作用减弱，此时船舶右转速度将自行稳定，进行船尾向左后方的大直径旋回。

4. 左、右满舵全速旋回的比较

在无风流条件下，一般右旋定距桨单桨船，其左旋回直径比右旋回直径小，原因是：

（1）吸入流造成的推力中心偏位有利于船舶左转。

（2）向左旋回时，左侧车叶由下而上旋转，因伴流、吸入流的影响，不易失速，空气吸入空泡现象不易发生，因而较右转时有较强的舵力。

八、防范与利用双车船车效应的操船技术

双车船分成 2 类:外旋车船和内旋车船。在外旋车中,左车是左旋车、右车是右旋车,在进车时双车各自朝外侧转动;在内旋车中,左车是右旋车、右车是左旋车,在进车时双车各自朝内侧转动。FPP 船大都采用外旋车,CPP 船大都采用内旋车。

从表 2-1-2 中可以看出:2 种类型的双车船,均采取左进右倒车、操舵旋回,在工作状况完全相同的情况下,外旋车船产生的浸深横向力与排出流横向力协助船舶右转,而内旋车船产生的浸深横向力与排出流横向力妨碍船舶右转。因此可以得出结论:在用倒顺车操舵旋回时,外旋车船的旋回性好、内旋车船的旋回性差。

表 2-1-2 内/外旋车船的旋回性分析比较

车 效 应	车 况			
	外旋车船(操右满舵向右旋回)		内旋车船(操右满舵向右旋回)	
	左进车(桨左转)	右倒车(桨左转)	左进车(桨右转)	右倒车(桨右转)
浸深横向力	艄右	艄右	艄左	艄左
排出流横向力	伴流小,忽略	艄右	伴流小,忽略	艄左
伴流横向力	(因船速小、伴流小)忽略		(因船速小、伴流小)忽略	
推力偏心效应	(因船速小、艉相对来流小)忽略		(因船速小、艉相对来流小)忽略	
综合车效应	推船首右偏		推船首左偏	
船舶最终的表现	船首右转较快		船首右转较慢	

在用双进车操舵旋回时,一方面,双车的车效应相互抵消。另一方面,内旋车船由于双车均朝内转,使得双车内侧始终保持高水位,确保螺旋桨能始终输出较大的排出流,较大的排出流作用在舵叶上最终确保旋回中舵效好,旋回性好;外旋车船由于双车均朝外转,双车内侧水位低,不能确保舵效,旋回性差。

因此,在操纵双车船旋回时,外旋车船应采取倒顺车操舵的操作方法,以充分利用车效应的有利作用;内旋车船应采取双进车操舵旋回的操作方法,以充分利用排出流大、舵效好的优势,不宜采取倒顺车操舵的操作方法,回避车效应的不利作用。

九、致偏作用的运用实例(右旋 FPP 单桨船)

右旋 FPP 单桨船最明显的致偏作用是:静止中、低速前进中或后退中倒车均出现船首向右偏转的现象。现举数例说明在实际操船中如何趋利避害地运用这些致偏作用。

1. 向右就地掉头

为在狭小的水域完成掉头,右旋单桨船(FPP)多采取向右掉头。操纵得当应能在 $2L$ 左右或更小的圆水域内实现掉转。

船舶停车淌航至位置 1 时,操右满舵全速进车,此时滑失很大,在强大的排出流的作用下,舵效极佳,船首迅速向右偏转,但由于船速不大,故前冲的距离并不大。在未到位置 2 之

前即用后退三，此时舵力、螺旋桨沉深横向力、倒车排出流横向力均推艉向左，进一步使船首继续右转。当船舶到达位置2时，即船舶前进运动停止后操正舵，待船舶开始后退时即操左满舵，船首继续右转。当至位置3时，若确信位置已够，可操右满舵并全速进车，待船首掉转到近180°时适当减速，见图2-1-8。

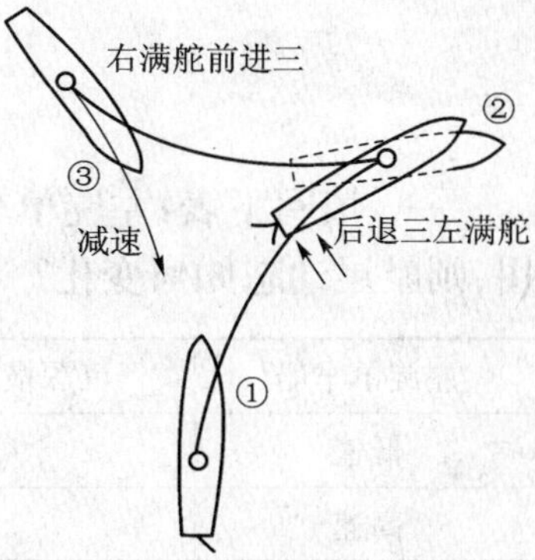

图 2-1-8　右旋单桨船向右掉头

2. 自力靠码头操纵中的应用

左舷靠码头时，应把靠拢角调整为10°～20°(倒车偏转特性强的小型船，该角度较高)，以备在适当时间倒车时既可将船拉停在码头边，又能使船外转该靠拢角度，近乎平行地靠停，见图2-1-9(a)。

右舷靠泊见图2-1-9(b)。考虑到为停船必须使用的倒车会使船舶右转，因此应尽量减小靠拢角，而略加大船与码头线的横距，以便倒车时，使船首平稳接近码头线。

3. 系靠单浮或单点系泊中的应用

在系靠单浮或单点系泊时的自力操船中，通常以右舷浮筒横距为1～1.5倍船宽入泊，见图2-1-10。在接近浮筒前倒车，这样既可以刹减船速，又可以使船首向右偏转，使船首缓慢接近浮筒。

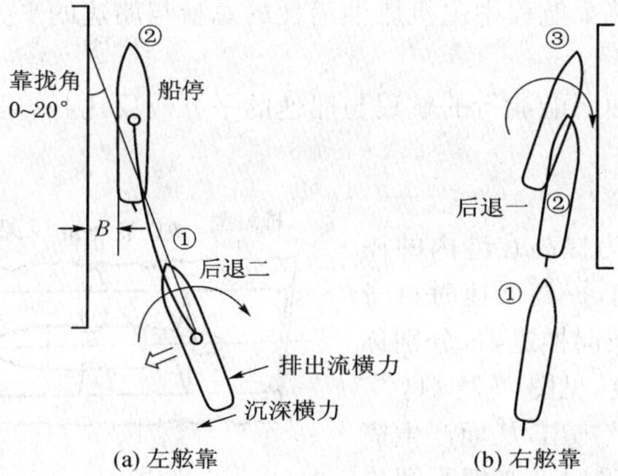

图 2-1-9　靠码头时的应用

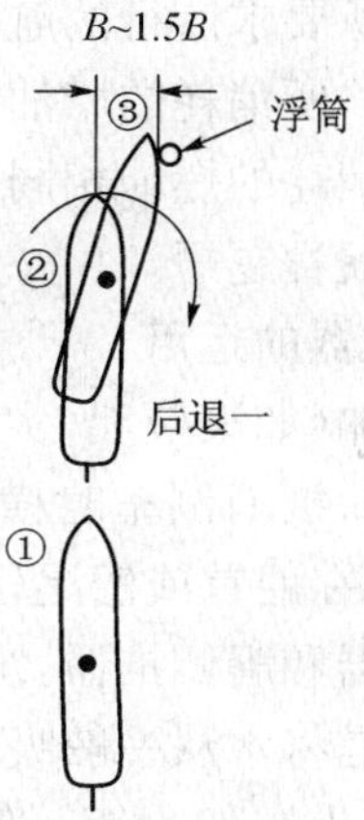

图 2-1-10　系单浮时的应用

任务评价

评价内容		评　价　标　准	权重/%	分项得分
任务完成情况	任务1	船舶阻力与螺旋桨的推力认知	30	
	任务2	主机功率和船速认知	40	
	任务3	防范和利用螺旋桨的致偏效应	20	
职业素养		善于运用螺旋桨的致偏效应解决实际问题	10	
总分			评价者签名：	

任务拓展

一、填写下表:左旋单车船由低速到高速航行,如果只受到沉深和伴流横向力的作用,则船尾动态如何变化?

左旋单车船	沉深横向力	伴流横向力	排出流横向力	船尾动态
低速				
高速				

二、自主阅读

1. 船速与主机燃油消耗的关系

节约燃油消耗是船长的重要职责,主要为降低运输成本、提高船舶营运效益。尤其是大洋航行时,航程和航时均较长,掌握船速和主机燃油消耗的关系,运用最佳船速,可以大大提高船舶的营运效益。

当船舶排水量不变时,航行一定航程 D 所消耗的燃油总量与船速的平方和航行的航程 D 成正比。另外,当船舶的排水量为定值时,可以推论出:

(1) 当所要求航行的航程一定时,整个航程中主机燃油消耗的总量与船速的平方成正比,船速越高,所消耗的燃油越多。

(2) 若消耗的燃油相同,则这些燃油所能航行的航程与船速的平方成反比,船速越高,所能航行的航程越短。

2. 侧推器的运用

有些船舶(如滚装船、大型客船等)为提高在港内的操纵性能,例如,抵消倒车时横向力的影响,提高低速时自身的操纵能力,在船首或船尾较低处装置横向推进器,分别称之为艏侧推器和艉侧推器,统称为侧推器,见图 2-1-11。

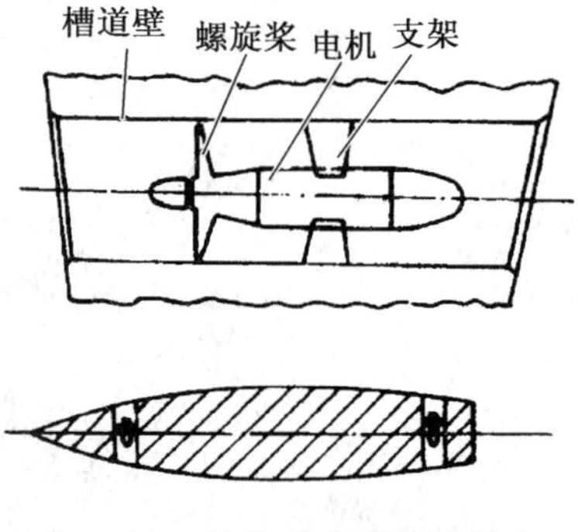

图 2-1-11 船舶侧推器结构示意

侧推器是将水从一舷吸入,由另一舷排出,从而产生横向力,进而产生转船力矩。侧推器多数采用可变螺距螺旋桨,操作灵活,并采用电机带动,直接在驾驶台操作。可用手柄左右控制方向,其速度一般可分为 2~3 挡。

艏侧推器只有在船舶处于低速状态下才能发挥较大的效率。随着船速的增加,前进中斜航时的横向阻力和旋回阻尼力矩明显增加,艏侧推器的效率相应降低。经验表明,艏推器发挥作用的航速应控制在 4 kn 以下。一般在侧推器的控制台边上都附有“航速超过×节不可使用”的警告牌。

▲探究与思考:侧推器在哪些情况和场合下能发挥显著的作用?举例说明。

模块2　船舶变速性能

模块描述

本模块是反映船舶操纵性能的重要模块，包含船舶起动、停车、倒车运动特性和影响因素等基础内容，也包括船舶停车和倒车性能在实际操作中的应用。要求学生熟悉船舶变速运动过程，掌握不同船型的冲程经验数据和船舶倒车制动性能。该模块的学习应该与模块三(船舶动力装置的操作与管理)相结合，把变速运动和主机运转状态融会贯通。

学习目标

1. 掌握船舶起动、停船和倒车过程运动状态的变化以及影响因素；

2. 结合不同类型推进器的特性和主机性能差异，掌握螺旋桨和船舶主机对停船性能和倒车制动性能的影响；

3. 在已掌握的知识基础上，能够分析各种制动方式的优缺点、适用的水域和使用注意点。

工作任务

任务1　船舶起动性能

任务2　船舶停车性能

任务3　船舶倒车停船性能

导　入

1. 公交车进站前，司机应该提前多久松油门开始滑行？

2. 交通工具转向的快与慢会造成什么样的结果？

知识准备

乘坐公交车进站时，常遇到司机驾驶不慎，刹车太猛导致车内乘客东倒西歪甚至无法站立。而经验丰富的驾驶员会在进站前提前松开油门利用惯性滑行进站。而进站前的车速越高，车内乘客越多，车辆越重，速度越难控制。因此，车辆无动力滑行距离与初始车速和车体惯性有很大的关系。同理，船舶在做变速运动时也受船体质量和初始船速的影响，速度越快，排水量越大，变速过程所需时间和距离越长。

船舶通过起动、变速、停车、倒车操纵，驱动静止中的船舶运动或运动中的船舶停止或改变船舶的运动速度时，船舶都具有维持其原来运动状态的特性，经过一定时间和距离的过渡，才能达到所要求的状态，这种特性称为船舶惯性(inertia effect)。标志惯性过程长短的数据有 2 种表示方式：一种是衡量完成变速运动所需路程的称为冲程(惯性冲程)；另一种是衡量完成变速运动所需时间的称为冲时(惯性冲时)。这 2 个指标是船舶操纵的重要要素，在靠泊、狭水道航行、雾航中都很有用。驾驶人员必须掌握本船的要素，并在条件许可的情况下，随时核对以备应用。

在实际操船中，变速和改向兼而有之。在变速和改向运动中都存在惯性，只不过前者改变的是船舶运动的线速度，后者改变的是角速度。这里所讨论的船舶变速运动性能指船舶的起动性能、停车性能和倒车停船性能。

任务实施

任务 1　船舶起动性能

船舶在起动进车时，主机产生的推力与船舶基本阻力之差是船舶产生加速运动的动因。在起动之初，由于推力大于阻力，船舶作加速运动，当经过一段时间 t 和距离 S 后，推力与阻力达到平衡，速度达到稳定值，船舶作匀速运动。船舶在静止状态中开进车，使船舶达到与主机功率相应的稳定船速所需的时间和航进的距离，称为船舶的起动性能。

根据理论推导，船速达到定常速度 V 时所需的时间 t 和航进的距离 S 的估算公式为

$$t = 0.004\Delta V/R \qquad (2\text{-}2\text{-}1)$$

$$S = 0.101\Delta V^2/R \qquad (2\text{-}2\text{-}2)$$

式中：Δ 为船舶排水量，t；R 为船速为 V 时的船舶阻力，9.81 kN；V 为船舶的定常速度，kn；t 为时间，min；S 为起动惯性距离，m。

根据经验，从静止状态逐级动车，直至达到定常速度，满载船舶约需航经 20 倍船长的距离，轻载时为满载时的 1/2～2/3。

船舶从静止状态开进车，主机的转速需视船速的逐步提高而逐渐增加，因而存在一个逐步加速过程。一味求快，甚至立即把主机的转速增加很多，会使主机转矩突然增大，使主机超负荷工作，在实际操船中应予以避免。

任务 2　船舶停车性能

一、理论上的船舶停车性能的界定

航行中的船舶从下令停车起到船舶对水停止移动止所需的时间和滑行的距离，称为停车冲时和停车冲程。

二、实践上的船舶停车性能的界定

主机停车后，推力急剧下降到 0。开始时船速很高，船舶阻力也大，船速下降迅速；但随

着船速的下降，船舶阻力减小，船速下降逐渐缓慢；当船速很低时，阻力很小，船速的下降极为缓慢，船舶很难完全停止。因此，通常以船速降低至能维持船舶舵效的速度（万吨级船舶为 2 kn 左右）为界限计算船舶的停车冲程和冲时。

▲回答：船舶停车后的余速下降规律？

三、船舶停车冲程的经验数据

根据经验，船舶在常速航进中停车，降到能维持其舵效的速度时，一般货船的停车冲程为船长的 8～20 倍；超大型船舶的停车冲程则超过 20 倍的船长；VLCC 满载在海上以常速航行时从停车到余速为 3 kn 的停车冲程约为 23 倍船长。船越大，停车惯性越大。

四、停车后船速减半时间常数的运用

实践和理论证明：船舶在停车后的减速过程中，速度每下降一半所需的时间大致相等，这一时间叫船速减半时间常数 C。

船舶停车后的余速 V 计算公式：　$V = V_0 2^{-t/C}$　(2-2-3)

船舶停车冲程 S 计算公式：　$S = 0.024CV_0$　(2-2-4)

式中：V_0 为船舶发令停车时的初速度，kn；V 为停车后的某一时刻的速度，kn；t 为停车后的某一时刻，min；S 为停车冲程，m。

船速减半时间常数 C，其值随船舶排水量的不同而不同，单位为 min，可由表 2-2-1 中查取。

表 2-2-1　船速减半时间常数

排水量/t	C/min	排水量/t	C/min	排水量/t	C/min
1 000	1	28 001～36 000	8	10 501～120 000	15
1 001～3 000	2	36 001～45 000	9	120 001～136 000	16
3 001～6 000	3	45 001～55 000	10	136 001～152 000	17
6 001～10 000	4	55 001～66 000	11	152 001～171 000	18
10 001～15 000	5	66 001～78 000	12	171 001～190 000	19
15 001～21 000	6	78 001～91 000	13	190 001～210 000	20
21 001～28 000	7	91 001～10 500	14		

五、船舶停车制动时的主机保护

高速前进中的船舶突然下令停车，主机转速下降至完全停止要有一个过程。除特殊情况外，从有利保护主机的角度出发，一般仍应采取逐级降速至停车。

为在进港或接近锚地时能正确采取停车减速的措施，确保船舶的安全，船舶驾引人员应在实践中熟练掌握本船的停车及减速性能，有关不同船舶在进港操船中的减速方法将在后面作详细介绍。

任务3　船舶倒车停船性能

一、船舶倒车停船性能的概念

船舶在前进三中开后退三，从发令开始到船对水停止移动所需的时间及航进的距离，称为倒车冲时和倒车冲程，其距离又称紧急停船距离(crash stopping distance)或最短停船距离(shortest stopping distance)。

二、船舶倒车停船时的机舱操作

前进中的船舶由进车改为倒车，通称主机换向。由低速进车变为低速倒车，虽然中间也经过停车，但一般还可以较快地完成。在高速航进中，由前进三或前进二突然改为倒车、甚至高速倒车，尽管情况紧急，但主机无法办到。为不致于造成主机转动部分出现过大应力或损伤，在关闭油门后，通常要等到船速降至全速的60%～70%，主机转速降至额定转速的25%～35%时，将压缩空气通入气缸，迫使主机停转后，再进行倒车起动。起动后，倒车转速的加快也应逐步增大；突然增加到高速，对主机也有损害。驾驶人员应当了解所在船舶的主机换向性能，以便合理地使用主机。从前进三到后退三所需时间的长短随主机种类不同而不同。一般情况下，内燃机船需90～120 s，汽轮机船需120～180 s，蒸汽机船需60～90 s。

倒车冲时和倒车冲程可用下列公式估算

$$t = 0.000\,89\Delta V/R \tag{2-2-5}$$

$$S = 0.012\,1\Delta V^2/R \tag{2-2-6}$$

式中：Δ 为船舶排水量，t；R 为船速为 V 时的船舶阻力，9.81 kN；V 为船舶倒车前的速度，kn；t 为倒车冲时，min；S 为倒车冲程，m。

三、船舶倒车冲程的经验数据

根据统计，一般中型至万吨级货船的紧急停船距离可达6～8倍船长；载质量50 000 t左右船舶的紧急停船距离达8～10倍船长；载质量10万t船舶的紧急停船距离可达10～13倍船长；载质量15～20万t船舶的紧急停船距离可达13～16倍船长。

四、对船舶倒车停船性能的综合评价

在倒车停船过程中，船首往往会向一侧偏转，尤其是单车船。对于右旋固定螺距螺旋桨单车船，由于螺旋桨横向力的作用，船舶将出现边减速船首边向右偏转的现象。船舶在倒车停船过程中船舶重心在原航向上所移动的距离称为制动纵距(head reach)。而在原航向垂直方向上所移动的距离称为制动横距(lateral deviation or side reach)。前述的紧急停船距离实际上是船舶下令倒车后到船对水停止移动时船舶重心沿其轨迹所行进的距离(即倒车冲程)。倒车制动纵横距、倒车冲程冲时等因素共同反映船舶倒车停船性能的好差，若此类因素均小，则说明船舶倒车停船性能好，反之亦然。

实船倒车停船试验的结果表明，如船舶在倒车停船过程中的船首向右偏转的角度较大，制动横距也较大，而制动纵距较短。压载时，倒车停船需时较短，船首向右偏转的角度不大。4万吨级的船舶满载时，倒车停船需时较长，船首向右偏转的角度可达100°～120°。排水量越大，船首右偏的角度越大。

五、影响冲程的因素

▲自主学习

（1）船舶排水量。在其他条件相同的情况下排水量越大，冲程越大。

（2）船速。若其他因素一定，船速越高，冲程越大。

（3）主机倒车功率、转速和换向时间。若其他条件相同，主机倒车转速越高，主机倒车功率越大，紧急停船距离越小；主机换向时间越短，倒车冲程也越小。

（4）推进器种类。可变螺距螺旋桨（CPP）船与固定螺距螺旋桨（FPP）船相比较，由于CPP船的换向操作只需改变螺旋桨的螺距角，而无需停止主机，因此其换向时间短，其紧急停船距离也就较小。若其他条件相同，则CPP船的紧急停船距离为FPP船的60%～80%。

（5）船体的污底程度。船体污底越严重，船体阻力越大，倒车冲程越小。

（6）外界条件。顺风、顺流时紧急停船距离增大；顶风、顶流时紧急停船距离减小。在浅水中由于船舶阻力增大，其倒车冲程比深水中小。

六、几种制动方法的比较和运用

▲精读与研讨

1. 倒车制动法

采用紧急倒车制动法的优点是该方法不受水域、船速等条件的限制，即不论在港内或港外水域，也不论船速的快与慢，该方法均可适用；同时在紧急避让中一旦发生碰撞，碰撞的损失也比较小。其缺点是历时较长，对于FPP船需要进行主机换向操作，同时单桨船在倒车过程中总伴有一定的偏航量和偏航角，且倒车时间越长，偏航量越大。大型船舶尤其是超大型船舶，由于每载重吨所分摊到的主机功率较低，为避免由于倒车时产生的偏航量与偏航角而不利于船舶保持适当位置，在港内很少采用倒车制动法，而更多地借助拖船进行制动，以策安全。

2. 大舵角旋回制动法

采用大舵角进行急速旋回的方法进行制动的优点是操作方便，无需机舱操作，而且降速时间也相对较短。一般船舶进行大舵角旋回时可减速30%左右，而肥大型船舶降速可达50%。但其缺点是所需的水域比较宽，而且大舵角旋回后残留部分余速，最后要把船完全停住，仍需进行倒车制动。因此，该方法多用于大型船进口需自力缩短减速所需时间的场合，以便及早进港。

在紧急避让中，究竟是采取大舵角旋回避让有效还是采取全速倒车有效，必须根据各自船舶当时的速度及周围环境判定。全速倒车与满舵旋回时船舶前进纵向距离的比较见图2-2-1。能使全速倒车的制动纵距恰好等于满舵旋回时的最大纵距时的船速，称为界限船速。船

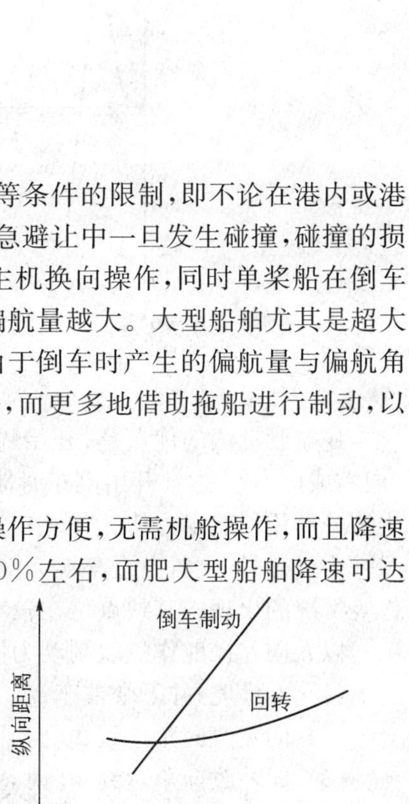

图2-2-1　倒车避让与旋回避让时的船舶纵向距离的比较

舶越大，界限船速越小。随着船速的增大，旋回纵距增加不大，而制动纵距则急剧增加。因此，当船速低于界限船速，即船舶在低速航行中时，用全速倒车能够在原航向上以最短的距离把船停住；当船速高于界限船速，且有足够的水域宽度，也没有与其他船相碰撞的危险时，采用满舵旋回避让比较有利。

3. 蛇航制动法

蛇航制动法(zig zag stop manoeuvre)是直航中的船舶通过自身操舵、换车，利用强大的船舶斜航阻力和倒车拉力将船制动的方法。该方法由英国造船研究协会(BSRA)提出，尤其适用于 VLCC 和 ULCC 紧急停船的情况。根据实船试验和模拟研究的结论，蛇航制动法对于方形系数较大的超大型船舶在深水域中航行速度较高时最为有效，而对普通的万吨级船舶以及在低速状态下并不适用。19 万 t 油船蛇航制动实例见图 2-2-2。

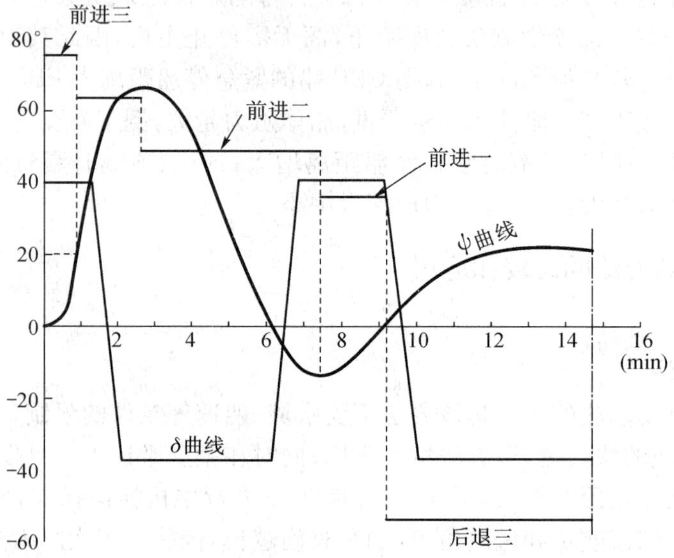

图 2-2-2 蛇航制动实例(19 万 t 油船)

蛇航制动法的优点是，开始蛇航制动时，最初的操舵不但赋予船舶以明确的偏航方向(向右或向左)，弥补开出倒车时船舶偏转方向不定的不足，而且在倒车未开出前的2～3 min内充分利用斜航阻力使船舶相应减速，这对缩短紧急停船距离和时间无疑是很有帮助的。另一个优点是，主机由进车换为倒车的过程可以分阶段、逐级平稳进行，避免主机超负荷工作等情况的出现。其缺点是在较窄的水域或航道内不宜使用，操纵上略复杂。

以先向左操舵作蛇航制动为例，见图 2-2-2，其操作要领为：

(1) 左满舵，并下令备车；

(2) 向左改向角达到 20°时，由海上速度改为港内操纵速度，即主机功率减到 3/4；

(3) 向左改向角达到 40°时，操右满舵；

(4) 向左改向角达最大值时，下令前进二；

(5) 航向复原时，再操左满舵；

(6) 向右改向达最大值时，下令前进一，主机功率减到 1/4；

(7) 航向再次恢复到原航向时，操右满舵并全速倒车。

满舵旋回、全速倒车、蛇航等 3 种制动方法的比较见图 2-2-3。

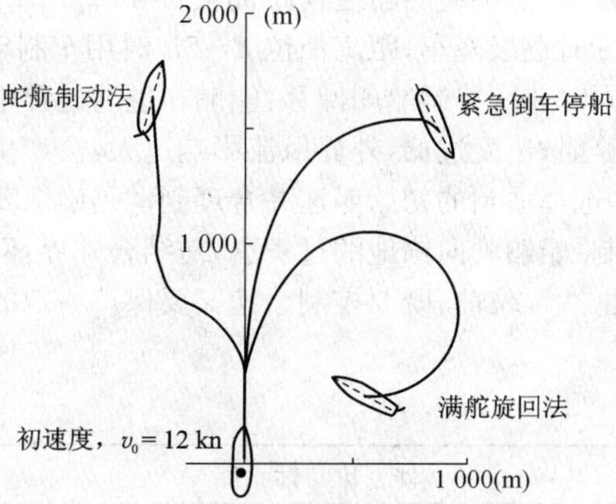

图 2-2-3　满舵旋回、全速倒车、蛇航三种制动方法的比较

4. 拖锚制动法

通过拖锚，利用其阻力，即拖锚时锚的抓力刹减船舶余速的方法称为拖锚制动法。该法仅用于万吨级及其以下的船舶，而且抛锚时船舶对地的速度也仅限于 2～3 kn。

5. 拖船制动法

通过拖船协助或仅靠拖船提供的推力使船制动的方法称为拖船制动法。此方法多用于大型船舶在港内低速状态时的制动。

6. 辅助装置制动

在船上设置一些如阻力鳍等辅助装置使船舶减速制动的方法称为辅助装置制动。此方法仅在船舶航速较高时使用才会有明显的效果。

综上所述，各类制动方法的适用范围见表 2-2-2。

表 2-2-2　各种制动方法的适用范围

船舶制动方法	有效速度域	可使用的操纵环境
倒车制动	全速域	全部水域，但大型船舶在港内很少使用
大舵角旋回制动	高速域	水域宽度较大的水域
蛇航制动	高速域	紧急停船，水域较宽，且仅适用于大型船高速时
拖锚制动	低速域	港内操船，仅适用于万吨级及其以下船舶
拖船制动	低速域	港内水域，多用于大型船舶
辅助装置制动	高速域	紧急停船(较宽水域)

知识链接

1. 最小船速的确定：在估测停车冲程时，通常以船速降低至仅能维持船舶舵效的速度为界限。对万吨级船舶，最小速度约 2 kn。船速不足 2 kn 时难以维持舵效，其原因是船体伴流抵消相对来流，使舵效大降。

2. 进出港时船速的控制：中小型船舶通常距离泊位 10～15 n mile，或提前 1 h 备车换油；距离泊位 3～10 n mile 时逐级降车；距离泊位 3～5L 时用车制动。

3. 控制船舶冲程的同时兼顾控制船舶漂移：船舶在进港过程中需要在制动水域控制船速。船速过高，可能不易停船；速度过低，外界风流影响过大，会产生较大的漂移。因此根据制动距离和水文气象条件选择适当的初始船速并合理制动是确保安全的关键。

4. 抛锚前余速的控制：船舶驶向锚地的过程中，需结合外界环境、自身操纵性能和通航密度等情况适时停车；在抵达锚位前，既要控制余速又要保持一定的舵效。

任务评价

评价内容		评 价 标 准	权重/%	分项得分
任务完成情况	任务 1	描述影响船舶冲程的主要因素及比例关系	20	
	任务 2	熟记船舶倒车停船冲程的经验数据总结	30	
	任务 3	停车冲程与倒车冲程的影响因素中，主要区别体现在哪里	40	
职业素养		能流畅地阐述知识，展示技能	10	
总分			评价者签名：	

任务拓展

一、船舶变速性能模拟器技能训练

(1) 待解决的问题：通过模拟操船，解决“停车停船和倒车停船在时间、距离和运动轨迹上的区别？在航海实践中不同状态下的船舶冲程大小”问题。

(2) 过程与方法：在教员的指导下，学员在驾驶台操纵“船舶”由全速直航中逐级停车和全速倒车；在电子海图中量取船舶停车和倒车后的运动轨迹并加以比较；比较不同船型、吨位、推进器形式的船舶在倒车后的运动轨迹区别；最后向教员报告答案。

二、船舶变速性能实践探究

(1) 待解决的问题：通过仿真实验，验证航船停车后的速度减半时间蕴含的规律。

(2) 解答思路：①有针对性地仿真试验；②数据拟合；③实践结果与理论相对照。

三、险情消除

(1) 待解决的问题：倒车制动时，右旋单车船舶首出现大幅右偏，如横卧航道危及通航安全，应如何应对？

(2) 过程与方法：小组讨论交流后，由各小组代表作答，教员点评、归纳。

(3) 提示：立即将倒车改为正车，操反向满舵纠正。

四、SUPPERTANKER 船舶制动性能数据信息采集及其探究（见图 2-2-4）

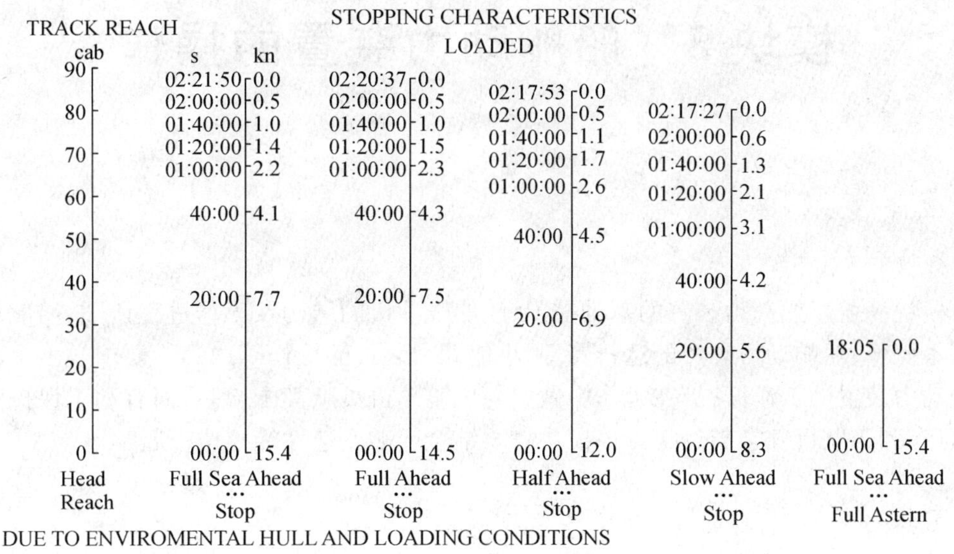

图 2-2-4　船舶试航冲程冲时数据

▲请采集图 2-2-4 反映的数据填写下表

数据 / 初速度	冲程	制动用时	20 s 内降速幅度(序号代表先后)						
			01	02	03	04	05	06	07
前进四 15.4 kn									
前进三 14.5 kn									
前进二 12 kn									
前进一 8.3 kn									
后退三 15.4 kn									

▲对停车试验数据的研究结果如下(请填空)：

(1) 冲程与余速的关系 ______________________________；

(2) 停车冲时与余速的关系 ______________________________；

(3) 20 s 内降速幅度的规律 ______________________________；

(4) 冲程与余速的____成正比，冲时与余速的____成正比。

模块3 船舶动力装置的操作

模块描述

本模块涵盖船舶动力装置的基础知识、船舶柴油机的结构及工作过程认知、船舶动力装置的基本操作、船舶动力装置的运行管理、小船动力装置的操作等内容。要求学生了解机舱的船舶动力装置的工作概况，在工作中做到与机舱轮机员默契配合，从而有利于保护动力装置，并且有利于航行安全与经济。该模块需要结合船舶变速性能模块一起学习。

学习目标

1. 了解船舶动力装置的类型及基本工作原理；
2. 熟悉船舶动力装置的基本操作过程；
3. 熟练掌握船舶动力装置的运行与管理；
4. 掌握备车程序和过程；
5. 掌握在复杂环境中的用车要领。

工作任务

任务1 船舶柴油机的结构及工作过程认知
任务2 船舶动力装置的基本操作
任务3 动力装置的运行管理
任务4 小船动力装置和辅机的操作

导 入

1. 船舶驾驶人员为什么要了解轮机概论？
2. 船舶驾驶台与机舱的沟通与理解不到位的后果是什么？

知识准备

一、船舶轮机的组成和类型

1. 船舶轮机的基本概念

船舶轮机与船舶动力装置的基本含义相同，是为满足船舶航行、各种作业、人员的生活和安全需要所设置的全部机械、设备和系统的总称。主要任务是为船舶提供各种形式的能量，并转换和利用这些能量。

2. 船舶轮机的基本组成

根据组成船舶动力装置的各种机械、设备和系统所起作用的不同，将整个动力装置分为以下几个部分：

1）推进装置

是船舶动力装置中最主要的部分。它包括船舶主机、传动设备、轴系的推进器，主机发出动力，通过传动设备及轴系驱动推进器产生推力，使船舶克服阻力以某一航速行驶。从能量关系上说，螺旋桨是船、机、桨能量系统的传换器。

2）辅助装置

是产生除推进装置所需能量以外的其他各种能量的装置，包括船舶电站、辅机锅炉装置和压缩空气系统，它们分别产生电能、蒸汽和压缩空气供全船使用。

3）管路系统

简称管系。用于输送流体，是由各种容器、管路、泵、滤器、热交换器等组成，按用途不同可分为2类：

(1) 动力系统：为主机和发电机安全运转服务的管系，用于输送燃油、润滑油、海水、淡水、蒸汽和压缩空气。它包括燃油系统、滑油系统、冷却系统、蒸汽系统和压缩空气系统等。

(2) 辅助系统：为船舶航行、人员生活和安全服务的系统，有时也称为船舶系统。它包括压载水、舱底水、通风、饮用水、空调和消防及防污系统等。

4）甲板系统

在机舱外所有靠动力驱动的船舶设备都称为甲板机械。包括舵机、锚机、起货设备、系缆机、舷梯升降机、救生艇升降机、减摇装置等。相关内容可见前述相关内容。

5）轮机自动化设备

为改善船员工作条件，提高机械装置的工作效率和操作准确性，以及减少维护工作所设置的设备。它主要由对主、副机及其他设备进行遥控、自动调节、监视和报警的设备组成。

3. 船舶动力装置类型

1）蒸汽机动力装置

蒸汽机动力装置中的主机是往复式蒸汽机。往复式蒸汽机的基本工作原理是：锅炉产生蒸汽，蒸汽推动活塞作往复运动，连杆将活塞的往复运动转化为曲轴的回转转动。它最早应用于海船，由于其具有结构简单、运转可靠、管理方便等优点，在过去很长时间占据着统治地位；但因其经济性差、尺寸质量大、不能适应机组功率增长的需要，现已被其他船用发动机代替。

2）汽轮机动力装置

汽轮机动力装置中的主机是回转式汽轮机。回转式汽轮机俗称透平机，19世纪末问世，其基本工作原理是：锅炉产生蒸汽，蒸汽直接推动叶轮转动，叶轮带动曲轴转动。它运转平稳、磨损较小、振动噪声较轻，但其热效率低，需配置质量尺寸较大的锅炉、冷凝器、减速齿轮装置以及其他辅助机械，因此装置的总质量和尺寸均较大，限制它在中小型船舶的应用。核动力装置属于一种特殊的汽轮机动力装置，其所用燃料的质量极轻，大大增加船舶续航力。同时核燃料燃烧不需要空气助燃，不设排气系统，但因其造价高，核分裂反应释放大量放射性物质要严加防护，操纵管理检查系统复杂，因此商船上很少使用。

3) 柴油机动力装置

柴油机不仅是热效率最高的一种热机，而且具有起动迅速、安全可靠、装置的质量较轻、功率范围大等一系列优点，因此船舶主机及发电副机多用这种发动机，在民用商船上使用的有大型低速和大功率中速2大类。但大型低速柴油机从节能需要出发，船舶已不再向大型化和高速方向发展，除专业船外，一般货船航速降至14 kn左右。降低油耗、提高经济性仍然是今后的发展方向。大功率中速柴油机的质量和尺寸小，可燃用重质油，且可通过合理选配减速比，使螺旋桨的转速最佳化，从而显著提高推进装置效率，是低速机的有力竞争者。

4) 燃气轮机动力装置

燃气轮机的基本工作原理是：燃气直接推动叶轮转动。20世纪30年代兴盛，其优点是单位质量和尺寸小、机动性高、操纵管理简便、便于实现自动化。但它的经济性差、进排气管道大、机舱布置困难、不能直接倒车、装置较复杂、叶片及燃烧发生器均在高温高压状态下工作，寿命较短。这种装置在商船上应用较少。

4. 对船舶动力装置的要求

1) 可靠性

首先取决于它在各种营运条件下，能否可靠和不间断地进行工作。

2) 经济性

经济性上不能只从主机耗油一项指标去衡量，还要考虑造船初投资费、燃滑油价格、管理维修费、折旧费、船员工资、保险和港口各项费用。

3) 机动性

船舶起航、变速、倒航和回转的性能是船舶机动性的主要体现。而船舶的机动性取决于动力装置的机动性，后者可由以下几项指标体现：

(1) 发动机由起动至达到全功率所需时间：这段时间的长短主要取决于发动机的型式。低速柴油机需30 min以上，这方面中速柴油优于低速柴油机。

(2) 螺旋桨换向方向所需时间和可能的换向次数：柴油机的起动换向性能较好，按规定不大于15 s完成换向过程，但在船速较快且不进行紧急刹车时，换向时间则大大延长。换向次数取决于空气瓶的容积和发动机的起动性能。换向时间和换向次数，以电力传动和调距桨装置最佳。

(3) 船舶由前进变为倒航所需时间：因船舶惯性大，船舶由前进变为后退所需时间总是大于发动机或螺旋桨换向所需时间。对于货船一般要求不能大于船长的6倍，而客船不得超过4倍。

(4) 发动机最低稳定转速及转速限制区域：低速机的最低稳定转速一般不高于标定转速的30%，中速不高于40%，高速机不高于45%。在使用转速范围内，如存在引起船体或轴系共振的临界转速，则应规定为转速禁区。最低稳定转速越低，在使用转速范围内共振区越少，则动力装置的机动性能越好。

4) 续航力

指船舶不需要补充任何物资(燃油、滑油、淡水等)所能航行的最大距离或最长时间。续航力按船舶的用途和航区确定。续航力不但与动力装置的经济性、物资储备量有关，也与船舶航速有很大的关系。

除以上要求外，还需满足国际公约、国家法规和船舶入级规范的相关规定。

5. 柴油机的主要工作指标

1）指示指标

以柴油机气缸内示功图所表示的工作循环指示功为基础，只反映气缸内工质对活塞的做功能力和经济性，未考虑各运动部件之间的摩擦损失。该指标主要用于评定缸内工作循环的完善程度。指示指标包括：

（1）平均指示压力：是假定作用在活塞上的不变的平均压力，它推动活塞在一个冲程内所做的功与一个工作循环的指示功相等。在实践中，可通过示功器测得 p-V 示功图进行计算得出柴油机做功能力的大小。该值大，说明气缸做功能力大，工作循环比较完善。

（2）指示功率：是平均指示压力、气缸工作容积、柴油机转速、每转工作冲程数（四冲程机取 0.5，二冲程机取 1）、气缸数的乘积。

（3）指示热效率：是指示功的热当量与消耗的燃料热量的比值。

（4）指示油耗率：以 1 kW 指示功率每小时的燃油量表示。

2）有效指标

以柴油机输出轴上所得到的有效功率为基础的指标，是真正表示柴油机做功能力和经济性的指标。有效指标包括：

（1）有效功率和机械效率：从柴油机曲轴飞轮端传出的功率称为有效功率；机械效率是有效功率与指标功率之比。

（2）有效燃油消耗率和有效热效率：有效燃油消耗率以 1 kW 有效功率每小时的燃油量表示；有效热效率指曲轴有效功与所消耗的热量之比。

（3）平均有效压力：指柴油机每一工作循环中每单位气缸工作容积所做的有效功。

3）其他常用参数

（1）最高爆发压力：气缸内工作的最高压力。它是引起柴油机周期性机械负荷的主要外力，会引起各部件的应力和变形，造成疲劳损坏、磨损和振动。衡量柴油机工作粗暴性的主要参数是平均压力升高速度。

（2）排气温度：非增压柴油机的排气温度指废气管内的排气温度，增压柴油机的排气温度指气缸盖排气道出口处废气的平均温度。它是表征柴油机是否超负荷的主要参数指标。

（3）活塞平均速度：在曲轴一转 2 个冲程中活塞运动速度的平均值。评定柴油机运转速度的指标是活塞的平均转速和曲轴转速的高低。

（4）冲程缸径比：是柴油机的主要结构参数之一。它对柴油机的质量及尺寸、机械负荷、热负荷、振动性能等都有重大影响。

6. 柴油机类型

根据柴油机应用场合的不同，对其要求也不同，类型很多。如按工作循环可分四冲程机和二冲程机；按是否增压可分为非增压柴油机和增压柴油机等。

1）直列式和 V 型柴油机

船用柴油机通常为多缸机。多缸柴油机的排列可分为直列式、V 型、W 型等。船用柴油机多为直列式和 V 型 2 种。

具有 2 个及以上直列缸，并是一列布置的柴油机称为直列式柴油机。具有 2 个或 2 列气缸，中心线夹角呈 V 型，并共用一根曲轴输出动力的称为 V 型机。直列机的缸数一般不超过 12 缸。缸数 12 以上的通常为 V 型机，V 型机一般用于中、高速柴油机。

2）高速、中速、低速柴油机

柴油机可以用曲轴转速(n)与活塞平均速度(C_m)分类：

低速柴油机：$n < 300$ r/min；C_m 为 6.0 ～ 7.2 m/s

中速柴油机：$300 \leqslant n \leqslant 1\,000$ r/min；C_m 为 7.0 ～ 9.4 m/s

高速柴油机：$n > 1\,000$ r/min；C_m 为 9.0 ～ 14.2 m/s

中、低速柴油机一般用作船舶的主机。高速机一般用于发电原动机、救生艇发动机及应急发电机、应急空压机、应急消防泵的原动机。

3）筒型活塞式和十字头式柴油机

用活塞销连接活塞与连杆的柴油机称为筒形活塞式柴油机。用沿着导板滑动的十字头连接活塞与连杆的柴油机称为十字头式柴油机。

4）右旋和左旋柴油机

正车时沿顺时针方向旋转的柴油机为右旋机，一般布置在右舷；反之，为左旋机，布置在左旋。单车布置选用右旋机。

5）可逆转和不可逆转主机

可由操纵机构改变自身转向的柴油机称为可逆转柴油机。曲轴仅能按同一方向旋转的柴油机称为不可逆转柴油机。

7. 燃油的种类

我国燃油分为轻柴油、重柴油和燃料油。

我国生产的轻柴油有 10，0，−10，−20，−35 等 5 种，它们都是以油的凝点数为牌号，如−35 号轻柴油凝点为−35 ℃；我国生产的重柴油有 10，20，30 等 3 个牌号；我国的燃料油有 20，60，100，200 等 4 个品种。

(1) 燃油的凝点：燃油冷却到停止流动时的最高温度。

(2) 燃油的闪点：燃油蒸汽与空气的混合气同火焰接触而闪火的最低温度。

目前国际船用燃料市场上，把燃油分为船用轻柴油、船用柴油、中间燃料油、船用燃料油等 4 种。

二、船舶辅机常识

(一) 船用泵

1. 船用泵的功用与分类

泵是用于提高液体的机械能并使液体得以输送的设备。在船上广泛担负着输送海水、淡水、燃油、滑油等液体的任务。

1）按用途分

船用泵可分为船舶通用泵、船舶动力装置用泵、船舶辅机机械用泵、船舶专用泵。

(1) 船舶通用泵：为船舶营运及船上人员生活需要而设置，是任何机动船舶都需要装设的一类泵。这类泵主要有压载水泵、舱底水泵、消防水泵、卫生水泵和淡水泵。

(2) 船舶动力装置用泵：为船舶动力装置的工作需要而设置。对于目前大多数柴油机船舶，主要有燃油驳运泵、燃油输送泵、主机缸套和活塞冷却泵、海水冷却泵、润滑油泵、润滑油驳运泵、柴油发电机的冷却水泵和海水泵。

(3) 船舶辅助机械用泵：主要为船舶辅助机械提供服务，主要有锅炉给水泵、燃油泵、冷凝器循环水泵等。

(4) 船舶专用泵:用于满足特殊船舶的需要。如油船上的货油泵、挖泥船上的吸泥泵等。

2) 按工作原理分

泵可分为容积式泵、叶轮式泵、喷射泵。

(1) 容积式泵:主要通过运动部件的运动,使泵工作空间容积发生变化引发压力变化吸排液体,从而把机械能传给液体,达到输送液体的目的。按吸排液体部件的运动特点可分为往复泵和回转泵。往复泵有活塞泵和柱塞泵,回转泵可分为齿轮泵、叶片泵等。

往复泵的特点为自吸能力好、压头与流量无关、排量不均匀、转速不宜太高。齿轮泵的特点为吸排方向取决于泵轴的回转方向;流量连续,但有脉动;无需吸排阀,结构简单;磨损面较大,适于排送不含颗粒而有润滑性油液。

(2) 叶轮式泵:通过叶轮的高速回转,使液体的能量增加,再将动能转换为压力能,从而完成吸排作用。主要有离心泵、轴流泵和旋涡泵等。

离心泵的特点:①供液均匀,工作平稳,易调节流量;②质量轻、外形尺寸小;③能与高速原动机直接相连而无需减速;④对杂质不敏感,易损件少,能输送多种液体;⑤结构简单、工作可靠、易于管理和维修。

(3) 喷射泵:是通过喷射工作流体所产生的高速射流,吸引周围流体,进行动量交换,把动能传给输送的流体,然后再将动能转换为压力能,从而达到输送液体的目的。相应的有水射水泵、水射真空泵、蒸汽喷射泵和空气喷射泵等。

2. 泵的性能参数

1) 流量

指泵在单位时间所能输送的液体量。注意的是泵铭牌上标注的是额定流量,不一定是泵的实际工作流量。

2) 扬程

指单位质量液体通过泵后所增加的机械能,即每单位重力作用的液体通过泵后其能量的增加值。泵实际工作时的扬程不一定等于额定扬程,它取决于液体所能上升的高度。

3) 转速

指泵轴每分钟的回转数,单位是 r/min。铭牌上所标的是泵轴的额定转速。

4) 功率和效率

泵的功率分输出功率和输入功率。泵的输出功率又称有效功率,即泵在单位时间内传递给排出液体的能量。泵轴实际从原动力获得的功率,称为输入功率,也称轴功率。泵的有效功率总是小于轴功率。

(二) 船舶系统

船舶系统是保证船舶不沉、安全、防火、防污染和正常航行性能,以及为满足船舶营运和旅客生活需要而设的全船性的管路系统。船舶系统按其用途可分为:

1. 压载水系统

1) 压载水系统的作用

根据船舶营运的需要,对全船压载水舱进行注入或排出,以达到下述目的:①调整船舶的吃水和船体纵、横向的平稳及安全的稳心高度;②减小船体变形,以免引起过大的弯曲力矩与剪切力，降低船体振动；③改善空舱适航性。

压载水系统主要由压载水泵、压载水管路、压载水舱及有关阀件组成。随着船舶的种类、用途和吨位的不同，压载水舱在船上的位置、大小和数量也不同。一般船上可用艏尖舱、艉尖舱、双层底舱、边舱、顶边舱与深舱等作为压载水舱。艏、艉尖舱对调整船舶的纵倾最有效，边舱对调整船舶横向平衡最有效，而调节深舱压载水量能最有效地调整船舷的稳心高度。对于货船，通常保持艏艉尖舱、双层底舱作为压载水舱，有的货舱还把上、下边舱和深舱作为压载水舱。货船的压载水量一般占船舶载货量的 50%～70%；油船的货油舱可兼作压载水舱，有的船舶还设专用压载水舱。压载水量占货油舱的 40%～60%。

2）对压载水系统的要求

压载水系统既要将水注入压载水舱，又要通过同一管道将压载水舱中的水排出。因此，压载水系统管路中的压载水应具有“可进可出”双向流动的工作特点。压载水系统在船上的布置随船型、装载货物等的不同而不同。为可靠地完成压载和卸载，应满足以下要求：

（1）压载水系统的管路上不可设置任何形式的止回阀；

（2）压载水管路应设置在双层底舱中央的管隧内，不可穿过货舱，以防管道泄漏发生货损，也不得穿过饮水舱、炉水舱和滑油舱。

（3）艏尖舱压载水管在穿过船首防撞舱壁时，应在甲板上设置截止阀，以便发生船首海损时可立即在甲板上关闭该阀，防止海水进入压载水系统；

（4）为便于日常操作管理，各压载水舱的控制阀应相对集中。对于没有集中式遥控操作的压载水系统，其控制台应设在机舱以外，以便于甲板人员使用；

（5）干货舱或油舱（包括深舱）用作压载水舱时，压载水管系应装设盲板或隔离装置。同样，饮用淡水舱兼作压载水舱时亦应如此，以免 2 个系统相通；

（6）含油压载水的排放应符合有关防污法规的规定；

（7）压载水系统应设置 2 台以上的压载水泵，其容量应以排出全部压载水所要求的时间而定，不同类型、大小的船舶全部排出压载水的时间不同。

海船压载水舱的容量很大，一般杂货船的压载水量可达船舶满载排水量的 15%左右，其中艏、艉尖舱的压载水占总压载水量的 12%～17%，其余大多存于双层底舱中。通常，要求压载水系统在 2～2.5 h 内将最大的压载水舱注满或排空，在 6～8 h 内将全船的压载水舱注满或排空。

3）压载水系统的管理

一般船舶压载水系统的日常操作是按甲板部的要求进行。各舱安装液位检测装置、泵的控制装置和各种控制阀的遥控设备。压载水系统中的各种设备均由轮机部负责日常维护管理，其要点有：

（1）压载水泵通常是大排量低压头离心泵，启动前应注油、盘车；确认无卡阻后全开吸入阀、全关排出阀进行封闭启动，以防大启动电流冲击电网，随后逐渐开大排出阀。

（2）注意压载水泵轴封处的泄漏情况，轴承应定期加油。

（3）压线水泵出口压力一般为 0.15～0.25 MPa，可通过泵的进、出口间的旁通阀进行压力调节。

（4）熟悉设备位置，防止误操作。例如，船舶舱底水控制阀箱与压载水控制阀箱位置很近，为防止开错阀门应涂以不同颜色以示区别。此外，压载水舱较多，应制定操作程序使操作规范化。

（5）对用燃油舱兼作压载水舱的船舶，压载管系应装设盲板或其他隔断装置，含油压载水的排放应符合有关防污法规的要求。

2. 船舶舱底水系统

1）船舶舱底水系统的作用与组成

在船舶的正常营运中，由于机器设备的泄水、各种管路的泄漏、冲洗水、船体接缝不严密处的渗漏、从舱口流入的雨水和水线附近甲板或舱室的疏水泄放等均聚集于舱底，形成舱底水。通常机舱舱底水最多。舱底积水对船体有腐蚀作用；货舱积水会浸湿货物，并造成货损；机舱舱底积水会使机电设备受潮或浸水损坏，影响机器正常运转，并给管理工作带来困难。当舱底水积存过多时，将会严重影响船舶稳性和危及航行安全。因舱底水未能排出造成翻船的事例在国内外航海史上亦有记载。

舱底水系统的作用是及时将机炉舱和货舱的舱底积水排至舷外。舱底水系统主要由舱底水泵、舱底水管、舱底水吸口、阀件及有关附件等组成。

2）对舱底水系统的要求

（1）所有机动船舶均应设置舱底水系统，并能有效地排除任何水密舱中的积水。

（2）舱底水系统应在船舶正浮或横倾不超过5°时，均能通过不少于1个吸口（一般均应在两舷设置吸口）排干任何舱室或水密区域内的积水。

（3）系统中的管路应能防止舷外海水、来自压载水舱的水进入货舱或机炉舱，或从一舱进入另一舱的可能性。对与舱底水系统和压载水系统有连接的任何深舱，应采取有效措施，以防深舱灌入水浸湿货物，或深舱压载水通过舱底排水管排出。

（4）为防止各舱底水互相连通，管路中的分配阀路、舱底水管和直通舱底水支管上的阀门均应为截止止回阀，以保证舱底水系统管路中的水流为单向，即只进不出。

（5）舱底水泵应为自吸式泵。

（6）舱底水泵、压载水泵、消防水泵等若相互连通时，管路布置应保证各泵同时工作而不相互干扰。

（7）机舱舱底污水必须经过油水分离器处理达到防污公约排放标准方可排出舷外，也可将污水暂存于污水舱内，到港后用舱底水泵经甲板上标准排放间接排至岸上或回收船处理。此外，对于不同用途的船，如客船、油船、冷藏船等的舱底水系统各有相应的附加要求。

3）舱底水系统的管理

舱底水系统的管理主要包括对舱底水系统中的各种设备的正确使用与维护；严格遵照国际海事组织（IMO）的国际防污公约的要求进行排污等。

（1）按要求排放含油舱底水。经轮机长和驾驶员同意方可排放，并填写《油类记录簿》。

（2）注意检查舱底水系统各种设备的工作情况，如舱底水泵的吸排压力是否正常，排出压力过高说明操作有误或排出管堵塞。吸水管堵塞和进气是最常见的故障，前者使泵的真空度增加，后者使泵的真空度不能建立，均造成吸排水困难，甚至不能排水。

（3）定期检查污水井水位，并及时将污水排入污水舱。定期测量污水舱水位，视情况用油水分离器处理污水舱的污水，并作记录。定期检查机舱污水井报警装置。

(4) 定期清洗各污水井和舱底水泵吸入口处的滤器、泥箱,疏通污水沟与污水井,船员切勿乱丢棉纱、破布和塑料制品等,以免造成堵塞。

(5) 排放舱底水时应分区域排放,不宜同时打开全部舱底水的吸口,以免造成泄漏使排放速度降低。

(6) 定期检查机舱应急舱底水吸口,加强维护管理,确保排水的有效性。

3. 船舶消防水系统

1) 水消防系统的组成

水消防系统是所有船舶均必须设置的固定式消防系统,由消防泵、管路、消火栓、消防水带和水枪等组成。灭火时,消防泵从舷外抽取海水送至船上各甲板和舱室处的消火栓,再经消防水带从水枪喷射到船舶任何处所进行灭火。

水是不燃液体,是船上最常用的灭火剂。利用强大的水流或水雾冲击火区,使燃烧物急剧降温,并利用水受热产生大量水蒸气稀释火区的氧浓度灭火。扑灭可燃固体物质火灾可采用直流水枪,通过冲刷、冷却作用灭火;扑灭可燃液体物质火灾可采用喷雾水枪,通过覆盖、冷却作用灭火。

2) 水消防系统的要求

(1) 所有消防泵应为独立机械系统。通常采用离心系。符合消防要求的卫生水泵、压载水泵、通用泵等均可用作消防泵。各类消防泵的配置应符合有关规定。

(2) 消火栓的布置和数量应满足船舶灭火要求的有关规定,消火栓或阀的位置应便于船员使用。

(3) 水消防系统的工作应可靠,其布置应能满足消防泵向一舷或两舷同时供水。锚链冲洗水一般取自水消防系统,应设置隔离阀,以便灭火时切断锚链水供给。

(4) 消防泵应具有单独的海底门。

(三) 船舶锅炉

1. 主锅炉

在蒸汽机船上锅炉的高压蒸汽用于驱动主汽轮机运转,以推动船舶前进,同时为各种蒸汽机和其他需要以蒸汽为热源的设备提供不同质量的蒸汽,这种以驱动主汽轮机运转为主要任务的蒸汽锅炉称为主锅炉。一般船上装设 2 台主锅炉。

2. 辅助锅炉

在柴油机动力装置的船舶上,蒸汽锅炉产生的蒸汽主要用于加热燃油、滑油、工作水及提供各种生活用汽。在柴油机干货船上,装设 1 台压力为 0.5～1.0 MPa 的辅助锅炉,蒸发量为 0.4～2.5 t/h;在柴油机油船上,由于要加热货油,需要大量蒸汽,蒸发量为 20 t/h;在大型柴油机客船上,旅客生活需要大量蒸汽,宜装 2 台辅助锅炉。辅助锅炉可分为火管锅炉和水管锅炉,若燃烧的高温烟气在受热面的管内流动,管外是水,则称为火管锅炉;若燃烧的高温烟气在受热面的管外流动,管内是水,则称为水管锅炉。

3. 废气锅炉

在船舶航行时,将排气通入主机烟道中特设的锅炉,利用主机排气的热能,将锅炉中的水加热成饱和蒸汽,以代替辅助锅炉向全船提供蒸汽,同时又提高动力装置的热效率,这种锅炉称为废气锅炉。

任务实施

任务 1　柴油机的结构及工作过程认知

一、基本结构

船舶柴油机的构造由主要部件和辅助机构两大部分组成。四冲程柴油机的基本结构见图 2-3-1。主要部件有曲轴、主轴承、连杆螺栓、连杆、气缸盖活塞、活塞销、气缸套、机体、机座等。辅助机构有配气系统的凸轮轴、推杆、摇臂、气阀弹簧、进气阀、排气阀、进气管、排气管等和燃油系统的喷油泵、高压燃油管、喷油器等。其他辅助机构还有冷却系统、润滑系统、操纵系统等。

二、柴油机工作过程

燃气在柴油机中燃烧做功，必须经过进气、压缩、燃烧膨胀和排气等 4 个过程才能实现，完成这一过程就完成一个工作循环。不断重复这些过程，使柴油机持续工作。如果柴油机工作时这 4 个过程分别在 4 个活塞冲程中完成，就称为四冲程柴油机；如果在 2 个活塞冲程中完成，则称为二冲程柴油机。

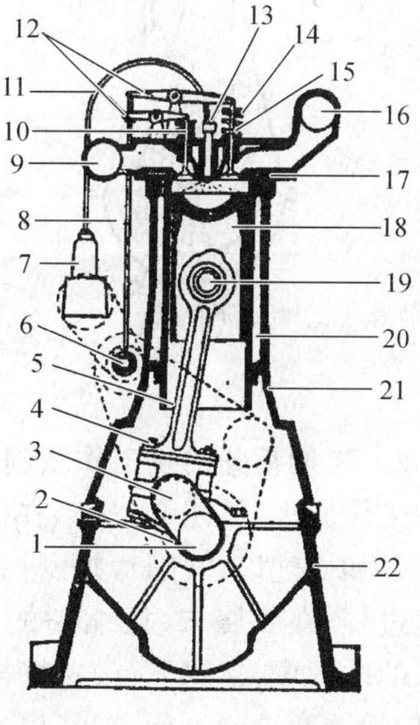

1—曲轴；2—主轴承；3—曲柄销；4—连杆螺栓；5—连杆；6—凸轮轴；7—喷油泵；8—推杆；9—进气管；10—进气阀；11—高压燃油管；12—摇臂；13—喷油器；14—气阀弹簧；15—排气阀；16—排气管；17—气缸盖；18—活塞；19—活塞销；20—气缸套；21—机体；22—机座

图 2-3-1　四冲程柴油机基本结构

1. 四冲程柴油机工作原理与特点

1）四冲程柴油机工作原理

第一冲程——进气冲程。活塞从上止点下行，进气阀打开，气缸容积不断增大，缸内压力下降，依靠气缸内与大气之间的压差，新鲜空气经进气阀被吸入气缸。

第二冲程——压缩冲程。活塞从下止点向上运动，自进气阀关闭后才开始压缩，一直到上止点为止。在进气冲程中吸入的新气经压缩后，压力增高到 3～6 MPa，温度升高到 600～700 ℃。在压缩过程的后期，由喷油器喷入气缸的燃油与高温空气混合、加热，并自行发火燃烧。

第三冲程——燃烧和膨胀冲程。燃气发火燃烧，温度与气压陡升，高压气体推动活塞从上止点到下止点。

第四冲程——排气冲程。在上一冲程末，活塞下行临近结束时排气阀开启，废气靠气缸内外压力差经排气阀排出。当活塞由下止点上行时，废气被上行的活塞强行推挤出气缸，此时的排气过程在略高于大气压力（1.05～1.1 大气压）且压力基本不变的情况下进行。为使气缸内的废气排除干净，并减少排气过程消耗的功，排气阀一直延迟到上止点后才关闭，见图 2-3-2。

2）四冲程柴油机工作特点

（1）1 个工作循环在曲轴转 2 转内完成，每一过程约占 1 个活塞冲程。

（2）换气充分因而换气质量高。

（3）在曲轴转 2 转的过程中，进气阀、排气阀、喷油器均只启闭 1 次，因此凸轮轴的转速仅是曲轴转速的一半，凸轮轴的转速与曲轴转速之比为 1∶2。

（4）每一个工作循环中，只有燃烧膨胀冲程才对外做功，其他 3 个冲程都是辅助冲程，故要消耗一定功率。

（5）功率比较小，适用于中高速柴油机。

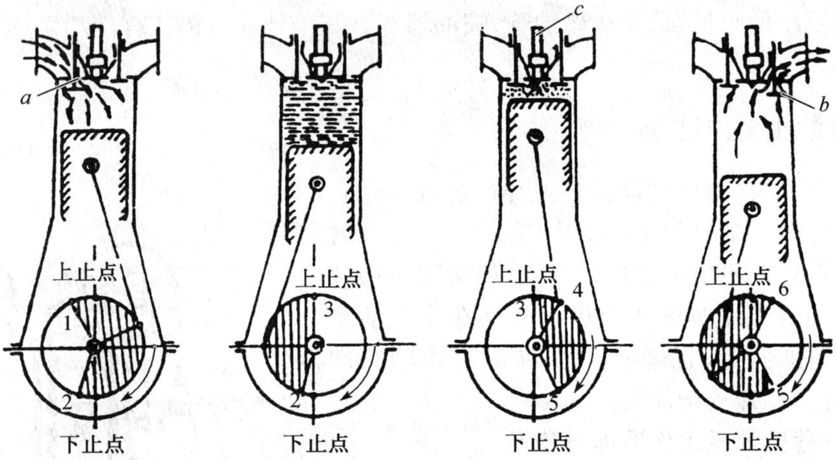

图 2-3-2　四冲程柴油机工作原理

2. 二冲程柴油机工作原理与特点

工作原理：见图 2-3-3，在二冲程柴油机中，气缸开设扫气口和排气口（气阀），并设扫气泵。进排气过程统称为换气过程，在膨胀末、压缩初的较短时间内完成。在燃烧膨胀的冲程中，活塞下行，先将排气口 *g* 打开，废气自行排出；随着活塞继续下行，扫气口 *e* 打开，扫气泵压送新鲜空气，将废气强行排出；随着活塞上行，扫气口 *e*，排气口 *g* 被先后关闭，气体被压缩—燃烧—膨胀，进入下一个循环。

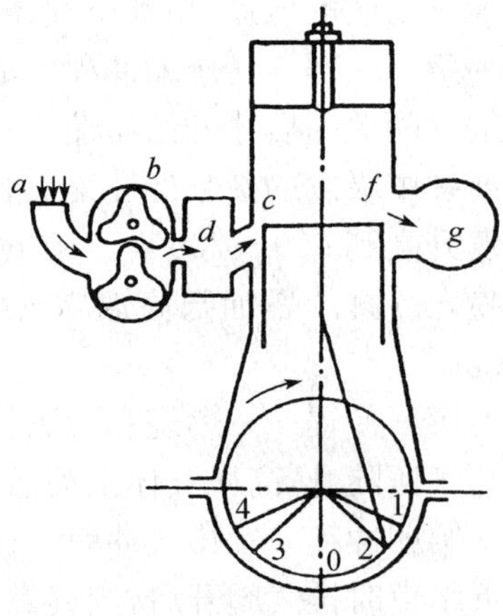

图 2-3-3　二冲程柴油机工作原理

特点：①扫气时间短，需要扫气泵提高进气压力以提高换气质量，不设进气阀，只在气缸套上设扫气口-排气口，换气质量差，但结构简单；②一个工作循环在活塞的 2 个冲程即曲轴转一转内完成，每一过程约占一个活塞冲程；③控制排气、扫气、喷油的凸轮轴的转速与曲轴转速相同；④每一个工作循环中，活塞下行才对外做功，活塞上行需外力驱动，故要消耗一定功率；⑤功率比较大，适用于低速柴油机。

三、柴油机增压

柴油机增压指提高进气压力来增加空气量，保证燃料充分燃烧，从而有效提高气缸工作室的压力和柴油机功率，它是提高柴油机功率的有效措施。因此，不管是四冲程还是二冲程柴油机，目前都采用增压手段提高柴油机功率。

柴油机增压方式有机械增压、废气涡轮增压和复合增压。为提高进气压力而压缩新鲜空气的压气机，可直接由柴油机带动，这种增压方式称为机械增压。用柴油机气缸排出的废气的能量在涡轮机中膨胀做功，由涡轮机驱动压气机，这种增压方式称为废气涡轮增压。采用机械增压方法后，在保持柴油机原结构尺寸的情况下，功率可提高20%～70%，但由于增压器要消耗曲轴的有效输出功，则经济性下降，效率较低，故目前已不采用。而废气涡轮增压既能提高柴油机的功率，又可降低油耗，提高柴油机的经济性，所以说它是一种最好的柴油机增压方式。目前，船舶柴油机几乎都采用废气涡轮增压。

四、柴油机的工作系统

为保证柴油机的正常运行，必须有各种各样的系统，包括燃油系统、润滑系统、冷却系统、柴油机操作系统作保障。

1）燃油系统

它是为保证船舶的正常营运，为主机、副机和锅炉等提供足够数量并合乎质量要求的燃油。该系统通常由三大环节组成：燃油的注入、储存和驳运；燃油的净化处理；燃油的使用和测量。

2）润滑系统

在无任何润滑条件下的摩擦必然会引起表面严重破坏和擦伤。在柴油机中，减小两相对运动表面之间的摩擦的主要方法是在两表面之间用一层完整的液膜隔开，使两表面间的干摩擦变为液体分子间的液体摩擦，通常使用滑油作为运动表面的润滑剂。

3）冷却系统

为使受高温燃气和摩擦作用的部件保持稳定的工作性能，必须对它们进行冷却。主要分为开式冷却系统、闭式冷却系统和集中式冷却系统。

4）柴油机操作系统

船舶航行状况经常发生变化，如进出港、大风浪中航行，要求船舶经常改变航速和航向，在紧急情况下，应能紧急刹车，强迫主机停车和倒车的能力。为满足这些功能而设置的起动、换向和调速装置称为柴油机的操作系统(操纵机构)。

柴油机起动转速的范围一般是：高速柴油机80～150 r/min；中速柴油机60～70 r/min；低速柴油机25～30 r/min。压缩空气的压力和贮量要保证冷车连续起动12次以上，不可换向主机为6次。

任务2　船舶动力装置的基本操作

一、机桨匹配的一般原则

作为船用主机的柴油机与螺旋桨配合工作。若不考虑传动损失，柴油机发出的功率就等于螺旋桨的吸收功率。匹配的一般原则是:柴油机的功率得到充分利用,且功率在全部运转范围内部都不会超出允许值。

1）以标定工况配桨

如果按主机的标定功率和标定转速选配螺旋桨,使螺旋桨吸收功率等于柴油机所发出的全部功率,称为以主机标定工况配桨。

在主机标定工况配桨的情况下,当柴油机在低于标定转速下运转时,需要减少每循环供油量,柴油机在部分速度特性上工作;当柴油机直接带螺旋桨时,低速运转时柴油机的动作能力没有充分发挥,其热效率也较低。如果柴油机在高于标定转速下工作,需要增加循环供油量。此时螺旋桨处于超负荷状态,因此只允许柴油机在该转速下短时间工作。

2）螺旋桨结构参数对机桨配合的影响

为合理地利用柴油机的功率,正确选择螺旋桨非常重要。螺旋桨的主要结构参数直径或螺距比不同,螺旋桨特性也不同。

（1）选配合适:螺旋桨的推进曲线与全负荷速度特性曲线的交点刚好落在柴油机标定功率及标定处,此时柴油机在标定转速下运转其功率完全被螺旋桨吸收,柴油机的功率可完全被利用。

（2）选配过重:如选配的螺旋桨螺距比较大,其推进曲线与全负荷速度特性交于低点。此时虽然柴油机高压油泵油量调节机构在标定供油量位置,但功率和转速都没有达到标定值,柴油机的做功能力充分发挥。若要柴油机达到标定转速,则需要进一步增大循环供油量,使柴油机在此交点工作,此时柴油机的功率已超过标定功率,柴油机处于超负荷状态,这种情况称为螺旋桨配得过重。

（3）选配过轻:如选配的螺旋桨螺距比较少,其推进曲线与负荷速度特性交于高点,在此工作点柴油机的转速和功率都超过标定值。要使柴油机的转速降至标定值,必须减少循环供油量,使柴油机在部分负荷速度特性曲线上工作,此时柴油机虽然在标定转速下运转,但所发出的功率远远小于标定功率,即所谓的螺旋桨配得过轻。同样柴油机的做功能力未得以充分发挥。

因此,螺旋桨配得过重过轻都不正确。在航行阻力增加时,为使主机不超负荷并保持原转速不变,对调距桨应调小螺距。

二、变工况时的机桨配合

船舶推进装置工作的可靠性、经济性和使用寿命,不仅取决于它们的设计制造质量,而且也取决于技术管理的正确性。由于船舶要在各种航行要求下(如低速、半速、全速、正车或倒车、起航和加速)和各种外界自然条件下(如风向、风力、深水、浅水)航行,因此驾驶和轮机人员需要很好地了解船舶推进装置在各种航行条件下的运转情况,以便正确地进行操纵和管理,防止发生各种故障和设备损坏,延长其使用寿命。为方便起见,下面以在海船上应用最广泛的直接传动方式的推进装置为例,对经常遇到的一些航行工况进行讨论。

分析工况配合特性所采用的方法,是在同一坐标系里画出螺旋桨(也代表船)和主机各自的功率-转速(或扭矩-转速)特性线,见图 2-3-4,主机的特性线代表推进装置的驱动特性,而螺旋桨特性线代表推进装置的负荷特性。两曲线的交点符合能量守恒定律,推进装置可在此点稳定工作,所以图 2-3-4 为驱动-负荷平衡图。研究推进装置工况配合特性也就是分析驱动-负荷平衡图中曲线交点变化情况。对驾驶员来说，可依此安全操纵船舶。

船舶水下部分表面附着海生物以及发生锈蚀称为船舶污底。船舶发生污底后将使船体阻力增加。假定螺旋桨转速不变，由于螺旋桨进程减小，船速将相应减慢，螺旋桨进程比 $J=Ap/D$ 减小，扭矩系数增大，螺旋桨所需转矩增加，螺旋桨特性曲线变陡。在正常情况下主机与螺旋桨配合的工作点为 a。若要保持螺旋桨转速不变，则必须增加主机每循环喷油量，机桨工作由点 a 变为点 e，显然主机已超负荷。若要保持主机油门格数不变（喷油量不变），由于螺旋桨的阻转矩增加，迫使主机降速，船速也降低，最后机桨在点 b 得到平衡。由图 2-3-4 可见，当船舶污底时，虽然主机油门格数不变，但主机发出的功率由 P_a 降为 P_b，主机转速由点 a 对应的转速降为点 b 对应的转速，船速由 V_a 降为 V_b。虽然喷油量没变，但转速降低，容易出现大负荷低转速的情况，有可能使主机工作恶化。如果轮机人员不了解这些情况，为保持原来转速而加大油门格数，致使柴油机超负荷运转，这是不允许的。

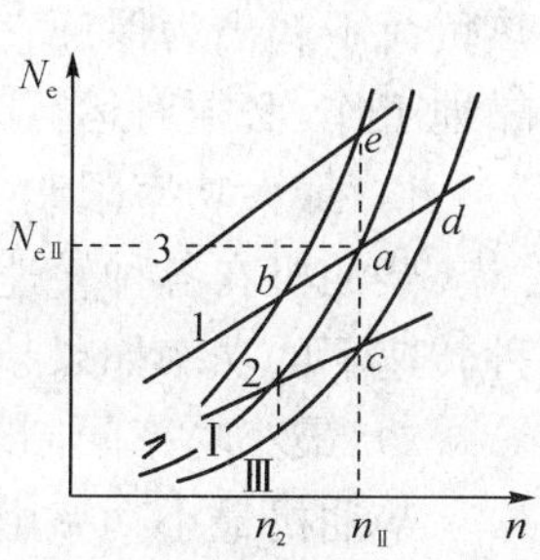

图 2-3-4 船舶污底和装载改变时二次配合特性

图 2-3-4 中：Ⅰ为船体干净、满载情况下螺旋桨特性线；Ⅱ为船舶污底、满载情况下螺旋桨特性线；Ⅲ为船体干净、轻载情况下螺旋桨特性线；1 为主机全负荷速度特性线；2 为主机部分负荷速度特性线。

风力对机桨配合特性的影响：船舶纵摇对螺旋桨扭矩和推力的影响。在风浪中航行的船舶，为使其因侧面受风力影响而不致偏离原定航线，要随时用舵效来补偿，因此增加舵的制动作用，使船舶附体阻力增加，船速降低。偏舵航行时船速和螺旋桨推力同舵角间的对应情况。

舵角对主机转速的影响非常明显，船舶定速航行后，由于使用较大舵角，而使主机转速比原来转速下降 5%以上的情况屡见不鲜。以上介绍的顶风、顶浪、摇摆和用舵等都是由于使船舶阻力增加而导致船速降低的因素。然而，风浪天航行引起船速降低的原因除阻力因素外，还有螺旋桨的推进效率因素。风浪天航行推进效率将降低，其原因是船尾的摇动使螺旋桨周围水区产生附加扰动。船舶满载时顶风、污底、浅水、狭窄水道航行等也属于这种现象，需要特别指出的是，在大风浪中航行的船舶，由于船的纵向摇摆，螺旋桨有可能露出水面，这时阻力矩大大降低，桨的特性曲线变得极为平坦。这时如果喷油泵操纵杆位置不变，柴油机的功率将大大超过螺旋桨所吸收的功率，柴油机扭矩大大超过螺旋桨的阻转矩，迫使转速急剧上升。当转速超过标定转速的 15%时，即产生所谓“飞车现象”，对推进装置的危害很大，所以主机要设极限调速器或全制调速器，并在风浪天航行时应把调速器的设定转速降低，适当增加船舶后部的压载水后，以避免造成“飞车现象”。

三、柴油机的功率和转速使用范围

柴油机在运转中，如果因某个零件或部件发生故障而停车，则必然会危及船舶的航行安全。为此对柴油机的热负荷和机械负荷都应有一定的限制，既要防止超功率，又要防止超扭矩；既要防止超转速，又要防止超温度。

柴油机的限制特性是指柴油机在各种转速下的最大有效功率，使柴油机的机械负荷和热负荷不超出为保证它可靠工作而规定的允许范围。因此，为使船用柴油机经济、稳定和可靠地工作，必须对运行时可能达到的功率和转速作适当的限制，确定一个允许的运转范围。

1）最大功率限制

柴油机在各种转速下允许达到的最大功率一般限制在限制特性曲线以下。柴油机在各种转速下的功率如果超过这些特性所规定的上限值，则其经济性和可靠性将显著下降。

2）最小功率限制

柴油机最小功率由最低负荷速度特性曲线限制，这是因为柴油机在过小负荷下工作时每循环供油量太小，而且各缸功率显著不均，甚至个别缸不喷油或不发火，造成柴油机运转不稳定。同时还会导致低温腐蚀加剧。

3）最高转速限制

在装有调速器的情况下，由调速特性来限制柴油机的最高转速。柴油机在各种负荷下转速如果超过这种特性规定的范围，将会引起惯力和离心力过大，产生强烈的振动，使零件磨损加剧，不能安全工作，经济性也下降。

4）最低转速限制

柴油机以过小转速运转时，油泵柱塞的速度下降，喷油压力降得过低，致使燃油雾化不良，使可燃混合气的混合不良，燃烧恶化。燃烧不完全又导致燃烧室表面积碳。同时，转速过低将造成轴承润滑不良，磨损显著加剧。各种参数也将变得不合适，造成柴油机运转十分不稳定。

任务3　动力装置的运行管理

一、备车

开航前的备车是技术管理的重要环节之一，任何船舶都应有这个过程。其目的是保证船舶动力装置处于随时起动和运行状况。备车时间一般在 0.5～6 h，包括对时钟、车钟、对舵、暖机、各系统准备、转车、冲车和试车。

1. 暖机

暖机指预先加热柴油机冷却系统、滑油系统及燃油系统，并开起各泵提高机体温度和向各运动件摩擦表面供应滑油的过程。主要目的是减小由于起动后温度突变而使得部件产生热应力，并可改善柴油机的起动性能和发火性能、减小气缸内的低温腐蚀等。

2. 系统的准备

为保证柴油机能够正常运行，各工作系统台滑油、冷却水、燃油、压缩空气等系统均处于正常工作状态。

3. 转车

转车指用转车机或慢转装置转动主机，以检查各运动部件和轴系的回转情况以及气缸内有无大量积水。转车前应开启示功阀，然后合上转车机正反向各转 1～2 转，确认正常后，与主机脱开。转车应尽量晚些进行，提前时间不得超过 0.5 h。

4. 冲车

冲车是用启动装置供给压缩空气使主机转动，冲车可将气缸中的杂质、残水或积油等从开启的示功阀中冲出。在此过程中可以判断启动装置和主机工作是否正常，如有故障，必须排除后方可试车，如主机工作正常则应关闭示功阀。

5. 试车

试车是为检查起动系统、换向装置、喷油系统、轴系、螺旋桨等是否正常。值班轮机员将车钟放在微转位置，待驾驶台回车令后，进行起动操作，供油转几转后停车，再换向运转。注意试车时间不宜过长。

试车完毕后，机舱应将车钟放至停车位置，表示试车完毕，驾驶台随时可用车。应当说明的是，在进行转车、冲车和试车操作前，应在驾驶员同意和配合的情况下进行，驾驶台应有人值守。

二、机动航行

船舶在进出港、移泊、过运河、浅水及窄航道航行中，柴油机工况多变，必须进行正确的操纵及管理。

在起航和加速过程中，为防止主机超机械负荷，船舶柴油机主机不要突然加大油门，从低速加速到全速应逐渐加大油门。

在进行倒车操纵时，为避免柴油机超负荷，倒车起动油门不可过高，其加速过程也不可过快。

在开始起航到船舶定速，该时间不可过短，绝不允许柴油机刚刚运行几分钟，就将操车手柄转至全速，这样会引起柴油机超热负荷，缸套产生裂纹。对于不同的机型，该时间长短不一。影响该时间长短的因素有2个：一是发动机运动部件的质量惯性；二是受热部件的热惯性。一般质量惯性和热惯性都小，有利于加速。

当船舶航行于浅水区，由于船舶阻力加大，必须降油门运行，以防主机超负荷。大风浪航行，为防止主机飞车和主机超负荷，必须把飞车设定转速降低及降油门运行。

三、正常航行

船舶正常航行中，驾驶台与机舱应注意联系。每班下班前，轮机员应向驾驶员告知主机平均转速、海水温度，值班驾驶员向轮机员报告本班平均航速、风向和风力。每日正午驾驶台和机舱就核对时钟，并交换正午报告。当机舱发现有不正常状态时，应及时处理，欲要减速或停车应先通知驾驶台，得到许可后方可减速或停车。

在船舶柴油机运行中，可通过观察烟囱冒烟的颜色及有无火星冒出判断其工作状况。正常的排烟颜色应是淡灰色。

(1) 排烟呈黑色：是因喷油雾化不良、柴油机超负荷、喷油定时过迟而后燃、扫气压力过低、压缩压力太低、燃油质量不符要求等造成的。

(2) 排烟呈蓝色：气缸油注入过多或检修时刮油环不正确或倒置导致润滑油在缸内燃烧。

(3) 排烟呈白色：排烟中含较多水分所致，可能是因为气缸套、气缸盖、活塞头有裂缝，或空气冷却器管破裂而使水进入气缸。

(4) 排烟呈火星：是小而热的未燃尽的炭粒与空气接触后而发红，炭粒离开排气管时温度很高，进入大气后发生燃烧，直到其温度被大气冷却至燃点以下而熄灭。这主要是气缸润滑油过多、喷油嘴有漏油、燃烧不良、排气管及消音器有积碳、排气阀漏气损坏等。

四、到港前工作

（1）确认主机是否需要换轻油，如需要，应在机动操作 1 h 前进行。在下列情况下，需要换轻油：需要检修燃油系统；需进船坞修理；停车 5 d 以上；环保部门要求使用低硫油。

（2）进行主机换向试验，以确保起动和换向机构正常。

（3）在机动操纵前，放掉起动空气和控制开孔器系统凝水。

（4）轴带发电机应从电网上解除。

五、到港后工作

船舶抵港后，驾驶台通知完车，主机停止工作，但油和冷却水应连续工作 0.5 h 以上，以保证机器的温度能较为均匀地逐步下降，其他系统可停止。停泊后，如需主机吊缸和洗炉，应征得船长同意后方可进行。装卸货时，甲板部应提前将开工的舱口班数通知机舱，以便机舱供电。

任务 4　小船动力装置和辅机的操作

一、轴系组成

轴系组成见图 2-3-5。

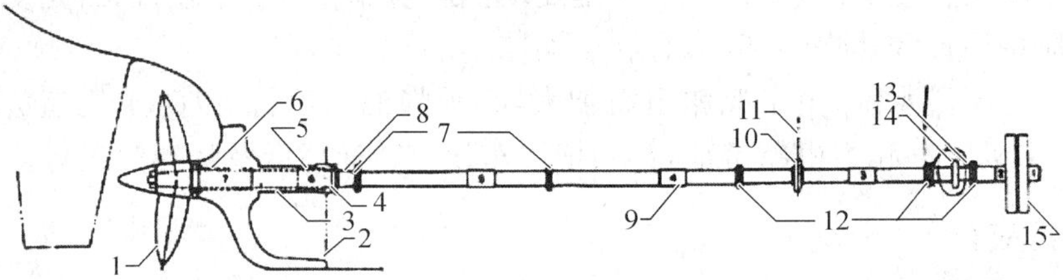

1—螺旋桨；2—艉尖舱壁；3—艉轴管；4—艉轴管前密封；5—艉轴管艏轴承；6—艉轴管艉轴承；7—连轴法兰；8—螺旋桨轴；9—中间轴轴颈；10—隔舱壁填料函；11—隔舱壁；12—连接法兰；13—推力轴；14—推力环；15—飞轮或减速齿轮

图 2-3-5　轴系组成

1. 推力轴和推力轴承

在直接传动装置中，推力轴与主机曲轴的飞轮端直接连接，而在间接传动装置中与齿轮减速器的主齿轮相连。推力轴的功用是将主机的扭矩传递给相邻的中间轴，同时把经中间轴传递来的螺旋桨的推力传递给船体，并对轴系进行轴向定位。

2. 中间轴及中间轴承

中间轴的作用在于连接推力轴，并进行扭矩及推力的传递。中间轴承的作用在于承受中间轴质量并保持正确的轴线。

3. 螺旋桨轴和艉轴管

螺旋桨轴是由轴系的最末一段，因其穿过艉轴管，也称艉轴。艉轴管内设有艉轴承，以支撑艉轴和螺旋桨的质量。在艉轴管内还设有艉轴密封装置，以防止海水沿艉轴流入船内或在润滑油润滑轴承的情况下防止润滑油漏泄。

二、推进装置的传动方式

船舶推进装置按传递到螺旋桨功率方式不同，可分为直接传动、间接传动、Z型传动、电力传动等。

1. 直接传动

直接传动是主机动力直接通过轴系传给螺旋桨的传动方式。在这种传动方式中，主机与螺旋桨之间除传动轴系外，没有减速和离合设备，运转中螺旋桨和主机始终具有相同的转向和转速。它的主要优点是：①简单，维护管理方便。只要安装时定位正确，平时管理中注意润滑冷却，一般不会出现大问题。②经济性好，传动损失少，传动效率高。主机多为耗油率低的大型低速柴油机。螺旋桨转速较低，推进效率较高。③工作可靠，寿命长。

它的主要缺点是整个动力装置的质量尺寸大，要求主机有可反转性能，非设计工况下运转时经济性差，船舶微速航行时速度受到主机最低稳定转速的限制。

2. 间接传动

间接传动是主机与螺旋桨之间的动力传递，除经过轴系外，还经过某些特设的中间环节(离合器、减速器等)的一种传动方式。它的主要优点是：①主机转速可以不受螺旋桨要求低转速的限制。只要适当选择减速比，就可使主机的转速适应螺旋桨的转速要求。②轴系布置比较自由。主机曲轴和螺旋桨轴可以同心布置，也可以不同心布置，以改善螺旋桨的工作条件。③在带有倒顺车离合器的装置中，主机不用换向，使主机结构简单，工作可靠，管理方便，机动性提高。④有利于多机并车运行及设置轴带发电机。

它的主要缺点是轴系结构复杂，传动效率较低。这种传动方式多用于中小型船舶以及以大功率中速柴油机、汽轮机和燃气轮机为主机的大型船舶。

3. Z型传动

Z型传动装置又称悬挂式螺旋桨装置。Z型传动方式最显著的特点是螺旋桨可绕垂直轴作360°回转。当起动一个电动机带动涡轮蜗杆装置运动时，涡轮带动旋转套筒在支架中回转，同时使螺旋桨绕垂直轴在360°范围内作平面旋转运动。由于螺旋桨可绕垂直轴作360°回转，因此它具有以下优点：操纵性能好，螺旋桨的推力方向可以自由变化，船舶操纵性能优于其他传动方式，使船舶原地回转、横向移动、快速进退以及微速航行等；可以省掉舵、艉柱和艉轴管等结构，船体阻力减少；可以使用质量轻体积小的中、高速柴油机，而不需要单独的减速齿轮装置，不需要主机有换向机构，可以延长柴油机使用寿命；由于这种传动装置是垂直悬挂在船尾，可由船尾部甲板开口处吊装，检修不用进坞，可大大缩短修理时间。

尽管如此，由于该传动结构上的原因，传递功率受到一定限制，因而仅适用于小型船舶，特别适用于港作船和在狭窄航道中航行的船舶。

4. 电力传动

电力传动是主机驱动主发电机，将发出的电供到主配电板，再由主配电板供电给主电动机，从而驱动螺旋桨运转的一种传动方式。这种传动方式的优点是：①主机与螺旋桨之间没有机械联系，可省去中间轴及轴承，机舱布置灵活；②主机转速不受螺旋桨转速的限制，可选用中、高速柴油机，并可在柴油机恒定转速下调节电动机转速，使螺旋桨转速得到均匀、大范围的调节；③螺旋桨反转是靠改变主电动机(直流)电流方向来完成的，倒车功率大，操纵容易,反转迅速,船舶机动性能提高;④主电动机对外界负荷的变化适应性好,甚至可以短时间堵转。

电力传动的缺点是:需要经过机械能变电能、电能变机械能2次能量转换,传动效率低;增加主发电机及主电动机,使动力装置总的质量和尺寸都增加,造价和维护费用提高。电力传动主要用于破冰船、拖船、渡船等。

知识链接

船舶变速性能与动力装置性能与推进器类型有关。若装置FPP螺旋桨,则船舶倒车性能与主机换向时间密切联系。机动操作时,机舱接到驾驶台指令后需按规定程序换油,必要时增开发动机等一系列操作都与船舶倒车性能有密切联系。而船舶停车性能也与动力装置类型和状态有关,若动力装置不允许在重油状态停车,则也牵涉换油。

任务评价

评价内容		评 价 标 准	权重/%	分项得分
任务完成情况	任务1	描述船舶动力装置的组成	20	
	任务2	描述四冲程柴油机和二冲程柴油机的工作原理	10	
	任务3	准确描述船舶开航前备车程序	30	
	任务4	常用航速和与之对应的主机运转状态	30	
职业素养		能流畅地阐述知识,展示技能	10	
总分			评价者签名:	

任务拓展

1. 需解决的问题:船舶航行中突遇紧急情况,需短时间停船,机舱的操作程序及依据是什么?

▲思路引领:制动过程的换向

2. 备车过程中的驾机如何默契合作?

▲互动研讨

在船舶开航前备车的过程耗时较长,内容较多,其中大多数操作项目牵涉驾驶台和机舱的沟通联系。这里以备车为例,可由学生分组扮演驾驶台及机舱值班人员角色,模拟船舶开航前备车程序,加深学生对备车各项操作的理解。

3. 船速与油耗的关系?

▲提示:联系《航海学》学习

项目三
外力影响下的船舶操纵

核心概念

风动力；水动力；风致漂移浅水效应；富余水深；岸壁效应；船间效应

项目描述

通过探讨风流、受限水域对船舶操纵性影响的规律，提炼在外力影响下的船舶操纵技法。项目包括"风流影响下的船舶操纵""受限水域影响下的船舶操纵"2 个模块，要求学生在深刻认识外力对船舶操纵性影响规律的基础上，掌握外力影响下的船舶操纵技法。

学习目标

1. 掌握风、水动力及力矩，以及对船舶偏转和漂移的影响；
2. 掌握抑制船舶偏转措施；
3. 掌握浅水效应、岸壁效应及船间效应的特点；
4. 掌握受限水域中船舶操纵要领。

模块1 风流影响下的船舶操纵

模块描述

本模块是项目中的核心和复杂模块之一，涵盖风、水动力及其力矩、船舶在风作用下偏转效应和漂移规律以及流对船舶操纵影响等任务。要求学生通过对风、水动力以及水流特点，判断船舶偏转方向和漂移程度，能运用车舵效应进行船舶保向或者抑制船舶偏转；能扬长避短地利用风、流条件提高舵效，增强旋回性能。该模块是前述项目一、项目二中螺旋桨和舵设备的实际应用场合，具有较强的实用性。

学习目标

1. 能在风中通过使用车舵保持航向、计划航迹线；
2. 能在流中通过使用车舵保持航向、计划航迹线；
3. 能扬长避短地利用风流的作用完成航行中的操纵任务。

工作任务

任务1　风致偏转与风中保向
任务2　风致漂移速度的估算
任务3　流对操船的影响

导　入

1. 不同的方向、风速对面积不等的彩旗有什么影响效果？
2. 几何物体的受力中心如何确定？
3. 作用力和反作用力的关系是什么？

知识准备

一、风动力

操船中所指的风力与气象学上所指的风力不同。操船中的风力指处于一定运动状态的船舶水上部分的船体所受的空气动力。

1. 大小

风力的大小与风速、风舷角、船体水线以上的受风面积及形状等有关。设船舶的受风情

况见图 3-1-1，则船舶所受的风力可用 Hughes 公式予以估算

$$F_a = \frac{1}{2}\rho_a \cdot C_a \cdot (A_a\cos^2\theta + B_a\sin^2\theta) \cdot v_a^2 \qquad (3\text{-}1\text{-}1)$$

式中：ρ_a 为空气密度，为 1.25 kg/m^3；θ 为相对风舷角；C_a 为风力系数，与随风舷角、水线以上受风面积的形状有关；v_a 为相对风速，m/s。

▲思考探究：何为相对风速？相对风速与真风和船速之间有何关系？

A_a 为水线以上船体正投影面积，m^2；B_a 为水线以上船体侧投影面积，m^2；F_a 为水线以上船体所受的风力，N。

在决定风力 F_a 大小的各因素中，风速 v_a 和风舷角 θ 可用船上的风速仪和风向仪测得；船体水线以上的正、侧面受风面积 A_a，B_a 可以从船舶相应资料中根据船舶实际吃水查取。

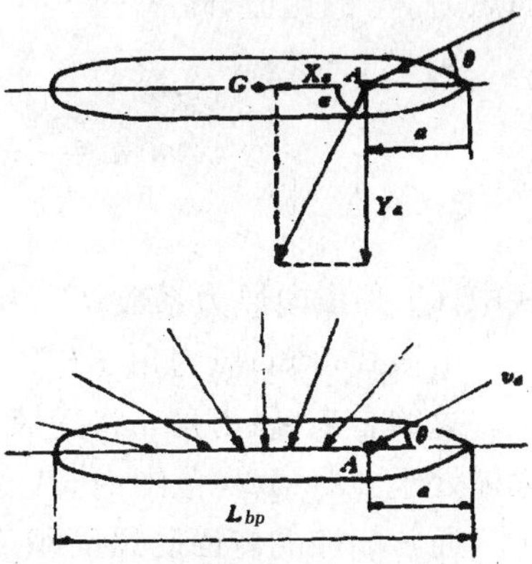

图 3-1-0　风动力的方向与作用点

风力系数 C_a 随相对风舷角 θ 的变化情况见图 3-1-0。图中所列符号的船型数据见表 3-1-0。从图3-1-0可以看出，风力系数 C_a 随相对风舷角 θ 的变化曲线为一马鞍形曲线。当风舷角 $\theta=0°$或 180°时，风力系数 C_a 值为最小；当风舷角 θ 为 30°～40°或 140°～160°时，风力系数 C_a 值为最大；当风舷角 $\theta=90°$时，风力系数 C_a 值较小，但船舶所受的风力值达到最大，切不可认为风舷角 θ 为 90°时，风力系数最大，因为风力系数是个变量，与风舷角受风面积有关。另外，从船舶水线以上船体形状看，外形流线型较好的客船、船体结构较为简单的油船，它们的风力系数较小；而受风面积较大的滚装船、集装箱船等的风力系数较高；同一船舶随吃水增大其风力系数的值略有减小。

表 3-1-0　船型数据

船舶种类	油　船		集装箱船		滚　装　船		货船(三岛型)		渡船	金枪渔船	枪渔船
载况	满载	压载	满载	压载	满载	压载	满载	压载		满载	满载
符号	A—1	A—2	B—1	B—2	C—1	C—2	D—1	D—2	E	F	G
L_{bp}/m	290.0	290.0	175.0	175.0	150.0	150.0	128.0	128.0	113.2	29.5	29.5
B/m	47.5	47.5	25.0	25.0	23.4	23.4	17.5	17.5	15.85	6.0	6.0
D/m	24.0	24.0	15.4	15.4	20.4	20.4	10.4	10.4	6.8	3.0	3.0
d_m/m	16.08	9.33	9.4	6.5	7.0	5.44	7.94	4.25	4.43	2.4	2.4
D/t	183 200	96 713			14 633	10 828	13 450	6 440		300	300
A_a/m^2	1 030	1 280	522.2	609.4	447.2	499.3	285	370	261.8	26.7	34.2
AR_a	0.457	0.567	0.836	0.975	0.817	0.912	0.931	1.208	1.042	0.742	0.950
B_a/m^2	3 123	5 180	2 311	2 377	2 351	2 590	999	1 490	1 312	108.4	140.5
ARB/m	0.038	0.062	0.076	0.078	0.105	0.115	0.061	0.091	0.102	0.125	0.161

2. 作用点

风力作用中心至船首的距离 a 与两柱间船长 L_{bp} 的比值随风舷角 θ 的增大近似呈线性增加，其值在 0.3～0.8。当风舷角 θ 为 90°左右，即船舶正横受风时，风力作用中心在船舶重心附近；当风舷角 θ 大于 90°，即风从正横后吹来时，风力作用中心在船舶重心后；当风舷角 θ 小于 90°，即风从正横前吹来时，风力作用中心在船舶重心前。另外，当风舷角 θ 一定时，水线上面积集中于船中后部较多的油船和客船，其风力作用中心比三岛型货船靠后；而同一船舶，空载或压载时多艉倾，艏部水线以上侧面积增大，其风力作用中心比满载时靠前得多。

3. 方向

风力角 α 指风力与船尾向的夹角。由图 3-1-1 可知，风力角 α 取决于横向风力 Y_a 与纵向风力 X_a 的比值，即

$$\tan\alpha = \frac{Y_a}{X_a} = \frac{\frac{1}{2}\rho_a c_{a_y} B_a \sin\theta v_a^2}{\frac{1}{2}\rho_a c_{a_x} A_a \cos\theta v_a^2} = \frac{c_{a_y}}{c_{a_x}} \cdot \frac{B_a}{A_a} \cdot \tan\theta \qquad (3\text{-}1\text{-}2)$$

式中：C_{a_y} 为横向风力系数；C_{a_x} 为纵向风力系数。

由该式可知，风力角 α 与风舷角 θ，船舶侧、正面受风面积之比 B_a/A_a 以及吃水变化等有关。总的看来，风力角 α 将随风舷角的增大而增大，当风舷角 θ 处于 40°～140°时，风力角 α 大体处于 80°～100°范围内，其变化并不明显。

通常船舶的侧面受风面积 B_a 总是大于正面受风面积 A_a，其风力角 α 总是大于风舷角 θ，即风力的方向总是较风的相对来向更偏向于船舶的正横方向。

对于船体水线以上的正、侧面受风面积无资料可查的船舶，可以利用相同或相似船舶的对应曲线，根据船舶实际吃水与满载吃水的百分比分别查取正、侧面受风面积系数 C_1 和 C_2，而后按下式求取船体水线以上的正、侧面受风面积 A_a 和 B_a 的概略值

$$A_a = C_1 \cdot B^2$$
$$B_a = C_2 \cdot L^2 \qquad (3\text{-}1\text{-}3)$$

式中：C_1 为正面受风面积系数；C_2 为侧面受风面积系数；B 为船宽；L 为船长。

4. 风动力力矩

风力转船力矩与风力有相类似的表达形式，即

$$N_a = \frac{1}{2}\rho_a \cdot C_{Na} \cdot (A_a\cos^2\theta + B_a\sin^2\theta) \cdot v_a^2 \cdot L \qquad (3\text{-}1\text{-}4)$$

式中：N_a 为风力转船力矩，N·m；C_{Na} 为风力转船力矩系数；L 为船长；其他符号与式 3-1-1 的意义相同。

风力转船力矩系数 C_{Na} 也随船舶种类、载况以及船舶受风面积的大小和分布的不同而不同。

当已经求得船舶所受的风力、风力作用中心以及风力角时，风力转船力矩也可按下式计算

$$N_a = F_a \sin\alpha \cdot (I_G - a) = F_a \cdot \sin\alpha \cdot (L/2 - a) \qquad (3\text{-}1\text{-}5)$$

式中：l_G为船舶重心至船首的距离。

在船舶靠泊中，当船首或船尾处于一端用系缆固定于泊位时，估算船舶所受的风力转船力矩应根据船舶实际受约束状态进行计算。

$$N_a = F_a \cdot \sin a \cdot a \quad （船首固定时） \tag{3-1-6}$$

$$N_a = F_a \cdot \sin a \cdot (L - a) \quad （船尾固定时） \tag{3-1-7}$$

应当指出的是，在计算船舶所受的风力以及风力转船力矩时，应根据风的性质进行突风率修正以决定计算所用的风速，如风速变动不明显，可取平均风速；强风中，可取 1.25 倍平均风速；风暴中，可取 1.50 倍平均风速。

二、水动力

当船舶在车、舵、锚、缆或拖船的作用下与周围的水产生相对运动，或在静止中受风、流的作用与周围的水产生相对运动时，船体所受到的水的作用力称为水动力。在操纵船舶时需要掌握这种水动力及其转船力矩的作用规律。

1. 大小

当船舶与周围的水存在相对运动时，船舶所受的水动力 F_w 可用下式估算

$$F_w = \frac{1}{2}\rho_w \cdot C_w \cdot L \cdot d \cdot v_w^2 \tag{3-1-8}$$

式中：F_w 为水动力，N；ρ_w 为水密度，为 104.5 $kg \cdot s^2/m^4$；C_w 为水动力系数，其值随漂角 β 以及船体水下形状等因素的变化而变化；L 为船舶水线长度，m；v_w为船舶与水的相对速度，m/s；d 为船舶吃水，m。

在实用中，船舶所受的水动力可以分解为艏艉方向的水动力 F_{w_x} 和正横方向的水动力 F_{w_y}，即

$$\begin{aligned} F_{w_x} &= \frac{1}{2}\rho_w \cdot C_{w_x} \cdot L \cdot d \cdot v_{w_x}^2 \\ F_{w_y} &= \frac{1}{2}\rho_w \cdot C_{w_y} \cdot L \cdot d \cdot v_{w_y}^2 \end{aligned} \tag{3-1-9}$$

式中：C_{w_x} 和 C_{w_y} 为艏艉方向、正横方向的水动力系数。根据 C_{w_x} 求得的艏艉方向的水动力在操纵中可通过用车加以克服，故对一般商船而言也可不予考虑。

横向的水动力系数 C_{w_y} 可经模型试验获得。不同船舶可参考较为类似的船模试验数据作出估计。

横向水动力系数 C_{w_y} 随漂角的增大而增大，当漂角 β 为 90°时，横向水动力系数达到最大值，而后随着漂角的进一步增加，横向水动力系数将逐渐减小为 0。在浅水中，水深吃水比越小，横向水动力系数越大，尤其是当水深吃水比小于 1.5 时，横向水动力系数随水深吃水比的变化更为显著。

2. 作用点

水动力作用中心至船首的距离与船长之比 α_w/L 随漂角 β 的增大而增大，即随着漂角 β 的增大，水动力作用中心自距离船首 $0.25L$ 渐次移至 $0.75L$ 处。

空载或压载时往往艉倾较大，艉部水下侧面积较艏部大得多，水动力作用中心要比满载吃水时明显后移。

3. 方向

水动力角 γ 指水动力 F_w 与艏艉面的夹角。与风力角 α 相类似，水动力角 γ 取决于横向水动力和纵向水动力的比值，即

$$\tan\gamma = Y_w / X_w \tag{3-1-10}$$

因为船体水下正投影面积较小，纵向水动力较小，$\tan\gamma$ 趋向于无穷大，所以水动力角 γ 在 90°左右。

4. 力矩

水动力转船力矩可以表达成与水动力相类似的形式，即

$$N_w = \frac{1}{2}\rho_w \cdot C_{Nw} \cdot L^2 \cdot d \cdot v_w^2 \tag{3-1-11}$$

式中：C_{Nw}为水动力转船力矩系数，随漂角、水深吃水比、船体水线以下形状等的变化而变化。

图 3-1-1 为某 15 万 t 油船的水动力转船力矩系数的船模试验结果。当已经求得船舶所受的水动力、水动力作用中心以及水动力角时，水动力转船力矩也可按下式计算

$$N_w = F_w \cdot \sin r \cdot (L_G - a_w) \tag{3-1-12}$$

式中：L_G 为船舶重心至船首的距离，可近似取为 $L/2$；a_w 为水动力重心与船首的距离。

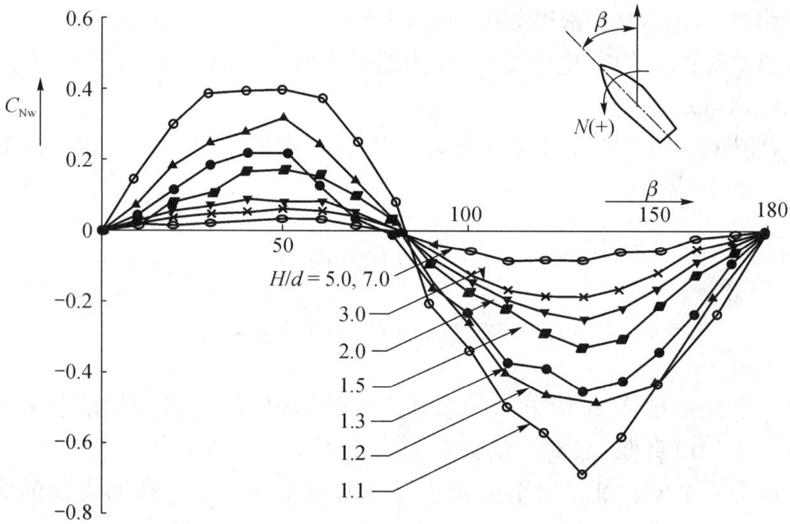

图 3-1-1 某 15 万 t 油船的水动力转船力矩系数 C_{Nw}

在船舶靠泊中，当船首或船尾处于一端用系缆固定于泊位的情况时，估算船舶所受的水动力转船力矩则可按下述公式进行计算

$$N_w = F_w \cdot \sin\gamma \cdot \alpha_w \quad \text{（船首固定时）} \tag{3-1-13}$$

$$N_w = F_w \cdot \sin\gamma \cdot (L - \alpha_w) \quad \text{（船尾固定时）} \tag{3-1-14}$$

任务实施

任务1　风致偏转与风中保向

一、船舶偏转效应

船舶在风中的偏转是船舶所受的风力转船力矩和水动力转船力矩共同作用的结果。船舶的偏转情况可以分为2种:迎风偏转和背风偏转。迎风偏转指运动中的船舶不论是前进还是后退,其运动的前端(前进中指船首,后退中指船尾)在风的影响下转向上风方向的偏转,也称为逆风偏转。背风偏转指当船舶运动速度远低于风速时,船舶的迎风端转向下风的偏转,也称为顺风偏转。例如,前进中的船舶受正横前来风的影响时,风力作用中心和水动力作用中心均位于船舶重心以前,风力转船力矩和水动力转船力矩方向相反。当水动力转船力矩大于风力转船力矩时,船首将出现迎风偏转;反之,如风力转船力矩大于水动力转船力矩,船首将出现背风偏转。

在定性分析船舶在风中的偏转规律时,风力作用中心 A,船舶重心 G,水动力作用中心 W 三者的位置关系具有重要意义。船舶重心 G 一般情况下在船中稍后。风力作用中心 A 如前所述,当风自正横前吹来时,A 在船舶重心以前;横风时一般在重心附近;正横后来风时,一般在船舶重心后。水动力作用中心 W 取决于船舶与周围水之间的相对速度,船舶前进中,W 一般在重心前;船舶横移时,W 一般在重心附近;船舶后退中,W 一般在重心后。

下面按船舶各种运动状态来定性分析风致偏转规律。

1. 船舶静止中

(1) 风自正横前吹来,船舶将向下风漂移,风力作用中心 A 在重心 G 前,而水动力作用中心 W 在重心 G 后。风力转船力矩和水动力转船力矩均使船首转向下风、船尾转向上风,直至转到风从正横附近来风时,使 A,W 均与重心 G 接近,船舶的偏转力矩之和趋于0,见图3-1-2(a)。

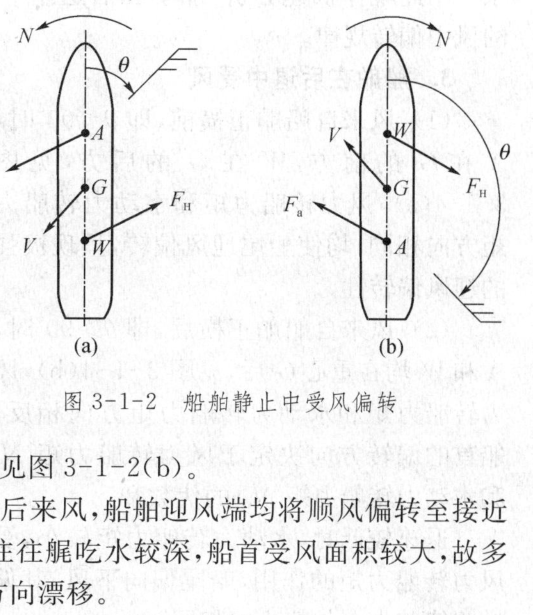

图3-1-2　船舶静止中受风偏转

(2) 风自正横后吹来,即风舷角 $\theta>90°$ 时,A 在 G 后,W 在 G 前,风力转船力矩和水动力转船力矩均使船尾转向下风,船首转向上风,直至转到风从正横附近来风时,使 A,W 均与重心 G 接近,船舶的偏转力矩之和趋于0,见图3-1-2(b)。

静止中的船舶,不论是正横前来风,还是正横后来风,船舶迎风端均将顺风偏转至接近正横受风状态,同时向下风方向漂移。一般货船往往艉吃水较深,船首受风面积较大,故多保持在风来自正横略后的位置上 $\theta\approx100°$ 向下风方向漂移。

2. 船舶在前进中

(1) 风来自船舶正横前，即 $\theta<90°$ 时，A 和 W 均在重心 G 前，见图 3-1-3(a)，风力转船力矩和水动力转船力矩方向相反，船首的偏转方向决定于风力转船力矩 N_a 与水动力转船力矩 N_w 的代数和。当 $N_a>N_w$ 时，船舶将顺风偏转；当 $N_a<N_w$ 时，船舶将迎风偏转。水动力转船力矩 N_w 取决于漂角 β，吃水和船舶对水的相对速度，而 β 又取决于船舶对水相对速度在艏艉方向、正横方向的分量 u, v。其中横移速度 v 又与风力的大小及方向密切相关。因此，前进中船舶受正横前来风时，船舶是迎风偏转还是顺风偏转，是由风速、风向、船速、载况共同决定的综合现象。

当慢速、空船、艉倾、艏受风面积大时，多为 $N_a>N_w$，出现船首顺风偏转；反之，当快速、满载(或半载)、艉受风面积较大时，多为 $N_a<N_w$，出现迎风偏转。风速越高、船速越高、风向越接近正横，迎风偏转的倾向就越大。对于超大型船舶满载时，由于其船尾受风面积较大及船体较肥大等原因，只要有前进速度，船首均将出现迎风偏转。因此，船舶的速度是决定船舶是迎风偏转还是顺风偏转的最主要因素。

▲知识链接：舵效影响因素——风对舵效的影响。

(2) 风来自船舶正横后，即 $\theta>90°$ 时，A 在 G 的后方，W 在 G 前，见图 3-1-3(b)，风力转船力矩和水动力转船力矩方向相同，均使船首迎风偏转，因此呈现出极强的迎风偏转性。这也就是船舶斜顺风航行时较斜顶风航行时不易保向的原因。

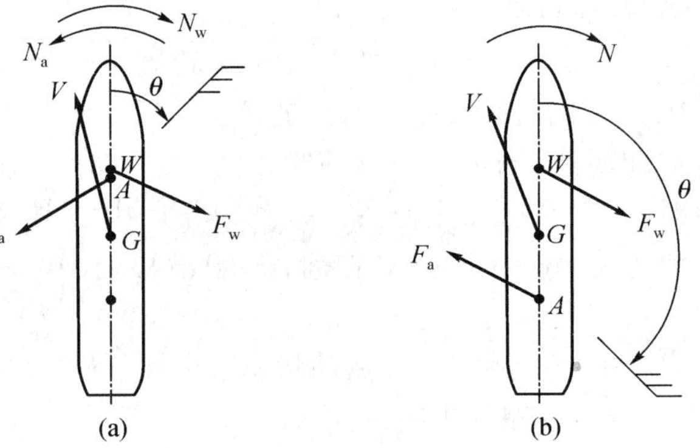

图 3-1-3 船舶前进中受风偏转

▲规律摸索——水动力方向与风动力方向、船舶运动方向之间存在着何种关系？用此规律快速分析“船舶在后退中”的风中偏转规律。

3. 船舶在后退中受风

(1) 风来自船舶正横前，即 $\theta<90°$ 时，A 在 G 的前方，W 在 G 的后方，见图 3-1-4(a)，风力转船力矩和水动力转船力矩方向相同，均使船尾迎风偏转，呈现极强的迎风偏转性。

(2) 风来自船舶正横后，即 $\theta>90°$ 时，A 和 W 均在重心 G 后，见图 3-1-4(b)，风力转船力矩和水动力转船力矩方向相反，船首的偏转方向决定于风力转船力矩 N_a 和水动力转船力矩 N_w 的代数和。

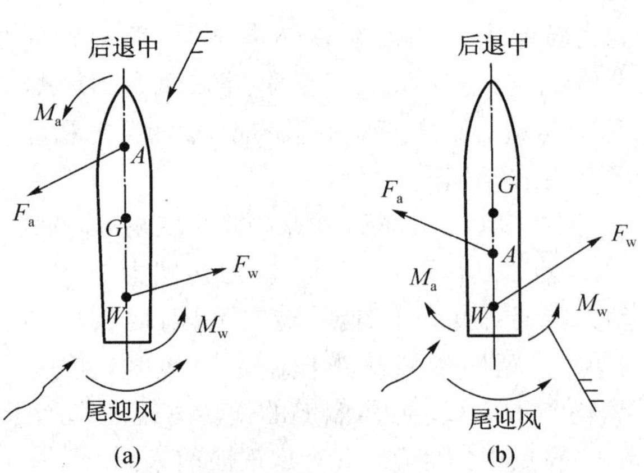

图 3-1-4 船舶后退中受风偏转

退速较低时，水动力转船力矩较小，受风力转船力矩的作用，船尾偏向下风，其偏转规律基本上与静止中相同。

当船有一定退速时，一般船舶尾部线型比较肥大，特别是由于舵和螺旋桨的存在，船舶在向下风漂移中，水动力将随退速的增加而很快增加，N_w 往往大于 N_a 而使船尾迎风。对于右旋 FPP 单车船，如遇来自左舷正横后的风，由于倒车时螺旋桨排出流和沉深横向力的作用，艉迎风将来得更早更急，即使退速不大、风力不太强时，也会出现艉迎风现象；如遇右后来风，艉迎风则必须以一定的退速和一定的风级为条件，不具备这种条件船尾便会向下风偏转。

根据操纵性理论，后退中的船舶，即使不考虑螺旋桨的影响，一直用正舵，也不具备航向稳定性，加之舵效又极差，除非风速极低、退速极慢，否则这种艉迎风趋势是很难抵御的；而艉迎风后也很难使之稳定下来，船尾还会不断出现左右摆动。

综上所述，船舶在风中的偏转规律，可以归纳为：

(1) 船舶在静止中或船速接近于 0 时，船舶将顺风偏转至接近风舷角 100°左右向下风漂移。

(2) 船舶在前进中，正横前来风，慢速、空船、艉倾、船首受风面积较大的船舶，船首顺风偏转；前进速度较大的船舶或满载、半载、艏倾、船尾受风面积较大的船舶，船首将迎风偏转；正横后来风，船舶将呈现极强的迎风偏转性。

(3) 船舶在后退中，在一定风速下并有一定的退速时，船舶迎风偏转，这就是通常所说的艉找风现象(stern to wind)。正横前来风比正横后来风显著，左舷来风比右舷来风显著；退速极低时，船舶的偏转与静止时的情况相同，并受倒车横向力的影响，船尾不一定迎风。

二、风中船舶保向

前进中的船舶，在强风中将出现迎风性偏转，为保向航行需向下风舷压某一舵角，以抵消迎风偏转合力矩的作用。压舵后有时可以有效地保向，有时却不能，这种差异不仅仅取决于相对风速，而且与相对风向(风舷角 θ)及船速有密切的关系。图 3-1-5 是某油船在强风中分别用 15°, 35°舵角压舵时的可保向界限曲线。曲线以下的区域为可保向范围，曲线越处于较低位置，越不容易保向；曲线上方的区域为不可保向范围。在舵角为 35°的可保向曲线的上方区域内，即为不能凭操舵保向的范围。

由图 3-1-5 可知：

(1) 风舷角 θ 为 60°～120°时，曲线位置较低，可保向范围小。这说明当风来自船舶正横附近时，风速只要达到船速的数倍，就将出现即使操满舵也难以保向的情况。

(2) 当相对风向逐渐向艏、艉靠拢时，曲线位置升高，可保向范围扩大。这说明随着风向向艏、艉靠拢，满舵也无法保向的情况，仅出现在更高的风速船速比的情况下。

(3) 船首附近来风时的可保向曲线比船尾附近来风时的曲线高得多。这说明船首斜迎风或迎风时的保向性比船尾斜迎风或迎风时的保向性好很多。这是因为当船舶斜顶风航行时，风力转船力矩和水动力转船力矩的方向相反，风致偏转的趋势相对

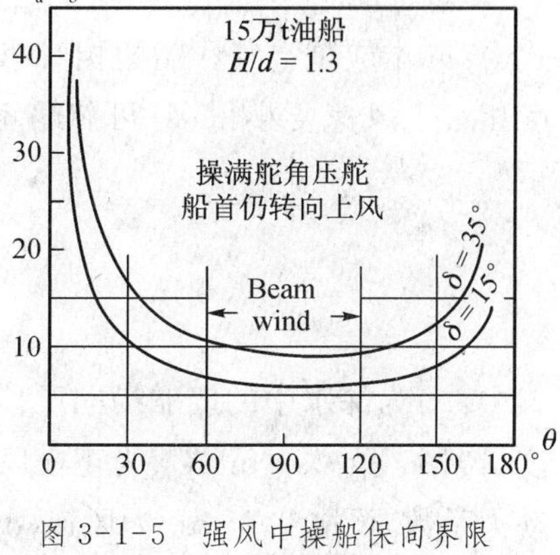

图 3-1-5　强风中操船保向界限

弱一些；而当船舶斜顺风航行时，风力转船力矩和水动力转船力矩方向相同，均使船舶产生迎风偏转，风致偏转的趋势相对要更强一些，故斜顶风时较斜顺风时容易保向。

（4）强风中船舶保向性随风速的降低而提高，随船速的降低而降低，增大舵角可提高保向性。

另外，对于不同类型的船舶，水线上下侧面积之比 $B_a/(Ld)$ 较大的船舶，其保向性较差；浅水对强风中船舶的可保向界限的影响甚微。在近岸水域船舶往往低速航行，尤其是在较窄的进港航道上，强风中低速航行出现不能保向问题将会导致灾难性后果。船舶驾驶人员应掌握不同船速、不同风舷角情况下的船舶可保向的极限风速。图 3-1-6 是某大型油船在低速前进中可保向的极限风速曲线。

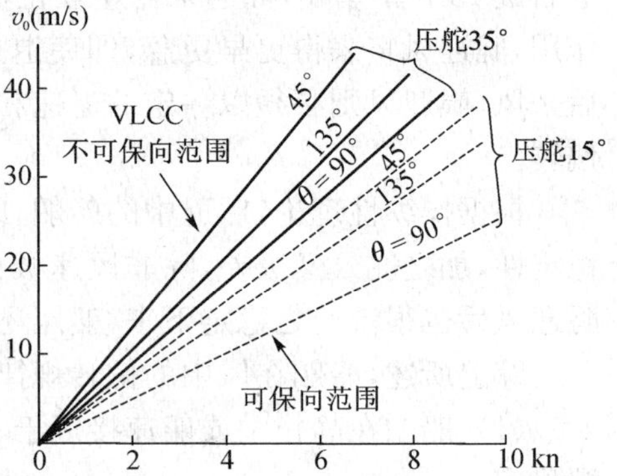

图 3-1-6　低速前进时的保向极限风速

任务 2　风致漂移速度的估算

静水中的船舶因风的直接作用和水动力的间接作用而产生的横向运动称为风致漂移。船舶试验表明，受风时的漂移速度除与船舶受风特点有关外，还与船速密切相关。停船时的漂移速度最高，随船速的增加，漂移速度反而降低。在浅水中，由于船舶所受的横向阻力增大，风致漂移速度较深水中要小得多。

一、停船时的漂移速度

船舶静止中受风，最终将保持正横附近受风，并匀速向下风漂移。此时，正横受风时的风力和向下风漂移时产生的水动力应保持平衡，即

$$\begin{aligned} Y_a &= 1/2\rho_a B_a C_{a_y}(v_a - v_y)^2 \\ Y_w &= 1/2\rho_w LdC_{w_y} v_y^2 \end{aligned} \tag{3-1-15}$$

式中：v_a 本应是空气和船的相对速度，即真风速减去船舶向下风漂移的速度。但因为漂移速度相对于风速要小得多，可忽略不计，所以将真风速直接作为相对风速 v_a 代入即可，由此得到

$$v_y = \sqrt{\frac{\rho_a}{\rho_w}\frac{C_{a_y}}{C_{w_y}}\frac{B_a}{Ld}}v_a \tag{3-1-16}$$

式中：v_y 为深水中的船舶横向漂移速度，m/s；ρ_a 为空气密度，为 0.125 kg · s^2/m^4；ρ_w 为水密度，104.5 kg · s^2/m^4；C_a 为正横风 $\theta=90°$时的风力系数，可取 1.20；C_w 为横流 $\beta=90°$时的水动力系数，可取 0.95；v_a 为风速，m/s；L 为船舶水线面长度，m；d 为船舶实际平均吃水，m；B_a 为船体水线以上侧面积，m^2。

所以有

$$v_y \approx 0.041\sqrt{\frac{B_a}{Ld}} \cdot v_a \tag{3-1-17}$$

在实际工作中，船舶驾驶人员可以根据本船在不同载态下的值估算船舶的风致漂移速度。例如，超大型油船在宽敞的深水域中的风致漂移速度有

空载时：

$$B_a/(Ld) \approx 1.8 \quad v_y = \frac{1}{20}v_a \tag{3-1-18}$$

满载时：

$$B_a/(Ld) \approx 0.8 \quad v_y = \frac{1}{30}v_a \tag{3-1-19}$$

在浅水中，由于水动力系数增加，风致漂移的速度将减小，水深吃水比越小，风致漂移速度越小。

二、航行中的风致漂移速度

前进中的船舶受风影响，除向下风漂移外，在风力力矩和水动力力矩的作用下还将发生偏转。为保持船舶沿预定的航向航行，必须操舵，用舵力及舵力转船力矩克服风致偏转，使诸横向力和力矩保持平衡，即

$$\begin{aligned} Y &= Y_a(v_a) + Y_w(\beta) + Y(\delta) = 0 \\ N &= N_a(v_a) + N_w(\beta) + N(\delta) = 0 \end{aligned} \tag{3-1-20}$$

式中：$Y_a(v_a)$，$N_a(v_a)$为风力的横向力和转船力矩；$Y_w(\beta)$，$N_w(\beta)$为水动力的横向力和转船力矩；$Y(\delta)$，$N(\delta)$为舵力的横向力和转船力矩。

解上述方程，可以求出漂角β，即船舶实际运动方向与艏艉面的夹角，也就是风压差角。在航行中，利用在预定的航向上加、减风压差角克服风致漂移，保证船舶行驶在预定的航线上。当风速一定时，船速越高，风压差角越小；当船速一定时，风速越高，风压差角越大。通常风压差角只有几度，风压差角超过 10°时，船舶将处于不可保向的范围。

根据实船试验，船舶航行中受正横风影响的漂移速度与停船时的漂移速度的关系为

$$v_y' = v_y \cdot \exp(-0.14v_x) \tag{3-1-21}$$

式中：v_y'为船舶航行中的漂移速度，m/s；v_y为停船时的漂移速度，m/s；v_x为船舶航行速度，kn。

任务 3　流对操船的影响

由于船舶与周围水直接存在相对运动，而作用于船体的水动力及其力矩在上节已经讨论过，因此，本节主要讨论均匀水流对船舶操纵的影响。至于弯曲水道中的水流对操纵的影响将在狭水道操船中介绍。

一、流对船速、冲程的影响

船舶在均匀流中航行，船舶对地、对码头的速度为船对水的速度与流速的几何和。船舶

顺流航行时，实际船速等于静水船速加流速；顶流航行时，则实际船速等于静水船速减流速。因此，在静水船速和流速不变的条件下，顺流航行时的对地船速比顶流航行时的实际对地船速大 2 倍流速。当流向与艏艉向有一定的交角时，流速和静水船速的合速度将使船向来流的相反一舷运动，通常称为流压。流速越大，交角越大，船速越慢，流压角就越大。见图 3-1-7，在顶流靠泊时，根据流速的大小，摆好水流与艏艉线的交角并控制好船速，可以使船舶慢慢地向泊位靠拢。如船速和交角控制不当，尤其是急流时交角摆得太大，流压将造成船舶压碰码头的事故。要调整流压，只需运用车、舵、锚、缆的作用调整艏艉线与流向得到夹角即漂角，就能达到预期的目的。

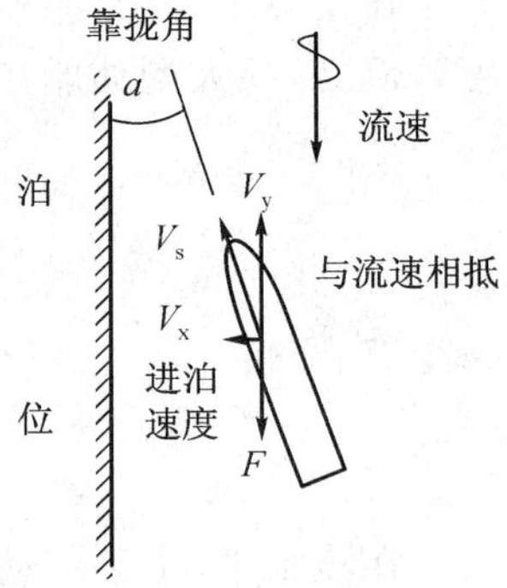

图 3-1-7　顶流靠泊

顶流中，流速越大冲程越小；顺流中，流速越大冲程越大，因此在顺流进港时，针对停车后降速过程非常缓慢的特点，一方面应及早停车淌航，另一方面应及时地运用倒车、抛锚或拖船进行减速制动。

二、流对舵效和旋回的影响

1. 流对舵力、舵效的影响

舵力以及舵力转船力矩与舵叶对水速度的平方成正比，而舵叶对水速度又与船舶对水的速度成正比。因此，船舶在均匀流中航行，当保持转速不变并使船舶对水的相对速度不变时，不论顶流或顺流，舵叶对水的相对速度保持不变。在舵角等条件相同时，顶流或顺流时的舵力将保持不变，其舵力转船力矩也是一样的。

舵效是个对地的概念，顶流时对地的速度较顺流时小 2 倍的流速，故使用相同的舵角，顶流时能在较短的距离上使船首转过较大的角度，需要时也比较容易把定。因此，顶流时的舵效要比顺流时的舵效为好。但是必须注意，均匀流中当船首斜向顶流时，由于水动力转船力矩的作用，向迎流舷转向困难，舵效反而变差。

2. 流对旋回的影响

在均匀流中行驶的船舶，其旋回圈将在流的方向上因漂移而对地发生变形。在受限水域中旋回掉头或改向的船舶应对此应有足够的估计，流越急，这种变形就越大。

根据经验，船舶在有流的水域中旋回掉头的漂移距离，可用下式估算

$$D_d \approx v_c \cdot \Delta t \times 80\% \tag{3-1-22}$$

式中：D_d 为旋回中的流致漂移距离，m；v_c 为流速，m/s；Δt 为掉头所用的时间，s。

掉头所用的时间 Δt 因船而异，主要取决于船舶的排水量。船舶满载时的掉头时间可估算为

吨位/万 t	旋回 180°约需时间/min
0.5	3.0
1.0	3.5
5.0	4.5
10.0	5.5
20.0	6.5

在水域较为宽裕的有流港内采用旋回掉头时，掉头所需水域的长度可按下式确定：

掉头所需水域长度＝旋回最大纵距±旋回掉头中的流致漂移距离＋安全余量

其中，掉头中的流致漂移距离顺流时取＋，顶流时取－。

同样，在有流的水域转向，转向的时机也应掌握好。在静水中，可在转向依据的物标接近正横时转向；顺流时应适当提前转向的时机；顶流时应适当延迟转向的时机，这样在流压的作用下，使船位在转向后仍能保持在预定航线上。

任务评价

评价内容		评　价　标　准	权重/%	分项得分
任务完成情况	任务 1	能够系统阐述风致偏转的现象与实质及风中保向的操纵要领	30	
	任务 2	能够描述影响风致漂移速度的因素	30	
	任务 3	熟练掌握利用与防范水流的操船技术	30	
职业素养		能够把握风流对操船影响的主要方面	10	
总分			评价者签名：	

任务拓展

1. 画图分析流压在船舶靠、离泊中的应用。
2. 运用模拟器观察船舶在风中的偏转现象，研究操舵抑制船舶在风中的偏转。
3. 船舶在航行中，为什么在斜顶风中操舵保向比在斜顺风中容易？

▲提示：画图分析风动力与水动力的关系。

4. 哪舷受风时，左旋单车船在倒车倒航中的艉找风现象显著？

▲提示：结合螺旋桨的致偏效应，运用控制变量法分析。

模块 2　受限水域影响下的船舶操纵

模块描述

模块分析受限水域对船舶产生影响的过程，系统总结受限水域对船舶操纵影响的规律，提炼船舶在受限水域操纵的技法。模块包括浅水效应、岸壁效应、船间效应等内容，要求学生在深刻认识受限水域对船舶操纵性影响规律的基础上，掌握受限水域影响下的船舶操纵技术。

学习目标

1. 了解受限水域的特点，制定适合当时环境和船舶特点的操作方案；
2. 能够按照操作方案实施船舶在受限水域中的操纵；
3. 能够预防和应急船舶在受限水域中的各种效应。

工作任务

任务 1　浅水效应的预防与应急技术

任务 2　岸壁效应的预防与应急技术

任务 3　船间效应的预防与应急技术

导　入

1. 同样的水流，随着水深的变浅，水流会如何变化？
2. 同样的水流，随着水域面积的变窄，水流会如何变化？

知识准备

一、受限水域的涵义

受限水域指对于所操纵的船舶，水深较浅的水域和宽度较窄的水道。例如，浅而窄的江河、运河、进港航道以及港内水域一般均可称为受限水域(restricted water; confined water)。

船舶在受限水域中，在种种水动力的作用下，其运动也将受到受限水域的影响，浅水中会出现浅水效应(shallow water effect)；窄水中会出现岸壁效应(wall effect)。

二、受限水域的界定

有关浅水域的浅度和窄水域的狭窄程度，虽然国际上至今仍无统一的标准，但是就对船舶运动的影响而言，可以认为取下列数据作为一般标准是可信的。

1）水深

相对而言，因为船有大小之分，所以是否属于浅水域应依与船舶吃水之比 H/d 确定，H/d 值，也称为相对水深，在船舶操纵中是一个很重要的概念。根据霍夫特(Hooft)的研究可作如下界定：①从对船体前进时阻力的影响区分，低速船以 $H/d\leqslant 4$，高速船以 $H/d\leqslant 10$，即可作浅水域对待。②从出现对船体横向运动的影响区分，以 $H/d\leqslant 2.5$ 为界作浅水域对待；同时，该数值也可作为对船舶前进中的操纵性有影响的水深界限。③对操纵性有较明显影响并达到易发现程度的水深则应以 $H/d\leqslant 1.5$ 界定。

2）航道宽度

从操船角度分析，通常认为应以航道有效宽度 W 与船长之比确定。①考虑到出现岸壁效应时，应以 $W/L\leqslant 2$ 界定，作为窄水域对待。②对操纵性有明显影响，并达到易发现程度的航道宽度应以 $W/L\leqslant 1$ 界定。应注意的是，上述航道宽度 W 指航道的底部宽度，而非平均宽度和水面宽度。

▲知识扩充：海港平面设计规范的航道平面布置图。

任务实施

任务1　浅水效应的预防与应急技术

一、基本浅水效应分析

驶于浅水中的船舶，其周围的水与船体的相对运动，对深水域有很大的不同。在深水中航行时，其船首或船尾部分水的流动具有三维空间内流动的特点。船首处斜向(既向两侧，又向下方)向后运动，并具有明显向下的特点；船尾处斜向(既由两侧向纵中剖面，又向上方)向后运动，并具有明显向上的特点。但在浅水中航行时，船首或船尾部分水的流动因空间受限，原三维空间内的流动不得不变为向两侧或由两侧向内的二维平面式流动，同时船体周围水压力的分布也将发生变化。

从船舶运动看，由深水域驶入浅水域将出现以下现象：

(1) 船舶阻力增大，船速降低；同转速下船速较深水域为低。

(2) 船体中部低压区向船尾扩展，船体下沉，并伴有纵倾变化。

(3) 船尾伴流增强，螺旋桨上下桨叶推力之差较深水明显，因此将出现较深水更为明显的船体振动。

(4) 船舶在浅水域内旋回时，因旋回阻矩增加，旋回性将变差；航向稳定性反而变好。

二、移动阻力的增加及航行于浅水时的降速

1. 移动阻力的增加

1）船舶的虚质量及虚惯矩

船舶在水上运动，必将同时带动其周围部分水的运动，不论是纵移运动、横移运动，还是

转动均是如此。如果从船舶受力、力矩作用而运动的角度或者从能量转换角度看，就像是增加船舶质量和惯矩。这种相当于增加的质量部分和惯矩部分，称为附加质量和附加惯矩。它们与船舶质量、惯矩之和称为船舶的虚质量和虚惯矩。

船舶的附加质量及附加惯矩的大小均以船舶质量及船体惯矩的倍数表示，并与船舶的运动方向相关。在深水中，船舶纵移时的附加质量仅为船舶质量的0.07～0.10倍；横移附加质量为船舶质量的0.75～1.00倍；转动时的附加惯矩则为船体惯矩的1.00倍左右。

浅水域或航道较窄时，上述附加质量和附加惯矩，较深水中有明显的增加，而且H/d越小，则增加倍数越高。随着相对水深变浅，船体越肥大，则附加质量及附加惯矩比深水中增加的倍数越显著。当$H/d<2$时，这种增加不容忽视；当$H/d<1.5$时，这种增加倍数将急剧增大。

浅水域中的上述现象表明，对于同一艘船舶，在船型、吃水相同的情况下，若给船舶以相同的力或力矩的作用，则船舶在浅水域中所得到的加速度或角加速度比在深水中的低。即对于同样大小的动力或外力(矩)，浅水域中的船舶动起来比深水中的运动速度低。

另外，浅水与深水相比，不论是附加惯矩或附加质量的倍数均与船速有关。船速高，增加倍数也高。

▲知识链接：船舶航向稳定性、旋回性及舵效影响。

2）横向阻力的增加

浅水域中横向阻力的增加、转头阻矩的加大均对操船有重大影响。靠泊操纵中，船舶斜航时(斜航漂流角为β)的横向水动力系数、水动力矩系数随相对水深的变化如前述。随着水深变浅，横向水动力系数和水动力矩系数会有成倍的增长，其增加的倍数与附加质量及附加惯矩增加的程度相同。尤其是在$H/d<2$之后，随相对水深变浅，上述系数增大得更多。若存在岸壁效应，上述横向水动力系数就会增加更多。实验表明，当距岸壁接近至1.7倍船宽时，就会在横向阻力系数上明显地表现出岸壁的影响，靠泊时横向入泊中应对此有足够的估计。

3）航行于浅水时的降速

驶于浅水域的船舶，与驶于深水中的船舶相比，船体周围的水流形为二维平面流，船底的水流被加速因而加大摩擦阻力；船体周围压力剧烈变化，船中低压区向船尾扩展，引发船体下沉，纵倾加大；浅水域中出现浅水兴波，因而较深水域加大兴波阻力；再加上浅水域中船舶推进器盘面附近涡流的增强使推进器效率下降，因此出现船舶降速现象。

船舶在浅水域中，船速的下降比例可利用施利希廷(Schlichting)的减速图近似求取。当从深水域以船速v_s驶入浅水域时，其船速v_{hs}的表达式为

$$v_{hs} = v_s(1 - \text{降速率}) \tag{3-2-1}$$

三、航行中船体下沉与纵倾变化

船舶前进中，既将水流向左右方向排开，又向船底方向排开，船首、船尾及船中附近的流态分布发生变化，使水压力分布也发生变化，在船首、船尾附近产生高压区(且船首压力分布高于船尾)，在船中附近产生一个低压区。随着船速的增加，船体周围的水流速度相对比船速快，这就使船体附近水面的水位下降，从而使船体下沉。船首、船尾的下沉变化和程度因船型、船速

等因素的不同而有差异，因此在船体平均下沉的同时，纵倾状态也将发生变化。

在浅水域，由于船体周围的流动由三维流动变为二维流动，流速增加，使船体周围水压力的变化加剧，船中低压区扩展至船尾，船体下沉和纵倾变化均较深水中更为显著。在浅窄航道中，由于船侧间隙减小，船体周围流速变快，使船体下沉量较在无限宽的浅水中时更大。

▲原理：伯努利流体定律

1. 航行于深水域中的船体下沉与纵倾

深水域中船体下沉与纵倾的变化，主要取决于船型和船速。试验结果表明，船舶越肥大，船体下沉和纵倾的变化越激烈。与船速的关系如下：①当傅汝德数 $F_r \approx 0.06$ 时，开始产生船体下沉现象。②当 $F_r < 0.3$ 时，船首尾均下沉，并出现艏沉大于艉沉的倾向。由于该速度域为一般商船的速度域，因此多数商船在深水域航行时均表现为艏倾的倾向（设静浮时为平吃水状态）。③当 $F_r > 0.3$ 时，艉下沉将可能超过艏下沉，静浮时为平吃水状态的船舶将变为艉倾。方形系数高、短而肥的船舶出现上述现象需要的 F_r 值也比较高。④当 $F_r > 0.6$ 时，船体仍保持其艉倾趋势而逐渐上浮并超过其静浮位置，呈滑行于水面的状态。

2. 航行于浅水域中的船体下沉与纵倾

浅水域的船体下沉及纵倾变化，较深水更为激烈，对操船有较大影响，甚至还有船底擦碰海底（touching the ground）的危险。这是驶于浅水域船舶必须充分考虑的问题。浅水域出现船体下沉的船速较低；随船速增加，下沉的速度较快；船首上浮所需船速较低。水越浅，达到最大艏倾和开始变为艉倾所需船速越低。

3. 浅水域船首下沉量的估算

驶于浅水域的船舶，较准确地估算船首下沉量是保证安全航行的重要技术问题。目前已提出一系列可供参考的估算方法。

1）塔克（Tuck）等在对船型作适当假定的条件下，给出求平均下沉量 S 和纵倾变化 τ 的公式

$$\frac{S}{L} = 1.5\left(\frac{d}{L}\right)\left(\frac{C_B}{L/B}\right)F_{rh}^2$$

$$\frac{\tau}{L} = 30\left(\frac{d}{L}\right)\left(\frac{C_B}{L/B}\right)^3 F_{rh}^2 \qquad (3\text{-}2\text{-}2)$$

式中：C_B为方形系数；L，B，d 分别为船长、船宽和船舶吃水，m；L/B 为船舶长宽比；F_{rh}为水深的傅汝德数，$F_{rh} = v_s/gH$；H 为水深，m。

2）霍夫特（Hooft）结合实验结果给出估算相对纵倾变化的公式

$$\frac{S}{L} = 0.146\frac{F_{rh}^2}{\sqrt{1-F_{rh}^2}} \cdot \frac{\Delta}{(0.1L_{pp})^3}$$

$$\frac{\tau}{L} = 0.100\frac{F_{rh}^2}{\sqrt{1-F_{rh}^2}} \cdot \frac{\Delta}{(0.1L_{pp})^3} \qquad (3\text{-}2\text{-}3)$$

式中：Δ 为船舶排水量，m^3。

四、浅水对操纵性的影响

驶于浅水域的船舶，较之深水域其操纵性总的变化趋势是：旋回性变差，航向稳定性

变好。

1. 浅水对舵力的影响

在浅水中航行，由于涡流和伴流的增强导致舵力的降低，且水深吃水比越小，舵力下降得越多。然而，当螺旋桨转速仍保持定值，考虑到浅水域中由于船速减低导致螺旋桨滑失比得以提高，提高螺旋桨的排出流的速度，以及浅水域中舵的下缘距海底较近导致舵的整流作用得以加强等因素的影响，又使前述舵力降低得到补偿。总的来看，舵力有所下降但下降不大。

2. 浅水对旋回性、追随性的影响

浅水域，船舶虚惯矩、旋回阻矩均有较大增加，其中旋回阻矩的增加较虚惯矩增加得更快。从船舶操纵性指数 K，T 分析可知：

$$T = \frac{I}{b} = \frac{\text{船舶虚惯矩}}{\text{旋回阻矩系数}}$$

$$K = \frac{a}{b} = \frac{\text{舵力转盘力矩系数}}{\text{旋回阻矩系数}}$$

操纵性指数 K，T 在浅水域中均将相应减小，说明在浅水中船舶追随性、航向稳定性变好，而船舶旋回性则变差。

(1) 追随性、航向稳定性变好可从2方面得到证明：一方面，在船舶Z形试验中，超越角即转头惯性角将因水浅而变小，见图3-2-1；另一方面，在螺旋试验中，航向不稳定区将明显缩小。

(2) 旋回性变差可从同航速等舵角条件下，浅水域与深水域旋回初径的比值因相对水深变小而增大得到证明。Esso Osaka 船(L=325 m，d=21.79 m)实船试验的结果也说明这一点，见图3-2-2。同样，船舶在港内外浅水域作加速旋回(accelerating turn)时，也应考虑到水深的影响，见图3-2-3。该图表明，水深越浅，加速旋回初径增加越多，而纵距变化则不明显。

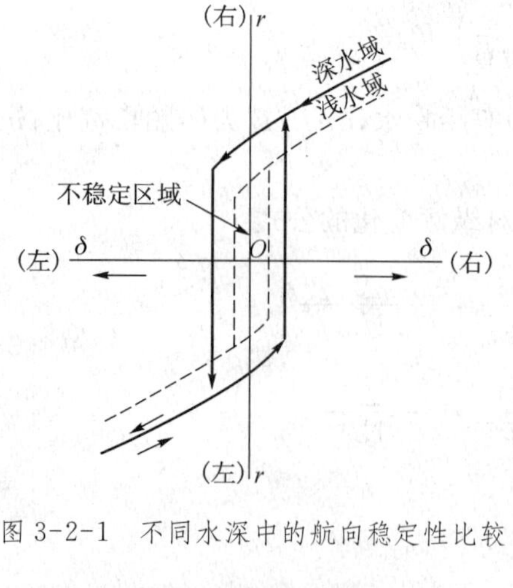

图3-2-1 不同水深中的航向稳定性比较

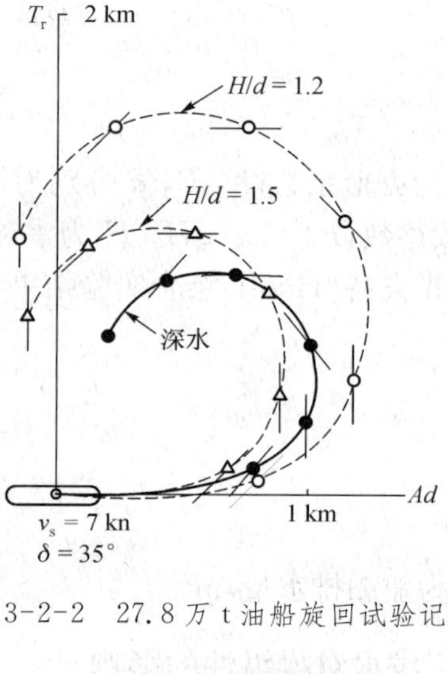

图3-2-2 27.8万t油船旋回试验记录

3. 浅水对停船性能的影响

船舶驶于浅水域时，由于船体下沉、艏倾、兴波增强、二维流增速等原因，船体阻力将有所增加。另外，由于螺旋桨推进效率的降低，冲程会有一定程度的减小。特别表现在刚停车后余速较高的一段时间内，浅水阻力较大的特点有利于较快降速减小冲程。当降速至较低船速时，因上述作用因素的减弱，减速情况趋缓，所以对减小冲程的作用也将减弱。

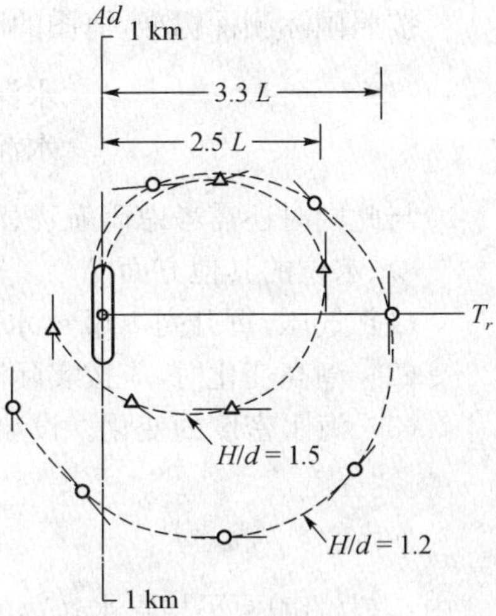

图 3-2-3　浅水对加速旋回的影响

五、确保船底有足够的富余水深

浅水域操船，有时会出现舵效极度降低甚至无舵效，即不能自力操纵的局面；横移阻力因水浅而过分增大，不得不依赖多艘拖船支援；浅水域航行中船体进一步下沉会危及船体、舵和推进器的安全，甚至危及主机的正常工作。因此，在浅水域中为保证船舶安全航行，应使水深超过实际吃水，并保证有一定安全余量，该余量通常称为富余水深(Under Keel Clearance，UKC)，见图 3-2-4。富余水深应能保证船舶能够安全而且有效地进行保向、改向或移动。富余水深可由下式求出：

富余水深＝海图水深＋当时当地潮高－船舶静止时的吃水。

▲知识链接：船舶货运，载重线

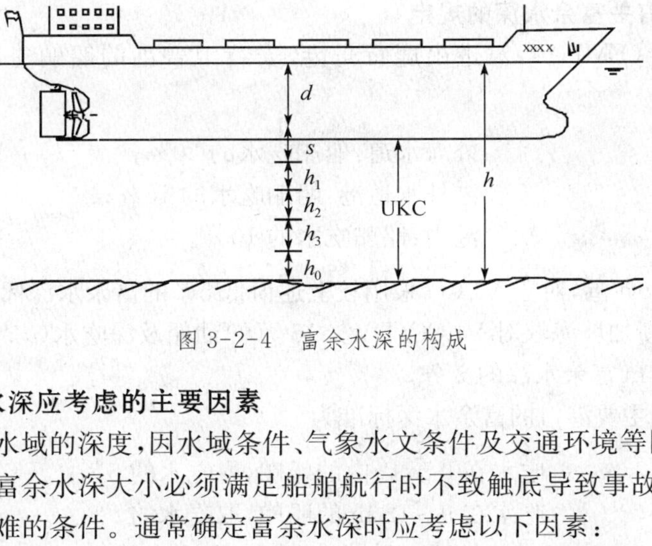

图 3-2-4　富余水深的构成

1. 确定富余水深应考虑的主要因素

船舶航行所需水域的深度，因水域条件、气象水文条件及交通环境等因素的不同而有差异。浅水中操船时富余水深大小必须满足船舶航行时不致触底导致事故，以及保证航行安全不致引起操纵困难的条件。通常确定富余水深时应考虑以下因素：

1）船体下沉量(S)

船舶在浅水域中航进时，船体下沉量增大。通常可按任务介绍的方法计算。船体在波浪中的摇荡，包括横摇、纵摇及垂荡造成的实际吃水的可能变化。其下沉量可分别近似求得如下：

横摇时的吃水增量：1/2 船宽×sin(横摇角)；
纵摇时的吃水增量：1/2 船长×sin(纵摇角)；
垂荡时的吃水增量：垂荡的位移量。

2）图标水深精度

按照国际测深标准，海图的图标水深可能有以下等级的误差(h_1)：

水深范围：20 m 以下，允许误差 0.3 m；
水深范围：20～100 m，允许误差 1.0 m。

与此同时还需考虑碍航物、海底地形及其变化。

3) 水位的其他方面(h_2)

(1) 气压，每升高 1 hPa，水面下降 1 cm。

(2) 潮高变化时，应按实际潮位计算。

(3) 海水密度的变化。设船舶由海水(ρ_1)进入淡水(ρ_2)，则吃水增加

$$\Delta d = d \times \frac{C_B}{C_W}\left(\frac{\rho_1}{\rho_2} - 1\right) \tag{3-2-4}$$

式中：d 为船舶原平均吃水；C_B，C_W分别为船舶的方形系数和水线面系数。

4) 保护主机(h_3)

主机冷却水进口。如使用船底的海水进口时，至少需有冷却水进口直径 1.5～2 倍的船底富余水深。

5) 海底障碍物等因素(h_4)

考虑到海底障碍物，如沉船、抛出的锚以及海底底质等因素，为不致触底必须留有一定的富余水深。

2. 一些港口有关富余水深的规定

欧洲引航协会(EMPA)，对进出鹿特丹港、安特卫普港的船舶建议采用如下的富余水深：

外海水道：船舶吃水的 20%；
港外水道港：船舶吃水的 15%；
港内：船舶吃水的 10%。

荷兰的 Europort 港，对于 VLCC 采用较上述值低 5%的富余水深标准。

马六甲海峡、新加坡海峡对 VLCC(DW>15 万 t)油船及深吃水(d>15 m)船舶过境，规定至少应确保 3.5 m 富余水深的义务。

日本濑户内海主要港口的富余水深标准为

吃水在 9 m 以内的船舶，取吃水的 5%；
吃水在 9～12 m 的船舶，取吃水的 8%；
吃水在 12 m 以上的船舶，取吃水的 10%。

任务 2 岸壁效应的预防与应急技术

一、岸壁效应

船舶驶于窄航道时，如驶在航道中央则船舶左右两舷水流(即相对于船体而运动的水流)对称，因而船舶运动并不出现异常现象。但当船舶偏离航道中央接近航道一侧岸壁时，

由于船体两舷所受水动力不同，出现的船舶整体吸向岸壁、船首转向中央航道的现象称为岸壁效应（wall effect，bank effect），见图 3-2-5。

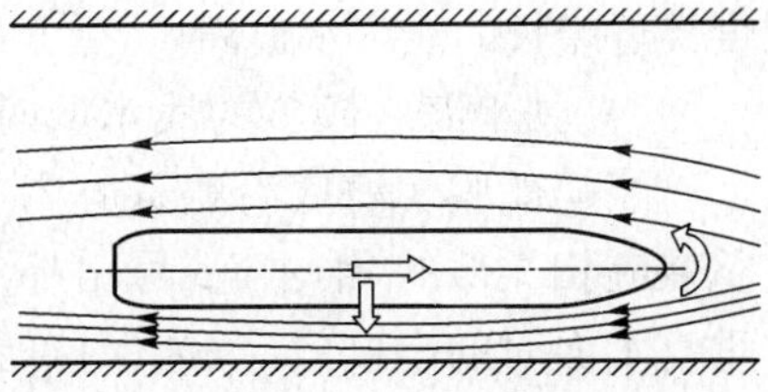

图 3-2-5　岸壁效应

1. 岸吸与岸吸力

在近岸壁航行时，船体被岸壁"吸拢"的现象称为岸吸（suction，attraction），其原因在于作用于船体而其方向指向岸壁的岸吸力。该力 F 可按下式估算

$$F=(9.81/2)\rho_{w}\cdot C_{F}\cdot L\cdot d\cdot v_{s}^{2}\cdot a \tag{3-2-5}$$

式中：F 为岸吸力，N；ρ_w为水密度，为 104.5 kg · s²/m⁴；L 为船舶水线长度，m；d 为船舶吃水，m；C_F为 $H/d=1.4$ 时的岸吸力系数；v_s为船舶速度，m/s；a 为水深修正系数。

岸吸力系数 C_F值并非常数，由水道宽度与船宽之比 W/B，船舶偏离航道中央的距离与船宽之比 y/B 决定。

2. 岸推与岸推力矩

岸吸产生的同时，船首转向中央航道而"离岸"的现象称为岸推（repulsion），其原因在于岸推力矩的作用。该力矩可按下式估算

$$N_{B}=y\cdot L\cdot x \tag{3-2-6}$$

式中：y 为岸吸力；x 值可由 H/d 值查取。

3. 岸壁效应相关因素

实船操纵和模型试验均表明，岸壁效应与下列因素有关：

（1）距岸越近、偏离中心航道越远，岸壁效应越明显。

（2）水道宽度越窄，岸壁效应越激烈。

（3）水深越浅，岸壁效应越明显。

（4）船速越高，岸壁效应越激烈。

（5）船型越肥大，岸壁效应越明显。

因此，在近岸壁航行时，船舶驾驶人员应密切注意尽量控制本船，不可偏离航道，也不要距岸过近，尤其应注意随时控制本船船速，以策安全。

二、狭水道保向

狭水道往往兼有水域浅窄的特点，常出现的转头力矩作用会造成保向困难，尤其是较窄水域更是如此。

1）接近岸壁航行时的保向

接近岸壁航行时，为抵消岸吸力的作用，抑制激烈的岸壁效应，正确的操船措施是向岸壁方向压某一舵角。通过连续调整压舵角可使船舶航迹平均地保持一定近岸距离航行。在运河航行中，如上述平均压舵角高达 5°以上仍不足以保向，应引起船舶驾驶人员重视，需尽可能使船舶的近岸距离增大或降低船速，以保持船舶直航。

2）驶于中心航道时的保向

船舶驶于类似苏伊士运河的狭窄水道时，即使行驶于水道中央，也需不断操舵保持航向，且船速越高，所需操舵的平均舵角也越大。根据模型试验结果并结合实际引航经验，在水道宽

度接近船长的浅窄水道内，行驶于航道中央的船舶应将其船速降至 10 kn 以下，以便保向。

3）驶于海底倾斜的浅水域时的保向

当船舶驶于海底沿船宽方向有明显倾斜的浅水域时，船舶将因海底倾斜效应出现与岸壁效应相类似的“纳尔逊”号出朴茨茅斯港时触礁现象。海底倾斜效应本质上是一种岸壁不垂直水面时的岸壁效应，为保持航向，也需不断地朝浅水一舷操舵。

▲经验交流

1. 接近岸壁航行时的保向

（1）接近岸壁航行时，为抵消岸吸力的作用，抑制激烈的岸壁效应，正确的操船措施是向岸壁方向压某一舵角。

（2）通过连续调整压舵角可使船舶航迹平均地保持一定近岸距离航行。

（3）运河航行中，如上述平均压舵角高达 5°以上仍不足以保向，应引起船舶驾驶人员重视。如果中等舵角难以保向，则应增大离岸距离。

2. 驶于中心航道时的保向

（1）船舶驶于类似苏伊士运河的狭窄水道时，即使行驶于水道中央，也需不断操舵保持航向，且船速越高，所需操舵的平均舵角也越大。

（2）根据模型试验结果并结合实际引航经验，在水道宽度接近船长的浅窄水道内，行驶于航道中央的船舶应将其船速降至 10 kn 以下，以便保向。

任务 3 船间效应的预防与应急技术

船舶在近距离上对驶会船、追越或驶过系泊船时，在两船之间产生的流体作用，将使船舶出现互相吸引、排斥、转头、波荡等现象，称为船间效应(ship interaction)。

一、航船前后水压力的分布

船舶航行中，船首阻挡向后的相对水流，造成相对流速降低、压力增高、水位上升，呈现最高水位；水流过船首后，由于船身的流线型原因，水流一路顺畅，船中流速最大、水压最小、水位最低；在船尾处，因船身两侧水流汇合，流速较慢、水压较高、水位较高，见图 3-2-6。

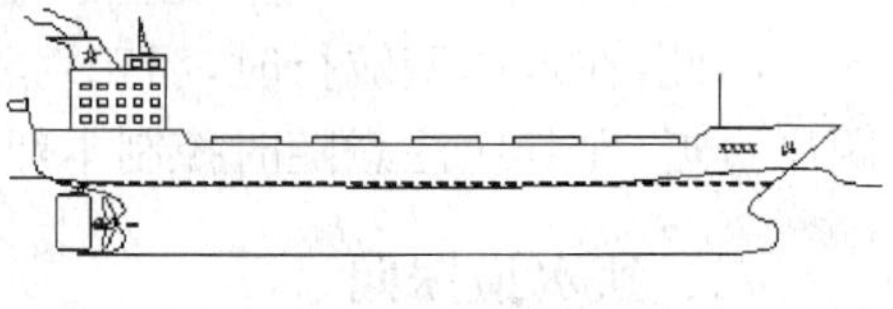

图 3-2-6 航行中的船行波

1. 波荡

当两船平行接近处于追越关系时，就要受到追越船或被追越船所造成的发散波（艏艉兴波）的作用。与其他波浪一样，船舶航行所产生的兴波水质点本身并不随波形移动。在深水中，波浪的水质点以一定的速度作轨圆运动，当水质点处于波峰时，其运动方向与波的传播方向相同（向前运动）；处于波谷时，则与波浪的传播方向相反。因此，见图 3-2-7，当追越船处于被追越船的发散波的波峰前时，由于水质点的运

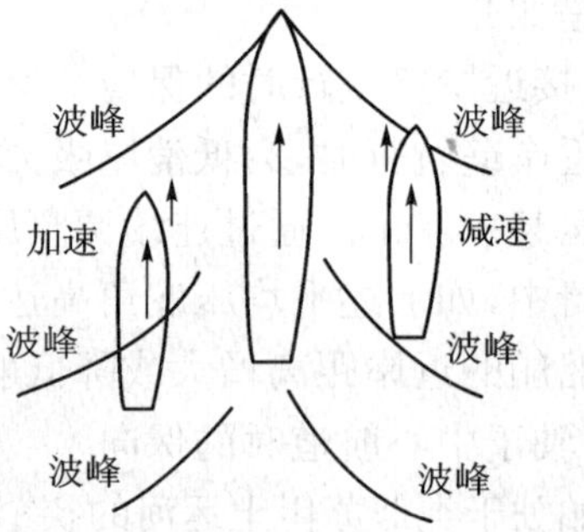

图 3-2-7 波荡现象

动方向与波的传播方向即船舶前进方向一致，使船被加速；当处于波谷时，由于水质点运动方向与波的传播方向相反而被减速。

这种处于他船发散波中的船舶，由于相对于波的位置不同而受到加速或减速的现象，称为波荡或无索牵引。显然，兴波越激烈、追越船的吃水越小，波荡现象越明显。

2. 吸引、排斥与转头

航进中的船舶，艏艉处水位升高，压力增高，从而给靠近航行的他船以排斥作用；而船中部附近的水位下降，压力降低，给靠近航行的他船以吸引作用。

处于他船发散波中的船舶，当其船首向与他船发散波方向存在夹角时，即船舶斜向与发散波遭遇时，由于波中水质点作轨圆运动，导致波峰处的船体部分受波的前进方向的力，而波谷处的船体部分则受相反方向的力，结果构成力矩使船首转头。例如，兴波自左前方来时，当船首处于波峰、船尾处于波谷时，船首将向右偏转，这种现象称为转头。显然，他船的船速越高、兴波越激烈时，这种转头作用越大；越接近他船时，这种作用也越明显；越是较小的船舶所受的影响也就越突出。

上述吸引与排斥、波荡、转头等现象有时同时出现。

二、影响船间效应的因素

（1）两船间距越小，相互作用越大。船间作用力的大小约与两船间横距的 4 次方成反比；船间作用力矩约与两船间横距的 3 次方成反比。一般当两船间的横距小于两船船长之和时，就会直接产生这种作用；两船间横距小于两船船长之和的一半时，相互作用明显增加。两船过度接近则有碰撞的危险。

（2）船速越大，则兴波越激烈，相互作用也越大。船间作用力和力矩约与船速的平方成正比。

（3）双方航向相同比航向相反的作用时间长，相互作用也更大。

（4）大小不同的两船互相接近时，小船受到的影响大。

（5）在浅窄的受限水域航行时，由于船体周围的水压力变化及兴波均较深敞水域中更为激烈，因此船间效应比深水中更为激烈。

三、追越中两船间的船间效应及其预防

1. 试验结果

关于追越中两船的吸引与排斥、内侧转头与外侧转头的力矩变化情况，1960 年 R. E. Newton 进行深水中的船模试验，1977 年 I. W. Dand 进行浅水中的船模试验，2 个试验结果比较接近，双方的回转力矩倾向几乎相同。图 3-2-8 是 I. W. Dand 在 $H/d=1.3$ 的浅水中，当船速为 9.1 kn 时所做的模型试验结果。

2. 对试验结果的定性分析

见图 3-2-8，A 船为追越船，B 船为被追越船。

位置①：B 船艉部受到 A 船艏部高压排斥使船首内转，可能挡住 A 船进路，而与 A 船艏部发生碰撞。A 船艏部受 B 船艉部高压排斥，同时 A 船艏部处于 B 船发散波的波谷，而艉部处于波峰致使 A 船艏内转。

位置②：B 船整体受 A 船艏部高压排斥而外移。与此同时，B 船艉部受 A 船舯部低压吸

引以及A船发散波的转头作用而使B船艏部外转。A船整体受B船舯部低压吸引而内移，同时由于A船艏受B船舯部低压吸引，以及B船发散波的转头作用而导致A船艏部内转。此位置两船转船力矩最大，极易发生大幅回转而使A船艏部与B船舯、艉部发生碰撞。追越中碰撞事故的统计分析充分说明这一点。

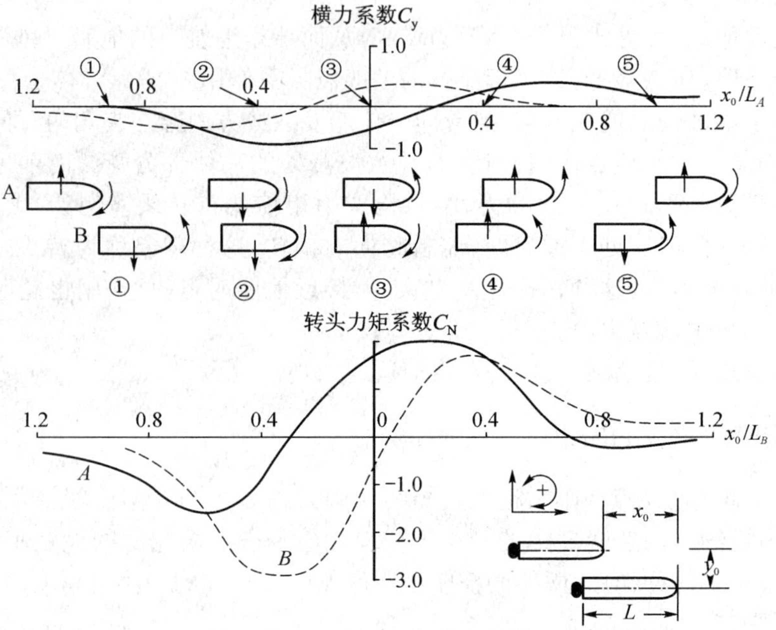

图 3-2-8 追越中两船的作用力和力矩系数

位置③：两船并驶，其间流速加快，压力下降，产生最大的吸引力，导致两船互相接近，因此该位置也是容易发生碰撞的位置之一，与此同时，两船艏部高压互相排斥而导致外转。

位置④：B船整体受A船舯部低压吸引而内移，与此同时，B船艏部处于A船发散波的波谷且受A船舯部低压吸引，船尾处于A船艉部发散波的波峰而使船艏内转。A船整体受本船艏部高压排斥而外移，与此同时，A船艉部处于B船发散波的波谷且受B船舯部低压吸引而使船首外转。此时，回转力矩也较大，容易使B船艏部与A船舯、艉部发生碰撞。

位置⑤：A船艉部受B船艏部高压排斥而外移并船首内转，B船艏受A船艉高压排斥而外移，与此同时，B船艏处于A船发散波的波谷，B船艉部处于A船发散波的波峰而使船首内转。但因为B船艏部受排斥产生的外转对发散波引起的内转有所抵消，所以整体偏转不大。

3. 追越中为避免激烈的船间效应而发生碰撞的预防措施

（1）尽量避免在狭窄弯段或浅滩处追越，应选择平直、通航密度小的允许追越的航段进行追越。

（2）追越前必须用VHF或声号征得被追越船的同意后方可追越。

（3）被追越船如同意追越，应尽量让出航道，减速至能维持舵效的速度行驶；追越船应适当加车，尽可能加大两船的间距，以便增大两船间的速度差，减小两船平行的时间。

（4）深水中快速追越时，两船间应至少保持大船的一倍船长，最好能大于两船船长之和。在港内低速追越时，两船间的横距可以减少到最少保持一倍船宽，但若考虑到操船上的安全，最好能大于大船的一倍船长。

（5）一旦出现明显的相互作用而有碰撞的危险时，追越船应减速、停车或倒车，并用相应的舵角制止偏转；被追越船则应适当地加车以增加舵效，抵制偏转。

四、两船对驶时的船间效应及其防止

两船对驶会船时的相互作用情况，有人曾结合巴拿马运河扩建工程作过船模试验，其结果可见图 3-2-9。

位置 1：两船艏部内侧高压互相排斥，船首各自外转。

位置 2：两船艏部各被对方中部的低压所吸引，船首各自内转。

位置 3：两船内侧各为低压，互相吸引。

位置 4：两船艉部各被对方中部的低压所吸引，船首外转。

位置 5：两船艉部内侧高压相互排斥，船首各自内转。

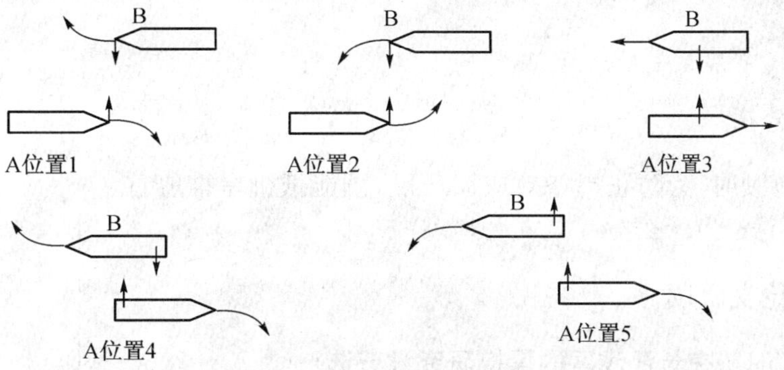

图 3-2-9　两船对驶时的船间效应

两船间的这种相互作用力和力矩非常大，在对驶会遇的情况下，这种非常大的力和力矩的出现是短暂的。在其所产生的运动发展前，两船已经相互驶过，使这种力和力矩的作用效果大大减轻。

对驶会船时，为避免激烈的船间效应而发生碰撞的预防措施是：

（1）应避免在复杂的航段会船。

（2）对驶前应减速缓慢行驶，尽量保持两船间的横距大于大船的船长。

（3）待两船船首相平时，切忌用大舵角抑制船首外转，否则将导致船首进入对方船中部低压区时加速内转而引起碰撞。正确的措施是适当加车以增加舵效，稳定船首向，减少通过的时间，使相互作用迅速消失而安全通过。

五、驶过系泊船时的相互作用及其预防

当船舶近距离驶过系泊船时，除船间作用力和力矩的影响外，系泊船也会受到驶过船的船行波及其岸壁反射波的影响。这种影响常表现为船舶的艏摇、横摇、纵摇，以及横荡、纵荡、垂荡等运动，对船舶影响最大、幅度最大的则是纵荡，其结果可能造成系泊船靠岸舷侧的擦损、挣断系缆等问题。根据经验，若水深越浅，越接近系泊船，通过的船速越高，这种影响

也就越大，风强流急又将助长这种影响。为此，船舶近距离驶经系泊船时，宜减速行驶，同时尽可能加大与系泊船的横距以减弱这种影响；而系泊船则应加强值班，必要时对系缆和碰垫作必要的调整，以增加船舶系泊稳定度。

任务评价

评价内容		评 价 标 准	权重/%	分项得分
任务完成情况	任务 1	能够全面阐述避免或减弱浅水效应的操船要领	50	
	任务 2	能够全面阐述避免或减弱岸壁效应的操船要领	20	
	任务 3	能够全面阐述避免或减弱船间效应的操船要领	20	
职业素养		能总结不同受限水域中的操船要领共同点	10	
总分			评价者签名：	

任务拓展

一、阅图分析

船舶靠岸行驶时，为防止岸壁效应而压舵，既能抵御岸推船首又能抵御岸吸船身，为什么？

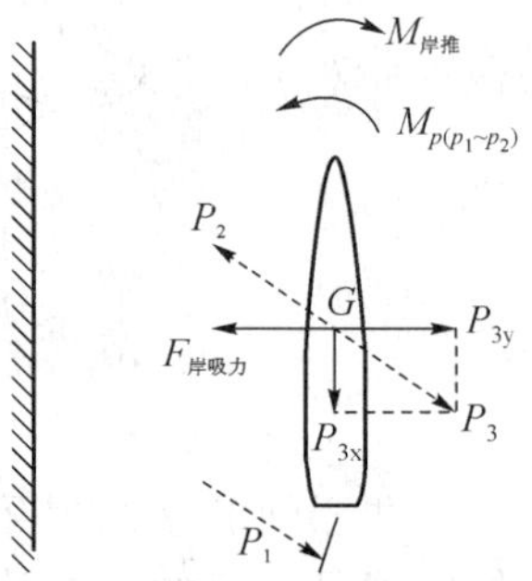

图 3-2-10 压舵效果

二、专业论文研读

《船舶在长江浅区的操控研究》(节选)

船在浅区出现的反应叫浅区效应，包括阻力增加(船速下降)、船体下沉(吃水增加)、纵倾发生变化、舵效不灵和斜坡效应等反应。船舶航行中驾驶员如果发现本船出现上述反应则足以断定船已进入浅区。

出现浅区效应的根本原因是：船在深水航行时，相对于船舶的水流具有在由两舷与船底构成的三维空间自由流动的特点，但在浅水中航行时，由于船身的过流横截面积减小、船底水深不富余，造成流水不畅，从而导致流速和水压力的变化。

浅区效应增加船舶擦浅、触岸和碰撞的危险，驾驶员在险要浅区对船舶操控得当，可减小浅区效应、化解相关危险。

1. 船在长江浅区表现出的“阻力增加”效应分析及对策

船在长江浅区“阻力增加”的原因分析：如果忽略支流流量，则长江沿线各处流量相等，根据流体力学中的连续性方程，流速与过水断面积的乘积等于流量，船经浅区时由于水深变浅，使船体过水断面积减小，导致相对流速增大，从而使快速流过船身的水流与船身的摩擦力增大，再加上兴波和涡流阻力的增加，最终导致船舶总阻力的增大。

阻力 R 与水深 H、船速 V 的关系分析：由表 3-2-1 可知，①当水深一定时，船速越大，阻力越大，因此在航行中为避免阻力过度增加，应主动降速。②当船速一定时，水深越小，阻力越大，因此在航行中通过测深尽量走在水深较大处。③为控制船舶阻力的增加，应设法将水

深傅汝德数 F_r 控制在 0.7 以下。尤其要强调的是，在浅区船速应降到更低才能将 F_r 控制在 0.7 以下。④在进入浅区前，主动降速是预防浅区阻力过度增加的最佳操作。

表 3-2-1　阻力与水深、船速的关系

水深傅汝德数 $F_r = V/(gH)^{1/2}$	阻力(R)
$V/(gH)^{1/2} < 0.7$	正常(与深区无异)
$0.7 \leqslant V/(gH)^{1/2} < 1$	随 F_r 增大而增大
$V/(gH)^{1/2} = 1$	达到最大

2. 船舶在浅区表现出的“船体下沉”效应分析

由流体力学中的伯努利方程可知：河流中水的能量守恒，即水的压力能与动能之和等于常数，动能与流速的平方成正比。在浅区随着船底过水断面的减小，流速增加、动能增加，则水压力减小，导致船体下沉；(相对)水深越小、船速越大、方型系数越大，则下沉量越大，因此快速船、肥大船应尽量航行于较深区。国内外船舶操纵界对船体下沉量有不同程度的研究，得出经验公式，其中，最简易的公式是

$$\Delta d \approx C_b V^2/171 \tag{3-2-7}$$

式 3-2-7 中：Δd 为航船吃水增量，m；C_b 为代表船型的方型系数；V 为船速，km/h。该式仅考虑船型、船速对吃水增量的影响，忽略相对水深(H/d)和相对水道宽度(水道宽度与船宽之比 B_0/B)对吃水增量的影响，因而不够准确。

较为准确的公式是

$$\Delta d \approx fV^2/\sqrt{H/d}\text{(霍密尔公式)} \tag{3-2-8}$$

式 3-2-8 中：f 为吃水增量系数，由长宽比 L/B 决定，见表 3-2-2。

表 3-2-2　航船吃水增量系数 f

L/B	3.5	4.0	5.0	6.0	7.0	8.0
f	0.038	0.029	0.023	0.020	0.016	0.014 5

式 3-2-8 不仅考虑到船型、船速，还考虑到相对水深对吃水增量的影响，准确度比式 3-2-7 更进一步。但缺陷是：①只用长宽比 L/B 粗略地代表船型，而没有用方型系数 C_b 精确地代表船型；②仍忽略相对水道宽度对吃水增量的影响。

综上所述，式 3-2-7 与式 3-2-8 都不尽如人意，那么理想的吃水增量公式从何而来？下面从实船试验出发推导。

3. 船在长江浅区表现出的“船舶纵倾”效应及其船舶操控

以水深傅汝德数 $F_r = V/(gH)^{1/2}$ 为研究对象，设船舶在装货完毕后、离码头前的静浮状态是平吃水，实船试验表明：当 $V/(gH)^{1/2} < 0.6$ 时，艏部下沉大于艉部，出现艏纵倾；$0.6 \leqslant V/(gH)^{1/2} < 1$ 时，出现艉纵倾；当 $V/(gH)^{1/2} = 1$ 时，出现很大艉纵倾。

根据上述试验结果，运用控制变量法进一步分析可以得出下列重要规律：

(1) 当水深 H 一定时：$V < 0.6(gH)^{1/2}$(船速较小时)，出现艏纵倾；$0.6(gH)^{1/2} \leqslant V < (gH)^{1/2}$(船速较大时)，出现艉纵倾；$V = (gH)^{1/2}$(船速很大时)，出现很大艉纵倾。由此可

见，在浅区应严格控制好船速以免快速艉下坐。

(2) 当船速 V 一定时：$(gH)^{1/2}>1.67V$（船在较深区时），出现艏纵倾；$V<(gH)^{1/2}\leqslant 1.67V$ 时（船在较浅区时），出现艉纵倾；当 $(gH)^{1/2}=V$ 时（船在很浅的浅区时），出现很大艉纵倾。由此可见，船舶在深区倾向于艏纵倾，在浅区倾向于艉纵倾，从而容易导致船尾车舵受损，为此应尽量操船航行于较深区。

4. 船在长江浅区表现出的“舵效下降”分析及其船位控制

1) 舵效及舵效指数分析

舵效指航船操一定舵角后，在一定的时间或距离（时距）内获得的转头角的大小。倘若船在一定的时距内转过较大的角度，或在短时距内完成一定的转头角，或在较短的时距内完成较大的转头角，则说明舵效佳；反之，舵效差。

船舶追随性指数 T 指船舶操一定舵角后，转头角速度 r 从 0 增加到最大值的 63%所需要的时间。T 小说明船舶掉头快，船能在较短的纵距内完成一定的转头角；根据“船舶旋回性指数 K＝稳定旋回时的船速 V_0/（旋回半径 R×舵角 δ）”可知，K 反映旋回半径的大小，K 大意味着旋回半径小，旋回半径小则意味着横距小，也即船能在较短横距内完成一定的转头角。所以，K/T 大，意味着船能在较短的纵、横距内完成一定的转头角，即舵效好。由于 K/T 能综合反映舵效的好坏，故被称作舵效指数。

2) 对船舶航经长江浅区出现舵效下降的原因分析

(1) 运用合力矩定理分析：船舶转向时带动周围的水一起转动，这相当于增加船舶的转动惯量 I，浅区中的 I 增加得比深区多；根据合力矩定理，物体受到的合力矩等于物体的转动惯量与角加速度的乘积（即 $M=I\acute{r}$），若给船施加相同的 M，则船在浅区中获得的$\acute{r}$比深水中的低，即在同样的力矩作用下，浅区中的船转起来比深水中的船困难，因此舵效差。

(2) 运用操纵运动方程分析：当操一舵角 δ 后，船受到由舵力矩 $N(\delta)$ 和转头阻矩 $N(r)$ 构成的合力矩的作用，航船试验表明，在长江，当 $\delta<25°$ 时，$N(\delta)$ 约与舵角 δ 成正比，即 $N(\delta)\approx a\cdot\delta$，$a$ 为舵力矩系数；$N(r)$ 约与转头角速度 r 成正比，即 $N(r)\approx b\cdot r$，b 为转头阻矩系数。依据 $M=I\acute{r}$，$N(\delta)-N(r)=I\acute{r}$：

$$a\cdot\delta-b\cdot r=I\acute{r}$$
$$(I/b)\acute{r}+r=(a/b)\delta,$$

令 $I/b=T$（追随性指数），$a/b=K$（旋回性指数），则

$$T\acute{r}+r=K\delta$$

由于船在浅区转动惯量 I 增大、a 几乎不变，所以舵效指数 $K/T=(a/I)$ 减小，舵效下降。

(3) 运用船舶的转头角加速度分析：直航船在操舵开始的时刻，转头角速度 $r=0$，则操纵运动方程 $T\acute{r}+r=K\delta$ 可简化为

$$T\acute{r}+0=K\delta$$
$$K/T=\acute{r}/\delta$$

由于船舶在浅区中获得的$\acute{r}$比深水中的低，所以舵效指数 K/T 小，从而可得出结论：浅区中的舵效差。

5. 舵效开始显著下降(舵效不灵)的位置点的求取

在弯窄浅区，船的控向能力很重要，如控向不好会造成碰船、搁浅、触岸等事故，因此船位不能设置在使舵效显著下降的地点，防浅区效应的重点是防“舵效差”。

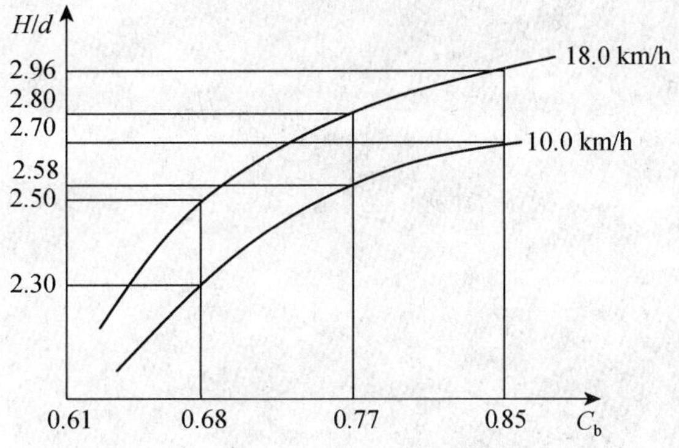

图 3-2-11　H/d，C_b，V 三者间的关系

根据图 3-2-11 列出表 3-2-3：

表 3-2-3　舵效开始显著下降时的 H/d

V	C_b			
	0.68	0.77	0.80	0.85
10.0	2.30	2.58	2.63	2.70
11.4	2.34	2.62	2.67	2.75
18.0	2.50	2.80	2.86	2.96

对于 $C_b=0.68$，$d=5.5$ m，$V=18$ km/h 的船，根据 C_b，V 得：舵效开始显著下降时的 $H/d=2.50$，故 $H=2.50$，$d=14.2$ m。因此，当船所在处的水深下降到 14.2 m 时，舵效开始显著下降。

项目四 系泊设备的正确应用与靠离泊操纵

核心概念

1. 系泊设备——船舶靠离泊位和船舶间拖带等的控制，是船舶最基本的操纵工具；

2. 靠离泊——船舶驾驶人员运用系泊设备根据操纵任务进行系解缆操作。

项目描述

本项目是实际船舶操纵的核心内容之一，涵盖“系泊设备的正确应用”与“靠离泊操纵”2个模块，其中“系泊设备的正确应用”是“靠离泊操纵”的基础和前提。项目包括系泊设备作用、主要组成、检查与保养、靠离码头作业等内容。通过本项目学习与实践，要求学生能掌握正确运用系泊设备圆满实现靠离泊操纵的任务。

学习目标

1. 了解系船缆的名称、作用、规格、数量和长度配备标准；

2. 掌握导缆和挽缆装置的形式和作用；

3. 掌握自动带缆装置的结构与使用，能按规定周期检查、保养，对出现的问题能及时处理。达到具有选配缆绳和正确地对系泊设备进行检查保养的能力；

4. 通晓靠离泊准备工作的程序；

5. 透彻领会靠离泊操纵要领。

模块 1 系泊设备的运用

模块描述

本模块是项目中的基础模块，涵盖系泊设备的作用、主要组成、定期检查保养等内容，是为正确地进行靠离泊操纵作准备。

学习目标

通过对系泊设备的作用、主要组成和按规定周期进行检查保养，具有选配缆绳和正确对系泊设备进行检查保养的能力。

工作任务

任务 1　系缆认知
任务 2　系泊装置认知
任务 3　系缆的运用

导　　入

1. 船舶长时间停靠在码头上的保障措施是什么？
2. 联系实际谈谈缆绳的收放通过什么设备实现？

知识准备

一、系泊设备的概念

船舶停靠码头、傍靠他船、系留浮筒、顶推或拖带作业时，用于带缆、绞缆的设备统称为系泊设备。

二、主要系缆的类型认知

缆是船舶操纵中的重要操纵设备，尤其是在靠离泊操纵中，它的运用更为广泛。缆的作用包括：控制船舶的前后运动、控制船舶靠拢泊位的横移速度、使船首或船尾贴拢或离开码头等。系泊用缆的各缆绳的类型如下：

(1) 艏缆或头缆(head line)：由船首向前出。

(2) 艏横缆或前横缆(fore breast)：由船首横向出。

(3) 艏倒缆或前倒缆(fore spring):由船首向后(倒向)出。

(4) 艉缆(stern line):由船尾向后出。

(5) 艉横缆或后横缆(aft breast):由船尾横向出。

(6) 尾倒缆或后倒缆(aft spring):由船尾向前(倒向)出。

系浮筒时,缆绳根据其作用和系带方法可分为单头缆和回头缆等。

按出缆的位置、出缆的方向和作用,分为头缆、艉缆、前(艏)横缆、后(艉)横缆、前(艏)倒缆、后(艉)倒缆等,见图 4-1-0。

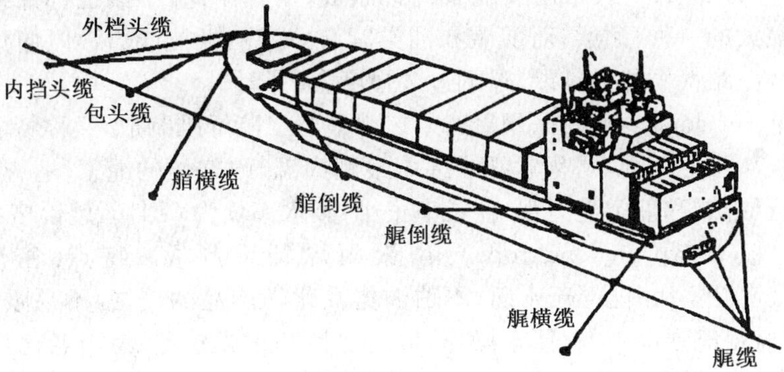

图 4-1-0　出缆的位置/方向

任务实施

任务1　系 缆 认 知

▲学习提示:自主精读

系船缆(系船索)是用于船舶系固于码头、浮筒、他船或拖带的绳索。应满足的一般要求是:强度大、耐腐蚀、耐磨损、密度小、弹性适中、质地柔软、使用方便等特点。应由船级社认可的生产商制造,其材料和结构形式应符合船级社的有关标准。

一、系船缆(mooring line)的种类和特点

1. 植物纤维缆

植物纤维缆是用剑麻、野芭蕉叶、棉花等植物纤维制成。一般采用三股拧绞方法搓制,在船上常用作旗绳、上高和搭跳作业用绳、撇缆用绳以及绑扎之用。主要有白棕绳、油麻绳及棉麻绳等 3 种。

(1) 白棕绳:又称马里拉绳,是用剑麻、龙舌兰或野芭蕉叶等纤维制成。呈乳白色,一般为浅黄色。其特点是柔软、质轻,有较大的强度,在水中不会浸透,有相当的浮力和弹力。在船上,通常大直径的作带缆或拖缆;小直径的作架板绳、调整稳索和捆绑绳等。

(2) 油麻绳:是用浸过焦油的大麻纤维制成,因含有油分,不易吸水、腐烂,但绳质变脆,弹性减小且质量增加,船上仅作包缠用。

（3）棉麻绳：是用经过防腐处理的棉、麻纤维混合制成。船上多用于撇缆绳、旗绳和测深绳等。

2. 化纤缆绳

简称化纤绳，又称合成纤维缆。是用石油制品或其他经过化学处理产生蛛丝状、棉丝状、片状等化学合成纤维，用机器搓制成的绳。目前化纤缆绳在船上最常用作系船缆。由CCS认可的工厂制造，并应符合CCS接受的有关标准。按搓制方法不同有拧绞绳、编织绳和编绞绳（一般为八股编校绳结构）；按化学成分的不同可分为有以下几种：

（1）尼龙绳（nylon rope）：采用聚酰胺纤维制成，俗称耐纶，中国也称锦纶绳。特点：强度是化纤绳中最大的一种；耐磨；对酸碱和油类等有一定的抵抗能力。但伸长率较大，弹性大；有一定吸水性；耐气候能力较差，曝晒过久强度会下降。

（2）涤纶绳（terylone rope）：采用聚对苯二甲酸乙二酯纤维制成，又称特丽纶绳。特点：强度和耐磨性仅次于尼龙绳，是化学纤维绳中最耐高温、耐气候的绳索，适应于高负荷连续磨擦，耐冲击，抗酸、碱和油类能力强，伸长率很小，吸水率仅为0.4%，但价格昂贵。

（3）丙纶绳（polypropylene rope）：由聚丙烯纤维制成。特点：密度较小（仅为0.91 g/cm^3），吸水性不大，能浮于水面，不怕油类及化学药品的侵蚀，不易吸灰尘，耐脏、耐磨，低温时仍具有足够强度，柔软便于操作，但耐热性和耐光较差，易于老化，不适合在高温场所使用，强度比尼龙绳大；其破断力为尼龙缆破断力的51%～66%，抗熔化能力和价格等综合性能较好，是目前最轻的缆绳，故丙纶绳是目前船上配备的较多的一种缆绳。后来人们对丙纶缆进行改良，使其破断力提高到尼龙缆的90%。

（4）乙纶绳（polythpropylene rope）：由聚乙烯纤维制成。特性与丙纶绳较为相似，对化学物品抗蚀性最强。但不耐热，也不适合在高温场所使用，干湿对其强度影响不大，低温时仍具有足够强度，并且柔软便于操作，能浮于水面，吸水率特小，在水中仍能保持良好的性能，适于水上使用。

（5）维尼龙绳（vinylon rope）：由聚乙烯醇缩甲醛纤维制成。特点：其纤维组织像棉花，质地柔软，外表很像棉纱绳，其强度在化纤绳中最小，弹性差，吸水性最大，耐摩擦、耐低温、耐油类和盐类物质、耐气候（对紫外线的抵抗能力是化纤绳中最强的），价格比较便宜。

3. 高分子材料化纤缆绳

（1）芳纶纤维绳（aramid fiber）：采用芳香族聚酰胺纤维制成。它具有强度高、耐磨、断裂伸长率低（约3%）、韧性好，耐高温和低温、耐海水和酸碱等优点。

（2）高分子聚乙烯纤维缆绳（UHMWPE）：是目前强度最高的缆绳。该缆绳研制成功，引发对传统钢丝缆绳在各种场合应用换代，在美国、日本和西欧等世界上许多国家和地区广泛应用于船舶系泊装置（民用）、船舶、渔业装置等。其优越性能已经得到了充分体现。特点：强度大，耐紫外线、耐化学品、耐海水、耐摩擦，抗切割、密度小（0.97 g/cm^3）、断裂伸长率低（约4%）、断裂功大、不回潮等优点。

4. 钢丝缆(wire rope)

具有强度大、质量轻、使用寿命长等特点。船用钢丝绳一般为单层多股绳，由数根钢丝捻成绳股，再由多个绳股（一般为6股）围绕绳芯捻成绳。绳芯可为纤维芯（油麻芯）或7×7独立钢丝绳芯。由船级社认可的钢厂生产，用作系船缆、拖缆及尾锚索的钢丝绳结构型式应满足规范的有关规定，按绳芯和股芯分为硬、半硬和软钢丝缆3种。钢丝缆的结构型式见表

4-1-1 所示。

表 4-1-1　钢丝缆的结构型式

用途	钢丝绳规格			股结构					
	股数	钢丝数	绳芯	股芯	中心丝	内层	中层	外层	股结构型式
艉锚索、拖索、系船索	6	24	纤维	纤维	0		9	15	0+9+15
	6	37	纤维	钢丝	1	6	12	18	1+6+12+18
	6	26	纤维	钢丝	1	5	5+5	10	$1+5+\frac{5}{5}+10$
	6	31	纤维	钢丝	1	6	6+6	12	$1+6+\frac{6}{6}+10$
	6	36	纤维	钢丝	1	7	7+7	14	$1+7+\frac{7}{7}+10$
	6	41	纤维	钢丝	1	8	8+8	16	$1+8+\frac{8}{8}+10$
	6	30	纤维	纤维	0		12	18	0+12+18
与绞车配合的拖索和系船索	6	31	钢芯	钢丝	1	6	6+6	12	$1+6+\frac{6}{6}+12$
	6	36	钢芯	钢丝	1	7	7+7	12	$1+7+\frac{7}{7}+14$
	6	41	钢芯	钢丝	1	8	8+8	12	$1+8+\frac{8}{8}+16$

1）钢丝绳的种类(见图 4-1-1)

(1) 硬钢丝绳：由 6 股钢丝股绕着一股钢丝股芯搓成。绳芯和股芯均为钢丝，无油麻芯与股芯，是最硬的钢丝绳。虽操作不便，但强度最大。除可用于船上大桅和烟囱等支索(静索)外，还可用作与绞车配合的拖索和系船索。

(2) 半硬钢丝绳：由 6 股钢丝股绕着一股油麻芯搓成。中间有一股油麻芯，但钢丝股的股芯均为钢丝。强度较大，比硬钢丝柔软，操作使用较方便。一般用作拖缆、保险缆和系船缆，也可用作起重设备的吊货索。

(3) 软钢丝绳：由 6 股钢丝股绕着一股油麻芯搓成。除中间有一股油麻芯外，每一股钢丝股内还有一股油麻芯，共有 7 股油麻芯。最柔软，便于操作，强度最小，一般用于系船缆、吊货索、吊艇索及系固等。

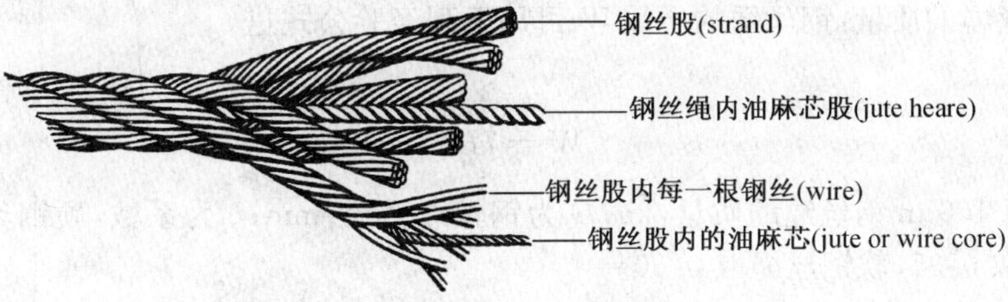

图 4-1-1　钢丝缆

2）油麻芯的作用

①减少内部磨擦，即在钢丝绳受力拉紧时，起衬垫作用；②增加柔软度，便于操作（钢丝绳的软硬不仅与油麻芯有关，与钢丝的韧性及结构形式也有关，同结构类型、同直径的钢丝绳丝数越多越软）；③防止内部生锈，起润滑作用；④其数量可用于判断钢丝绳的属性。

3）相应规定

根据 CCS 颁布的《材料与焊接规范》规定，用作系船索、拖索和尾锚索的钢丝绳应符合以下要求：

（1）应采用优质碳素结构钢，其硫、磷含量应≤0.035%。其他元素的含量应符合 CCS 接受的有关规定。由钢材冷拔拉制成的钢丝应呈圆形截面，且应材质均匀，强度一致，表面应无裂纹、竹节、起刺、锈蚀和伤痕等影响钢丝性能的缺陷。

（2）钢丝的抗拉强度一般应在 1 420～1 570 N/mm^2，1 570～1 770 N/mm^2 或 1 770～1 960 N/mm^2 的范围内。

（3）应采用全镀锌的钢丝绞制成。钢丝应采用热浸法或电解法镀锌。钢丝的镀锌层应平滑、完整和牢固。镀层可分为下列 3 级：

1 级：厚镀层，在镀锌后拔丝；

2 级：厚镀层，在拔丝后镀锌；

3 级：薄镀层，在镀锌后拔丝。

5. 复合缆

除钢丝缆和化纤缆绳以外，中国等一些国家已生产出一种用金属与纤维复合而成的缆绳，称为复合缆。缆绳每股均有金属丝核心，外覆纤维护套，有 3，4 或 6 股，可用于系船缆或拖缆。这种缆绳强度较大，一根周长 8.5 英寸粗的复合缆的强度相当于同样粗细的 2.5 根丙纶缆的强度。

二、缆绳的规格、长度与重量估算

1. 规格

按国家标准，缆绳的粗细一般以直径 D(mm)（钢丝缆还可用股数和丝数表达），或周长 C(英寸)衡量，见图 4-1-2。其换算关系为：$C/D=1/8$。

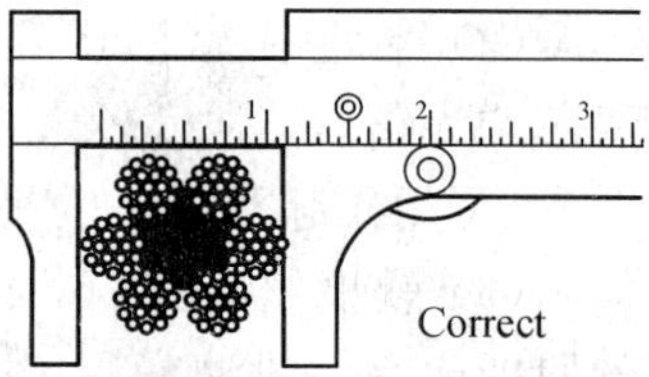

图 4-1-2　度量缆绳

2. 长度

每捆缆绳的长度一般为 220 m，也有 500 m 一捆的。

3. 质量

（1）钢丝绳的质量：钢丝绳的质量 W 可用下列经验公式进行估算

$$W = kD^2$$

式中：W 为每 100 m 钢丝绳的质量，kg；D 为钢丝绳直径，mm；k 为系数，硬钢丝绳取 0.45，半硬钢丝绳取 0.35，软钢丝绳取 0.30。

（2）纤维绳的质量：是以每捆 200 m 的质量计算，可用经验公式计算

$$W = kD^2$$

式中:W 为每 200 m 纤维绳的质量,kg;D 为纤维绳直径,mm;k 为系数,白棕绳 0.141 0,尼龙绳 0.121 0,涤纶绳 0.147 0,乙纶绳 0.103 0,丙纶绳 0.097 0～0.098 4,维尼龙绳0.120 0。

三、缆绳的强度

1. 破断强度(braking load)

使用认可的拉力试验机并使被试缆绳逐渐均匀受力,直至将其拉断时所需的拉力。一般用 B 表示绳索的破断强度(证书中有此值)。

(1) 钢丝绳的破断力估算(见表 4-1-2)

表 4-1-2　钢丝绳的破断力估算

规格	公制(mm)(D 为直径)	英制(英寸)(C 为周长)
	破断强度/N	破断强度/kN
6×7	$9.8\times47D^2$	$9.8\times3.1C^2$
6×12	$9.8\times31D^2$	$9.8\times2.0C^2$
6×19	$9.8\times45D^2$	$9.8\times2.9C^2$
6×24	$9.8\times42D^2$	$9.8\times2.7C^2$
6×30	$9.8\times35D^2$	$9.8\times2.3C^2$
6×37	$9.8\times45D^2$	$9.8\times2.5C^2$

如一根规格为 6×30, 36 mm 钢丝绳的破断力:

$$B = 444\ 528(\text{N}) \approx 444.5(\text{kN})$$

注意:若因条件限制不能以完整的钢丝绳进行试验时,可采用单根钢丝试验,则钢丝绳的破断负荷为单根钢丝的破断拉力乘以钢丝总数,再乘以规定的换算关系数求得。如6×24钢丝绳的换算系数为 0.87, 6×37 钢丝绳的换算系数为 0.825。

(2) 化纤缆破断力的估算公式为

$$T = 98kD^2(\text{N})$$

式中:D 为直径,mm;k 为系数,丙纶绳 0.74～0.85,尼龙绳 1.19～1.33,改良丙纶绳1.10～1.21,复合缆 2.0。

2. 绳索的安全强度(safety load)

为绳索允许使用的最大负荷,用安全工作负荷(SWL)体现,其产品证书中有此值,在船用绳索的产品证书上(由 CCS 授权的验船师签发)均有明确规定的 SWL,正常情况下使用时应以此为准。如无相应的产品证书,则可据破断强度和安全系数求出:

$$安全强度 = 破断强度 / 安全系数$$

根据经验,在无特别说明的情况下,安全系数可取 6。绳索的安全强度见表 4-1-3。

表 4-1-3 绳索的安全强度

使用情况	拖缆	吊艇索	带缆	吊货索	千斤索	稳索
安全系数	8～10	8	6～8	6	5	5

必须注意的是，具体使用时还须根据不同的工作需要、钢丝绳的新旧程度、接插方法等(如插接后、已生锈的及过度拉伸受伤的强度应分别降低 10%，30%和 50%)情况选定不同的安全系数。

3. 绳索的试验强度(TS-test strength)

即验证负荷(PL)，是绳索制造厂在 CCS 验船师主持下对其产品进行拉力试验时所采用的强度标准，一般为破断强度的 3/4，见图 4-1-3。

图 4-1-3 绳索拉力试验

四、系缆的基本作用

1. 系靠码头时

按出缆的位置、方向和作用，可分为头缆、艉缆、前(艏)横缆、后(艉)横缆、前(艏)倒缆、后(艉)倒缆等。

1) 头缆(艏缆) (head line)

从外舷引出的头缆也可称为外当艏缆。如果绕过船首而与码头岸线交角大时，可称为包头缆。从里舷引出的头缆可称为里当艏缆，俗称拎水缆，主要用于承受来自前方的风、流等外力的推压，防止船位后移和船首外张。

2) 艉缆(stern line)

有里当和外当之分，其主要作用是承受从后方来的风、流等外力的推压，防止船位前移和船尾外张。

3) 前倒缆(艏倒缆) (fore spring line)

其主要作用是承受来自船尾方向的风、流推力或动车的影响，防止船位向前移动及船首外张。常用钢丝绳或钢丝绳与尼龙缆连接成的混合缆作为艏倒缆。离泊作业中，常用前倒缆带住船首，利用车舵或风流将船尾甩出，再用倒车使船驶离泊位。

4）后倒缆（艉倒缆）（after spring line）

其主要作用是承受来自船首方向的风、流推力和倒车的拉力，防止船位向后移动及外张。

5）横缆（breast line）

有前横缆和后横缆之分，其主要作用是防上吹开风和回转流的作用力，以防止船舶外移。系泊时，以上各缆并不一定同时采用。系靠码头时，缆绳的具体使用可根据码头的情况、船舶的长度、缆绳强度、停泊时间的长短、天气和潮汐及港口涌浪等因素的影响程度而定。通常万吨级船舶靠码头时带头缆、艉缆各 3 根，前后倒缆各 1 根。5 万 t 以上船舶除艏、艉缆及前后倒缆有所增加外，因船长较大，可在船中附近增加几根缆绳。抗台时或在涌浪大的港口，还应使用保险缆，以保证系泊的安全。

2. 系留浮筒时

船舶在港口经常系浮筒装卸货物或停泊检修。船舶系浮筒较锚泊具有船位变化小、安全可靠、操作简便、迅速等优点。一般船舶停泊时间短用钢丝绳系带浮筒，如风流较大或大型船舶停留时间较长则用锚链系带浮筒。系带形式分单浮筒系泊和双浮筒系泊 2 种。

1）系单浮筒（single buoy）

在水域面积宽阔、水流正常的内河港口，设有供系泊用的单浮筒。浮筒本身与一般系船浮筒类似，但在系船眼环上备有一根直径 38 mm 的系船钢丝缆，一端与浮筒眼环连接，另一端插有眼环沉置于水中，其眼环上连接 1 个细钢丝绳拴系的小浮鼓，漂于水面，以标示系船缆的位置。

2）系双浮筒（double buoy）

系双浮筒指艏艉分别各系 1 个浮筒，使船舶位于两浮筒之间的系泊方法。一般在水域面积有限，来往船舶较多，受水流、潮汐影响的内河港口，多系双浮筒。系带双浮筒，根据船舶大小、停泊时间长短以及风流的情况，可用缆绳系带，也可用锚链系带浮筒。系双浮筒所带的缆绳有单头缆与回头缆 2 种。见图 4-1-4。

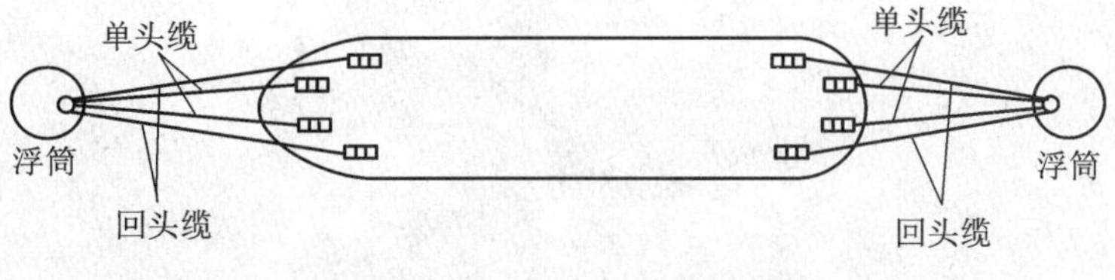

图 4-1-4　系双浮筒用缆

（1）单头缆：从艏艉方向送至浮筒，至少各 2 根。钢丝缆用卸扣系在浮筒环上；纤维缆用司令扣系在浮筒环上。强风急流时须增加数量。

（2）回头缆：回头缆主要在离浮筒时利用其自行离浮，平时不受力，带好浮筒后应比单头缆松弛些。艏艉各带 1 根，方法是用 1 根较长的钢丝缆从艏艉的左舷或右舷送出穿过浮筒环后再从另一舷拉回船上挂在脱钩上。

3. 拖带作业时

靠离码头、掉头或为确保安全，常用拖船协助大船操作；船舶失控时，也可用拖船进行吊拖和绑拖。拖带缆的名称根据不同的拖带方式分为：

1）傍拖的拖缆

船舶失控时，较多采用吊拖或艉绑拖，也可二者兼顾。艉绑拖也称掮拖，相当于船舷尾部的一侧增加一台主机，能使船前后移动，也易使船朝另一舷转向。绑拖需 3 根缆。传递推力的掮缆由大船出，头缆（领水缆）与艉缆（艄缆）由拖船出，见图 4-1-5(a)。

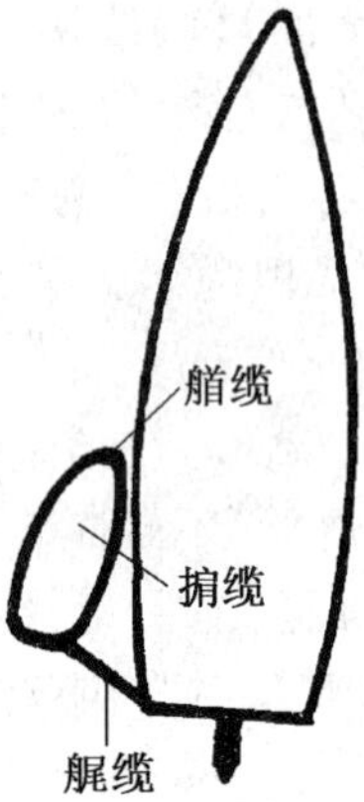

(a)

(b)

图 4-1-5　拖带用缆

2）横向顶推的拖缆

靠离泊时用。顶推时，此缆相当于拖船的头缆，用来控制拖船的船首，并在车舵的配合下，使拖船与大船保持丁字形状态。拖开时起拖缆作用，见图 4-1-5(b)。

3）吊拖的拖缆

分船首吊拖和船尾吊拖。有流的港口吊拖大船掉头；过桥洞船闸，采用艄艉同时吊拖。吊拖大船掉头时，一般由大船出头缆，艉拖缆一般由拖船出，以使解缆时不易卷入大船螺旋桨，见图 4-1-6。

图 4-1-6　吊拖用缆

4. 应急拖带装置

国际海事组织(IMO)要求停泊中的油船，在其外舷(当)的艏艉处各垂下1根应急拖缆，其琵琶头应垂于水面上方，并在装卸与压载过程中保持此状。用于防止拖缆落入水中的绑扎小绳应便于拖船上的船员判断、解掉或拉断。《钢质海船入级与建造规范》也对20 000载重吨及以上的液货船，包括油船、化学品液货船和液化气体船配备应急拖带装置作明确的规定。应急拖带用缆见图4-1-7。

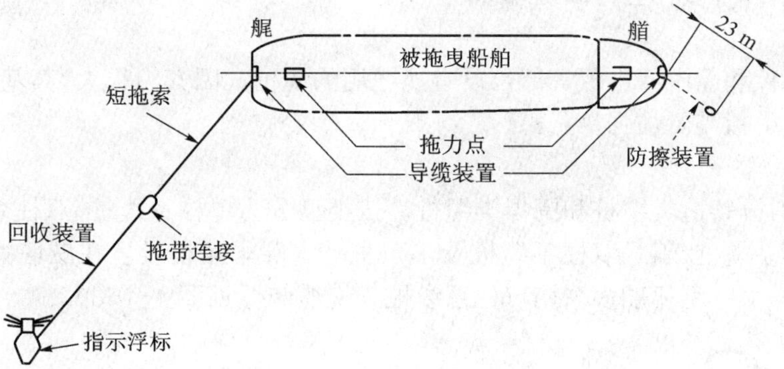

图4-1-7 应急拖带用缆

五、系缆的配备

船舶舾装数 N，又称船具数，是反映船体所能受到风、流作用力大小的参数。船舶的舾装数 N 按下列公式计算而得

$$N = \Delta^{2/3} + 2Bh + A/10$$

式中：Δ 为夏季载重线以下的型排水量，t；B 为船宽，m；h 为从夏季载重线到最上层舱室顶部的有效高度，m；A 为在船长 L 范围内，夏季载重水线以上的船体部分、上层建筑以及各层宽度大于 $B/4$ 的甲板室的侧投影面积的总和，m^2。

在《钢质海船入级与建造规范》列表中能查得应配置的船舶系缆和拖缆的长度、规格、数量和破断力。一般每艘万吨级的沿海或远洋船舶的系船缆应至少配备：艏缆和艉缆各3～4根，前后倒缆左右舷各1根，前、后各配保险缆1根(兼作拖缆用)，另配备用缆前后各1～2根。

如果船舶的 $A/N>0.9$，规范建议系缆数量按下列要求增加，见表4-1-4。

表4-1-4 系船缆配备

A/N	$0.9<A/N<1.1$	$1.1<A/N<1.2$	$A/N>1.2$
系缆增加根数/根	1	2	3

作带缆用的化纤缆绳其周长应不小于63 mm(直径20 mm)，直径大于65 mm的可作保险缆。作系船缆或拖缆用的钢丝缆一般采用6×24+7的软钢丝缆绳，直径大于56 mm时应采用6×37+1的钢丝绳。一般钢丝缆绳的直径在20～36 mm的，可用作带缆；直径在36 mm以上的钢丝缆可用作拖缆和保险缆。

任务2 系泊装置认知

一、挽缆装置(bitt)

1. 作用

用于在靠泊和拖带作业时固定缆绳的一端。

2. 位置

艏、艉楼甲板和船中部甲板等部位设有挽缆用的缆桩。因其力很大,其基座必须十分牢固,缆桩附近的甲板需要加强。

3. 种类

按制造材料分铸造类缆桩和围焊类缆桩。按类型分为单柱系缆桩、双柱系缆桩、单十字系缆桩、双十字系缆桩、斜式双柱系缆桩及羊角桩等。除羊角桩设置在舷墙扶手上外,其他均设于甲板上。大中型船舶多采用双柱系缆桩。挽缆装置见图 4-1-8。

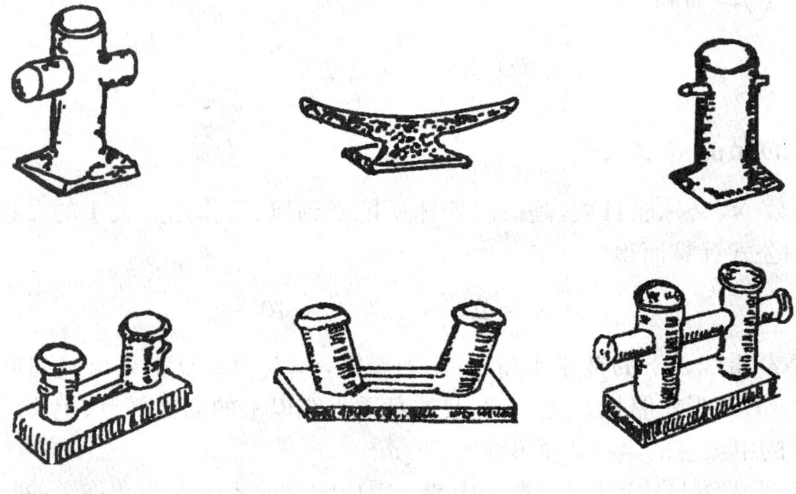

图 4-1-8 挽缆装置

二、导缆装置

1. 作用与位置

(1) 引导缆绳按一定方向从舷内通向舷外,改变缆绳走向并限制其位置;

(2) 减少缆绳与舷边的磨损,避免因急剧弯折而增大所受应力。艏艉及两舷甲板、舷墙及栏杆所在部位都设有导缆装置,见图 4-1-9。

2. 种类

1) 导缆孔(chock)

(1) 位置:一般设置在艏艉纵中线处的艏艉端部、艏艉甲板的舷墙处及主甲板两舷舷侧的舷墙或栏杆处。

(2) 种类:按安装位置分为墙式和甲板式,按形状分为圆形或椭圆形,按类型又分为巴拿马型和普通型。巴拿马导缆孔是能适用于航行于巴拿马运河航道船舶被拖曳或系船用。

图 4-1-9　导缆装置

(3) 作用:为避免舷墙对系缆产生切割作用和便于系缆的琵琶头通过,导缆孔与系缆的接触面呈圆弧形,但对系缆的磨损较严重。

2) 导向滚柱(fairleader roller)

在甲板端部及上下两层甲板间。又称滚柱导缆器,其上下和左右都设有滚柱,无论缆绳导出后在垂向受力还是水平方向受力,都可有效地避免摩擦。

3) 导缆钳(fairleader)

导缆钳一般设置在艏、艉楼及距艏艉两端 $L/4$ 处的舷墙或甲板上。导缆钳的形式较多,有闭式和开式、无滚轮和带滚轮等。但主要是以无滚轮和带滚轮进行分类的。导缆钳都是铸造的,有整体式和组合式 2 种。为减轻对系缆的摩擦,大中型船舶都采用带滚轮的导缆钳,通常有单滚轮、双滚轮和三滚轮。

4) 导向滚轮 (pedestal fairlead)

有直立式和水平式 2 类,以直立式布置方式为主,一般设置在大中型船艏、艉及艏艉两端 $L/4$ 处导缆钳或导缆孔与系缆机械之间的甲板上,用以改变缆绳方向或避免缆绳与舷边直接摩擦。导向滚轮通常作为配合锚机或绞缆机绞缆的导缆装置。

5) 转动导缆器(universal fairlead)

又称万向导缆器(孔)。特点是在孔的左右及上下均装设滚轮或滚柱,工作条件大为改善。

三、绞缆机(mooring winch)

又称系缆绞车,用于船舶靠离码头、与他船并靠及移泊时收绞缆绳。大中型船舶的船首的绞缆机一般与锚机组合为一体;大型船舶还在船首及距艏艉端 1/4 船长处专设绞缆机,船中部的则一般由起货机副卷筒兼,一些大型船舶中部也专设绞缆机;船尾部单独设置系泊绞车或绞盘。按动力源分有电动和液压绞缆机 2 种,老式油船也有用蒸汽绞缆机的。按卷筒轴线方向分有卧式和立式绞缆机。

1. 卧式绞缆机

又称系泊绞车，其主轴为水平布置，除可在主轴端部布置边卷筒外，还可在同一主轴上布置1～3主卷筒(绞车)，每个绞车都设有独立的离合器和刹车。其使用特点：

(1) 带缆时，可直接从绞车上松出所需的长度，并可利用动力机械松缆；

(2) 缆绳带上码头后，可直接绞紧并承受其拉力，而不必将系船缆移挽到缆桩上；

(3) 靠泊期间因潮水涨落和吃水发生变化需要调整缆绳的受力时，可以随时收绞和松放缆绳；

(4) 离泊解缆后，可以直接将缆绳卷收在绞车上，兼作缆索卷车存放缆绳。

这种绞缆机操作方便，但占用面积较大，为现代大型运输船舶采用，见图4-1-10。

图4-1-10 卧式绞缆机

2. 立式绞缆机

又称系缆绞盘，动力装置一般设在甲板下面，占用甲板面积小，并有利于保护机器，多用于军舰和甲板面积小的船舶，见图4-1-11。

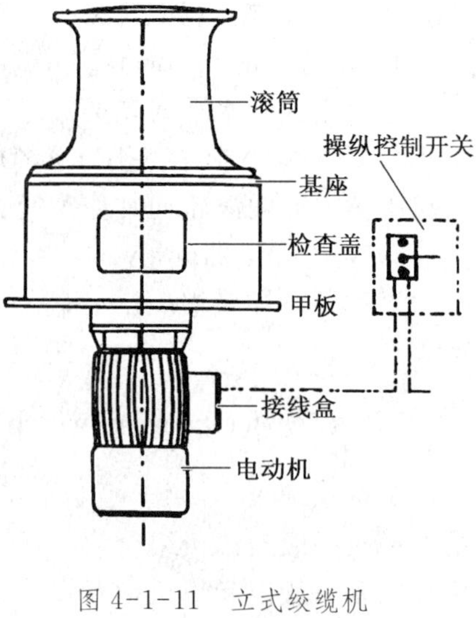

图4-1-11 立式绞缆机

3. 自动张力绞缆机

全称为自动张力调整绞车。现代大型船舶上设有，可根据系缆的受力情况自动调整缆的长度，以保证码头和船舶的安全。其动力源有电动的也有液压的。

1) 基本原理

在绞缆卷筒上施加一个可调的动力矩，并与系船缆上张力所引起的拉力矩保持平衡。当船舶因吃水变化或受潮汐、风力影响，导致系船缆张力有所增减，偏离规定值时，自动绞缆机能够相应地自动收放缆绳，使其张力稳定到规定值。这样，可以防止缆绳拉断，保证系泊安全，并减少值班人员的操作和劳动强度。

2) 电动液压自动系缆绞车的工作原理

见图 4-1-12。当缆绳松弛、张力减小时，自动控制压力调节阀动作使压力阀关闭，高压油泵排出高压油进入液压马达，驱动转轴和卷筒顺时针方向旋转，将松弛的缆绳绞紧。当张力达到原规定值时，压力阀又自动开启，压力油大部分经压力调节阀流向储液箱，少量油液进入液压马达补充泄漏的油液量，使卷筒停止转动。当系船缆张力大于液马达内液压制动力时，系船缆会拉动马达反转将缆绳松出。

液压马达反向排油并与高压液泵排出的油液混合，经压力调节阀向低压液路循环。采用自动系缆机必须有相应的转动导缆装置(万向导缆器)。

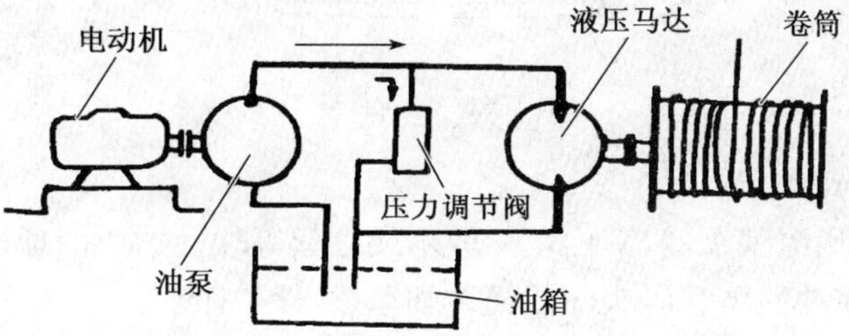

图 4-1-12　电动液压自动系缆绞车工作示意

3）使用注意事项

自动绞缆机必须与转动导缆装置(万向导缆器)配套使用，以减少缆绳的磨损，自动调整缆绳的方向。由于自动绞缆机的缆绳必须卷在卷筒上，数量有限。一般万吨级货船通常只有头缆 2 根和艉缆 2 根可以自动收放。当吃水变化很大或因潮汐、风力使缆绳张力变化很大时，仍需人工及时调整。据 IMO 要求，停泊中的油船，其自动张力绞缆机应置于“不自动”的工作状态。

四、附属用具

1. 缆车(reel)

卷存缆绳的装置称为系缆卷车，简称缆车。钢丝绳需用专用的缆车，见图 4-1-13。化纤绳用前都有序地平铺在甲板上，用毕收藏在舱内、专用箱子内或盘好在木格板上并绑扎好。现在，不少大型船舶将系缆卷车直接与绞缆机的载荷轴相连，组成专用的绞缆机滚筒，使之既能储存系船缆，又能随时收绞和调节缆绳，不必用制缆索将系船缆挽到缆桩上，而可直接卷留在绞缆机。

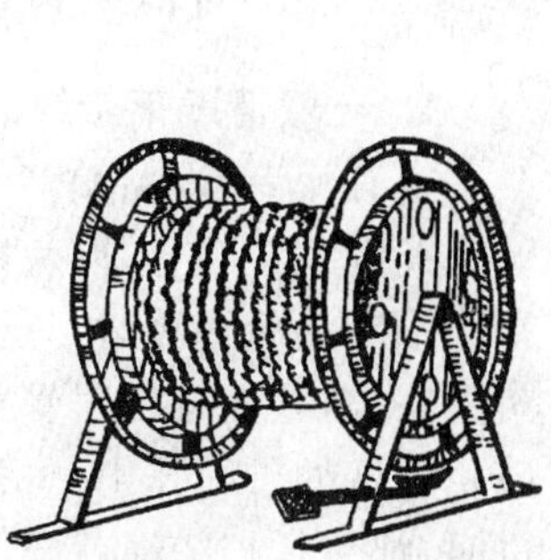

图 4-1-13　缆车

2. 制缆索(line stopper)

制缆索有制索绳和制索链 2 种。用于系泊时临时在系船缆上打结，以承受缆绳拉力。制索链用于钢丝缆，制索绳用于纤维缆。使用时，将制缆索一端连在缆桩基座靠近出缆方向一侧，或用琵琶头套在缆桩上；另一端顺缆绳伸出方向打制索结，并由 1 人站在该侧提住索头，见图 4-1-14。

3. 撇缆绳(heaving line)

将缆绳引送到码头的索引绳称为撇缆绳，其长度约 40 m，直径为 6 mm，绳的前端有一定质量撇缆头，以便抛掷。

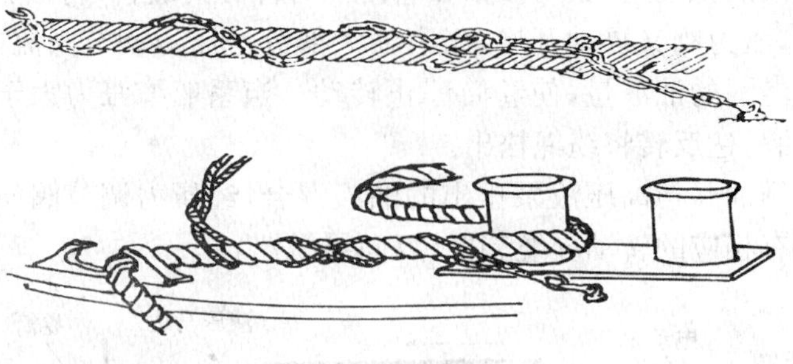

图 4-1-14　制缆索

4. 碰垫(fender)

碰垫俗称靠把，用绳编织的，其内填充软木或棕丝等软性物质的球形物。用于船舶靠离码头或靠离他船时缓冲船体与码头间的撞击和摩擦，保护船舷。

5. 防鼠板(rat guard)

亦称挡鼠板，一般由薄钢板或塑料制成。船靠妥码头后，必须在每根系缆绳上放妥防鼠板，以防止鼠类动物沿缆绳爬进或爬出船舶。

6. 撇缆器

又称抛绳器，利用火药或高压气体作为推力，能将撇缆绳抛出有效距离 230 m 以上的装置。用于紧急情况下进行远距离撇缆，从而引出缆绳。

任务3　系缆的运用

一、靠泊时带缆的先后顺序

1. 一般情况下带缆的顺序

在有流港口，船舶多采取顶流靠泊；在静水港，一般采取顶风靠泊。因此，普通做法是先带头缆以稳住船身，以免由于顶流、顶风使船后退而不得不频繁使用进车保持船位。特别是在拖锚制动后靠泊时，只要车一停，船身便因向后伸出的锚链的作用而后缩，更需要及早地带上头缆，并使之尽早受力。如果码头较短，头缆缆桩在岸上较远处，一时难以带上，可在内舷稍后处的带缆孔出 1 根领水缆，暂起同样作用；如果因缆桩近，先带上倒缆，而船身尚在前进时，那么这根缆绳就要及时松出，否则倒缆带力后，其横向分力将使船首过快地拢向码头，同时外舷因顶流力，船身将更快向码头靠拢，从而加重船首内舷与码头的撞挤使其受损。在此情况下，应配合以外舷满舵，必要时采取短暂微进，而适时地略松艏倒缆，尚不失为有效措施。但对重载大船，则要注意防止明显的前冲后缩。事先若外舷拖锚制动的话，就可以有效抵消船首挤向码头的轧拢力，并为在码头边控制船身而用车用舵创造有利条件。总之，靠泊时一般应先船首带缆，后船尾带缆；船首则应先带头缆，而后带倒缆和横缆。

2. 吹开风或吹拢风较强时的带缆顺序

在吹开风或吹拢风较强时，一般先带艏横缆，无条件时也可将头缆和前倒缆同时带上，并尽快收紧。

这样带缆的目的在于,吹开风时可以防止船首被吹开而陷入被动;吹拢风时一旦船首贴拢码头后,又可防止船尾被风压拢过快而触碰码头,见图 4-1-15。

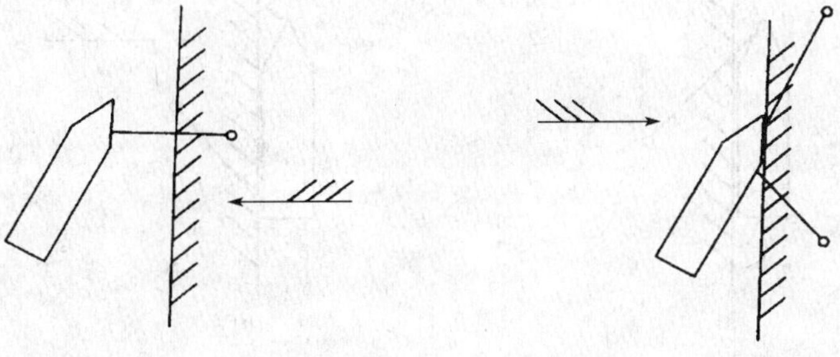

图 4-1-15　横风中带缆顺序

当然,当风力较强时,拖锚制动,辅以车舵仍不失为重要的助操措施。另外,在船首与船尾靠拢码头时,应注意适时地使用碰垫。

3. 艉部出缆先后顺序

艉部出缆,通常是在船首已经带上头缆及前倒缆并已稳住船身后,在驾驶台示意下开始进行,以免影响动车。

其先后顺序视具体条件确定:

(1) 船舶重载、顶流较强时,为防止船身后移,应先带艉倒缆,然后带艉缆和横缆。

(2) 如流较弱而风从船尾来且风力较大时,则以先带艉缆为好,然后再带艉倒缆和横缆。

(3) 如空载、吹开风较强时,则宜先带艉横缆,以便尽快将船尾绞拢。

总而言之,带缆的顺序应从操纵全局出发,符合有利于稳定船身、平行贴靠码头的具体要求。船首、船尾理应协调配合、互相呼应,使船身能与码头平行或接近平行地缓缓靠拢,接触力量越轻越好。

二、离泊用缆

1. 做好离泊前的准备工作

离泊前,主机备车中均要试车。为防止在进、倒车中由于船身运动造成断缆,应在试车前收紧前后各缆绳,使之均匀受力,这一工作不可忽略。

2. 备车完毕后的离泊单绑

备车完毕后,为离泊操纵顺利进行,需进行离泊单绑(single up),即先解去操纵中用不着的各缆。单绑之意并非只留下 1 根缆绳,不可作机械理解。一般情况下的离泊单绑,船首应留外当头缆及前倒缆各一;船尾部分,顺流时应留一艉缆,顶流时留后倒缆,静水港则根据风向确定。离浮筒单绑,是根据实际情况适时解去单头缆,艏艉只留回头缆。

3. 离泊时倒缆的运用(见图 4-1-16)

静水港内,主机功率不大的中小型船舶离码头时,通常采取使船尾先摆出一定角度,然后倒车退离码头的办法,俗称艉离。在有流港口,中小型慢速船在顶流吹拢风时离泊,如请 1 艘拖船拖船首,为使船尾先离开码头,也采用艉离,先将船尾摆出一个角度,然后拖艏离泊。

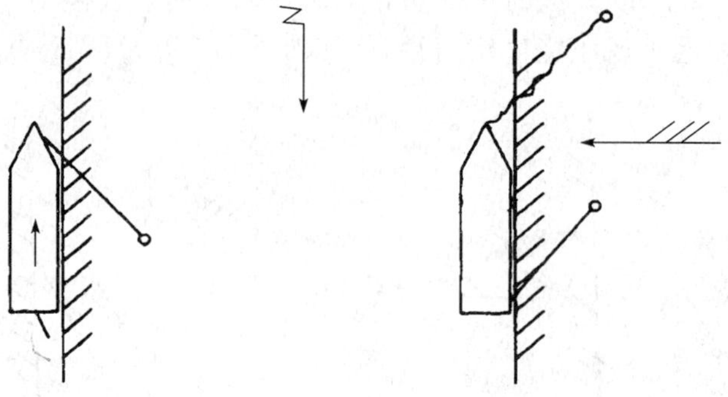

图 4-1-16　离泊时倒缆的运用

艉离前，前倒缆应选择强度大、质量好的缆绳，尽可能地将其带于贴靠码头边，又接近船中部的缆桩上，并将其挽牢，以使它有足够的长度，减少其所受应力。

艉离时，片刻微速进车，船稍前移即停车，在内舷船首处准备好碰垫，用内舷满舵，视船首向码头贴拢后，即用微速进车或慢速进车，松出艉部各缆并解掉，船尾即徐徐离开。应注意的是不要使前倒缆受力，作为替代办法，当艉离时，可用绞进头缆使倒缆受力的方法，待倒缆受力后再用舵、进车。

对于重载大船，微进可能已经超过倒缆的安全负荷，而且还未必能在顶流稍大时使艉离出。为安全，应用 2 艘拖船，分别同时拖艏、拖艉离泊较妥。不得已自力艉离时，必须十分谨慎，必要时可使用 2 根前倒缆。

与艉离相对应的是使用艉倒缆艏离的办法。在顶流有利或吹开风时，可不用拖船而自力艏离。留艉倒缆并使之带力后，用外舷舵松艏缆使船首外摆，当内舷受流后外摆加快，达到一定角度后迅速解去艏缆，慢进以稳定船身，艉倒缆松弛后及时解掉，待收清缆绳后驶向航道。

若流较弱，风较强且来自船尾方向，可能出现艉倒缆不吃力、船首不外摆的现象，此时可用短暂慢倒车使艉倒缆带力，船首即可外摆。

4. 溜缆

在离泊时，船首或船尾的最后一根缆绳，有时为阻止船首偏转或船尾的偏转，或控制船身的前冲后缩，需将其一作溜出、刹住的操作，这根缆的操作即为溜缆。

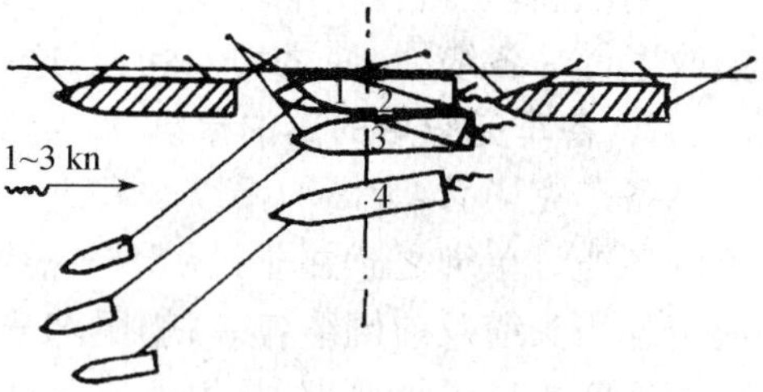

图 4-1-17　溜缆的运用

溜缆一般只使用钢丝缆，主要是因为尼龙缆易在溜出过程中损坏。溜缆一般多用于中小型船上；大型船舶惯性大，一旦启动，很难用缆进行刹减控制，宜慎用。见图 4-1-17，顶流吹拢风拖艏离码头情况下，当艉部离出后，拖船起拖时，为使船首摆出不至太快，常以溜出艏倒缆的办法加以控制，以免船尾过快地摆回码头。

缆溜出速度不宜快而宜慢，一次溜出不宜长，甲板上应将溜出的缆绳理顺，以防扭结而溜不出或造成断缆。溜出中，操作人员应位于溜出相反一舷，以策安全。

三、绞缆移泊

船舶停靠中,常由于某种原因需要向前或向后平移若干距离。这时如非风大、流急的情况,一般只要艏艉配合绞缆即可移泊。

如向前移时,解掉内舷头缆、艉缆,移向前方远处带上缆桩,并收进横缆,前倒缆也适当前移,外舷头缆上绞缆机,始终保持船首有 1 根头缆和 1 根前倒缆随时得力,使船首不致偏出码头过远而危及船尾的车舵;船尾也可以同时绞进艉倒缆,并适时将其带至较前面一些的缆桩上,使船尾也保持较宽裕的受控状态。一次移泊距离不够,可反复进行。移泊完成后,带好并调整各缆绳。

如向后移动时,可绞艉缆和前倒缆,但同样要有 1 根艏缆使之随时得力,以保持船身的平行移动。

绞缆时,应前后配合,互相呼应,并在驾驶台的统一指挥下进行。绞缆速度不宜太快,也不要硬绞,以防断缆。

如果风大流急,还是用车舵配合或借助拖船进行移泊为好,以策安全。

四、系泊用缆的注意事项

(1) 停泊中各缆绳应受力均匀。受潮汐、装卸、风流等影响,原来受力均匀的各缆绳,由于出缆长度以及空间角度的不同,会出现新的受力不均匀状态,如多数处于松弛,只有个别缆受力就会出现断缆问题,因此要严加防范,及时进行调整。

(2) 操纵中防止产生缆绳突然受力现象。因为船的质量大,动能也大,远超过缆绳的弹性储能范围,所以要防止已带好的缆绳突然受力而绷断。

(3) 尽量减小磨损。凡出现缆绳与之摩擦的部位(如缆孔、缆与码头、缆与缆之间)应及时衬垫,减小磨损。

(4) 使用角度应适当。根据用缆的目的正确选择使用角度以适应具体条件,是驾驶人员应予考虑的问题。这里需要注意:各条缆绳只有水平分力为有效分力,所以各系缆俯角应选至最低处。如有可能,应力争使各缆系缆桩远些,以便降低俯角。2 条倒缆的主要作用在于防止船舶前后移动,为发挥其有效拉力应尽可能使其与码头线平行。如在吹开风时,倒缆的主要作用在于配合艏、艉缆控制船首或船尾的位置,则与码头线成某一角度更有利;艏缆、艉缆与码头线的交角也要适中,大一点有利于抵抗吹开风的影响,小一点有利于抵御顶流较强的影响,可根据情况略作调整。

(5) 缆绳挽桩要牢固。在双系桩上挽缆时,挽的道数要足够,以防受力跳出,一旦滑出,非但制止不易,而且在夜间不易被发现,会影响系泊安全。尼龙缆更应注意挽牢问题,一旦滑出将严重影响强度和使用寿命。

(6) 系离浮筒时系解缆问题。系浮筒时各单头缆应受力均匀,回头缆不宜吃力。前后浮筒泊位如有船舶系离时,应及时检查并调整本船系缆的不均匀情况。离浮筒时,先解下流处的单头缆,后解迎流一端的单头缆。若风流较大,估计回头缆难于抵御风流力时,应缓解迎风流一端的单头缆,待带好拖船后,再解去单头缆不迟。

(7) 当风流影响大而波浪的影响较小时,船的移动量较小,应使用足够强度的钢丝缆把船系牢;但当波浪影响明显时,系得过牢反而不好,此时系缆应选用伸长率较大的纤维缆为好。

(8) 对于大型船舶而言，在使用缆绳时还应注意：各缆绳的弹性系数应相似（即缆绳的种类、粗细和材质应相同或相似）；带缆应该对称；当靠泊中某条缆绳绷断时应及时补带上，并增加带缆的数量，以防其他缆绳绷断。

(9) 增加系缆时，应尽可能使用同材质、同直径的缆绳，并尽量调整至同样的受力状态。但由于实际上很难使之均等，增加带缆的系泊力，一般从第三根缆算起，只能按一半的破断强度计算。钢丝缆与合成纤维缆应避免并用。

任务评价

评价内容		评价标准	权重/%	分项得分
任务完成情况	任务 1	系缆认知	30	
	任务 2	系缆装置认知	30	
	任务 3	系缆的运用	30	
职业素养		责任心，团队意识	10	
总分			评价者签名：	

任务拓展

系泊设备的检查保养

一、检查保养

（教学建议：联系实际、运用教具）

1. 日常的检查和保养

在每航次的甲板系、解缆作业和靠泊码头期间，注意检查系泊设备的情况。航行期间也应对船舶在靠泊期间不便检查和维护的内容进行检查和保养，并消除有关缺陷，保持良好的技术状态。

(1) 系船缆：靠泊期间注意检查有无受到磨损情况（特别是有涌浪的港口）。钢丝绳应注意有无断丝情况。

(2) 绞缆机械：使用前检查活络和运转情况，离合器、刹车是否灵活和可靠。使用后应及时断电，主令控制器应罩好防水罩。修理后的绞缆机应进行 1～2 h 的运转试验，并测定转速、拉力负荷。绞缆速度应能达到 15 m/min，绞缆拉力应能达到所配置系船缆破断力的 75%，应进行制动和过载保护装置的试验。

(3) 导缆装置：是否生锈，滚轮的活络和滚动情况，是否对缆绳有磨损作用。如不能滚动，应及时修复。

(4) 附属用具：每次使用前都应检查其数量、外观状况。丢失补充，损坏换新。用后及时收回归位。

2. 定期检查保养

定期检查保养

养护周期	设备名称	检　查　要　点	养护要点
每个航次	制缆装置	甲板眼环是否锈蚀、磨损；链（索）是否变形、腐蚀和磨损	除锈油漆，磨损变形严重者应予换新
	撇缆、碰垫、挡鼠板	是否齐全、损坏	丢失补充，损坏换新
每3个月	钢丝缆	锈蚀和断丝情况，绳内油麻芯含油量	除锈上油，断丝超过规定值时换新或插接
	化学纤维缆	外表磨损和粗细情况	洗净晾干后收藏
	植物纤维缆	磨损、潮湿和股内有无霉点	洗净晾干后收藏；有霉点换新
	绞缆机	其外壳底脚螺栓和支架的锈蚀情况；卷筒损坏、磨耗、腐蚀情况；操纵控制器的水密情况；机械传动部分的润滑情况；刹车和离合器是否灵活可靠；检查自动张力绞车的有效性（如有）	失灵者修复，活络处加油
每6个月	缆索卷车	外壳和底脚锈蚀情况，转动灵活性，制动器的有效性	除锈涂漆，活动部分应加油活络
	带缆桩、导缆孔	锈蚀、磨损情况	除锈涂漆，做好磨损记录
	导缆钳、导向滚轮	本体锈蚀和磨损情况，滚轮是否活络，销轴是否弯曲变形	本体除锈涂漆，做好磨损记录，滚轮加油活络，销轴弯曲应修理

二、使用注意事项

1. 化纤绳

（1）化纤缆弹性较大，上滚筒受力时易突然跳动，操作时应离滚筒远一些（站在卷筒后方1 m以上距离处手持缆绳活端），以防弹出伤人。

（2）收绞缆绳时，尽量避免绞车空转或打滑（通常钢丝缆5圈、化纤缆4圈），以免摩擦产生高温使化纤绳变质或粘合。存放时应避开高温处；化纤绳头部等易摩擦处用帆布包好。

（3）不可与钢丝绳使用同一导缆孔或缆桩。

（4）避免接触酸、碱等化学品，以免变质；经常用淡水冲洗，存放时保持干燥。

2. 钢丝缆绳

（1）在钢丝绳10倍直径长度内发现断丝超过5%或有显著变形、磨损和锈蚀时应换新。

（2）钢丝绳不应有扭结、急折；系缆时弯曲处应至少有6倍钢丝绳直径以上的弯曲半径。

（3）发现钢丝绳锈蚀，其使用强度应降低30%。

（4）1根钢丝绳不能同时出2个头使用。

(5) 用完后,钢丝绳应整理卷好在缆车上,罩好帆布罩。平时应对转动部分定期检查和涂油防锈。使用系缆卷车时,应特别注意卷车的转速。松缆时应使用缆车的脚踏刹控制速度,不能用手来制止缆车的转动,以免发生危险。

3. 其他

(1) 绞缆时不要硬绞或突然加大系缆绞车的功率。

(2) 应使用与缆绳同质的制缆索。

(3) 严禁站在缆绳圈中或两脚跨住缆绳。操作时注意力要集中,不要靠近张紧的缆绳。

(4) 缆绳和属具要预先准备好。

(5) 操作人员应穿戴好防护用品。

(6) 溜缆时应在距缆桩 1 m 以上处手持缆绳活端。

(7) 注意 2 根或 2 根以上缆绳同时上同一船上缆桩或岸上缆桩的正确套桩方法。

模块 2　靠离泊的准备和操纵要领

模块描述

靠离泊操纵属于综合性的操船任务，风险大、难度大，因而需要精心组织教学；涵盖靠离泊的准备、靠离泊的操纵要领、案例分析等内容，要求学生能根据船舶的内外部条件，运用适当的手段和方法控制船位、航向，使船舶平稳地靠离码头。

学习目标

1. 能做好靠离泊的准备工作；
2. 能根据船舶内外部条件落实靠离泊的操纵要领；
3. 能系统点评靠离泊案例。

工作任务

任务 1　进出港操船技术
任务 2　接送引航员时的操纵方法
任务 3　靠泊操纵
任务 4　离泊操纵

导　　入

1. 船舶变速运动的规律？
2. 靠离泊需要用到哪些操纵工具，运用的基本方法是什么？

知识准备

船舶进港的过程实质上是减速的过程，减速过程包括主动减速和被动减速；船舶出港的过程实质上是加速的过程，加速过程包括主动加速和被动加速。靠离泊时船舶所需的主要操纵工具视船舶吨位大小而定，靠离泊的准备工作视操纵方法而定。

任务实施

任务 1　进出港操船技术

船舶由海洋驶入近岸水域并向停泊处接近时，应适时地将海上船速（sea speed）或常用船速(normal speed)改换为备车速度(stand by speed)或操纵速度(manoeuvring speed)。从此,船舶将由正常的航行值班改为进港部署,并做好进港、停泊和装卸作业的准备工作。

一、船舶进港时的减速过程

船舶进港时的减速过程,一般应根据船舶种类、船型、主机功率、进港航道(或水道)情况、水文气象等分阶段加以实施。根据经验一般可按以下方法进行:

1. 一般货船进港时的减速过程

操船环境较好时,一般减速方法是按表 4-2-1 要求进行的。

表 4-2-1 一般货船的减速要求

距目的地的航程/n mile	5	4	3	2	1
应发出的主机换车令	备车	进二	进一	微进	停车

2. 大型集装箱船进港时的减速过程

高速集装箱船的主机功率较一般货船为高,制动能力也较强。当驶向水域广阔的泊位时,通常仍可按一般货船要求,在剩余航程 5 n mile 左右备车,接近泊位需时约 30 min;当驶向港湾水道交通情况均较差的泊位时,则应早在剩余航程为 10 n mile 处备车,接近泊位需时约 1 h。

3. 超大型油船进港时的减速过程

超大型油船由于其排水量大,主机功率低,因此换车减速时机较其他种类的船舶早,可参考表 4-2-2 要求进行用车和停船。

表 4-2-2 超大型油船的减速要求

距目的地的航程/n mile	10	7	5	3	0.5
应发出的换车令	备车	进二	进一	停车	停船
换车时的船速/kn		12	8	6	

4. 节能型船舶进港时的减速过程

该类船舶所配备主机功率较低,与超大型油船减速类似。

▲知识链接:停车后的船舶余速如何变化?

二、减速过程中的舵效

在进港操船中,随着船舶逐步减速,舵效将会变得越来越差。根据实践经验,需要注意的是,不同的操舵手段需要有相应的速度域,才能保持一定的舵效,达到有效控制船舶航向的目的。

一般说来,操船者应当知道下列数据:

(1) 自动舵可有效控制航向的速度域为 8 kn 以上;

(2) 手操舵有舵效的最低速度约为 3 kn;

(3) 侧推器起作用的速度域为 4 kn 以下。(为什么?)

当然,具体船舶在减速过程中的航向控制问题,在实际操船中并不完全像上述 3 条那样单一，各种控向手段可实施控制的有效速度域还常随船舶种类、线型、外界环境条件的不同而不同，因此，仍需实时注意具体船舶及其所处的具体环境情况予以修正。

▲探究：为什么船速越高，侧推器发挥的作用越小？（提示：画图分析。）

任务2　接送引航员时的操纵方法

(1) 注意《进港指南》(Guide to Port Entry)或《航路指南》(Pilot or Sailing Directions)等有关资料，介绍该引航站的注意事项。

(2) 船舶抵达引航站前，船长和值班驾驶员应及时通过 VHF 与引航站联系，控制好预计抵达的时间(ETA)。

(3) 引航站附近上下引航员较多，要备妥主机、加强瞭望、注意避让、并慢速驶近，如周围情况复杂，还要备锚、加派瞭头。保持前后船舶的间距并适当控制船速，慢速驶近引航站。若引航站周围情况复杂，还须及时备妥双锚。

(4) 悬挂或显示有关的信号。

(5) 根据引航站的要求，将引航梯或舷梯放在相应的一舷，通常引航梯应放在下风，风浪较小的一舷；必要时应操纵船舶，使引航梯处于下风。

(6) 充分注意引航站附近的潮流大小和方向，可观察引航船或灯浮周围的水流流向和潮流的升降，并及时掌握风、流压差和留有足够的富余水深。

(7) 准备好接送引航员的工具，如绳索、保险索和扶手等，引航梯处应备好救生器具，夜间还应备好足够强度的照明灯，确保引航员登、离船的安全。

(8) 根据引航站的要求，将引航梯或舷梯放在相应的一舷。若遇大风浪，引航梯应放在下风(浪)一舷，必要时应操纵船舶转向，使引航梯处于下风(浪)舷。

(9) 在能见度不良时，本船不易被引航船所识别，必要时本船应开启雷达为引航船导航，并鸣放合适的声号供引航船识别。

(10) 引航船附近往来船舶密集，应加强瞭望，注意及时用 VHF 与他船联络并及时避让。

▲知识链接：对引航员迎来送往的工作规范有哪些？

任务3　靠 泊 操 纵

靠离码头时，船舶处于浅窄水中的低速、大漂角运动状态，船舶受力情况较为复杂；船舶运动及摆位情况的控制均较困难，但要求较高。每一位船舶驾驶人员均需根据本船在上述条件下的实际操纵性能，结合当时靠离码头的具体条件，搜集足够的有用信息，制订完整的操纵计划，并在靠离码头操纵中，巧妙而灵活地运用车、舵、锚、缆、侧推器以及拖船等操纵手段，准确地控制船舶的运动和摆位情况，完成靠离码头的任务。

▲思考：联系实际情况说明靠泊操纵难度较大的原因。

一、靠泊准备工作

1. 掌握港口与码头信息

其中包括港口、航道、码头的信息，泊位附近的风、流、水深的信息以及港内和泊位附近的船舶交通信息。

港口方面的信息应掌握航道的实际深度、宽度、弯势、走向、掉头区范围及有效宽度、禁锚区等规定细则，还有诸如分道通航制、港内限速、VHF使用以及导航、通信设施的使用规定等。此外，尚有各段航道的航向、航程及导标的配备等。

泊位方面的信息应掌握码头的走向、泊位长短、水深、前后停船多少、实际泊位空当的大小(一般为船长的115%～120%)及泊位附近的水域宽度等。此外，还需掌握船舶驶抵泊位时的当时当地的风、流、水深的信息；应充分注意港内，特别是泊位附近因受地域、地形制约，风、流情况与港外的差别及多变等特点。对于静水港，主要考虑泊位附近风向与风速的变化，有流港在考虑风的同时，还需考虑泊位附近的流向、流速和转流时机。

交通方面的信息则可通过港务局的调度部门及海事局的交通服务和管理部门了解。另外，应通过实地瞭头及时掌握驶经航道或泊位附近的船舶的动态，以便安全避让，并为安全顺利靠泊创造条件。

2. 掌握本船情况

其中包括本船的操纵性能、载重状态、实际运动状态，以及各种操纵设备投入使用的有效性及可靠程度等信息。

首先，需掌握本船的操纵性能信息。操纵性能信息可从船舶资料中获得，如旋回性能、停船性能及船舶操纵性试验得到的操纵性指数等数据。但应注意，在使用这些数据时必须结合港内条件、船舶载况，并根据实测或经验予以修正。

另外，还应掌握本船的实际运动信息。这些信息主要有船舶在各种外力影响下的运动方向和运动速度，其中既有船首向和沿船首向移动的速度，也有船首向的变化和船舶纵、横向运动速度的变化，还有本船各种操纵设备的准备情况及运转信息，如车速、操舵角、出链、系缆等情况。

3. 制订靠泊操纵计划

掌握信息为制订靠泊操纵计划准备条件，而完善的靠泊计划则是顺利靠泊的蓝图。

通常，靠泊操纵计划应包括进港准备、港外和港内航道航行操纵、靠泊操纵各阶段内的总体安排以及各阶段内的主要操纵环节、可能遇到的困难和对策。敏锐的观察、科学的分析、周密的安排、冷静的应对是制订靠泊操纵计划的基本原则。

良好的靠泊计划需在时间、空间、操纵措施、关键问题和对策上作出明确的规定。例如，起锚并驶出锚地、驶进浅水区、港外和港内航道、掉头、抵泊和靠泊等。

执行靠泊计划需要全船人员的协同配合和全部操纵设备的综合运用2项条件。为此，做好靠泊部署工作需做到以下要求：

(1) 进入靠泊部署前，操船者应将靠泊计划、操纵意图、关键环节清楚地向各驾驶员明确交待，详细地给出必要的指示，使之心中有数并发挥其主动性。在到位的人员中，应更多注重其能力与特长的发挥；操舵、撇缆、带缆、抛锚等操作岗位的人员必须具有较高的技术水平和认真的工作态度。

(2) 锚设备和系泊设备的准备工作，应按靠泊计划进行，混乱则可能导致靠泊失败或引发事故。操舵、操车，乃至操纵主机的各种准备工作也应按靠泊部署要求进行。拖船的预约和协助也应按计划到位。操船者应通过严密的准备和组织工作，严格防止在关键时刻出现诸如锚不能及时抛出、链不能按要求刹住、缆不能按要求带上或松紧、乃至要车给不出、舵失灵等问题的发生。

考虑到各船的船员、设备情况各有特点，靠泊条件也不同，在靠泊部署方面既应坚持有统一的标准，又应允许有具体的调整，这是对靠泊部署的进一步完善和补充。

二、靠泊操纵要领

1. 控制抵泊余速

根据本船载况，停车淌航冲程，结合当时当地风、流方向和速度以及本船倒车功率的大小，在抵泊前适时减速和停车。由于情况多变，要准确估算各种外力影响尚有一定困难，最普遍的做法是，在保证船舶舵效的前提下，抵泊速度宜尽可能降低为好，可避免较长使用倒车或频繁用车，从而有利于控制船位和船首向。另外，也为观察船舶动向和校正船舶的运动赢得正确决策的时间，即使出现意外，也可防患于未然。

淌航至泊位后端，如图 4-2-1 中的船位 2 时，是控制抵泊余速的关键时刻，如岸边景物后移速度较快，从而判断淌航余速较高，则应及早倒车加以抑制。

船首抵泊位中点(N 旗)的余速，以不足 2 kn 为宜，以便用少量的后退二，或短链拖外舷锚(如 10 m 水深，则出链 1 节入水)，可在大约 1/2 船长距离之内将船拉停，然后根据具体条件，用车操舵调整船位及靠泊角度较为主动。

空载且横开风较大时，为减低淌航中的风致漂移速度，淌航余速可适当提高。这就需要提前拖锚，必要时甚至拖双锚淌航。这样做既可大胆用车操舵，使船沿预定串视线进入泊位，又可在较短距离内把船停住。

有流的港口，泊位附近的水深往往较航道为浅，流速往往偏低，方向也可能有变。船舶由航道淌航至泊位边，会发现余速略有变化，操船者对此应有所估计。

2. 合理选择横距

任何形式的靠泊，在船舶驶至泊位外当前，总是存在着合理地选择横距的问题，以便为下一步驶至泊位外当后解决入泊问题打好基础。

就舷靠码头而言，所选择的横距指靠泊船的船首在进入泊位后端和驶抵泊位前端横开位置处，距码头外缘线的垂直距离，如图 4-2-1 中 d_1，d_2 分别称为初始横距和入泊横距。靠泊前选定合理横距的问题，实质上就是选定合理可行的入泊航迹线的问题。该航迹线即由初始横距和入泊横距的横开端点连接而成的直线，俗称串视线(transit line)。因为 A，B 两点位于水面上，所以难于利用在船舶入泊的导航之中。较为可行的经验做法是，沿串视线前方选择位于陆岸的 2 个物标，如烟囱、楼角、旗杆等突出物，作为临时的串视标，并在其距离选择上保证叠标的灵敏度足够，以保证船舶循着串视线驶至泊位外当适当位置处。

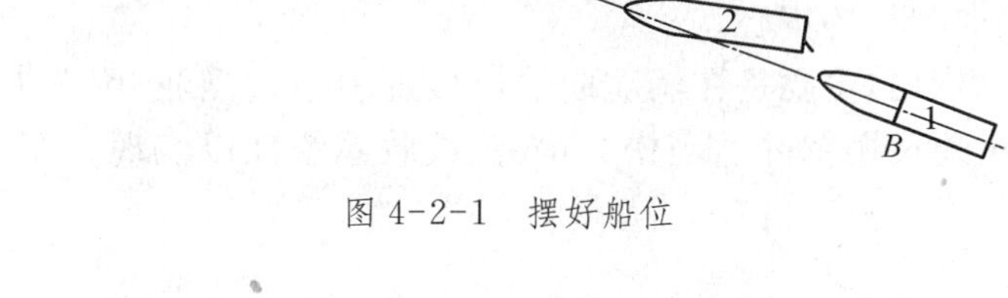

图 4-2-1　摆好船位

1）入泊横距的选定

入泊横距 d_2 为船舶停于泊位外当时船首距码头外缘应保持的横距，即入泊横距。一般情况下大型船靠泊时，为有效地制速，克服风流等因素的不利影响，而且便于车舵机动，常需要抛下外当锚。从锚链带力、拖锚制速直到将船拉停时，船首与码头线的横距 d_2 应具备 20 m左右的安全裕量。当风流不大时，即以该值为基本参考数据确定 d_2 值；当有较强拢风或开风时，可视本船载况和风流的影响大小予以适量的增加或减少。

选择抛锚点应当服从于具体的操纵方法与要求。若从刹减余速的角度看，应根据船舶对地余速大小、风流的大小与方向和靠拢角度的大小等因素综合予以确定。根据经验，当靠拢角较小、顶流 1～2 kn、水深约 10 m 时，多出链一节入水，抛锚点选于 N 旗略前处，此时船首距码头外缘线为 30～50 m。

2）初始横距的选定

初始横距 d_1 较入泊横距 d_2 值为高，其高出的部分即 d_1-d_2 值的大小，主要由船首自位置 A 淌航至位置 B 的过程中船舶横向移动距离确定，其中，既包括淌航驶过泊位过程中的风致漂移距离 d_1'，又包括流速与船速的合速度使船身向码头线接近而横向移动的距离 d_1''。当本船预定泊位的后方有他船停靠或有两船并靠时，则初始横距的选择，还必须符合 d_1 值的选定要大于上述停靠船舶宽度之和的要求。

除特殊的船舶机动情况外，d_1 的选定是一个根据风流方向和大小、船舶余速大小、船舶载况和靠拢角及入泊横距 d_2 综合估值的问题，泊位后方有无他船停靠也是需要考虑的重要因素。

当泊位后方无他船停靠且风流影响极小时，d_1 仅由泊位长度、靠拢角和 d_2 值所决定；靠拢角如按 5°～10°计，则 d_1 至少应保持 2 倍船宽。

当吹拢风时，自 A 向 B 淌航中的横向漂移距离增大，因此应增加 d_1。一般情况下根据实际经验，d_1 应大于 3 倍船宽。

当吹开风时，从船舶漂移考虑，固然应减小 d_1。然而，从船舶保向考虑，在低速淌航中又不得不给予较大的风压差角，而使船首偏向内侧，造成较高的靠拢角，这又迫使初始横距不得不予以提高。因此，根据实际经验，初始横距也不少于 2 倍船宽。

泊位后如已有他船停靠时，入泊横距 d_2 的选定固然可以不受影响，但初始横距 d_1 的选定需要考虑这一重要因素。其考虑的原则是，应能保证船首在由 A 向 B 淌进的过程中，船尾的内舷不致因风、流的影响而触碰泊位后已停靠的他船。即在吹拢风时要求按前述方式求得 d_1 与 d_2 之差（d_1-d_2）大于泊位后已停靠船舶的宽度之和，不足时则应增加 d_1 使之达到要求。一般情况下，若泊位后只有一船停靠而并无他船并靠时，则可不予考虑。吹开风时需注意本船船首内舷不致触碰泊位后方停靠的他船。

3. 调整好靠拢角度

靠拢角度指船首向与码头线之间交角。船舶为保持在选定的串视线上淌航前进，需要不断调整该角度。减小靠拢角可减轻横向接近速度，顶流较强时尤为明显；增大靠拢角可提高横向接近速度。艄开风较强时还可采取顶风驶向 B 点的方法，使整个靠泊过程免去对风致漂移，尤其是对横向漂移的担心。

在靠泊中调整靠拢角，主要是在淌航向泊位接近中通过操舵、用车来实现的；进入泊位后还可以在此基础上通过抛锚并适当松紧锚链、绞收系缆加以实现。大型船则需借助拖船协助操纵。

确定靠拢角大小的总原则是，重载船在顶流较强时靠泊，靠拢角宜小，以降低入泊速度并减轻拢岸力；空船、流缓吹开风时，靠拢角宜大，以减低风致漂移，并保证有足够的入泊速度。反复调整靠拢角度最理想的情况是使船接近平行地贴靠泊位码头；贴靠时的入泊速度大小因码头和船体强度所限必须严格限制，船舶吨位越大、泊位水深越深，该项限制则越严格。一般船舶贴靠速度应低于 15 cm/s；超大型船应控于 2～5 cm/s，如超过 10 cm/s，则可能酿成事故。河道弯头凹岸一例、岛屿正对潮流一例，往往有拢流出现，停靠此类水域码头时，靠泊操纵应尽量选在缓流时进行。靠泊时宜及早拉平船身，以尽量减小与拢流的交角，必要时尚可使船首略偏向外当，以降低实际入泊速度。

控制余速、选定横距、调整角度，作为自力靠泊操纵的 3 个环节，是互相联系、互为条件、互相影响的。不难看出，当余速过高，势将频繁、长时间地使用倒车并影响到靠拢角与船位的控制；当余速过小，则必然相应地提高风致漂移，难以按选定横距淌航于串视线上。靠拢角的调整，选定横距的实现，均需经由操舵和用车实现，因而又将影响到余速的控制。由于靠泊中的船舶始终处于运动中，操纵者必须针对船舶运动中出现的动态变化，紧紧抓住上述 3 个环节，给予适当调整和控制，使之与客观条件相适应，才能最终使船平稳地停靠于指定的泊位上。

随着大功率港作拖船的日趋普及，为大型和超大型船舶的港内操纵，包括靠离码头带来很大的方便，超大型船舶靠泊常常是操纵大型船舶驶于泊位的外档，并尽可能使之与泊位平行停住，然后由拖船平推入泊。但上述控制余速、选定横距、调整角度三者，在风流条件较为复杂的情况下，仍然是应予考虑的要点。

三、靠泊注意事项

靠泊操纵由于涉及主客观因素较多，对各因素变化规律的影响方面的研究仍处于个别的分散研究阶段，不得不主要依靠操船者的观察、判断和决策。这里针对不同的靠泊条件，在操纵方法上提些注意事项。

1. 静水港靠泊

(1) 余速：静水港往往航道短、港池小、淌航距离严重受限、航道折向港池或码头的转向角度较大，因而用车就比较频繁，控制余速、使用倒车乃至抛锚时机均比较早。大型船多用拖船协助减速和转向。

(2) 靠拢角：静水港靠泊中主要考虑风的影响。一般情况下，以顶风靠为宜，保持艏艉向与风向成尽量小的交角，先靠上船首后，再用拖船协助将船尾靠上。

(3) 拢风较强时，除及早拖锚外，也可请拖船提艉。

2. 风流方向相反时靠泊

风流方向相反时，靠码头的船舶究竟是采用顶风靠还是顶流靠，应根据本船载况，就风流各自对船舶运动影响的大小作出的判断，并使船首对向影响较大的一方。根据计算，船舶空载时，2 kn 流的影响约与 6 级风的影响相抵消，1.5 kn 流的影响约与 5 级风的影响相抵消，该数据可供作判断的参考。重载船舶宜顶流驶靠，并请拖船协助。顶风顺流驶靠的船舶应尽量减小靠拢角度，并拖锚驶靠。

3. 抛长链开锚靠泊

某些江河(如长江)于洪水季节水位骤升、流速加大，无涨潮流。为能在较强拢风时实现自力离泊，常采用抛长链开锚靠泊的方法。

对于浮码头，锚位的横开距离为 80～100 m，并处在泊位前方上游方向与浮码头的锚互无妨碍处，靠泊后的开锚出链长度为 4～5 节。

对于固定码头，可将锚位选于泊位前方上游约 1/3 船长处，横开 60～70 m 处落锚，出链长度为 4 节左右，靠妥后的锚链方向与船首向约成 45°交角。

四、船舶靠泊典型案例分析

靠码头的操纵方法，因船舶、泊位和环境条件的不同而不同，甚至因操纵者的习惯而异。以下是无风流右舷靠码头的典型实例，以利掌握靠码头的基本操纵方法。

见图 4-2-2，泊位前后均有他船停靠，靠泊船为 1 万 t 船，满载，其操纵方法为：

(1) 根据本船冲程适时停车淌航。满载 1 万 t 船考虑其冲程，在港内航行多用进一或微进车速，故在距泊位约 1 n mile 停车；舵效极差时，可用短暂进车以改善。

(2) 当淌航接近到停靠于泊位后的他船时，应注意观察舷侧物标后移的快慢，据以准确判断本船的余速；如余速偏高，可用外舷舵、倒车加以抑制。但应保证不致造成船首右转而增大靠拢角，使本船首与泊位后停靠的他船保持不低于 2 倍船宽的初始横距驶上串视线，然后延长该线找出明显物标 C，D。

(3) 在船首平泊位前端约 1/4 船长之前，船身与码头线接近平行或略有向内角度时，如船的冲势尚快则可用倒车刹减；仍不足则应及时在外舷短链(1 节水面)拖锚(位 3)。因为入泊横距已安排 2 倍船宽作缓冲，所以即使出现少量的船首右偏也无妨。待船首在减速中向泊位靠拢及时带上艏缆。如果发现拖锚停船后，船首在锚链作用下外摆而船身略有后缩时，应及时进车右舵迫使船首继续拢岸(位 4)。

(4) 带缆应先带艏缆，继之带前倒缆，然后配合操外舷舵短暂进车再带好艉部各缆，并配合绞缆使整船贴靠码头。

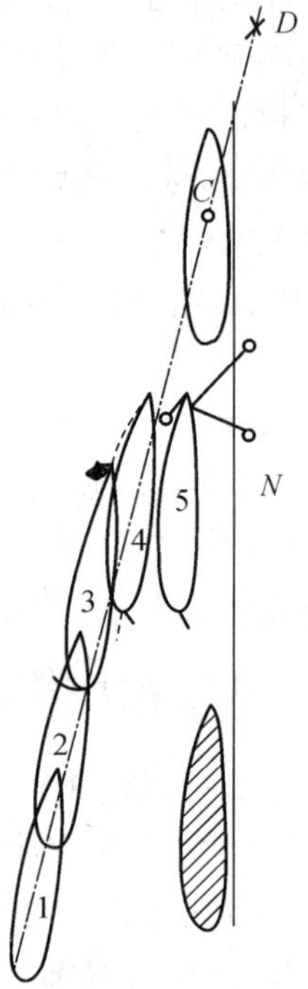

图 4-2-2　无风流右舷靠码头

任务4　离泊操纵

一、离泊准备工作

离泊前，应实地观察风、流及泊位前后情况，如前后有无动车余量、锚链方向及长度，系缆的角度及受力状态以及水域内来往船舶的动态，凡不适宜部分应作必要调整。

制定离泊方案。应根据气象、潮汐、泊位特点、船舶动态、装载情况，按照本船实际操纵性能，正确决定离泊时机、制定离泊方案，并在出航前的会议上向有关人员介绍布置情况。

如有拖船协助，应交待协助操纵方案，以便使其主动配合。

机舱活车前，驾驶员应到船尾查看系缆及推进器附近是否清爽，舷梯、吊杆及岸上装卸设备是否有碍，在确认无碍后方可试车、试舵、试声光信号，并按规定悬挂信号灯。

备车后再作单绑。使用倒缆离艏或离艉时必须确保其强度。里当锚不应与码头护木齐平，突出部位或触岸部位应垫好碰垫，等水面清爽时即可实施离泊操纵。

二、离泊操纵要领

1. 确定离泊方法

离码头可取艏离(leaving bow first)、艉离(leaving stern first)，使用 2 艘或 2 艘以上数量拖船时也可平离。顶流较缓，有吹开风，泊位前方较清爽，船首开出 15°左右，船尾的车舵与码头无碍时，均可采用艏离法。自力或使用拖船艉离时，车舵已与码头无碍，因而可以自由机动。艉离是普遍的离码头的方法，静水港内更是如此。

大型船，当其泊位前后余地不大、艏离或艉离均感不便时，也可借助 2 艘拖船平离。强拢风时，大型船离泊多采用此法。

2. 掌握摆出角度

艏离或艉离时，其摆出角度的大小决定于当时外力影响的大小和摆出后的操船需要。当外力影响有利于摆出时，尽管摆出角仅有 15°左右就连续进行其他离泊操纵，该摆出角度虽小但也能足够提出，顶流离艏、顺流离艉均如此；相反，当外力不利于摆出时，尽管已摆出 30°左右，在进行以后的操纵中因外力影响又摆回到难以进行这种操纵的位置上，那么该摆出角度也因其不足而不可谓大，顶流拢风离艉时就是如此。

当船首或船尾摆出后，按预定操纵方案需要径直出港，或是再行掉头移泊，或是就泊位前于离泊中完成掉头操纵，这些摆出后的操纵要求对于决定摆出角度的大小具有重要意义。

艏离或艉离时，在决定摆出角度的大小时必须注意所用倒缆的强度及受力情况。承受力、强度不足或因摆出角度过大使倒缆张力突然增加等情况均应予以避免。

3. 控制前冲后缩

当泊位前后余量较小、港池水域相对较窄时，无论是在泊位内的艏或艉摆出中，乃至处于港池或航道中的船舶，均应注意自身的前后活动余地，并利用正横方向附近的物标灵敏地判断本船的前冲后缩，有效地通过用车或使用拖船予以控制。

三、离泊注意事项

(1) 选取艉离、艏离还是平离，应视风方向与缓急确定；是否需要在泊位前掉头则取决于离泊目的和是否具备足够的掉头水域。应灵巧地运用风流有利于离泊的一面，同时避免其不利的影响。当与风流的影响相反时，应结合本船载况，考虑其影响较大的一方。

(2) 离泊单绑时，应充分注意倒缆的受力状态，风大流急时应予必要的加强。对单绑各缆的出缆位置、系缆桩位置，应根据使用目的作出正确选择，其原则是有利于控制船舶运动，安全而有效地充分发挥各缆在操纵中的作用。大吨位船舶在离泊中一般不宜采用溜缆措施，在摆艏或摆艉出泊时，应多借助拖船协助。

(3) 使用拖船的功率及艘数，应根据本船吨位、相对水深、风流影响预先估算，并妥善决定拖带方式、就位点、起拖与停拖时机等。

(4) 充分估计周围的安全情况、适时抑制不利的前冲后缩和不利的偏转，倒车时应对船首向和船位的保持及变化有明确的预见。

(5) 条件恶劣时，为有备无患，应注意备好双锚。根据经验或估算确无把握，应果断决定等待风、流变缓时再行离泊。

四、船舶离泊典型案例分析

1. 顶流拖艏离泊

流速 1～3 kn，流向平行于码头，重载，泊位前有他船并靠或单船靠泊，拖船 1 艘助操，其操纵方法为：

1) 不摆出船尾拖艏离码头(见图 4-2-3(a))

(1) 备车单绑，留艏缆和前倒缆、后倒缆。拖缆带好并带力后，解后倒缆收进，并操内舷满舵（位 1)。

(2) 起拖后，因为拖缆自艏楼外舷稍后送出，前倒缆从船首导缆孔送出，所以它们与内舷舵一起均具有使船尾出泊的作用，尤其是当内舷受流后也有利于船尾出泊。

这 3 种作用如控制得当，可使船首在出泊的同时，船尾也将缓缓出泊而不触及码头。如果船尾与码头的距离变近，可令拖船慢拖，同时尽量降低二缆送出速度或使之稍稍带力，情况即可改观(位 2)。

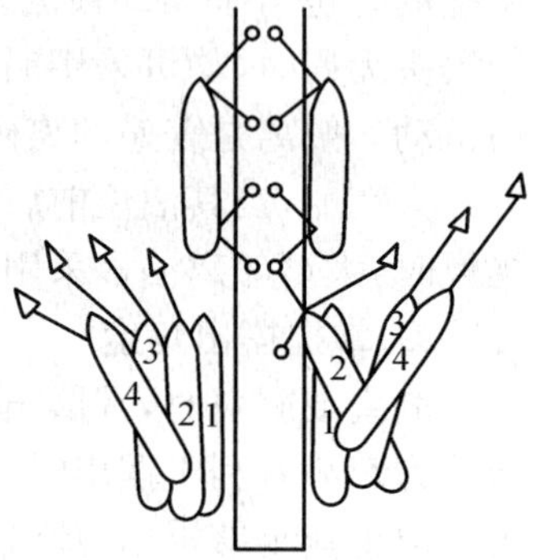

图 4-2-3 顶流拖艏离码头

(3) 出泊后，前边停靠船对本船运动已无妨碍，因此可解去艏缆和前倒缆。船舶由于速度尚未提高而且内舷受流，加上拖船的作用，船身将斜出泊位(位 3)。

(4) 使用车、舵，稳定船首向，令拖船解掉(位 4)。

2) 摆出船尾拖艏离码头(见图 4-2-3(b))

(1) 离泊单绑，留艏缆、前后倒缆各 1 根。拖缆带好并带力后，解去艉倒缆，内舷满舵、微进车，摆出船尾(位 1 和位 2)。

(2) 艉摆出 15°左右，停车并令拖船起拖，缓缓溜出艏缆和前倒缆使船首出泊，同时船尾也将向码头极慢地摆回(位 2 和位 3)。如果摆回过快，可适当使二缆带力即可加以缓解。

(3) 当船首扬出泊位前方他船的外舷时，即可将艏缆及前倒缆解去。由于内舷受流，船身将斜出泊位。待前船已经清爽，在利用车、舵稳住船身后，即可解拖。

2. 顺流甩艉拖艏离码头

顺流 1～3 kn，满载，无开锚，泊位前后有船，有拖船 1 艘助操，见图 4-2-4。操纵方法如下：

(1) 离泊单绑，留艏缆、前倒缆，拖船就位后解掉艉缆。船受流作用，前倒缆受力，艉部缓缓摆出。中小型船舶为加快摆出，也可用微进、内舷舵等措施，如位 1 和位 2 所示。

(2) 艉摆出 20°左右时，令拖船起拖并解掉艏缆。为减轻前倒缆的负荷，加快出泊速度，本船应不失时机地使用倒车，前倒缆一旦松弛下来即可解掉，如位 3 所示。

(3) 拖船不断向外转出，拖缆渐趋与本船艏艉线垂直，令拖船减速，本船应采取内舷满舵、前进一等措施，以减缓船首向外摆出的趋势，如位 4 所示。

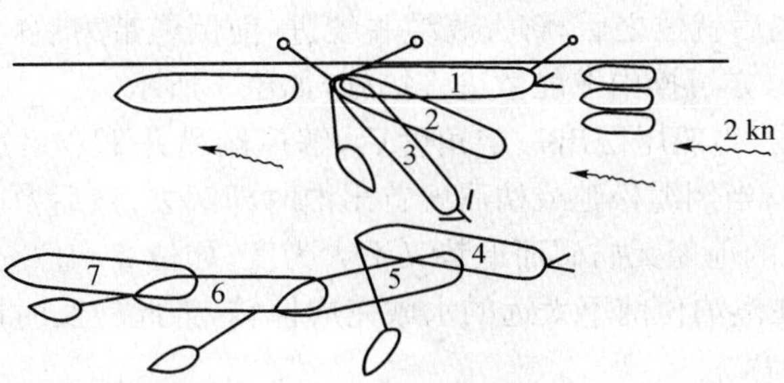

图 4-2-4　顺流拖艏离码头

(4) 拖船移至本船前方，稳住船首后，即可解掉拖船。

3. 静水港开风拖尾曳锚出港池

船首向港池内，港池狭窄，开风 6 级，拖船 1 艘，见图 4-2-5。操纵方法如下：

(1) 离泊单绑，留艏缆、艉缆，系拖缆于本船船尾，起拖宜缓，略松艏、艉缆，同时抛锚，出链 1 节水面(位 1)。

(2) 随着起拖速度略升高，锚链带力，先后解掉艏缆和艉缆。为免使船尾落向下风，可令拖船略向上风侧拖带，如位 3 所示。

(3) 本船船尾出港池前，令拖船向港内航道上风方向加速拖带。利用船尾迎风、拖船拉力和拖锚的阻滞作用，尽量减小风致漂移，以便顺利完成港池出口处的本船掉转，如位 4 或位 5 所示。

(4) 进入港内航道后，令拖船降速，并转向上风方向，以便本船起锚，如位 5 所示。

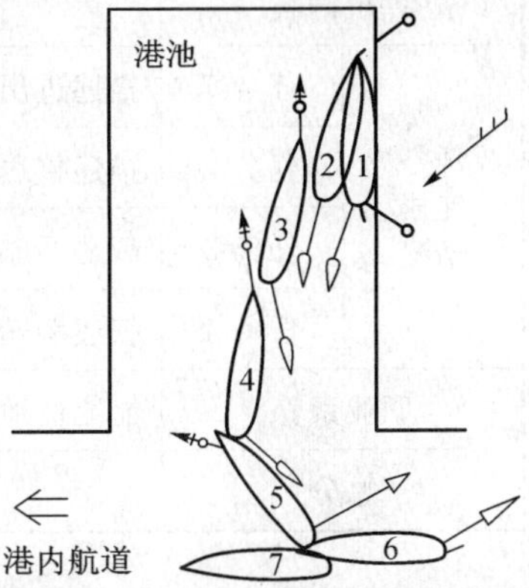

图 4-2-5　静水开风曳锚离码头

(5) 起锚后，靠拖船领直本船方向，本船进车稳住船身后解掉拖船，拖缆收进后即可动车出港，如位 6 和位 7 所示。

4. 顺流甩艉顶艏掉头离泊

顺流 1～2 kn；风力微弱，泊位前后均有他船停靠；重载，有一艘拖船协助，见图 4-2-6。操纵方法如下：

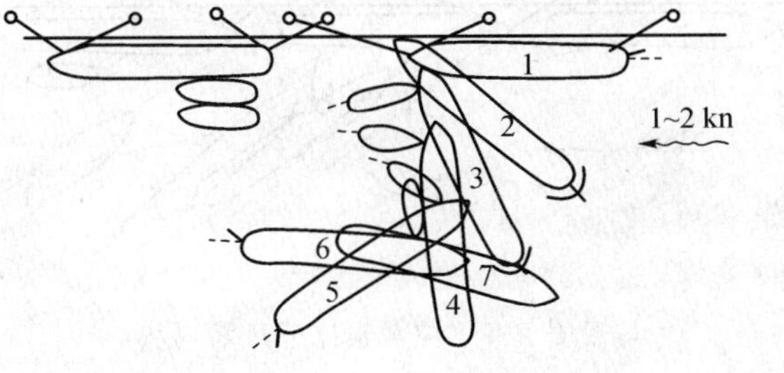

图 4-2-6　顺流甩艉顶艏掉头离码头

(1) 备车单绑，留艏缆、前倒缆、艉缆各一。

（2）拖船于艏楼稍后就位之后，解去艉缆并绞进，前倒缆带力后船尾即向外摆出。如流较缓，为船尾较快摆出，亦可操内舷舵微进等措施，如位 1 所示。

（3）根据流的强弱，当船尾摆出一定角度后，解掉艏缆并下令后退一；当船首与码头无碍时，即可令拖船顶艏；当倒缆松弛或妨碍船首出泊时即解去；然后及时停车，以使船首能转出，并与泊位前后停靠的他船无妨碍而退势又不大为度，如位 2 和位 3 所示。

（4）尽量使本船在离泊位前不太远的水域完成掉转，为此应及时操舵用车，防止明显的前冲后缩，缩短流致漂移。

（5）及时稳定船首向，并解去拖船。

任务评价

评价内容		评 价 标 准	权重/%	分项得分
任务完成情况	任务 1	描述进出港操纵方法	30	
	任务 2	描述接送引航员时操纵方法	20	
	任务 3	叙述船舶靠离泊的基本准备工作	20	
	任务 4	叙述船舶靠离泊的操纵要领	20	
职业素养		能流畅地阐述知识，展示技能	10	
总分			评价者签名：	

任务拓展

▲运用拖船靠离码头的常规操纵方法分析，看图解决下列 2 个实际问题

1. 空载顶流开风靠码头的操纵方法

靠泊条件：流速 1～2 kn，流向与码头平行，开风 5～6 级；拖船 1 艘协助，泊位前后均有他船停靠，见图 4-2-7。

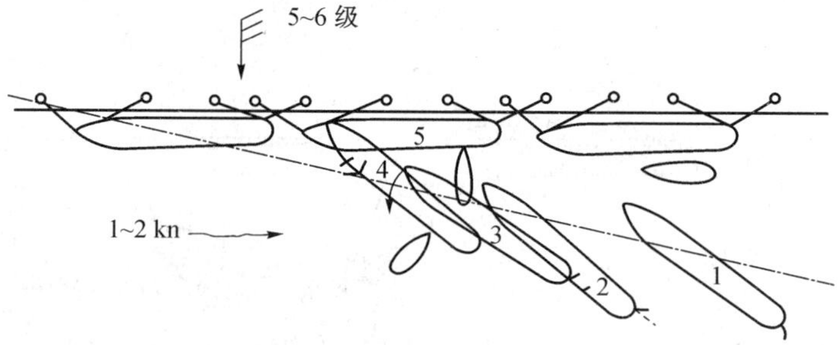

图 4-2-7　空载顶流开风靠码头

（1）各船位点的操纵要领____

（2）各船位点的操纵注意事项____

（3）拖船助操时机与方式____

2. 空载顶流拢风靠码头

靠泊条件：流速 1～3 kn，方向与码头平行，拢风 5～6 级，拖船 1 艘协助，万吨级船舶空载，见图 4-2-8。

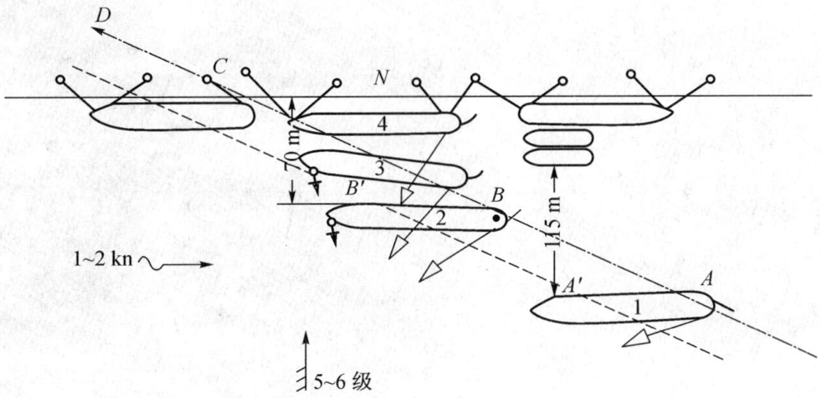

图 4-2-8　空载顶流拢风靠码头

（1）各船位点的操纵要领＿＿＿＿＿＿＿＿＿＿＿＿＿＿＿＿＿＿＿＿

（2）各船位点的操纵注意事项＿＿＿＿＿＿＿＿＿＿＿＿＿＿＿＿＿＿

（3）拖船助操时机与方式＿＿＿＿＿＿＿＿＿＿＿＿＿＿＿＿＿＿＿＿

项目五
锚设备的正确应用与锚泊操纵

核心概念

锚;锚链;锚设备;锚的运用;锚泊操纵

项目描述

本项目是实船操纵的核心内容之一,其中“锚设备的正确应用”又是“锚泊操纵”的基础。该项目涵盖“锚设备的结构”“锚设备的运用与锚泊操纵”2个模块。要求学生通过项目学习与实践,掌握正确运用舵设备控制船舶的动态、冲程、航向以完成停泊、港内操纵和应急操纵的任务。

学习目标

1. 掌握抛起锚的操作要领;
2. 能在综合考虑各种因素的前提下正确选择锚地;
3. 能处理抛起锚过程中出现的问题。

模块 1　锚设备的结构

模块描述

本模块是项目的基础模块，涵盖锚设备的作用、主要组成、锚的种类、结构与特点，锚链的种类、长度及标志，锚机的种类、结构、操作管理，《锚设备规范》对锚机结构的技术要求、附属设备的作用、定期检查保养等内容，为正确进行锚泊操纵作准备。

学习目标

通过了解锚设备的作用、主要组成和按规定周期进行检查保养，具有对锚设备正确运用能力。

工作任务

任务 1　锚的类型、特点与结构认知
任务 2　锚链的种类、构成与标记认知
任务 3　锚机认知
任务 3　附属设备结构认知

导　　入

1. 怎样理解“抛锚”一词？
2. 锚抓住海底的原因？

知识准备

锚设备是甲板设备之一，主要作用有船舶系泊用锚、船舶靠离码头时辅助操纵、狭水道航行和紧急避碰时刹减船速、搁浅后辅助脱浅等。锚设备由锚、锚链、起锚机械以及锚链附属设备组成，见图 5-1-0。

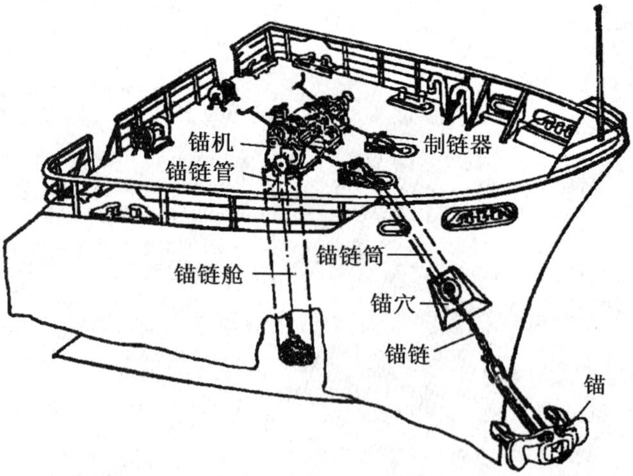

图 5-1-0　锚设备

任务实施

任务1　锚的类型、特点与结构认知

锚是锚设备中产生抓驻力的重要设备。船舶抛锚后，在外力作用下，拖着锚和锚链移动，最后使锚爪逐渐抓底，当锚牢固抓住海底时，锚和锚链的抓驻力与作用于船体上的外力或/和船舶移动的惯性力达到平衡，船便被系留在该处。因此，锚设备的系船力等于锚及锚链的抓力之和，可用下式表示

$$F = F_a + F_c = \lambda_a W_a + \lambda_c W_c \cdot L$$

式中：F_a为锚的抓力，kN；F_c为锚链的抓力，kN；λ_a为锚的抓重比；W_a为锚的质量，kg；λ_c为锚链的抓重比，约为2；W_c为每米锚链的质量，kg/m；L为锚链卧底部分长度，m。

一、锚的种类与特点

锚的种类较多，性能各异，一般可按有无横杆、锚爪能否转动和抓重比（锚的抓力与锚重之比，又称抓力系数）等进行分类。

1. 有杆锚(stocked anchor)

有杆锚也称海军锚，其结构见图5-1-1。有杆锚的锚干与锚爪为一浇铸整体，锚爪固定不会转动，锚爪折角约为35°。在锚干上有一活动横杆。抛锚时，锚杆与锚干处于垂直状态，使一爪入土，另一爪向上翘出，横杆促使锚爪顺利抓入土，锚爪入土后横杆起稳定锚的姿态的作用。

该锚结构简单，抓重比大，一般为4～8，最大可达12，抓底稳定性较好。但其操作不便，上翘锚爪在船舶旋回时容易缠住锚链，在浅水锚地可能刮坏过往船只的船底；抛起锚作业和收藏不方便，故不宜作商船艏锚（bow anchor），多用作艉锚（stern anchor）或备锚。一般多用于小船、帆船和渔船。

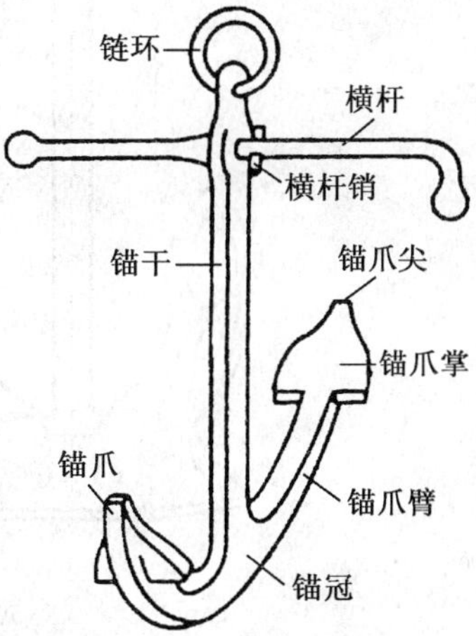

图5-1-1　有杆锚结构

2. 无杆锚(stockless anchor)

无杆锚又称山字锚，或转爪锚。其锚干与锚爪是分离的，没有横杆，锚爪和锚冠可绕穿过锚干下端孔的轴销转动，锚爪的折角约为45°，锚冠两侧的突出部分称助抓突角，用于在锚链拉力作用下使锚爪转动而啮入土中。使两爪同时入土，抓重比为2～4，最大不超过8。无杆锚结构简单，抛起锚作业和收藏方便，故适宜用作艏锚，但其抓力较小，船舶偏荡时，锚爪易将泥土耙松而引起走锚，可以通过增加锚重增加抓力，常见的有霍尔锚、斯贝克锚和尾翼式锚等。

（1）霍尔锚是无杆锚的一种，其结构见图5-1-2。

（2）斯贝克锚是霍尔锚的改良型，其结构见图5-1-3。收锚时其锚爪自然向上，并且一接触船壳即翻转，不会损伤船壳板。目前商船上普遍使用的无杆锚多为霍尔锚与斯贝克锚。

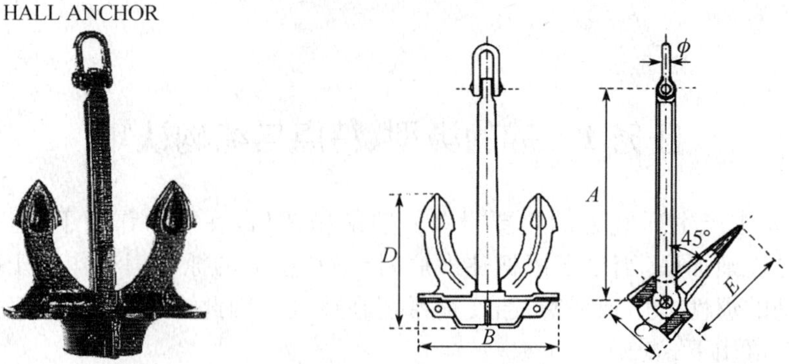

图 5-1-2　霍尔锚结构

(3) 尾翼式锚是我国研制的新型无杆锚，其结构见图 5-1-4。特点是锚头重心低，助抓突角宽厚，入土阻力小，性能和稳定性好，抗浪击，容易冲洗干净。各方面性能均优于霍尔锚和斯贝壳锚，已在船广泛应用。

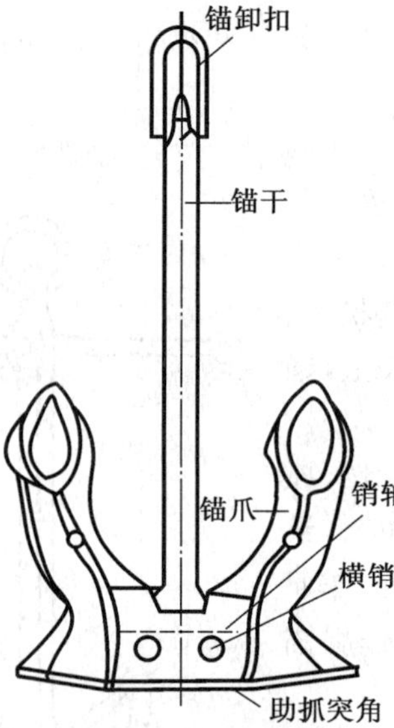

图 5-1-3　斯贝克锚结构

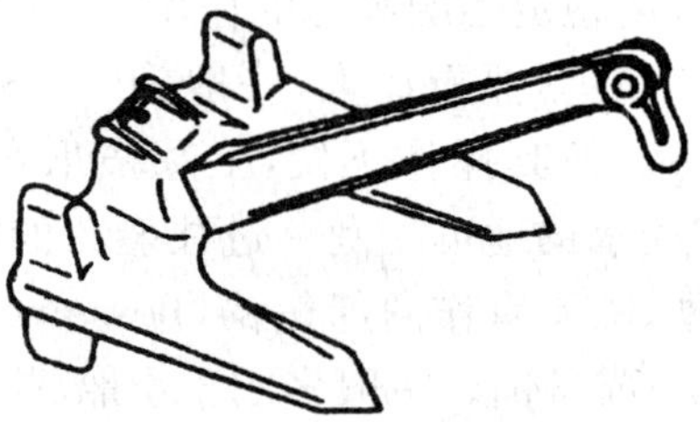

图 5-1-4　尾翼式锚结构

3. 大抓力锚

大抓力锚分有杆大抓力锚与无杆大抓力锚两种，其特点是锚爪宽且长、啮土深、稳定性好、抓重比大。有杆大抓力锚为转爪锚，锚头处设有稳定杆，以保证锚抓底的稳定性，该锚一般用于较松软底质，但收藏不便，较适宜于工程作业船和小船。无杆大抓力锚由无杆锚发展而来，改良无杆锚的助抓突角和锚爪。用大抓力锚作艏锚时，锚质量大多可以取相应普通锚重的 75%，常见的有丹福斯锚、史蒂文锚、AC-14 型锚和波尔锚等。

(1) 丹福斯锚，也称燕尾锚，其结构见图 5-1-5，锚爪可前后转动各约 30°，抓重比一般大于 10，多用于工程船舶。

(2) 史蒂文锚，其结构见图 5-1-6，是荷兰研制出的锚型，锚爪短而面积大，可由装在锚

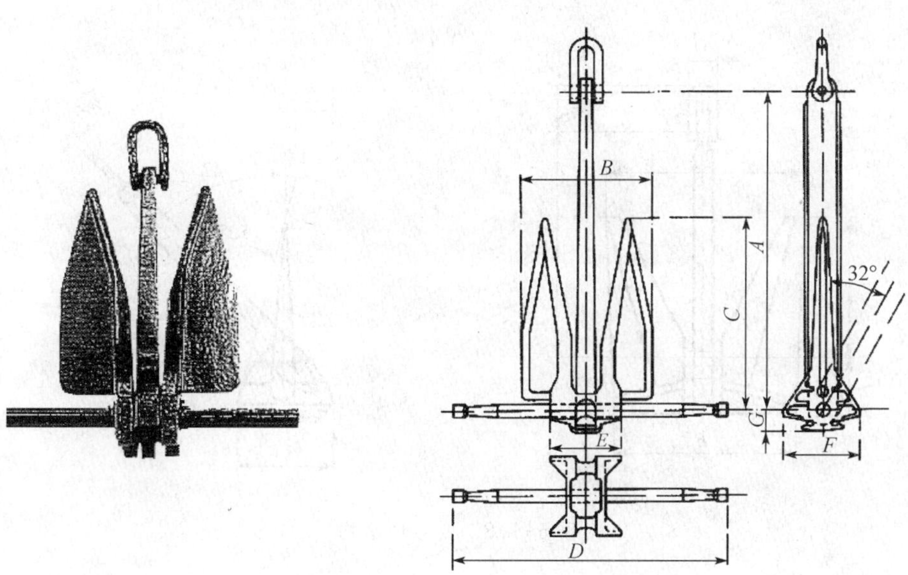

图 5-1-5　丹福氏锚结构

杆上的可移动楔块调节锚爪的最大转角，以适应多种底质，其抓重比可达 17～34，目前大量用作石油平台的定位锚。

（3）AC-14 型锚，见图 5-1-7，是 20 世纪 50 年代英国海军部研制的锚型，它有极厚实且宽大的稳定鳍，稳定性好，啮土迅速，对各种底质的适应性强，抓重比高达 12～14，常用于超大型船或水线以上面积较大的滚装船上作艏锚。

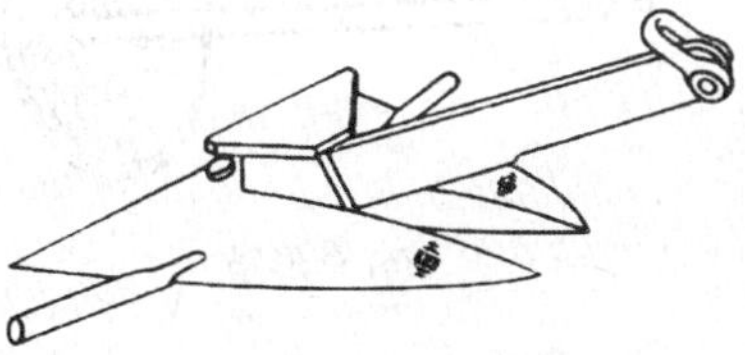

图 5-1-6　史蒂文锚结构

（4）波尔锚，其结构见图 5-1-8，由荷兰研制的锚型，其锚爪平滑而锋利，适应各种底质。稳定性好，抛起和收藏方便，抓重比为 6 左右，可作大型船的艏锚或工程船的定位锚，挖泥船上广泛采用。

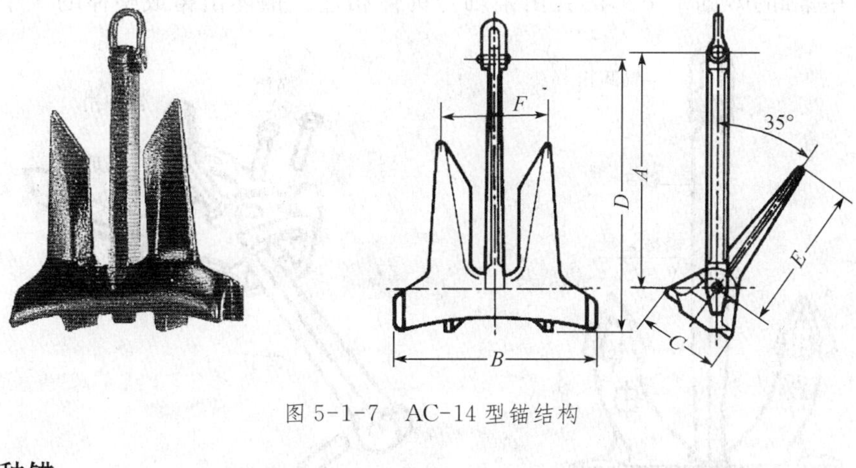

图 5-1-7　AC-14 型锚结构

4. 特种锚

特种锚的形状比较特殊，以适应其特种用途。如浮筒、浮标、灯船和浮船坞等永久性系泊用锚，有螺旋锚、伞形锚、单爪锚、多爪锚等，见图 5-1-9。

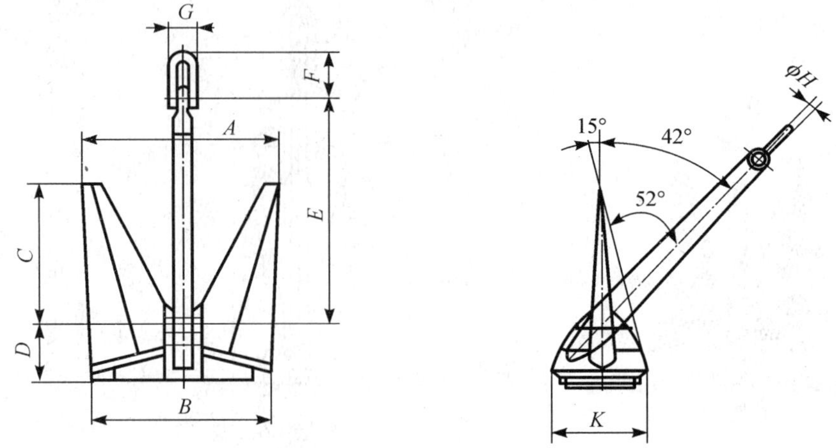

图 5-1-8　波尔锚结构

图 5-1-9　特种锚结构

二、锚的结构

以霍尔锚为例,结构见图 5-1-10,锚由锚干、锚体和销轴组成。锚干上下均有孔,锚干上部的孔连接锚卸扣,锚干下部的孔由销轴与锚体相连。锚体由铸成整体的 2 个锚爪与锚

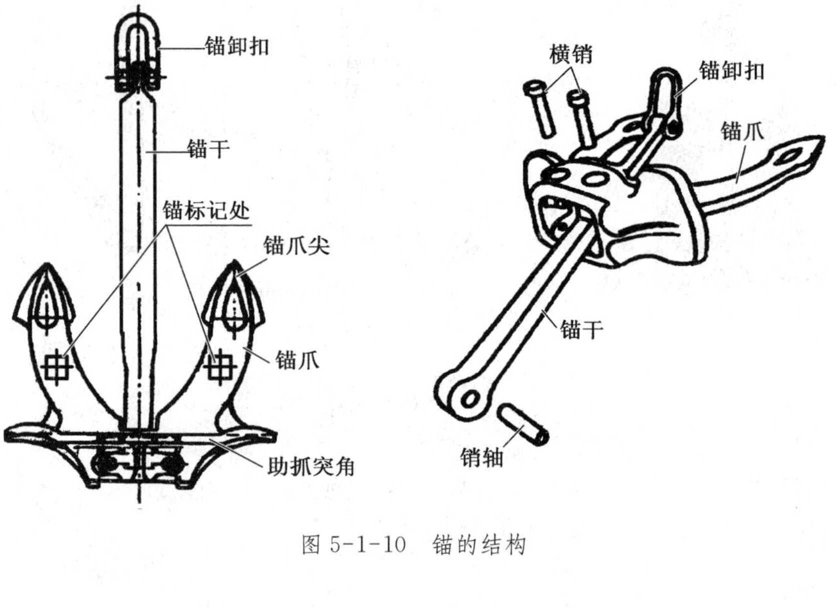

图 5-1-10　锚的结构

冠组成，锚冠中有孔可使锚干穿过，孔内有 2 个半圆形凹槽，销轴可以在槽内转动。为防止锚干及销轴从锚冠脱出，用 2 个横栓栓住，并用电焊将横销与锚冠焊死。锚冠两侧的突出部分称为助抓突角，使锚爪容易啮入土中。

此外，重量一定的锚应尽可能具有最大的抓力系数，抛锚时能迅速啮入各种底质中，起锚易出土，操作简便，收藏方便，结构坚固和成本低等优点。

任务 2　锚链的种类、构成与标记认知

锚链主要用于连接锚和船体，传递锚产生的抓驻力。锚泊时，在出链长度适当时，卧底与悬垂部分的锚链也能产生一定的系留力。

一、锚链的种类

1. 按制造方法分

（1）铸钢锚链：链环由钢水浇铸而成，其优点是强度较高，刚性好，撑挡不会松动，且使用年限长，适合大规模生产；缺点是制造工艺较复杂，成本较高，耐冲击负荷差。

（2）焊接锚链：链环由圆钢弯制焊接而成，其工艺简单，成本低，质量超过其他种类锚链，已在船上广泛应用。

（3）锻造锚链：韧性好，但制造工艺复杂，成本高，质量不稳定。目前船上已不再采用。

2. 按链环结构分

有无挡链和有挡链 2 种，在相同尺寸下，有挡链的强度大，变形小，堆放时不易绞缠，在商船上广泛采用。无挡链尺寸小，只用于小锚上。

3. 按钢材级别分

有 AM_1，AM_2，AM_3 三级，级别越高，强度越大。AM_1 锚链钢为镇静钢，AM_2 和 AM_3 级锚链钢为镇静细晶处理钢。对同一船舶，若选用强度大的钢材，链环尺寸可以适当减小。

二、锚链的组成

一根完整的锚链由若干节锚链通过连接链环或连接卸扣连接而成，每节锚链由许多普通链环组成。

1. 链环

链环按其作用和位置分为普通链环、加大链环、转环、链端卸扣、链端链环、末端链环和连接链环等，见图 5-1-11。

链环的大小以链环的截面直径表示，有挡普通链环的直径为 d，有挡普通链环的长度应是链环截面直径 d 的 6 倍，宽度应是 d 的 3.6 倍；加大链环的长为 $6.6d$，宽为 $4d$；散合式连接链环的长为 $8d$，宽为 $4d$；双半式连接链环长度为 $6d$，宽为 $4.2d$。衡量锚链强度的标准链环是普通链环。普通链环的直径是衡量锚链强度的标准。

2. 链节

锚链的长度以“节”为单位，我国规定每节锚链的标准长度为 27.5 m，且每节锚链的链环数应为奇数。每根锚链由锚端链节、末端间链节和末端链节组成。

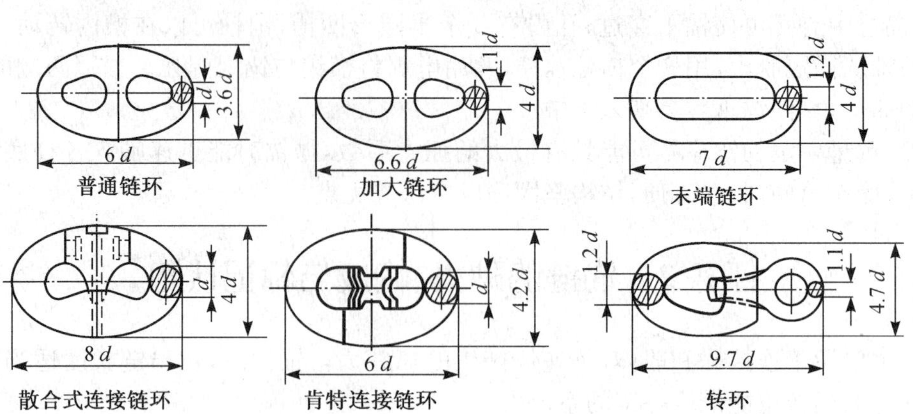

图 5-1-11　链环

（1）锚端链节是锚链的第一节，与锚相连。该链节中的末端卸扣和锚卸扣的横销应朝向锚，即圆弧部分朝向中间链节。转环的环栓应朝向中间链节，以减少摩擦和卡阻。设置转环的目的是防止锚链过分扭绞。

（2）末端链节是锚链的最后一节，与弃链器相连。其转环的环栓也应朝向中间链节。

（3）中间链节如用连接卸扣连接，则连接卸扣的圆弧部分应朝向锚，以避免抛起锚时其通过持链轮时产生跳动、冲击和卡阻。

链节之间多以连接链环或连接卸扣连接。如用连接链环连接各节锚链，则连接链环的两端为普通链环，整节锚链连接见图 5-1-12(a)。如用连接卸扣连接各节锚链，则连接卸扣两端均依次连接末端链环（也称无挡链环）、加大链环然后再连接普通链环，以保证强度和尺寸平顺过渡，整节锚链连接见图 5-1-12(b)。

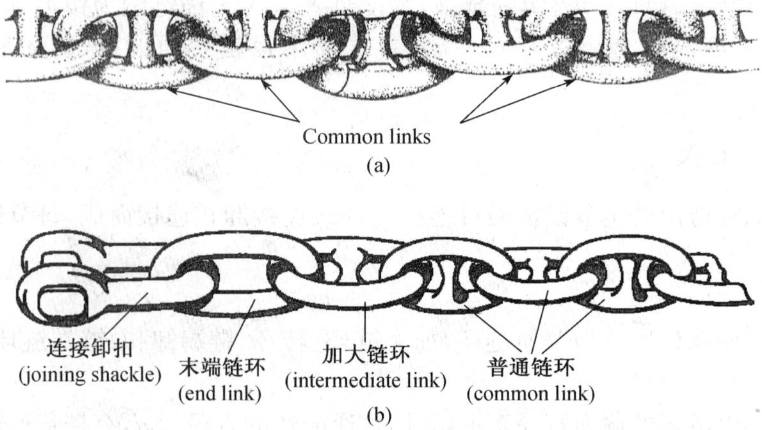

图 5-1-12　锚链组成

三、锚链的标记

在抛锚时为能迅速识别锚链松出的长度，起锚时能掌握锚链在水中的节数，在锚链连接链环及其附近的有挡链环上作出标记，具体方法是：

在第一节与第二节之间的连接链环(或卸扣)前后第一个有挡链环的撑挡上绕金属丝(或白钢环),并在两链环之间的有挡链环上涂白漆,连接链环涂红漆,以此表示第一节。在第二节与第三节之间的连接链环前后第二个有挡链环撑挡上绕金属丝(或白钢环),并在该两链环之间的有挡链环上涂白漆,连接链环涂红漆,以此表示第二节。以此类推,从第六节开始,重复第一节的方法进行标记。最后 1～2 节可涂红或黄漆等醒目标记以作为预示锚链将至末端的危险警告,以警惕丢锚。锚链标记方法见图 5-1-13a。

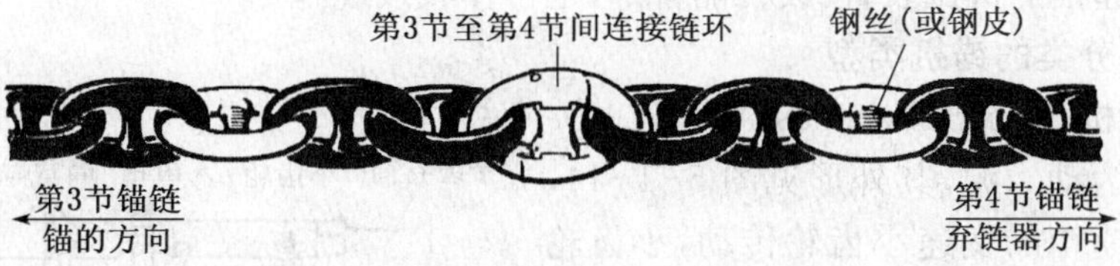

图 5-1-13a　锚链标记方法

▲学以致用:根据图中标记判断锚链的节数?

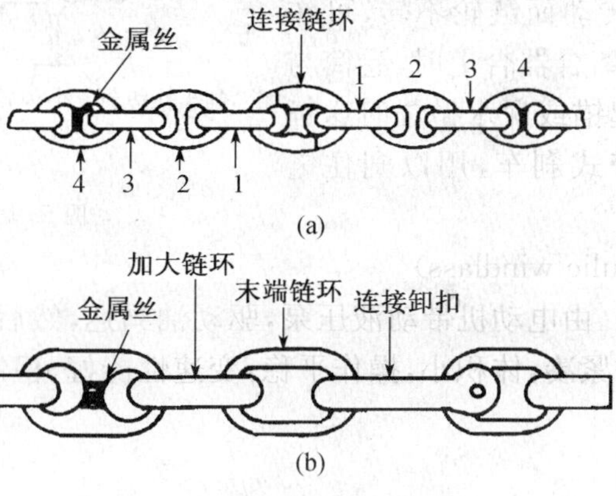

图 5-1-13b　锚链标记识读训练

四、锚链强度的衡量标准、标准长度单位

1. 锚链的强度估算

$$Q = 548.8d^2$$

式中:Q 为有挡锚链的破断强度,kN;d 为链环直径,mm。

2. 单位长度锚链的质量估算

$$W_c = 0.0219d^2$$

式中:W_c为单位长度锚链的质量,kg/m;d 为链环直径,mm。

3. 锚重与链重的关系

$$W_a \approx 60W_c$$

式中:W_c为单位长度锚链的质量,kg/m;W_a为每只锚的质量,kg。即每只锚的质量约等于

60 m锚链的质量。

任务3　锚机认知

一、锚机的种类

锚机是抛起锚的机械装置，设在船首部，也可作收绞缆绳。

1. 按动力分类的锚机类型

1) 电动锚机(electric windlass)

以电动机为动力源，其外形见图5-1-14，电动机经过减速箱的变速小齿轮传动，小齿轮带动大齿轮使主轴转动，主轴上有链轮，大齿轮与小齿轮的啮合和脱开由离合器控制，以控制链轮的转动与否。在抛起锚作业中，当离合器脱开时，主轴和卷筒转动而链轮不转，可作为抛锚或绞缆之用。当离合器合上时，卷筒与链轮同时转动，可作为起锚或深水抛锚时送锚之用。在链轮上设有带式刹车，用以刹住链轮，以控制松链速度。

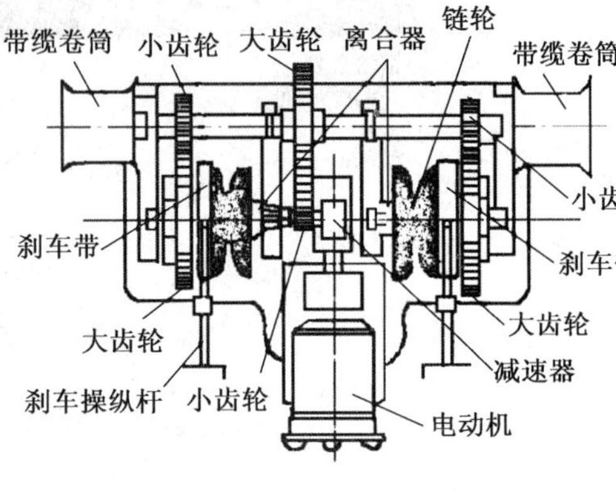

图5-1-14　电动锚机

2) 液压锚机(hydraulic windlass)

也称电动液压锚机。由电动机带动液压泵，驱动油马达，然后经过减速器(或无需减速器)使锚机运转。它结构紧凑，体积小，操作平稳，变速性能好，但制造技术和维护保养要求较高。

3) 蒸汽锚机

由蒸汽机带动，经过曲拐轴由齿轮带动滚筒轴运转，由滚筒轴经由离合器带动链轮运转，链轮上也设有刹车装置。其特点是动力大，结构简单。使用蒸汽锚机时应预先暖缸，用毕要排水放汽，以放尽汽缸中残余水汽。天冷时，为防冻要进行跑车(使蒸汽锚机空转)。目前，海船上锚机以电动锚机和电动液压锚机为主。在一些早期建造的油船上或现有大型油船基于防火防爆要求，仍采用蒸汽锚机。

一些现代化程度很高的船舶设有自动液压锚机，在自动液压锚机系统中设有锚链长度传感器。在抛锚时，当所需锚链全部抛出后，锚机会自动停止；在起锚时，当锚接近锚链筒时，能自动减速，当锚杆进入锚链筒收妥后会自动停车。另外，出现一种可在驾驶室遥控操作的锚机，其抛起锚作业可在驾驶台进行遥控操作。

2. 按布置分类的锚机类型

锚机的布置方式分为卧式锚机和立式锚机2种。卧式锚机的链轮轴与水平面平行，船舶多采用卧式锚机；立式锚机的链轮轴垂直于水平面，见图5-1-15，这样的布置可减小锚机所占甲板的面积，多见于军舰上。

一些大型船舶或有大型球鼻艏的船，因其左右锚链筒间距较大，常在左右舷各设1台锚机。

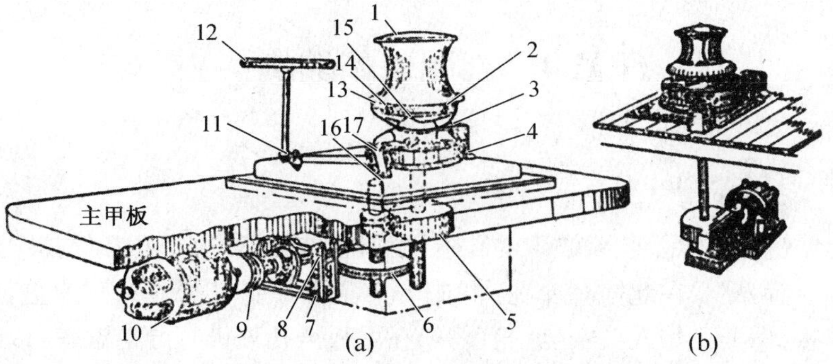

1—卷筒；2—离合器；3—罩壳；4—刹车带；5—齿轮减速器；6—蜗杆蜗轮减速器；7—电磁刹车；8—电磁刹车支架；9—联轴器；10—电动机；11—伞齿轮传动器；12—手动制动轮；13—离合器凸块；14—离合器销子；15—锚链轮；16—刹车螺杆；17—固定支架

图 5-1-15　电动立式锚机

二、锚机的主要技术要求

(1) 由独立的原动机驱动或电动机驱动，并能倒转。原动机和传动装置应设有防止超力矩和冲击的保护。对于液压起锚机，其液压管路如果与其他甲板机械管路相连接时，应保证起锚机的正常工作不受影响。锚质量不超过 250 kg 的船舶，如手动起锚机能适合其使用时，可以配置手动起锚机，手动起锚机应有防止手柄打伤人的措施。

(2) 起锚机应具有足够的功率且应能连续工作。其工作负荷为

A_1级有挡链　　$37.5d^2$, N

A_2级有挡链　　$42.5d^2$, N

A_3级有挡链　　$47.5d^2$, N

其中：d 为锚链直径，mm。

在船上试验时，起锚机应有能力以不小于 9 m/min 的平均速度，将一只锚从水深 82.5 m处拉起至深度 27.5 m 处。

(3) 在额定拉力的额定速度下，应能连续工作 30 min，并应能在不小于 1.5 倍额定拉力的过载拉力作用下(不要求速度)连续工作 2 min。锚机还应设有过载保护装置，过载时能转到中速运转。

(4) 锚机的链轮或卷筒应装有可靠的制动器。制动器刹紧后，应能承受锚链或钢索断裂负荷 45%的静拉力，或承受锚链上的最大静负荷。其受力零件不应有永久变形，其制动装置也不应有打滑现象。

(5) 锚机的链轮与驱动轴之间应装有离合器，离合器应有可靠的锁紧装置。

(6) 刹车与离合器应操纵方便可靠。锚机装置应装有有效的制链器。制链器应能承受相当于锚链的试验负荷，其应力应不大于其材料屈服点的 90%。锚机运转时应能顺倒转动，要求平稳和迅速。

(7) 锚机的安装一般应保证锚链引出的三点(锚链筒、制链器和链轮)成一线。

任务4 附属设备结构认知

一、锚链筒(hawse pipe)

锚链筒是锚链进出以及收藏锚干的孔道，由甲板链孔、舷边链孔和筒体3部分组成。筒体内设有冲水装置，用于在起锚时冲洗锚和锚链。在甲板链孔处设有防浪盖，以防止海水从锚链筒涌上甲板，保证工作人员安全。有的船在甲板链孔处设有导链滚轮，以减轻锚链与甲板链孔的摩擦。锚链筒直径约为链径的10倍，其上下口一般均设有锚唇，分别称为上锚唇和下锚唇(用钢板或铸钢制成的锚唇外缘的圆弧半径一般应不小于锚链直径的12倍)，其作用是减少锚链与上下口的磨损(见图5-1-16和5-1-17)。

为减少由锚引起的水和空气阻力，以及锚爪击水引起的水花飞溅，一些低干舷船或快速船在舷边链孔处做成能收藏锚冠及锚爪的锚穴，其形状有方形、圆形、伞形等。

锚链筒应在收锚时使锚爪紧贴船壳，锚干连同转环一起留在锚链筒内；抛锚时使锚干易于脱出锚链筒。此外，锚链筒的下口应离满载水线有一定距离，以减少航行时船首波浪冲击锚体。锚链筒的位置距船舶中线有适当距离，以免起锚时锚爪卡在艏柱上。

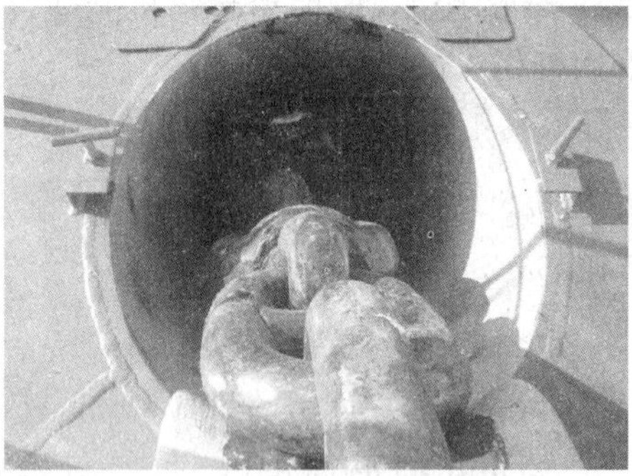

图5-1-16 锚链筒

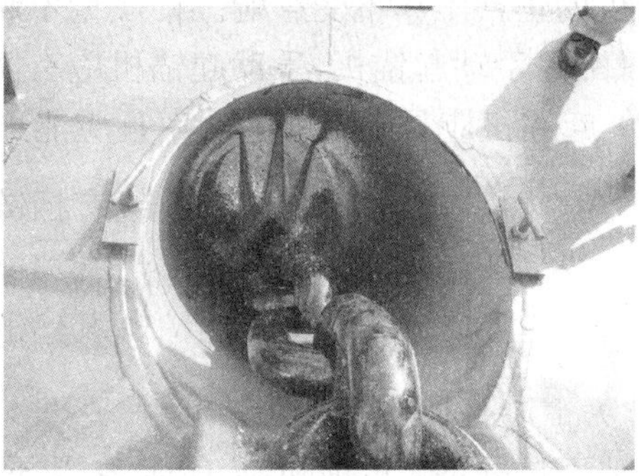

图5-1-17 锚链筒内冲水装置

二、制链器(chain stopper)

制链器用于夹住锚链，在锚泊时，承受锚链张力以保护锚机，航行时，承受锚的重力和惯性力，防止锚链滑出。制链器设置在锚机与锚连筒之间，三者保持在一条直线上，常用的有以下几种，见图5-1-18。

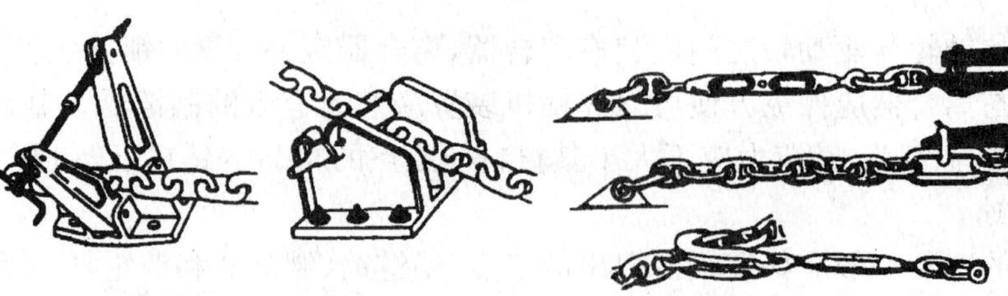

(a) 螺旋式　(b) 闸刀式　(c) 链式

图5-1-18 制链器

1）螺旋式制链器

螺旋式制链器由2块夹板和1个带摇柄的有正倒螺纹的螺杆组成。当转动摇柄使两夹板夹紧时，可将锚链夹住；反之，松开夹板，锚链即可自由进出。其松紧动作较慢，但操作方便，工作可靠，广泛用于大中型船舶上。

2）闸刀式制链器

闸刀式制链器结构简单，操作迅速。但当其尺寸大时显得笨重，一般只在中小型船舶上使用。

3）链式制链器

链式制链器由1个链钩、1个伸缩螺丝和1段短链组成。它用卸扣固定在甲板上，使用时，将链钩钩在一水平的链环上，然后收紧伸缩螺丝，即可拉紧锚链。它常与螺旋制链器配套使用，作为螺旋制链器的辅助设备。

三、锚链管(chain pipe)

锚链管是锚链进出锚链舱的通道，位于锚机链轮下方，正对锚链舱的中央，其直径为锚链环直径的7～8倍，其甲板管口设有防水盖，在开航后应关闭，以防海水由此进入锚链舱。

四、锚链舱(chain locker)

锚链舱是用以存放锚链，见图5-1-19。一般设在防撞舱壁之前，锚机下面，艏尖舱的后面上部，其形状为圆形或方形，圆形锚链舱直径约为链径的30倍，可自动盘放而不必人工排链。锚链舱内设有污水井和排水管以排除积水，防止锚链锈蚀。舱壁上设有人孔和壁梯供人员进出锚链舱。

图5-1-19　锚链舱

五、弃链器(chain gear)

弃链器是在紧急情况下使锚链末端迅速与船体脱开的专用装置，一般设在人员易于到达的地方或锚链舱舱壁上，通过锚链末端链环与弃链装置相连。弃链器应能保证在紧急情况下能迅速可靠地脱开锚链。常见的有横闩式弃链器和螺旋式弃链器等。

1）横闩式弃链器(dog type cable clench)

其结构简单，使用方便，在紧急情况下只要敲出横闩即能松脱末端链环。分为甲板弃链器和锚链舱弃链器2种。图5-1-20(a)为甲板弃链器，在甲板上的弃链器通常外罩1个水密盖，既可达到水密，又能防止不慎触碰而松脱。

2）螺旋式弃链器(screw type cable releaser)

其结构较复杂，利用螺杆的伸缩使脱钩松开或夹住，但使用安全、可靠，即使在锚链绷紧时也易松脱，缺点是开启动作较缓慢。图5-1-20(b)为装设于锚链舱舱壁上的弃链器。

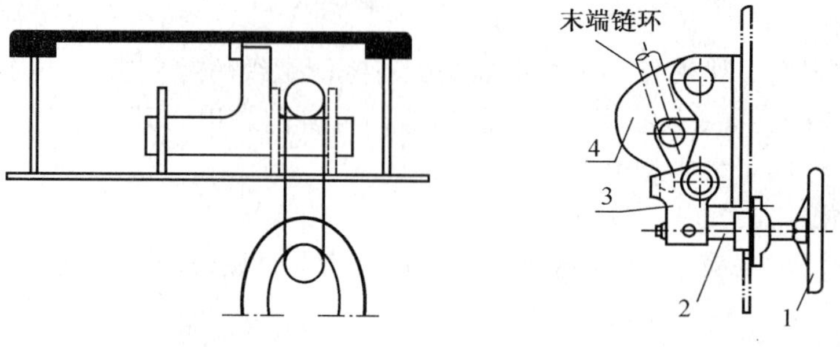

(a) 横闩式　　(b) 螺旋式

1—操纵手轮；2—螺杆；3—制动器；4—脱钩

图 5-1-20　弃链器

任务评价

评价内容		评价标准	权重/%	分项得分
任务完成情况	任务 1	能系统描述锚的类型、特点与结构	30	
	任务 2	能识记锚链的种类、构成与标记认知	30	
	任务 3	熟悉锚机的结构与性能要求	20	
	任务 4	了解附属设备的结构与运用	10	
职业素养		了解锚设备整体结构及各组件之间的组合	10	
总分			评价者签名：	

任务拓展

“锚设备的检查保养”

一、锚设备的配备依据

海船的锚与锚链应根据船舶的类型、航行的水域配备，并根据船舶舾装数的大小按规范中所列数据来选取。除拖船外，船舶的舾装数计算公式为

$$N = \Delta^{2/3} + 2Bh + A/10$$

式中：Δ 为夏季载重线下的型排水量，t；B 为船宽，m；h 为船中夏季载重水线到上甲板的距离与各层宽度大于 $B/4$ 的舱室在其中心线处的高度的总和，m；A 为船长范围内夏季载重线以上的船体部分与上层建筑及各层宽度大于 $B/4$ 的甲板室的侧投影面积的总和，m^2。货船、散装货船、油船、耙吸式挖泥船、渡船等的设备配备按 N 选取。由舾装数查表得出船舶应配锚的数量、每只锚的质量，锚链的级别、总长和直径等，见表 5-1-1。

通常万吨级以上的海船均配有 3 只主锚，其中 2 只用作艏锚，1 只作备锚。经常航行在狭窄、弯曲及水势复杂航道的船舶，还配有艉锚，以在必要时控制船尾的摆荡。

表 5-1-1　舾装数表

序号	舾装数		艏锚		有挡艏锚锚链				拖索
	超过	不超过	数量	每个质量/kg	总长度/m	直径/mm			长度/m
						AM_1	AM_2	AM_3	
1	50	70	2	180	220	14	12.5		
2	70	90	2	240	220	16	14		
⋮									
8	205	240	3	660	302.5	26	22	20.5	180
9	240	280	3	780	330	28	24	22	180
⋮									
28	1 390	1 480	3	4 320	550	66	58	50	200
29	1 480	1 570	3	4 590	550	68	60	52	220
30	1 570	1 670	3	4 890	550	70	62	54	220

如果船舶应配锚链总节数成单数，则右锚多配 1 节。万吨级货船一般每只主锚至少配 10 节锚链。对于无限航区的船舶，每一主锚应配备 12 节锚链。此外，船上应至少储备 1 个锚卸扣和 4 个连接卸扣或连接链环，另备 1 个锚链系浮用的大卸扣。

二、锚设备试验

1. 锚的试验

所有锚及主要配件均应由认可的工厂制造，锚的锻钢件应按有关规定进行制造和试验。成品锚均应在未经涂油漆的情况下进行外观检查、尺寸检查、称重和试验。

1）外观检查

锚的外观检查应在涂漆前进行，锚和其零件表面不应有裂纹、气孔、砂眼及其他足以影响强度的缺陷，对不影响强度的表面缺陷允许焊补修整。

锚爪的转动角误差限度为$-0.5^\circ \sim +2^\circ$；锚的外型尺寸的误差限度为±3%；锚干的弯曲度在 1 m 长度上应不超过 3 mm，每个新艏锚在配备时的质量偏差允许范围为±7%（锚的实际质量与名义质量的偏差应在±7%范围内），但艏锚的总质量不得小于表列质量的和。普通无杆锚的锚头质量，包括销子与转轴在内，应不小于该锚总质量的 60%；采用有杆艏锚，其质量（不包括横杆）应不小于相关表列无杆锚质量的 80%。当采用大抓力锚作为艏锚时，每只锚的质量可以为表列的普通无杆艏锚质量的 75%。超大抓力锚应经海上试验，证明其抓力不低于相同质量普通无杆锚抓力的 4 倍。超大抓力锚的质量一般不超过1 500 kg。

2）拉力试验

拉力试验：根据《锚设备规范》规定，名义质量大于等于 75 kg 的锚（包括锚杆在内），56 kg的大抓力锚或 38 kg 的超大抓力锚均应进行拉力试验。

进行锚的拉力试验前应确认锚无有害缺陷。拉力试验的拉力作用点一端在锚卸扣处，另一端在锚冠中心至锚爪尖之间的 1/3 处，见图 5-1-21。无杆锚应同时拉 2 个锚爪，先在一面拉试后，再将锚爪转至另一面拉试。有杆锚的 2 个锚爪应分别进行拉力试验。

在拉力试验前，先在锚卸扣处的锚干上及锚爪每一尖端处各作一标志以便于测量间距，然后施加拉力。应先受试验负荷10%的拉力，保持5 min后，测量两标记间的距离。然后逐渐加大拉力至试验负荷并保持5 min。再将拉力降至试验负荷的10%，再测量两标志间的距离。对有杆锚应一次施加拉力至试验负荷，保持5 min后逐渐卸去载荷，当载荷降至规定载荷的10%时，测量两标记间的距离。经拉力试验后，应对锚进行外观检查、无损检测、残余变形测量和锚的转动灵活性检查。无杆锚的残余变形(即两标记间的距离差)应不超过标距长度的1%，且锚爪仍应转动灵活并能转至最大角度。如锚爪不灵活或不能转至最大角度时，则应消除缺陷，并重做拉力试验，如仍不合格则该锚不能验收。对有杆锚，在拉力试验后应无永久变形。

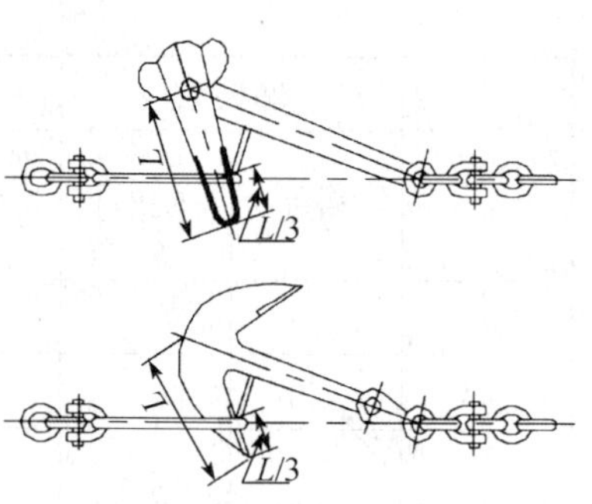

图5-1-21 锚的拉力试验作用点

抓力试验:设计为大抓力锚或超大抓力锚系列，认可时，至少应选取2种规格的锚在海上进行抓力试验。海上抓力试验通常应与质量相近的无杆锚海上试验进行比对。试验时，被试验的锚和用于比较的普通无杆锚应采用相同长度的锚链。其长度应不小于锚链筒口至海底垂直距离的6倍(建议为10倍)。试验通常可由拖船进行拖拉，并以测力计测定抓力。抓力试验的载荷不应超过锚验证拉力试验的载荷。如无法进行海上试验，由制造商提出试验方案，经相关船级社同意，可以陆上试验代替海上试验。

3) 对生产锚的钢材应进行化学成分分析、热处理和机械性能试验。对锚重超过3 t者先进行热处理。

经检验合格后的锚应具有包含以下内容的检验证书:订货号(如有时);能追溯锚整个制造过程的标记;锚的形式、主尺度和质量;锚的化学成分;热处理情况;锚材料的力学试验结果(或原材料证书);锚拉力试验负荷等。

经检验合格的锚，应打上船级社认可的标记及相应内容的标记，主要有制造厂的商标、试验证书号码、试验日期、锚的总质量、锚杆的质量以及经认可的大抓力锚或超大抓力锚印记HHP或SHHP。无杆锚的标记应打在锚爪上，有杆锚的标记应打在锚身与锚爪连接处。

2. 锚链的试验

锚链根据其公称抗拉强度分成AM_1，AM_2，AM_3三级，根据规范要求，焊接锚链和铸钢锚链的检查和试验在外观检查和材料的试验上有所不同。下列规定适用于有挡锚链及其附件的试验。

1) 焊接锚链

焊接锚链目前为海船广泛使用。对焊接锚链的检查和试验包括外观检查、材料试验、拉断试验、拉力试验。

(1) 外观检查:对制造焊接锚链的圆钢必须进行外观检验，其外表不应有裂纹、节疤、沟槽分层和降低产品性能的其他缺陷。直接用于焊接锚链制造的圆钢，其直径和不圆度偏差应符合有关规定的要求。不圆度的测量应是在一个横截面上测得最大直径和最小直径，不圆度偏差是最大直径与最小直径之差。其焊接工艺和质量应符合规范的要求。制成链环后，应检查链环的焊缝质量、两截面错位和纵向平面挠度均应符合规范要求。然后再进行拉断试验、拉力试验和机械试验。所有锚链及其附件应具有与其制造方法相适应的光洁表面，且应无裂纹、缺口和夹杂等降低产品性能的缺陷，如需对缺陷进行焊补，则有关焊补工艺规程应得到相关船级社认可。链冠处不允许焊补。

(2) 材料试验：对制造焊接锚链的圆钢必须符合规范要求，采用的脱氧方法和抽样化学成分应符合规定。圆钢应以同一炉号、同一直径，质量不超过 50 t 为一批，按批提交试验。每任意截取一段长度适当的试件，按成品锚链的要求进行相应的热处理。对所有等级的锚链钢均应从所选定的试件上截取 1 个拉伸试样；对二级和三级锚链钢还应从同一试件上切取 1 组 3 个夏比 V 型缺口冲击试样。试样的制备和尺寸应符合有关规定，其中拉伸试样的横截面积不小于 150 mm^2，也可采用全截面试样代替。

(3) 锚链及其附件的尺寸应符合有关标准。链冠处的直径应在平行链环平面和垂直于链环平面各测一次，取平均值。其与公称直径 d 的偏差应符合表 5-1-2 的要求，横截面积不能有负偏差。

链冠以外的链环直径无负偏差，其正偏差为公称直径的 5%。

每 5 个链环组成的长度的制造公差为 0%～+2.5%（在锚链的拉力试验后测量）。

在锚链的所有零件相互适配的情况下，锚链其他所有尺寸的制造公差均为±2.5%。

经上述 2 项试验合格，制成尺寸符合有关要求的锚链，再对成品锚链进行拉断试验和拉力试验，参见本节成品锚链的试验部分。锚链链冠处直径与公称直径 d 的偏差见表 5-1-2。

表 5-1-2　锚链链冠处直径与公称直径 d 的偏差

公称直径	$d \leqslant 40$	$40 < d \leqslant 84$	$84 < d \leqslant 122$	$d > 122$
允许偏差	$-1 \sim +0.05d$	$-2 \sim +0.05d$	$-3 \sim +0.05d$	$4 \sim +0.05d$

2) 铸钢锚链

铸钢锚链的特点是强度较高，刚性好，撑挡不会松动，使用寿命较长。缺点是制造成本较高，耐冲击负荷差。

对铸钢锚链的检查和试验包括外观检查、材料性能试验、拉断试验、拉力试验。

(1) 外观检查：对铸造的链环应检查外形及尺寸，其偏差应在规定范围内。

(2) 材料性能试验：在浇铸链环的同时浇铸机械性能试样，对其进行化学成分分析和材料机械性能试验，其结果应符合规范的要求。

3) 成品锚链的试验

锚链或附件应根据其等级和交货状态在进行拉力试验、拉断试验和成品锚链材料力学性能试验之前进行必要的热处理，为此，不可在锚链上涂油漆或防腐涂料。

(1) 拉力试验：是对整节链进行拉力试验。每节锚链均应在认可的试验机上按相应等级的锚链所规定的拉力载荷进行试验。试验时每个链环相对位置正确，整节链不得有搓扭。当卸除负荷后，应对每节锚链包括其尺寸进行检查，不应有明显的缺陷。应仔细检查链环和零件的外观、尺寸和相对转动的灵活性。每节链在拉力试验的负荷卸除后，应对每节锚链包括其尺寸进行检验，不应有明显的缺陷，永久伸长不超过原始长度的 5%。

(2) 拉断试验：按照规定的试样数量由验船师从每批不超过 4 节的锚链中选取 1 节锚链（AM_2 和 AM_3 级锚链应以每 4 节焊接锚链为一批；对铸造或锻造锚链则以浇铸炉号和热处理炉号分批，每批不大于 4 节锚链），切取不少于 3 个链环的试样，并按规范有关规定的拉断载荷进行试验。试验链环应与锚链在同一制造过程中制成，并与锚链一起进行焊接和热处理。试验链环应在验船师在场的情况下从锚链上取下。如果施加所规定的载荷后，试样未出现破断现象，则认为试样已通过该项试验。如果拉断试验不符合要求，则可以在同一节锚链上再取一个试样进行试验，如能符合要求，则认为试验合格。如果复试仍不合格，则该节锚链应判为不合格。但可根据制造厂的要求，将其余 3 节锚链分别作拉断试验，如果其中 1 个试验结果不符合要求，则 3 节锚链全部不合格。

链环力学性能不合格者，可在进行热处理后重新取样，复试一次后，如仍不合格，则该节锚链应判为不合格。

对锚链附件一般也应按相关规定进行拉力试验和拉断试验（船级社同意免试验者除外），凡做过拉断试验的附件一般不可再使用。

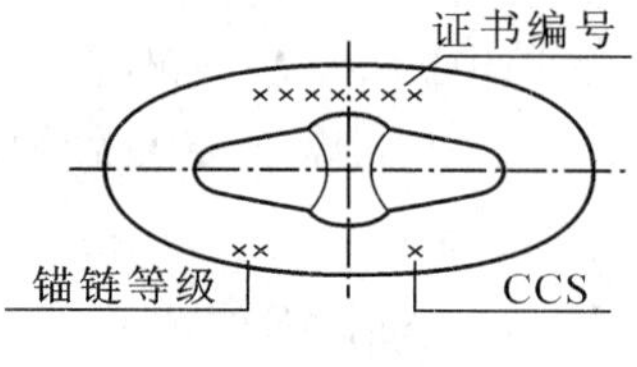

图 5-1-22　锚链钢印标记

锚链试验合格后，应在每节锚链的两端均打上锚链等级、证书编号以及船级社的标志等钢印标记，见图5-1-22。

3. 锚机的试验

首先要检查锚机的安装位置是否正确，按锚机的要求进行各项试验，然后在码头边进行抛起锚试验，最后在海上进行抛起锚试验。规范要求深水抛起锚试验的水深大于82.5 m，起单锚的平均速度，在 82.5 m 到 27.5 m 深度之间应不小于 9 m/min。在锚链快速放出时试验刹车 2～3 次，锚链在链轮上应无滑出、跳链和不能止住等现象。将锚抛妥后上好制链器，船开慢倒车片刻以检查制链器的效能，检查锚爪与船壳的贴合情况。锚机的安装一般应保证锚链引出的三点（锚连筒、制链器和持链轮）成一线。

三、锚设备的检查和保养

锚设备的检查保养有日常检查保养、定期检查保养和修船检查保养。

1. 日常的检查保养

平时应轮流使用左右锚，使锚和锚链平均磨损。每次起锚时应冲洗锚和锚链。

1）锚

（1）检查锚卸扣磨损以及变形、横栓的松动情况，并做好保养措施。

（2）锚头横销是否松动、是否灵活，并进行保养。

（3）锚爪是否弯曲变形，并进行保养，每次起锚后应检查锚爪是否钩挂杂物。

2）锚链

（1）白天起锚时应检查锚链及标志。标志应保持清晰，如有脱落应及时补做。

（2）检查连接卸扣有否裂纹、变形，磨损程度。

（3）检查转环转动是否灵活，及时加油润滑。

3）锚机

（1）每次使用前应先空转片刻，并先试车。

（2）检查刹车、离合器的时靠性，检查其运转情况并使其润滑。

（3）减速箱内的机油应定期检查更换，保证清洁。

4）制链器

（1）摩擦表面经常涂油，其余部位应涂防锈漆。

（2）经常检查基座与甲板连接的紧固情况。

5）弃链器

（1）检查手轮保护罩的完好程度。

（2）转动部位经常加油。

2. 定期检查保养

定期检查保养可发现锚设备有无损坏，应至少半年进行一次，并做好记录。

1）锚

定期检查锚爪、锚冠、横销和锚卸扣等锚易损部位。锚爪可能发生弯曲和裂纹，助抓突角易磨损，横销易松动，锚卸扣易受磨损和产生裂纹。按要求锚销允许磨损在原直径的10%以内，锚的失重应在原重的20%以内。当发生严重损坏或不符合要求时，应换备锚，并将损坏的锚送厂修理。

2）锚链

链环和卸扣应进行磨损检查、裂纹检查、变形检查、结构松动检查。

（1）磨损检查：检查环与环接触处和锚链筒的摩擦处，可用卡尺量其直径。锚链磨损的极限为：远洋航区船舶的锚链，磨损后平均直径不得小于原直径的88%；近海和沿海航区船舶的锚链，磨损后的平均直径不得小于原直径的85%。无挡链环或卸扣，其磨损量超过原直径的8%，则不能再使用。

（2）变形检查：用目视检查或测量检查链环是否弯扭变形。

（3）结构松动检查：连接链环（拆开检查后应先在内吻合处涂上黄油再装复）和卸扣的销子会因铅封脱落而松动，应逐个仔细检查。

（4）裂纹检查：用手锤敲击每个链环以及卸扣，听其声音是否清脆。

锚和锚链应定期除锈油漆。在每次修理检查后，应涂煤焦沥青漆两度，然后再作锚链标记。

3）锚机

（1）检查刹车是否良好，离合器是否轻便灵活，经常加油以保证在良好的润滑环境条件下运转。

（2）锚机各零件摩擦面的润滑；减速箱内的机油应定期检查更换，以保证其清洁。

（3）链轮的轮齿容易磨损，其限度规定为不超过原厚度的10%。若发现有滑链、跳链现象，应及时焊补；固定锚机的紧固螺栓与底座应检查其是否有松动、锈蚀，如有缺陷，应及时修复。

（4）锚机底座的蚀耗一般应小于原厚度的25%。除底座外，一般应每3个月检查1次。

4）锚链附属装置的检查

（1）制链器平时要保持活络，除锈油漆。

（2）锚链筒上下口的口唇磨损情况，修船时进行堆焊并磨光。

（3）锚链舱应将锚链全部倒出，进行清洁工作，检查排水设备是否正常；对已损坏的木衬垫应进行调换；并对锚链舱进行除锈油漆。

（4）检查弃链器是否正常。

（5）厂修时，第一节锚链与最后一节锚链对调，并做好记录。

模块 2 锚设备的运用与锚泊操纵

模块描述

“锚设备的运用”是“锚泊操纵”的前提，“锚泊操纵”属于综合性的操船任务。本模块涵盖锚的作用、锚的总抓力、出链长度、锚地的选择、抛起锚、走锚的预防等内容，要求学生能根据船舶的内外部条件，运用适当的手段和方法用锚妥善地控制船位、航向，完成停泊、港内操纵和应急操纵的任务。

学习目标

1. 掌握抛起锚的操作要领；
2. 能在综合考虑各种因素的前提下正确选择锚地；
3. 能处理抛起锚过程中出现的问题。

工作任务

任务 1 锚泊力的保证
任务 2 锚地与锚泊方式的正确选择
任务 3 锚泊操纵方法
任务 4 锚泊船偏荡、走锚的预防与应急

导 入

1. 为什么有的船舶会走锚？
2. 锚的作用仅仅在停船方面吗？

知识准备

船舶在进行检疫、等泊位、候潮、锚地过驳或避风时，都要在锚地锚泊。锚泊作为一种停泊方式，具有作业简单、机动性较高、抗风浪能力强等特点。在锚地下锚，进行锚泊操纵并不复杂，但因疏忽大意、操纵不当，也会出现断链、丢锚、损坏锚机，甚至走锚搁浅等事故。因此，除提高责任心外，在技术上应正确选择锚地，确定适当的锚泊方式和出链长度，正确进行锚泊操船，并按规定值锚更等工作，掌握足够的知识和经验。

一、锚的用途

锚的用途，大致可以分为锚泊用锚、港内操纵用锚和应急操纵用锚 3 类。有关锚泊用锚的内容另行介绍。港内操纵用锚主要有拖锚制动、拖锚靠泊、拖锚掉头、拖锚倒行等。在操纵中，如使用得当，将使操纵更加安全、顺利；但如使用不当，反而成为累赘，甚至发生断链、丢锚事故。应急操纵用锚主要有脱浅用锚、固定船体用锚、海上漂滞用锚等。

1. 港内(常规)操纵用锚

1）拖锚制动

港内航行，为紧急刹减船速，除使用倒车外，还可以抛下单锚，必要时抛下双锚，使用短链拖锚，以控制船速，减少冲程。有时在使用倒车时，为避免船首偏转过多，及时抛锚配合，可收到良好的效果。特别在靠泊操纵中，为抵御风流影响，不得不取较大余速抵泊时，为使船适时停住，及时抛锚制动，配合倒车是常用而有效的措施。

2）拖锚靠泊

拖锚靠泊中，拖锚也有制动以减少冲程的意义。此外，在外界条件影响下或动车用舵中，尚有控制船首、船尾旋转快慢之用，见图 5-2-1。

例如，空船靠泊，如吹拢风较大，除抵泊位前应拉大横距外，及时抛外舷锚，拖锚助操是关键。通过进车操舵，保持所需角度，进入泊位后，一旦停用进车，船的冲势很快消失，此情况下锚链斜向外当后方，既可以阻止船舶前冲，又可以降低船舶向码头靠拢的速度。

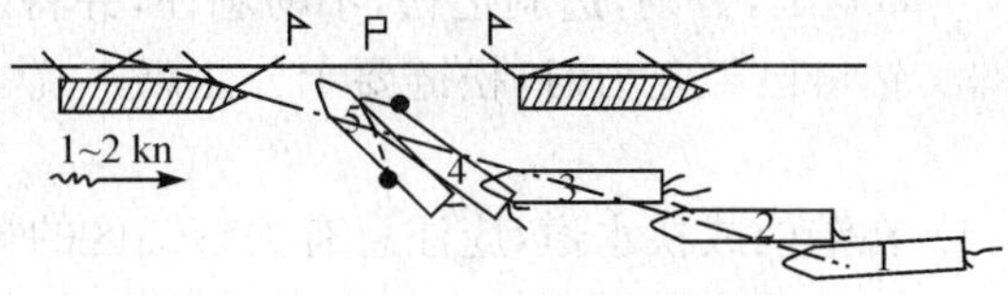

图 5-2-1　拖锚靠泊

3）拖锚掉头

船舶靠泊时多采用顶流靠泊，船舶如顺流进港，要采取掉头措施，见图 5-2-2。如泊位边有足够的水域，则可在泊位边抛锚掉头。其操纵要领是：船驶至码头边，应控制好本船的余速，并向内舷操舵；当艄艉面与流约成 30°角时抛下内舷锚，拖锚向右掉头；船首接近顶流时，可适当用车舵调整，然后起锚，驶靠码头；如码头边水域不足，应在专用的掉头区进行抛锚掉头。其具体的操纵方法参见港内操船部分的内容。

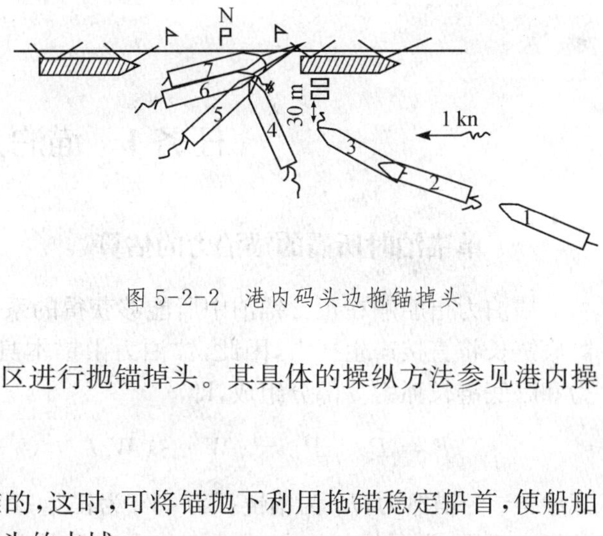

图 5-2-2　港内码头边拖锚掉头

4）拖锚倒行

船舶在后退中要稳定船首是十分困难的，这时，可将锚抛下利用拖锚稳定船首，使船舶从港内狭窄的航道中倒退出港直至可以掉头的水域。

5）抛开锚

有些水域，流向比较稳定，如不受潮汐影响的江河等，船离泊时常可采用绞锚使船首先离的方法，因此，在靠泊时如欲为离泊创造方便条件，可先抛 1 节锚。对于万吨级船舶，出链长度应达 4 节以上，以便离泊时绞锚使船首向外扬出足够的角度。

2. 应急操纵用锚

1）搁浅后固定船体或协助脱浅

搁浅后，为防止船体受风浪和潮流的作用而造成墩底、向岸漂移或打横，可以用锚固定船体。当脱浅时，也可利用绞锚协助船体脱浅。

2）海上漂滞用锚

船舶在大风浪中由于主机故障漂滞时，将锚及锚链送入水中，可以起到一定的稳定船首的作用，避免船舶横向受浪。

二、用锚注意事项

(1) 拖锚制动仅适用于万吨级以下的中小型船舶，且船对地的速度也仅限于2～3 kn以下。大型船舶则很少采用，而多采用拖船制动。

(2) 及时备锚，做到抛得出，刹得住。进入狭水道或进港前，要及早备锚，先用锚机将锚放至接近水面处，刹紧刹车，松掉离合器。备锚要双锚都做好抛出的准备，当接到船长的抛锚命令后，只要松开刹车就能立即将要抛的锚抛出。出短链拖锚制动时，所需的链长应一次抛出，立即刹牢，否则，边刹边松，不易刹住，并将影响整个操纵计划的实施。

(3) 锚链已经吃力时，松链要十分注意，一次不要松太多，否则由于抓力突增较多，不易刹住。

(4) 在港内或狭水道，应注意有关禁锚区的规定，以防损坏海底电缆、管道等设施。

(5) 当发现拖单锚不能有效地刹减船速时，切忌盲目加大出链长度，否则容易造成丢锚断链的事故。必要时可以抛下另一锚以刹减船速。

(6) 抛锚后，不应使用过大的车速。

任务实施

任务1　锚泊力的保证

一、单锚泊时所需的锚泊力的估算

锚泊力指船舶在正常锚泊中所能够获得的系留力。船舶锚泊时，锚链将形成悬链线，且卧底链长将直接产生抓力，因此，锚泊力由锚本身的抓力和卧底链长抓力2部分组成，即

$$P = P_a + P_c = \lambda_a W_a + \lambda_c W_c l \qquad (5\text{-}2\text{-}1)$$

式中：P_a 为锚抓力；P_c 为锚链抓力；W_a 为锚重；λ_a 为锚的抓力系数，它是锚抓力与锚在空气中质量的比值；λ_c 为锚链的抓力系数，它是锚链的抓力与锚链在空气中质量的比值；W_c 为每米锚链的质量；l 为卧底链长，它等于出链长度 L_c 减去悬链部分的长度 S，可分为卧底部分和悬链部分，见图5-2-3。

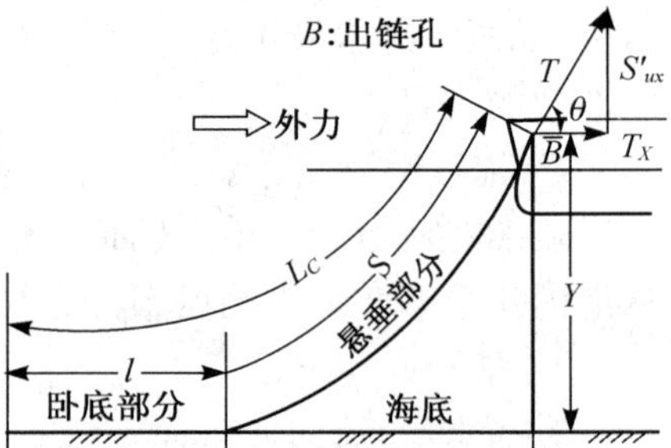

图5-2-3　出链长度的构成

二、锚泊时的抓力系数估算

锚的抓力系数 λ_a 主要取决于锚型、海底底质、锚的抓底姿势和锚链的出链长度等因素。

1）锚型

锚型不同，锚的抓力系数也不同。例如，霍尔锚在不同底质中，抓力系数可取 3.0～5.0；而英国海军研制的 AC-14 型大抓力锚，其抓力系数在不同底质中可取 7.0～11.0。表 5-2-1 是中国船舶工业总公司第 708 研究所在铁板细砂中拖曳试验的结果。

表 5-2-1　锚抓力系数试验结果

锚型	霍尔锚	斯贝克锚	波尔锚	ZY-5 型	AC-14 型
锚抓力系数	4	4～6	7～11	8	7～11

2）底质

底质对锚抓力系数的影响表现为：对于 AC-14 型这类大抓力锚，底质优劣顺序为泥、砂底、砂砾、软泥；对于霍尔锚这一类锚，底质优劣顺序应为砂底、泥、砂砾、软泥。在实践中，可按表 5-2-2 取值。

表 5-2-2　锚抓力系数的标准值

锚型	霍尔锚	AC-14 型
砂	3.5	7
泥	3.0	10
走锚中	1.5	9

3）抓底姿势

锚抛下后，在外力的作用下，锚在海底被拖动。霍尔锚的模型试验表明，当锚在海底被拖动时，锚抓力很快达到最大值，当锚在海底被拖动 2 倍锚长左右的距离时，锚爪开始抓土，锚的抓力将达到最大值，而后将保持该值，为 3～5 倍的锚重，这种姿势称为稳定抓底姿势，见图 5-2-4 中 *A*。前面提到的锚的抓力系数均指这种稳定姿势下的抓力系数。但如船舶所受的外力进一步增加，锚在海底进一步被拖动，由于两锚爪所受的阻力不完全相等，锚将产生以锚杆为轴的自转，当锚在海底被拖动 5～6 倍锚长的距离时，自转角将达 45°左右，锚抓力急剧下降；当自转角到达 90°左右时，自转加快，抓力继续下降；当锚在海底被拖动 9～10 倍锚长时，自转角将达 180°，锚爪将上翻出土，抓力顿失，仅剩下锚与海底的摩擦力，同时由于霍尔锚结构方面的原因，翻出土的锚爪不太可能再次抓底，见图 5-2-4 中 *C*，这种姿势称为不稳定抓底姿势，船舶处于走锚滑行状态。对于有杆锚，抓力过程比较稳定，见图 5-2-4 中 *B*。总的来讲，锚在正常抓底状态下，锚的抓力系数较大；在走锚状态下，抓力系数将急剧下降。

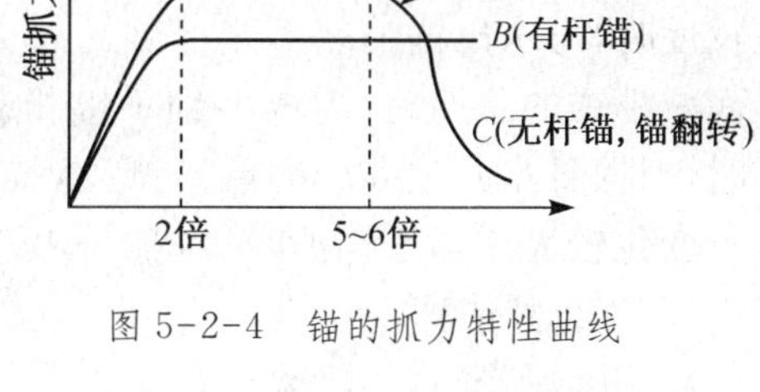

图 5-2-4　锚的抓力特性曲线

4）出链长度和水深

当出链长度相对于水深不够充分，锚杆将仰起一个角度。实验表明，抓底的锚，其锚杆仰角越大，则其抓力系数越小。当锚杆仰角为5°时，抓力系数约减小1/4；当锚杆仰角为15°时，抓力系数约减小1/2。因此，出链长度不足时，大大降低锚的抓力。

3. 锚链的抓力系数 λ_c

锚链的抓力系数同样取决于链的类型、底质等因素。一般锚链在不同底质中的抓力系数可取0.75～1.50。

4. 悬链长度

悬链指锚链孔至海底之间的链长。悬垂部分锚链尽管不直接产生抓力，但由于它的质量使得锚杆处的拉力呈水平方向，除保证发挥锚的最大抓力外，同时还起到缓冲船舶所受冲击外力的作用。根据理论推导，悬链长度 S 可由下式求出

$$S=\sqrt{y(y+2T_0/W'_c)} \tag{5-2-2}$$

式中：S 为悬链长度，m；T_0 为船舶所受的水平外力，9.81 kN；y 为锚链孔至海底的垂直距离，即水深与锚链孔在水面上高度之和，m；W'_c 为每米锚链在水中的质量，约为0.87倍每米锚链在空气中的质量，t/m。

从式5-2-2可以看出，外力越大，水深越深，悬链长度越长。因此，船舶在锚泊中，当外力增大，如出链的长度不增加时，则原有的卧底链长将减少以补充悬垂部分链长，从而相应减小锚泊力。

三、保证锚泊安全所必要的出链长度

从单锚泊角度看，如不考虑锚泊船偏荡运动的影响，保证安全锚泊的必要条件是：锚泊力 P 等于或大于船体所受的持续外力 T_0。

1）理论计算

$$P=P_a+P_c=\lambda_a W_a+\lambda_c W_c l\geqslant T_0 \tag{5-2-3}$$

根据 $P=\lambda_a W_a+\lambda_c W_c l\geqslant T_0$（作用于船体的水平外力），可知 $l\geqslant(T_0-\lambda_a W_a)/\lambda_c W_c$，即安全锚泊的出链长度应为

$$L_c=S+l\geqslant\sqrt{Y\left(Y+\frac{2T_0}{W'_c}\right)}+\frac{T_0-\lambda_a W_a}{\lambda_c W_c} \tag{5-2-4}$$

式中：S 为悬垂链长度，m；l 为卧底链长，m；Y 为链孔至海底的垂距，m；W'_c 为水中每米链的质量，t/m。$W'_c=0.87\times W_c$。

由式5-2-4可知，在已知定常外力 T_0 的条件下，可求出最短出链长度，或者在一定出链长度时，可求出锚泊船所能抵御的外力极限。显然，在外力 T_0 增大时，卧底链长会缩短，从而减小锚的总抓力，当减小到不够抵抗外力的作用时，就可能引起走锚。尤其是发生偏荡时，根据日本井上欣山的模型试验，锚链所受冲击张力比定常张力大5倍左右。因此，在外力变化较大的锚地锚泊时，应加长出链长度，保证锚泊安全。

2）经验估算

实际操作时，用经验进行估算出链长度往往较实用。下述估算式较为常用且具有一定

代表性。

当风速为 20 m/s 时，(蒲氏风力 8 级)出链长度为

$$L_c = 3H + 90 \tag{5-2-5}$$

当风速为 30 m/s 时，(蒲氏风力 11 级)出链长度为

$$L_c = 4H + 145 \tag{5-2-6}$$

式中：H 为水深，m。上述经验公式是在船舶静态的条件下得出的，当风力增强并出现浪击造成偏荡时，利用上述经验公式得出的值偏低，需增加出链长度，必要时可考虑采用锚泊力更大的锚泊方式。值得注意的是，在某些港口锚地按上式估算出链长度还显的不够，如大连湾各锚地，根据引航站的经验，在大风中防止走锚的出链节数应与风力级数相同。当风流低于上述标准或锚泊时间较短时，可酌情减少出链长度，但不得小于正常天气条件下的出链长度。在天气良好，水流微弱，一般底质的锚地抛锚时，出链长度可取水深的 5～7 倍。

正常情况下锚泊船的出链长度一般不应低于表 5-2-3 中所列的值。长江口急流地区(水深约 20 m)，出链长度一般不低于表 5-2-4 中所列的值。

表 5-2-3　正常天气条件下的出链长度的值

水　　深	20 m 以下	20～30 m	30 m 以上
出链长度/水深	4～6	3～4	2～2.5

表 5-2-4　长江口急流地区出链长度的值

流速/kn	3	4	5
出链长度/节	4	5	6

任务 2　锚地与锚泊方式的正确选择

一、锚地的选择

在选择锚地时，应综合考虑锚地的各种条件，尽量选择符合本船停泊安全需要的地点抛锚，尽量满足锚泊安全的需要，一般应考虑下列几方面的因素。

1. 适当的水深

适当的水深至少应考虑到船舶吃水、图标的锚地水深、潮高、波高及船舶的摇摆状况，综合加以确定。

在无浪涌侵入、遮蔽良好的锚地，当短时间锚泊且需自力操船时，所选锚地的水深应保证在低潮时具备相当于吃水 20%的富余水深，否则便难于自力操纵。即使有拖船协助操纵，该富余水深至少也应高于吃水的 10%。

有浪涌侵入或锚地对风浪遮蔽不良时，考虑到船舶摇摆、垂荡可能出现的船舶墩底(striking the bottom)现象，低潮时的水深 H_{low} 与吃水 d 和最大波高 H_{max} 的关系应满足：

$$H_{low} > 1.5d + 2/3H_{max} \quad (5\text{-}2\text{-}7)$$

普通万吨级货船锚地水深为 15～20 m。

深水区域选择锚地，应考虑锚机的额定起锚能力和锚的稳定抓力 2 方面因素。锚地水深一般不得超过一舷锚链总长的 1/4，否则将会影响锚的抓力，老旧船舶甚至可能出现起锚困难现象。

2. 良好的底质和海底地形

锚抓底后能否发挥出较大的抓力与底质有极为密切的关系。软硬适度的沙底和黏土质海底抓力均好，泥沙混合底次之，硬泥、软泥底质较差，石底、珊瑚礁底不宜抛锚。

锚地的海底地形以平坦为好，若坡度较陡(等深线较密)，则影响锚的抓力，容易走锚。

3. 具有符合水深要求的足够旋回余地

旋回余地应依锚地底质、锚泊时间长短、附近有无障碍物及水文气象等条件综合考虑加以确定。通常根据经验可按以下 2 种情况来考虑：

在港区锚地内，由于锚泊船密度较高，一般情况下很难给出宽阔的旋回余地，其锚泊所需水域可按以下方式估计：

单锚泊时取旋回半径为：船长 + (60 ～ 90)m，
八字锚泊时取旋回半径为：船长 + 45 m。

大风浪中，在港外抛锚时，也有采用八字锚泊方式的船舶，但多为单锚泊。此时由于船舶距岸较远，因此在确定锚位、船位时必然会由于定位标的远近造成误差。如将锚位、船位误差均记为 r，而且是用雷达测物标的(距离为 D)误差，见图 5-2-5，单锚泊所需旋回半径为

$$\text{船长} + \text{实际出链长度} + 2r(r = 0.02 \times D) \quad (5\text{-}2\text{-}8)$$

锚泊船与其他锚泊船的间距 D_{ss}，见图 5-2-6，应为

$$D_{ss} = \text{船长} + 2 \times (\text{实际出链长} + 2r) \quad (5\text{-}2\text{-}9)$$

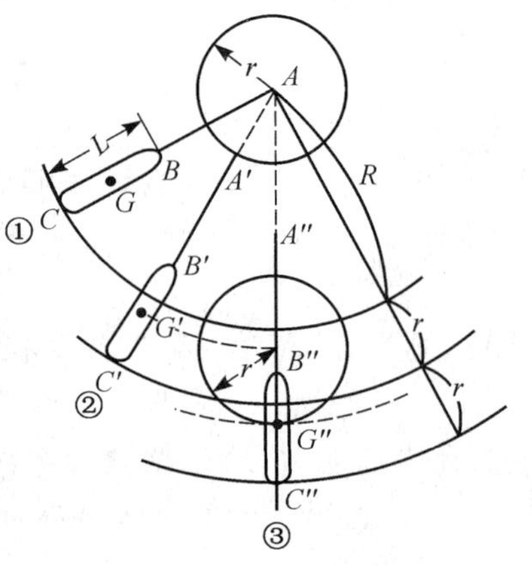

图 5-2-5　单锚泊所需水域(大风浪中)

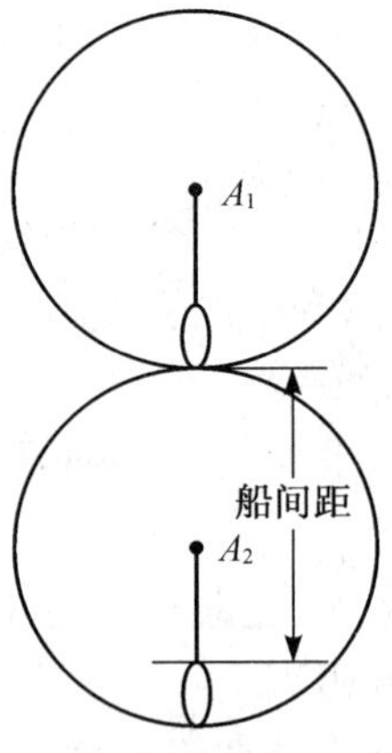

图 5-2-6　锚泊中的船舶间距离(大风浪中)

此外，按照实际经验，大风浪中锚泊，至少距下风方向 10 m 等深线 2 n mile，条件许可

时，最好有 3～5 n mile。

4. 良好的避风浪的条件

水域周围的地形应能成为船舶躲避风浪的屏障，以保证锚泊水域海面的平静，尤以可防浪涌袭扰的为最好。

当根据当地气象预报、海浪预报和所处海区盛行的季风选择锚地时，应以免受强风袭扰，靠上风水域一例为原则(避风水域内)。

5. 其他方面

所选锚地附近应远离航道或水道等船舶交通较密集地区，还应是无海底电缆等水中障碍物的水域，水流宜缓且方向稳定。

二、锚泊方式的选择

不同的锚泊方式适用于不同的水域和条件，各有自身的优点及缺点。锚泊方式一般分为 4 种，见图 5-2-7。

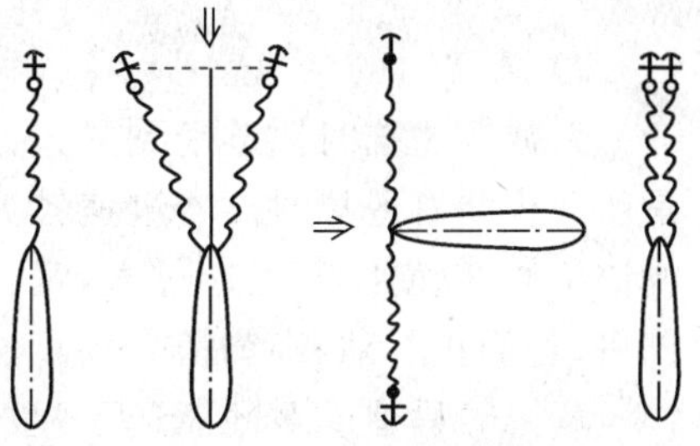

①　②　③　④

图 5-2-7　锚泊方式

1. 单锚泊

船舶抛一只锚进行锚泊的方式称为单锚泊(riding at single anchor)，是应用最普遍的锚泊方式。大风浪中为抑制船舶偏荡运动，也将另一锚抛出，呈短链拖动状态。但由于该锚并不在系留方面起主要作用，仅仅是 1 个止荡锚，因此仍将该锚泊方式列在单锚泊方式中。单锚泊方式，作业容易，抛起锚方便，适用水域较广。不足之处是偏荡严重，总的来看锚泊力较弱。

2. 八字锚泊

船舶先后抛出左右两锚，使双链保持一定夹角(一般为 60°左右)的锚泊方式称为八字锚泊(open mooring)。在港内锚泊水域受限时，单锚泊不足以抵御风力时可采用此种锚泊方式。八字锚泊方式，锚泊力和抑制偏荡的作用随两链交角不同而异。若以 60°夹角的八字锚泊而论，较单锚泊在上述 2 方面有明显的增强。其缺点是作业较为复杂，当风流方向多次改变后锚链常出现绞缠。

3. 一字锚泊

在狭窄水域内，船舶沿水域纵长方向(一般沿流向)先后抛出两锚，使双链交角保持在近于 180°的锚泊方式称为一字锚泊(flying moor; ordinary moor)。多用于狭水道或内陆江河。在风流影响下，受外力作用较大的锚称为力锚(riding anchor)；另一锚则称为惰锚(lee anchor)。锚链相应地称为力链和惰链，通常力链长度为 4 节，惰链长度为 3 节。

一字锚泊方式能最大程度地限制锚泊船的运动范围。但作业较为复杂，风流方向变化后缠链也较频繁。此方法适用于回旋余地较窄的江河中或港内锚泊。

4. 平行锚泊

船舶同时抛下左右两锚，使双链等长并保持平行，即夹角为 0 的锚泊方式称为平行锚泊(riding to both anchors)，也称为一点锚。

该锚泊方式可抵御强烈的风浪，也可在江河中抵御湍急的水流，是可以最大程度地发挥双锚锚泊力的一种锚泊方式。合抓力约为 2 倍单锚抓力，且操作较为简单。缺点是由于两锚距离较近,偏荡现象难以受到抑制,两锚链可能出现绞缠,但清解较为容易。

任务3 锚泊操纵方法

一、抛单锚操纵方法

抛单锚泊操纵方法有前进抛锚法和后退抛锚法 2 种。军舰为求锚位的准确有时采用前进抛锚法。一般商船多采用后退抛锚法,具体操作要领如下:

1) 船身与风向、流向的交角宜小

通常,为使锚得以稳定入土,在空载、强风、流弱时,应以船首迎风抛锚;重载、流强时,应以船首迎流抛锚,尤其是重载流急时,艏艉线与流向的交角越小越好,一般不大于 15°。

2) 落锚时的余速宜小

为减轻抛锚时锚链受到的张力,减少拖锚距离,保持锚的抓底稳定性,抛锚的最佳时机是船静止略有退势时。若进速较大,就不得不使用较多倒车,影响船首向与流向的夹角,影响锚位的准确性;若退速过大,就会出链过快而刹不住,即便刹紧,锚链也可能要断裂或拉损锚机;若静止不动,则锚链会垂直松下与锚绞缠。

落锚时后退的对地船速,一般万吨级商船应控制在 2 kn 以下,而 VLCC 因锚机刹车力的关系,则应小于 0.5 kn。

落锚时的船速除利用冲程资料估算外,还可用正横附近灵敏度较高(船标间距近,两标间距远)的串视物标的相对运动判定。在流缓水域,也可用本船倒车排出流水花判断。当倒车排出流水花达本船中部时,可判断为船舶已对水停止前冲。必须注意:当流急时,此时船虽对水停止前冲,但对地却以与流近乎同速漂移,即对地已有退速。

夜间,如对流向、流速情况不太了解,当估计本船余速已经很微但把握又不太大时,可先抛出短链(如 2 倍水深)即刹住,根据锚链方向和松紧程度判断本船对地速度及流向,然后用车、舵调节,到适宜时刻,再松链至锚泊需要长度。这种做法比较稳妥。

3) 松链

抛锚时,船首指挥人员若估计船速尚较快,则先抛短链较为主动,此时因其抓力较小,较易刹住并可拖锚制速,若出链较长,就难以刹住,可能会出现故障。落锚后,应随时将链的受力大小及方向报告驾驶台,以便及时用车舵配合进行调整。在重载、风流较强、锚地水面较小时,尤应注意。

一般在最初出链 2 倍水深时,即应刹住使链受力,迫使锚深抓海底。松链时,宜松出适当长度后,再紧一下锚链,不要一下子松出很多。否则,船身在风流作用下后退速度较高,刹链时将受到较大顿力(冲击力),对设备不利。在船的余速较高、锚链吃力很大时,除报告驾驶台用车舵配合外,松链时只能稍松一下刹车带,让锚链在受到很大张力时缓缓松出,以便在必要时再度将链立即刹住。松链至预定长度的最后 1 节时,如船仍有一定退速。宜用短暂进车加以缓和,以稳定锚的最终抓土态势,避免因锚链张力过大而拖动。

4) 深水抛锚

大型船有时需在较深水域锚泊,通常锚偏大、锚链的质量偏重,此时锚从锚孔落下,松出速度较高，容易出现锚机刹车带失效或受损等情况。同时，由于水深过大，锚落底时的水中速度将远大于其投落实验时的速度；如果海底底质比较坚硬，则可能引起锚的变形及损伤。另外，有时在必须进行深水抛锚的地方，由于海底地形多向洋面一侧急剧倾斜，甚至凹凸不平，海底底质甚差等，此时应采用深水抛锚法。其要领如下：

（1）水深大于 25 m 时，不可直接由锚孔或水面备锚状态抛锚，应利用锚机将锚送出至接近海底的高度，而后使船在确保极小的退势下，用刹车带将锚抛出。

（2）水深大于 50 m 时，可利用锚机先将锚送达海底后以极微的退势抛锚，或利用锚机将预定需抛出的锚链送出去，并使锚链横卧海底。在海底突然变深的海域抛锚时，首先按预定抛锚水深松出大致相同长度的锚链（用锚机送出），然后以极小的退速向岸边接近，当锚触到海底时，即可进行抛锚或继续用锚机送链至锚泊状态。但要注意，可以锚泊的水深是有限度的，它应以锚机的额定起锚能力等作为标准，深水抛锚时的最大水深

$$H_{max} = (P_w - \lambda_a \cdot W_a)/W_c \tag{5-2-10}$$

式中：P_w 为锚机起锚能力（额定起锚能力）；λ_a 为锚从海底拉起时的抓力系数，其值为 1.5～2.0；W_a 为锚质量；W_c 为单位长度的链质量。

锚机的起锚能力 P_w 为

$$P_w = 1.35(W_a + 80W_c) \tag{5-2-11}$$

$$H_{max} = 108 - W_a/W_c(\lambda_a - 1.35) \tag{5-2-12}$$

根据计算，按照一般船的排水量应配备的锚及链的标准看，深水抛锚的水深极限约 85 m。

二、抛八字锚操纵方法

有强风、急流或底质较差时，必须增加锚的系留力以保证安全。如增加单锚的链长，虽然也能增强锚抓力，但它却加大船的偏荡和断链的危险性，此时须抛双锚，将两舷锚链抛成颠倒的“八”字形，并使两锚连线与风向垂直。这种双锚泊方法称为八字锚（open mooring）。

见图 5-2-8，设八字锚两链张角为 θ，若双锚出链长度相等，则合抓力为 2 倍的单锚抓力在艏艉向的分力，其抓力为

$$H_a = 2H_1\cos(\theta/2) \tag{5-2-13}$$

由此可见，两锚链夹角 θ 越大，P_a 就越小，但在 θ 为 60～90°时，P_a 虽小却有助于减轻偏荡，从而缓解锚链所受的冲击张力；θ 越小，P_a 越大，但偏荡反而剧烈。

根据经验，当两链的夹角 θ 为 50～60°时，对减偏荡，使两锚的合抓力为单锚拉力的 1.7～1.8 倍，权衡各方面情况均较有利。对于超大型船舶而言，从缓解偏荡角度出发，两链的夹角则以 90°左右为宜。

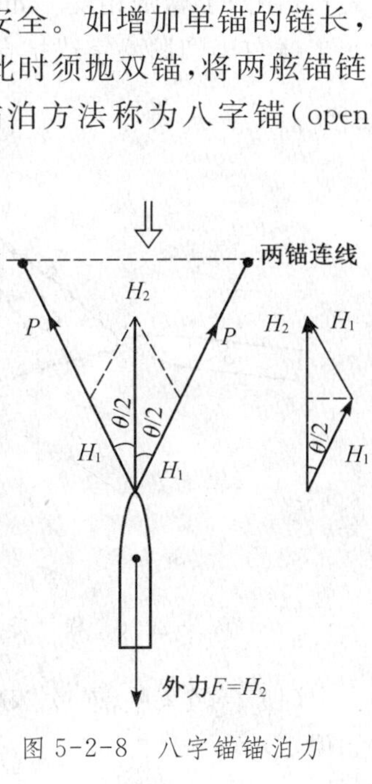

图 5-2-8　八字锚锚泊力

八字锚的操作方法有以下几种：

1）顶风后退抛八字锚（见图 5-2-9）

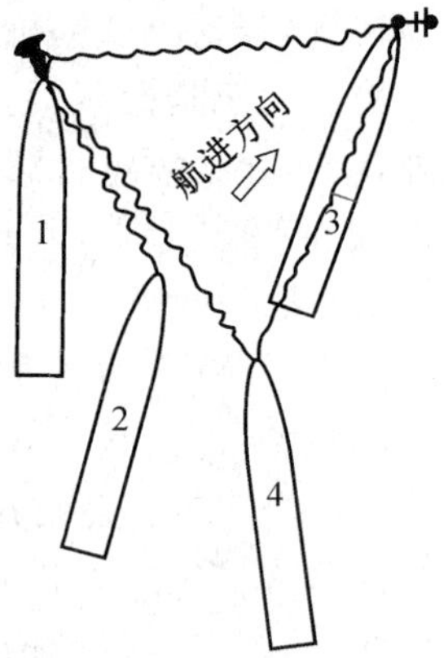

图 5-2-9 顶风后退抛八字锚

使船迎风、迎流或迎风流之合力方向缓速航进到位 1，在略有退势时，抛下任一舷锚(风流不一致时，应先抛上风舷锚)。

倒车后退松链 2 节左右，船退到位 2。进车，向未抛锚舷施舵，控制已抛锚的链长(此时等于两锚间距)达预定长度的 0.5～1 倍，保证夹角 θ 为 30°～60°(位 3 时)，用舵调整船身，并抛下另一锚，随着风流作用船体后退，继续松链至预定长度，使两链均衡受力，并保持有一舷的连接卸扣留在甲板上，船在位 4 停泊稳妥。

2) 单锚泊改抛八字锚

如已抛单锚锚泊的船舶需改抛八字锚，则应在强风袭来前进行。先将已抛锚链收短至仅足以系住船为止，一般为 2～3 节，然后依照上述顶风流抛八字锚的方法进行锚泊操作。

3) 横风流抛八字锚

横风条件下抛八字锚，分为前进抛锚法和后退抛锚法 2 种。图 5-2-10 是采用横风流前进抛锚法的。

船横风流缓速航进至位 1 时，抛上风(流)锚，进车松链，达位 2 时抛下风(流)锚，微倒车，让风流将船压向下风流，同时相应地松出两链至预定长度并调整，使其受力均匀，在位 3 稳定锚泊。若采用后退抛锚法，则应先抛下风(流)锚，后抛上风(流)锚。

4) 抗台抛八字锚

抗台风抛八字锚，为避免两链受力不均匀和发生绞缠，应特别注意两锚抛下的先后顺序。在北半球，当判断本船处于台风右半圆时，因风向顺时针方向变化，应先抛左锚，后抛右锚，出链长度则左长右短；左半圆风向逆时针变化，则应先抛右锚，后抛左锚，锚链右长左短；若在南半球则相反。如先后次序颠倒，当风向转变时，双锚链将发生绞缠。图 5-2-11 是北半球右半圆抛八字锚抗台的例子。

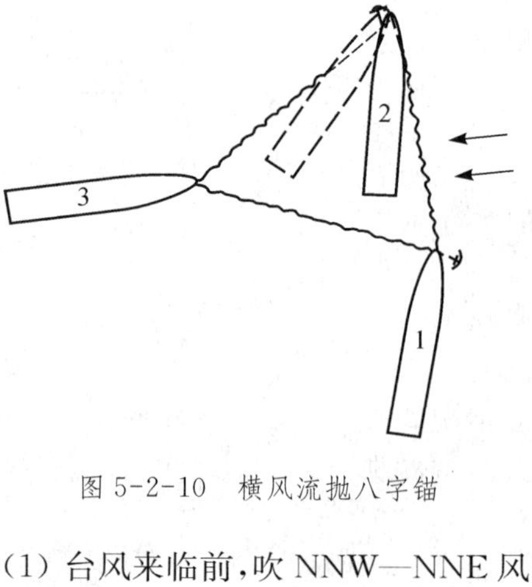

图 5-2-10 横风流抛八字锚

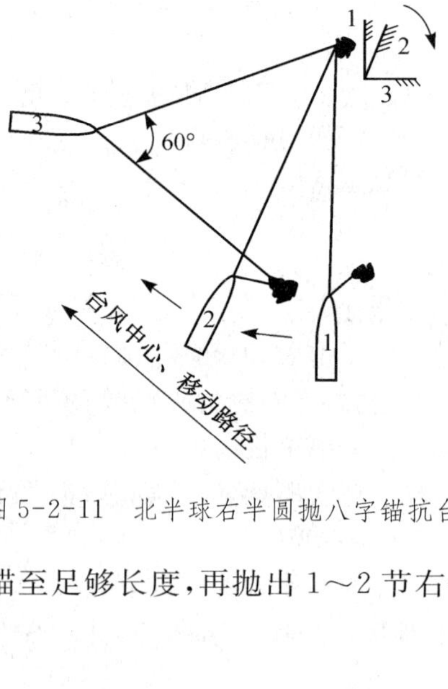

图 5-2-11 北半球右半圆抛八字锚抗台

(1) 台风来临前，吹 NNW—NNE 风时，抛出左锚至足够长度，再抛出 1～2 节右锚链，如位 1。

（2）风向顺时针变化至 NE 向时，可逐渐松出右锚链，尽量避免右锚拖动，如位 2。

（3）当风向转至 E 向时，风力已增强，转至 SE 向，风力最强。此时，右锚也松至足够长度，与左锚链长度相等，两链交叉成 60°夹角，八字口正好对着风向，如位 3。

三、抛一字锚操纵方法

出链夹角为 180°时的锚泊方式称为一字锚。一字锚抛法有顶流前进抛锚法与顶流后退抛锚法 2 种，见图 5-2-12。

利用船舶前进余速，先抛惰锚、后抛力锚的方法称为顶流前进抛锚法。船舶及早停车淌航使船顶流前进，保持对地余速为 1 kn 左右，至惰锚锚位抛出第一锚。如有侧风，为防止两锚链绞缠，第一锚应为上风舷锚。根据需要，可使用车舵保向、调整惯性，使船仍沿锚位线前进，并缓慢松出锚链，松至预定的两舷出链长度之和时，刹住。当船首到达力锚锚位附近时，在使船略有对地退速情况下，抛出力锚（侧风时为下风舷锚）并逐渐松出力链，使之吃力，同时绞进惰链。待船首抵两锚位中点附近时，调整两链至预定长度。一般情况下，各抛锚链 3 节甲板左右或力链 4 节甲板，惰链 3 节甲板。此方法由于易于保向，锚位准确，风流作用下两锚均保持良好的抓底状态，因而采用较多。

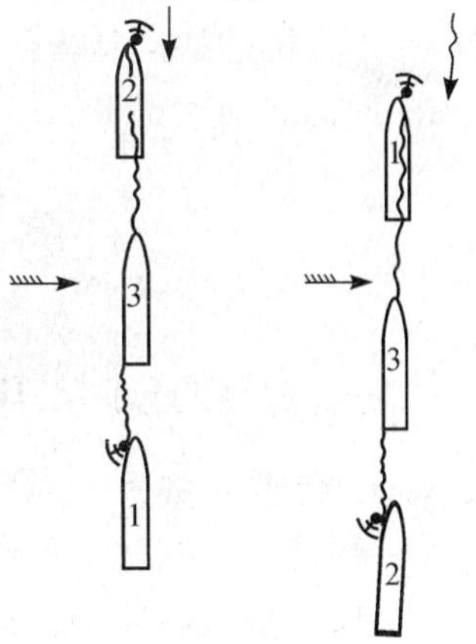

图 5-2-12　一字锚的抛法

顶流后退抛锚法，是先抛出力锚，待力锚带力，渐渐后退松出力链，至惰锚锚位处再抛出惰锚，然后在送出惰链的同时绞进力链，最终将船首系留在两锚位中点附近。此方法有利于防止前进中惰链受力过大，但不利于保持船舶状态和航向，特别是受到较大外力影响时，如横风等，很难有准确锚位和良好的锚泊状态。

在涨、落流速相差较大时，迎向强流方向的链一般可出链 4 节，迎向较弱一方的链一般可出至 3 节。收链过紧对抵御横风影响造成的船位移动有利，但两锚因横向受力过大易走锚；收链较松，船位移向下风侧较远，则应视需要进行调整。

总的来看，一字锚的优点在于限制锚泊船的回旋范围，适用于狭窄水域内的锚泊；缺点是，当几次转流后，如不适时妥善处理，两锚链容易绞缠，而且在横风较大时易走锚。

根据经验，为防止双链绞缠（foul hawse），转流时应将惰链绞紧，并向惰链一舷操一舵角有较好的效果。链绞缠后，可于平流时，请拖船顶艉进行溶解（clearing hawse），也较易行；若无拖船，则只有自力清解。为此，抛锚后应将锚链节的连接卸扣留在甲板上，以备发生绞缠时便于清解。

四、抛平行锚的操纵方法

八字锚的张角若向 0°变化，即成为平行锚。按照八字锚双锚抓力合力推算法，该合力对平行锚而言，为单锚抓力的 2 倍。

平行锚在抛法上，只要顶风流略有退势，将两锚同时抛出，然后松链至两锚出链长度相等为止，则较任何双锚泊方法都简便易行，又有最大的抓力输出；而且，只要做到两舷锚链等长，使船左右两舷所受外力较之抛单锚更接近平衡，从风力形成偏荡的观点看，锚泊力也稳定得多。此外,由于双锚就近同时抛出,因底质不同而使两锚抓力相差过多的可能性大大减小,因而增加锚泊的稳定度。

在台风中,不管是在可航半圆,还是在危险半圆内,风向改变在整个台风过境中也仅为180°左右。因此,即使出现链绞缠,也只左右交叉一次,而且随着风向改变,海底双锚的拖动对于缓解链的绞缠起着有利作用。从实操经验看,台风过后,清解这种绞缠并不困难,有时则根本没有这种绞缠。

平行锚的缺点是与单锚泊一样回旋余地较大;其偏荡运动虽较单锚泊略小,但仍较八字锚的偏荡运动大得多。

任务4　锚泊船偏荡、走锚的预防与应急

一、偏荡的预防与应急

1. 偏荡的概念

单锚泊船舶、抛平行锚的船舶、抛八字锚的船舶在风向明显改变而未及时调整双链的出链长度时,都会因风、流、浪等外力的作用而产生偏荡现象(yawing at anchor)。锚泊中船舶偏荡会增加锚链的张力,影响锚的抓力,当偏荡运动增大时,冲击张力与定常张力均有可能超过船舶的锚泊力导致走锚。

锚泊船因所受风作用力、水动力和锚链拉力周期性的变化而导致的艏摇、纵荡和横荡相复合的周期性运动,称为偏荡运动,见图5-2-13。偏荡中,船舶的重心将描绘出一个与风向横交的"∞"字形轨迹,并且一般说来,抛锚一侧的半个"∞"字形相应地短些。此外,锚泊船在流作用下会产生偏荡,但其偏荡程度相对强风的作用要小,一般在波浪、涌浪作用下不产生偏荡。这里只对风引起的偏荡进行探讨。

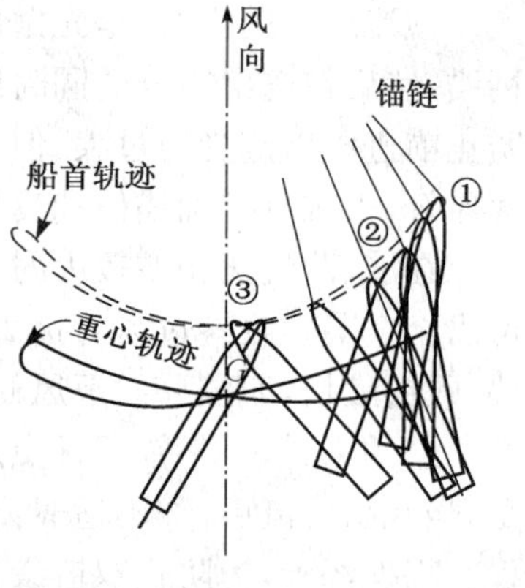

图5-2-13　单锚泊船的偏荡运动

2. 偏荡中锚链所受的张力

偏荡中锚链张力的变化情况见图5-2-14,φ为风链角(风向与锚链的夹角),θ为风舷角。锚链张力由持续张力(定常张力)和呈周期变化的冲击张力2部分组成。持续张力指冲击张力出现后较长时间作用于锚链上的张力。由船模试验结果可知:在一个偏荡周期内,冲击张力出现于由左或右方偏荡极限位置向平衡位置偏荡的过程中,并处在风链角与风舷角相等(即θ曲线与φ曲线的交点)的略后时刻,故在每个偏荡周期中冲击张力将出现2次。受风面积大或空载船舶,冲击张力在接近平衡位置处最大。定常张力亦称持续张力,由于锚链张力在偏荡过程中一直变化,这里所说的定常张力指冲击张力出现后,在相当长一段时间内,锚链张力仍保持着较高的张力值。总结如下:

(1) 位①:$\theta=0$,φ最大,持续张力与冲击张力合力均最小,因而船舶惯性力最小;

(2) 位②:$\varphi=\theta$,锚链冲击张力在此位的略后时刻达最大值;

(3) 位③:$\varphi=0$,θ最大,锚链持续张力最大,因而船舶惯性力最大。

综合考虑各种因素后可知：最容易引起走锚的位置在平衡位置附近。

当风速达到或超过 10 m/s 时，单锚泊船就会出现偏荡运动。风速越高，船体受风面积越大，风动压力中心越靠近船首，则偏荡运动的振幅越大，偏荡周期越短，锚链所受张力也越大。因此，船尾受风面积大的船偏荡小，空载时偏荡比满载时大。

单锚泊船大幅偏荡时，小型船舶的锚链所受的冲击张力为船舶正面受风风力的 3～5 倍；空载的 VLCC 为 3 倍左右；满载的 VLCC 为 2 倍左右。

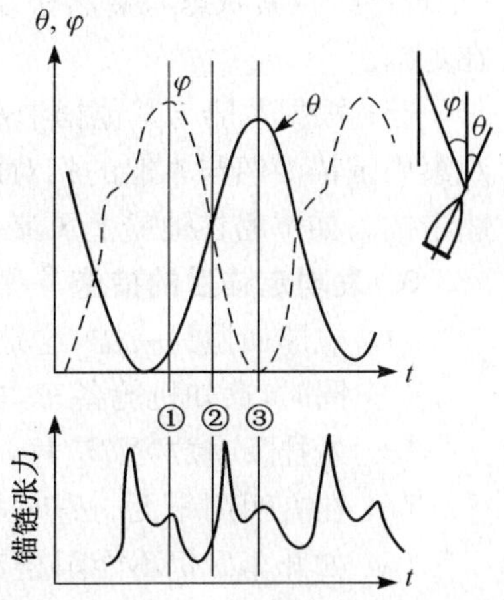

图 5-2-14　偏荡中锚链张力的变化

3. 防止偏荡的方法

(1) 打入压载水，增加吃水，一般宜保持达满载吃水的 2/3 以上。

(2) 把艉倾变为平吃水，使风力作用中心后移，水动力作用中心前移以缓和偏荡。

(3) 抛止荡锚。把另一只艏锚在船首偏荡至止荡锚一舷极限位置向偏荡平衡位置开始荡动时抛下，出链长为 1.5～2.5 倍水深，即用短链使锚保持拖底状态，使船首经常保持接近风向的状态，以减轻偏荡。

(4) 当风速急剧增大，可能超过单锚泊的外力极限时，应不失时机地改抛八字锚，以增加抓力并抑制偏荡。

(5) 恰当地使用主机，灵巧地使用侧推器。

二、走锚的预防与应急

1. 走锚的原因

锚泊船因底质不佳、出链长度不足、风浪增加及偏荡严重等原因，使得锚泊船所受的力大于锚泊力，锚在海底被拖动、自转乃至翻转出土，从而失去正常锚泊力，导致锚泊船连续移动的现象称为走锚(dragging)。走锚是安全锚泊的大敌，应尽早发现走锚并及时采取措施。走锚与拖锚(dredging)完全不同，拖锚是指出短链且锚在海底拖动同时产生一定的抓力以刹减船速或控制船首的助操方式，是人为的、有益的用锚助操方式。

2. 走锚的判断

(1) 观察锚泊船的偏荡运动，如船舶偏荡运动仍然持续，说明锚泊力足以抵御外力对船舶的作用及其造成的偏荡影响，因而船舶未走锚；如锚泊船周期性的偏荡运动消失，船舶变为单舷受风，锚链仅处于上风舷，则说明已走锚。这是大风中判断走锚最及时的方法。

(2) 观测岸上串视标判断：在强流中，应重点观测船舶正横附近的串视标的方位变化，判断是否走锚。但在强风中船舶走锚时往往以接近正横状态受风漂移，所以应重点观测船首、尾方向上的串视标的方位变化，以判断是否走锚。

(3) 利用各种定位方法勤测船位：利用陆标、雷达、GPS 定位，经常核查船位以便尽早发现走锚。

(4) 观察锚链的受力情况。正常锚泊中，锚链有规律性地拉紧和松弛，如锚链只张不弛

(呈现持续拉紧状态)、突然松动,或用手按住锚链能感觉到间歇性的急剧抖动,说明船舶正在走锚。

(5) 根据本船与其他锚泊船(特别是下风流侧的船舶)的相对位置变化判断走锚:注意观察周围锚泊船与本船的相对距离,如距离变大或缩小明显,且他船并未起锚航行,必有一船走锚。如本船在他船上风流一侧且两船间距缩小,则可判定本船走锚;反之,为他船走锚。

3. 发现走锚后的措施

(1) 立即加抛另一锚,这是最为重要的工作,松长锚链的方法应慎用;

(2) 同时,通知机舱备车,报告船长;

(3) 悬挂及鸣放"Y"信号,或用 VHF 等通信手段及时警告他船;

(4) 在查明用车无妨碍时,可用车抵抗外力以减轻锚链受力,防止船舶继续走锚;

(5) 如开车后仍不能阻止走锚,应果断起锚,另择锚地抛锚或出海滞航。

任务评价

评价内容		评价标准	权重/%	分项得分
任务完成情况	任务1	熟练掌握确保锚泊力的方法	30	
	任务2	能依据船舶内外部条件正确选择锚地与锚泊方式	20	
	任务3	能描述锚泊操纵技法的要领	20	
	任务4	熟练掌握预防与应急锚泊船偏荡、走锚的技法	20	
职业素养		能流畅地阐述知识,展示技能	10	
总分			评价者签名:	

任务拓展

一、填写表单

表 5-2-5 各种锚泊方式的抓力和偏荡比较

	单锚泊	八字锚泊	一字锚泊	平行锚泊
抓力情况				
偏荡情况				

二、泛读"操纵用锚的抓力及拖锚淌航距离的计算"

1. 操纵用锚的抓力

操纵用锚一般出链长度比较短,没有锚链平卧在海底,因此操纵用锚的抓力仅仅为锚本身的抓力。操纵用锚的抓力除决定于锚的质量和锚型外,还受许多因素的影响,如海底底质、水深、出链长度、抛锚方法以及海底地形等。一般情况下,当底质为泥沙时,根据试验,锚的抓力与出链长、水深的关系如表 5-2-6 所示。

表 5-2-6　操纵用锚的抓力与链长、水深的关系

出链长/水深	1.5	2.0	2.5	3.0	3.5
抓力/水中锚重(水中锚重＝锚重×0.87)	0.76	1.16	1.60	2.00	2.40

从表 5-2-6 可知，当出链长度为水深的 2 倍时，锚的抓力只相当于锚的质量，这时锚的抓力不大，随着出链长度的增加，抓力将逐渐增大。对于操纵用锚而言，确定出链长度的原则是锚既要有一定的抓力，又要保证锚在海底被拖动，并保证不超过锚机刹车带的刹车力的界限，否则容易造成刹不住或丢锚的事故。一般来说，出链的长度应控制在水深的 2.5 倍左右，如水深为 10 m，可采用出链 1 节落水或 1 节甲板。

2. 拖锚淌航距离的计算

在拖锚制动操纵中，准确估算落锚点与停船点间的拖锚淌航距离，以便根据船舶余速，确定适宜的落锚点及抛锚时机。

拖锚淌航距离与船舶的排水量、抛锚时的余速、船体阻力、拖锚时锚的抓力以及流速等有关。实践中需对本船在不同载况、余速情况下的拖锚淌航距离进行反复测定、对比和记录，才能做到心中有数。

静水中，如船舶的余速在 3 kn 以下，船体阻力相对较小，可以忽略不计，并同时忽略附加质量的影响，忽略拖锚抓力随船速而发生的变化，则根据动能定理，有

$$1/2(mV^2) = P_a \cdot S \tag{5-2-14}$$

将上式进行变换，并将各因素的单位进行换算，可得到下列估算式

$$S = 0.013\,5(\Delta V^2/P) \tag{5-2-15}$$

式中：m 为船舶质量，t；V 为抛锚时船舶的余速，m/s；P_a 为拖锚时锚的抓力，kN；S 为拖锚淌航距离，m；Δ 为船舶排水量，t。

用式 5-2-15 估算可以发现：万吨左右的船舶，2 kn 余速拖单锚，3 kn 余速拖双锚，拖锚淌航距离在满载航行时大致相当于船长；2 kn 余速拖双锚，1.5 kn 余速拖单锚，拖锚淌航距离在满载航行时，前者较后者略短，但均接近 0.5 倍船长。由此可见，在通常情况下船舶进入泊位区，余速应控制在 1.5～2 kn，且拖单锚制动是适当的；若余速稍快，则可考虑拖双锚制动，这比拖单锚增加出链长度要稳妥一些。

因此应掌握其原理，防止死搬硬套，现举例加以说明：

某船排水量 13 500 t，船长 135 m，锚重 5 t，静水中靠泊余速 3 kn，抛单锚拖锚淌航45 m 后，又抛出另一锚制速。若双锚均出链 1 节入水，两锚的抓力均以水中锚重的 2 倍计算，试求全部拖锚淌航距离。

解：根据动能定理，$1/2(mV^2) = P_a \times 45 + 2P_a \times (S - 45)$，将质量 m＝13 500 t，船速 V_s＝3×0.514 m/s，拖锚时锚的抓力 P_a＝5×9.81×0.87 kN 分别代入，可解得全部拖锚淌航距离 S 为 116.6 m。

此外，操纵中在估计落锚点时，不但应考虑拖锚淌航距离，还应考虑到停船时，锚位与锚链孔之间的距离，即出链链长的纵向水平投影长度。

三、认知"绞缠锚链的清解技法"

若双锚泊船随风、流向变化而总向一舷回转，则两锚链就会发生相互绞缠(foul hawse)。

根据两锚链绞缠数目，将其状态作如下称呼：

半个绞花(cross)：船回转半圈(180°)，两锚链只交叉1次；

1个绞花(elbow)：船回转1圈(360°)，两锚链交叉2次；

1个半绞花(round turn)：船回转1圈半，两锚链交叉3次；

2个绞花(round turn elbow)：船回转2圈，两锚链交叉4次。

清解锚链的方法如下：

(1) 锚链绞缠成半个绞花状态时，可以先绞进绞花下面的锚链，当一个锚绞起后即可以重新张开。

(2) 当绞花在1个以上时，若风流较弱，可用拖船协助，使船按绞花的方向转头进行清解。

(3) 远离港口或在港内无拖船协助时，就需在风流较弱时自力清解。

自力清解的方法有：

1) 切断惰链法

所用工具如下：

清解挂缆(pendant rope)：强度足够的钢丝绳，一端连一活钩或卸扣。

保险缆(preventer)：1根纤维大缆和钢丝缆，强度大于清解挂缆，系于清解挂缆附近作为保险用。

引解索(dip rope)：用钢丝绳或无挡链条，首端备一卸扣。

松出绳(easing out line)：1根白棕绳，系在拆开惰链的尾环上，锚链较小的可不用此绳。

绑扎绳：25 mm软钢丝绳1根，系绑扎用。

清解锚链(正视图和俯视图见图5-2-15和图5-2-16)的步骤如下：

(1) 宜选择在风流较弱时进行，绞进受力的锚链(力链)，使锚链绞花全部露出水面。在绞花处如有卸扣，最好松惰链，使绞花下移或上移，以免卸扣阻碍惰链和力链分开。为防绞花滑下，另可用绳索绑扎绞缠下部。但割断时，为防止双链弹开时伤人，必须用25 mm钢丝绳穿过绞花下方2条锚链的各自一条链环，钢丝绳的两端通过导缆孔收紧挽在缆桩上，以防止绞花滑下。待绞花解清后，可将该绑扎绳一端松掉，另一端收进使双链分开。

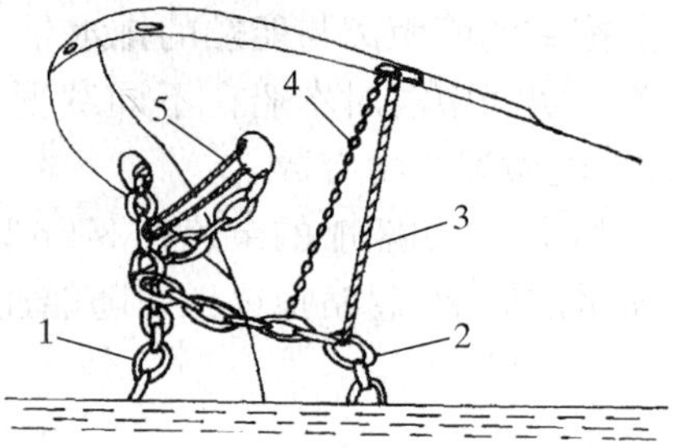

1—力链；2—惰链；3—保险缆；
4—挂缆；5—送出缆

图5-2-15 清解锚链正视

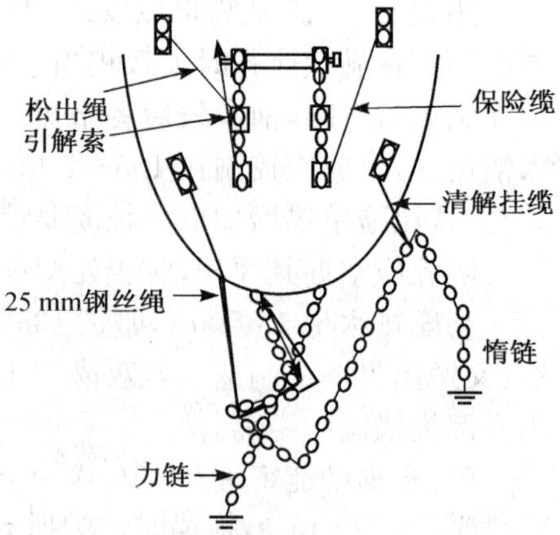

图5-2-16 清解锚链俯视

(2) 将清解挂缆系在松弛锚链(惰链)的水上部分并绞紧，使惰链的质量吃在此缆绳上，再用保险缆系在清解挂缆附近，收紧后固定在系缆桩上。

(3) 将引解索一端自惰链的链筒穿出，依惰链反方向绕过力链，再回进惰链筒，系在要拆开的锚链连接卸扣的前面，另一端围绕在锚机绞缆筒上。

（4）用制链器将惰链夹住，并用锚机将惰链松出若干，拆下连结卸扣，然后在其松出端系上引解索的一端和松出绳的一端。

（5）打开制链器，绞进引解缆，相应放松出绳。有时出现引解缆绞不动，可略收紧挂缆，绞紧力链，使相互的链环变位松动。这样，将断开的惰链松出惰链筒，推出绞花，链端仍自惰链筒引回甲板。这种解法，每次只能解开 2 个绞花，如绞花多，必须按上述方法，再行清解，直至解清为止。将完全解清的惰链端与留在甲板上的惰链用连结卸扣相接，恢复原状，将保险缆、挂缆和绑扎绳去掉，便处于解清状态。

如为小船，则由于锚链小，待绞花扎牢后，可将松懈的锚链放在舢舨内直接进行清解。

2）切断力链法

如外力不强，也可绞收力链，使其一个连结卸扣位于绞花下方，然后用 1 根强度足够大的钢丝缆由力链筒伸出，扣在力链的连结卸扣下方，用锚机绞收钢丝缆，使力链上端链条松弛，卸去力链卸扣，绞进力链即可解脱绞缠。

以上 2 种方法均需有足够多的人手，舷外作业的船员必须经验丰富，作业时系好安全带，上面应有专人进行照料。上述方法在夜间和大风浪时进行比较危险。

3）锚机操作法

本方法无需在甲板上切断锚链，仅用锚机左右松绞以使绞花自行清解。其操作比较简便，清解作业要领如下（见图 5-2-17）：

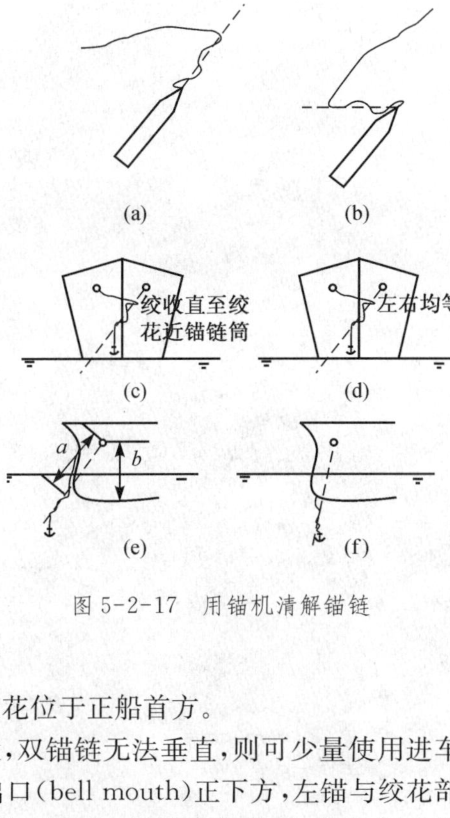

图 5-2-17　用锚机清解锚链

（1）绞惰链（图(a)左锚链）、松力链（图(b)右锚链）。

（2）慢慢地绞入左锚链，左锚链变为力链，锚机仅承受左锚链施加的负荷，右锚链则变为惰链，绞花与原来方向相反。

（3）松右锚链时，右锚链即凭自重在左锚链上以绞着状态下滑。

（4）如此下滑，直至右锚链绞着左锚链接近锚链筒，左锚链无法绞进时，可通过左锚链交替松绞或急松右锚链使其下滑。

（5）绞入左锚链直至锚垂直（up and down），右锚链即又变为力链。

（6）续绞左锚链，直至左锚链的卸扣碰到右锚链无法绞入为止，船处于右锚系留状态。

（7）松左锚链，使左右锚链在水面的长度相等，绞花位于正船首方。

（8）由 $a>b$ 状态同时松出左右锚链，若风流较大，双锚链无法垂直，则可少量使用进车使船前进，直至左右锚链垂直，处于锚链孔的喇叭形出口（bell mouth）正下方，左锚与绞花部分则没入水中。由于左右锚链孔水平间距关系，凭左锚链与右锚链的质量，绞花便自行解开。

项目六
特殊水域中的船舶操纵

核心概念

狭水道船舶操纵;弯曲水道;运河;桥区;岛礁水域船舶操纵;冰区水域船舶操纵;分道通航制和船舶交通管理区域船舶操纵

项目描述

本项目涵盖狭水道中船舶操纵(包含弯曲水道/运河/桥区的船舶操纵)、岛礁水域的船舶操纵、冰区水域船舶操纵、分道通航制和船舶交通管理区域的船舶操纵等内容,在船舶操纵时要重点考虑特殊水域内的交通、水道及其海况等特殊环境和情况,要求学生能根据船舶的内外部条件,运用适当的手段和方法控制船位、航向,使船舶安全通过上述特殊水域。

学习目标

1. 识记特殊水域的航行条件;
2. 了解特殊水域的船舶操纵特点;
3. 掌握特殊水域的船舶操纵要领和注意事项。

模块 1　狭水道中的船舶操纵

模块描述

狭水道指水道相对水深、相对宽度较小，因而给通过该水域的船舶进行操纵带来各种影响的水域。例如，港区、江河、运河、锚地、岛礁区、雷区及狭窄海峡等。在狭水道内，航道狭窄弯曲，水浅滩多甚至还有暗礁、沉船或渔栅等障碍物，水文气象条件多变，船舶交通密集。为确保狭水道内航行安全，必须经常研究和掌握该水道的地理特点及水文气象条件，加强瞭望并谨慎驾驶，避免发生碰撞和触浅等事故。

学习目标

1. 识记狭水道的航行条件；
2. 掌握狭水道中的基本操船要点及注意事项；
3. 掌握弯曲水道中的操船要点及注意事项；
4. 掌握运河中的操船要点及注意事项；
5. 桥区水域的操船要点及注意事项。

工作任务

任务 1　狭水道中的一般性船舶操纵
任务 2　弯曲航道中的船舶操纵
任务 3　运河中的船舶操纵
任务 4　桥区水域的船舶操纵

导　入

海船进入内陆的江河（长江、珠江、黄浦江等）或运河（苏伊士运河、巴拿马运河、基尔运河等）中航行，由于江河或运河水道的尺度受限（宽度、水深、桥高和弯道的曲率半径等），江河的水流流速分布不均（取决于河床的形式，在河槽水深最大位置处的最大流速带就是主流；主流之外的其他水域称为边流，其流速较小，而流向有时甚至与主流方向相反），河槽不断变迁，水深和浅滩变化较大，在弯曲水道处的水流流速分布也不均（凹岸水深而流速大，凸岸水浅而流速小且有回流），而且江河水流受洪水期和枯水期的影响极大（在洪水期不仅水位高、流速大，而且“泡水”现象尤为严重和普遍），因此应谨慎操船，确保船舶航行和系泊安全。

知识准备

一、狭水道的特点

1. 航道狭窄、水深频变

一般狭水道的宽度较为狭窄，甚至仅能允许单向通航，因而给船舶避让带来一定的困难，必须严格遵守海上避碰规则、内河避碰规则、港章和特定水域的航行条例等；而且狭窄水道上浅滩较多，如长江南水道中的南槽航道就有 3 处浅滩(铜沙浅滩、江亚浅滩和圆圆沙浅滩)，水深限制较大，船底富余水深不足，势必会影响船舶操纵；并且在进出口时还须准确掌握潮时和潮高，否则就不能顺利通过浅滩。

2. 航道弯曲、灯浮较多

狭水道不仅狭窄，而且航道弯曲、航向变化频繁；不仅转向点多，而且有的弯头转向幅度较大，在频繁的转向过程中也给避让来船带来一定的困难。在狭水道中还设置较多的浮标，为来往船舶进出口时提供准确识别和导航的保障，如著名的多佛尔海峡和我国的长江口南水道，都是典型的浮标导航水道，均按国际标准设置“A”系统的水上助航标志。

3. 潮流湍急、流向多变

狭水道航行应特别注意航道中的水文气象条件，尤其是潮流的流速和流向，它们与航道的地貌以及每月的汛期有关。例如，长江南水道的流向和流速十分复杂，在长江口至九段灯船的航段中，其流向是按顺时针方向随时间变化的；铜沙引航站在中浚高潮前 2 h 仍受西南流影响；抵 7 号浮后至九段灯船，则流向西北；而从九段灯船至中沙灯船航段，其流向基本归槽。在大潮汐期间，最大流速的落流为 5 kn，涨流为 3 kn。水位有“五大五小”的规律，即夏季大、冬季小，夏季白天大、冬季夜间小，东南风大、西北风小，大汐潮差大潮时短而小汐潮则相反。因此，重载大船尤其应掌握其规律，在进出口时应事先配好流压差，并且尽量避开急涨或急落时间通过弯头或靠离泊位。

4. 航区复杂、障碍物多

狭水道内暗礁、沉船、渔栅等障碍物多。此外，在狭水道内，如长江南水道，还设置锚地、捕鱼区、危险区、测速场、校磁场和引航站等。这些都要求进出口船舶加强瞭望，并随时准确掌握自己的船位。特别在晚上或视线不良的天气状况下，更应注意及时避让来船和障碍物，确保狭水道航行安全。

5. 船舶密集、往来频繁

例如，上海港长江口地段，来往船舶众多，为顺利通过南水道的北槽航段和圆圆沙航槽(浅点)，并在黄浦江初落水时靠落水头泊位(避免重载大船在黄浦江内掉头)，每当中浚高潮前 2 h，大型船舶都集中在该时间内鱼贯而入。另外，长江口在春季，大批渔船争捕鳗鱼苗，几乎将整个航道堵塞，给航行安全带来极大的危害。此外，在长江南水道的几个关键地段，如铜沙、九段、中沙、圆圆沙和吴淞口等来往船舶也极为频繁，如机帆船、渔船、拖驳船、农副业船、快速艇、顶推驳子、长江客船等，而且交通秩序较差。面对这些情况，操船者不仅要用舵避让，还应控制航速，用车进行避让，同时要运用良好的船艺，谨慎操纵船舶。

任务实施

任务1　狭水道中的一般性船舶操纵

一、狭水道中操船要领

应事先根据具体水道的情况，参阅有关航路指南，结合船员实际操纵经验、气象、潮汐等信息，在大比例尺海图上进行研究，从而对水道的“面”“线”“点”3个环节，做到心中有数。

1. 熟悉狭水道的“面”

（1）熟悉水道的地貌情况：熟悉重要山峰、岛屿、岸滩、大的弯曲地段等，以及各种障碍物如暗礁、沉船、渔栅的位置及其与航道的位置关系，熟记岸形和必要时可供安全锚泊的地段。

（2）熟悉水道的水文情况：熟悉水流、水深、可航宽度、潮汐。

（3）掌握狭水道助航标志：识记岸标、浮标等所表示的意义、性质、结构、编号及其周围情况，并校核这些助航标志是否已按航行通告进行改正。

（4）准确估计当时的能见度。

（5）掌握狭水道附近的风流浪等自然情况，并配以适当的风流压差。

（6）掌握狭水道内的船舶交通状况，其中包括狭水道内航行船舶和锚地船舶的动态等。必须牢记海上交通安全法、分道通航制的适用水域及有关航道、航速等方面的特殊规定，并能正确解释和运用。

（7）掌握操纵和避让时所允许的偏离航线的最大范围：熟悉对遇、交叉和追越中的避让范围，避让大船、小船、渔船或帆船等来船的避让范围，能见度不良时的避让范围，抛锚掉头或用车、舵掉头时的避让范围。

2. 熟悉狭水道的“线”

（1）按客观实际拟定航线，求出各段航线的罗经航向、航程及经过时应采用的风流压差。

（2）选择各段航线上的导航物标及决定导航方法，尽可能地将岸标导航和浮标导航二者结合起来，以防意外情况发生。

（3）选择各段航线上作为判断船位偏离依据的有关物标（白天和黑夜）。为防止一个依据的物标可能丢失或浮标漂失、灯光熄灭等，应尽可能同时选好几个物标。

在狭水道中航行时，要确保船舶走在预定的计划航线上，以防误入险区和造成不必要的会船。

为随时查验本船是否驶在计划航线上，可采用的导航方法有浮标导航、岸标导航（如人工叠标、自然叠标等）、单标方位导航等。若用浮标导航，如果当时当地的风流较缓和，而且船位保持在计划航线上，一般当船位正横浮标时转向；若遇顺流航行则应早转，若遇逆流航行则应晚转；当船位偏外应早转，船位偏里应晚转。

3. 熟悉狭水道的“点”

狭水道航行，对船位误差的要求与开阔海区不同，因此掌握转向点的要求也不同。在开阔海区，可选择正横附近物标的预定方位为转向依据，但在狭水道内必须根据具体水道的特点，因地制宜，准确选择转向依据和正确进行转向操纵，才能达到误差最小的要求。

(1) 采用合适的方法转向可使转向后与计划航线间的误差达到最小。准确地转到新航线上需要根据船舶的航速 V，追随性指数 T，操舵时间 t_1，旋回性指数 K，舵角 δ 及转向角度 φ 求出新航向距离，按提前施舵点进行转向，或按本船旋回要素，决定转向时操舵点的位置，特别是航道狭窄或航道弯曲度较大的地段，尤为重要。实践中，应根据船舶所受风、流情况，正确选择转向依据和转向时的船位，按所处的地理环境和弯势等适当用车用舵，使船驶于新的航线上。

(2) 选定各转向点的转向依据：可将人工航标和自然标配合使用，即利用物标的“串视”“开视”“闭视”和前后标连线等方法进行转向。这些方法不仅灵敏度高、观察方便和迅速，而且效果也较好。

为防止船舶相对于计划航线偏离过远而发生危险的避险法，可用物标方位线避险法、距离圈避险法等。

二、狭水道中操船注意事项

1. 随时确认船位，注意是否偏离航线

狭水道航行时随时注意修正风流压差，确保船位在计划航线上。大风浪、急流中的航道浮标有移位的可能，用来导航时应多方参照不可盲目相信。

2. 正确下达舵令、车钟令

转向时切忌只叫舵角不叫航向的错误做法，并注意舵工是否落实航向，这在能见度不良时尤为重要。关注船首向的灯浮或岸标，在避让中下达的舵令、车钟令等必须准确，应注意舵角指示器、车钟指示器和舵工操舵是否有误，避让后要及时恢复原航线，并核实航向和船位。

3. 保持正规瞭望

保持正规瞭望是预防船舶碰撞的前提，也是驾驶人员航行值班的首要职责。在狭水道航行中不论白天或黑夜，也不论好天气或坏天气，驾驶台必须保持安静和有人负责全方位、不间断的瞭望。在瞭望中要做到精神集中，除目视外，还要用听觉和仪器设备，不轻易放过海面上的任何船只和漂流物。要做到严肃认真，不怕艰苦，不怕寒冷。除经常使用望远镜瞭望外，还必须经常走到左、右两舷瞭望，以消除视线被大桅、通风筒、将军柱等遮蔽所造成的盲区。夜间航行对可能出现的不点灯小船或灯光被篷帆遮蔽的帆船，要保持高度警惕。在能见度不良时，瞭望站立的位置应有利于守听他船雾号，驾驶台的门窗不要全部紧闭。要布置瞭望人员在船首协助瞭望，并及时启动雷达进行连续观测。

4. 正确使用雷达

夜间或雾中驶于狭水道时，因视界较差往往兼用雷达进行瞭望。用 ARPA 协助瞭望，尽管可给出有关碰撞危险的信息并将其显示出来，但仍应在确认附近实际情况后才可进行避让操纵。船用雷达从接通电源到显示清晰图像，一般需 3～5 min。在夜间航行或能见度逐渐变坏的情况下，应提早开机，有利于及时发现来船和掌握准确船位。

5. 守听甚高频无线电话

使用甚高频无线电话(VHF)进行通话，这是船舶间避免动作不协调而产生紧迫局面的有力辅助措施。凡有甚高频无线电话的船舶，都必须按照港监的规定，打开 16 频道守听，并用 6 频道进行通话。通话表达应清楚准确，不讲与航行安全无关的话。当听到他船通话时，

不作干扰或插话。在能见度不良时，应注意自报船名、船位和航向、航速，并注意监听他船的动态。

6. 备车、备锚与测深

由于狭水道情况比较复杂，航行避让和操纵较为频繁，随时都可能需要减速或停车。在遇雷暴或能见度变坏时，还可能需要抛锚等候，故应及时备车、备锚。在正常天气情况下航行，若遇特殊情况或特殊航段也应备车、备锚。根据情况需要适时备车，备锚，必要时需不间断进行测深。

7. 使用安全航速行驶

船舶在航行中是否能避免发生碰撞，在很大程度上取决于当时所采用的航速是否恰当，即是否采用安全航速行驶。在上海港黄浦江的航行规则中，有明确的限速规定，即顺水船航速不超过 8 kn，顶水船航速不超过 6 kn。这不仅可以避免发生碰撞，还对防止浪损有积极作用。但在长江南水道或珠江水道的航行规则对安全航速均无明确的规定。因此，在进出港航行中，应根据当时的能见度、航经地区、风流状况、本船性能，特别是倒车能力、吃水与可用水深关系、通航密度和雷达性能等情况决定。

8. 掌握避让要领

在狭水道中航行，由于来往船舶频繁、密度较大，而且航道的宽度和水深受限。因此，在船舶避让中应严格遵守国际避碰规则的规定和有关港章的特殊规定。特别是在机动船对遇和追越的局面下，更应谨慎驾驶，严禁在航道弯曲处会船或追越。在对遇或追越过程中，均应分清各自在避让中的责任和义务，互鸣声号，看清来船动态，注意避免船吸现象。尾随他船航行时不宜过近，尤其在顺水航行时更应注意。一般情况下，顺水时的距离不得少于后船船长的 5 倍；逆水时的距离不得少于后船船长的 3 倍。在狭水道中航行，为避免碰撞所采取的措施，若当时环境许可，应掌握早让、宽让的原则，并注意运用车、舵配合。

9. 注意运用操纵声号

两船相遇，为使其行动协调，在采取避让措施前，除用 VHF 取得联系外，还应注意及早按章鸣放会船声号，使对方了解本船的操纵意图。在运用操纵声号时要注意声音的清晰，重发的间隔要适当，以免发生一方鸣放声号另一方却没听清或误解。在交换声号时，必须尽早进行，以便双方有充裕的时间进行重复和确认，从而取得一致的见解。在能见度不良时，则应按章鸣放雾号。

10. 谨慎通过浅区

浅水域航行时，在估计船舶富余水深不足的情况下，最好应选满潮时通过，必要时应降速航行以减少艏倾。应尽量避免在该类水域追越他船，以免因海底不平或倾斜产生较大偏航，操舵时应尽量做到有预在先、充分预防。

11. 谨慎通过潮流区

通过潮流比较强的水道时，应选择在视界良好、交通量较少的平流时进行，以免陷入被动局面。

12. 慢速通过其他船

在距岸较近时高速行驶，船行波将引发沿岸系泊船的激烈摇摆，有时导致系泊船船体受损或缆绳绷断，因此，在有此类担心的狭水道中必须减速通过。

任务2　弯曲航道中的船舶操纵

一、弯曲水道的水流特点

当水流以一定的流速过弯时，离心力使水甩向凹岸，从而形成凹岸一侧水位高、凸岸一侧水位低，并形成单向环流，表面流朝凹岸一边冲压，底层流流向凸岸。由于受到单向环流的冲刷，使凹岸侧水深增大，冲刷下来的泥沙被底层环流带到凸岸，从而使凸岸旁大量淤积，形成沙咀；纵向水流（正常水流）大致与水道走向相平行，主流靠近凹岸，其两侧流速逐渐减弱，近凹岸边流速较大而近凸岸边流速较小；此外凸岸下流一侧还存在回流，靠近凹岸航行时岸壁效应明显。总之，与直道相比，弯曲地段水流激烈。

二、过弯操船方法

1. 顶流过弯

顶流过弯时，一方面要尽可能使艏艉线与流向平顺，这需要随着自然弯曲连续地进行操舵转向；另一方面，应当将船位放在航道中线偏凹一侧适当的位置（其偏离航道中线的距离取决于航道宽度、船速、水流大小等），艏对着流，借助岸推力矩帮助船舶顺利旋转的效果。因此，顶流过弯时，根据流速大小，以适当的舵角，顺着凹岸弯势连续一点一点地内转，即随时与岸线保持平行，尽量使船沿着水流流线航进，见图6-1-1。一旦用舵太迟或过早把定，就会使船首内侧受流而外偏，此时，应迅速加车用舵纠正。当措施无效时，应果断抛双锚，快倒车，以防发生事故。

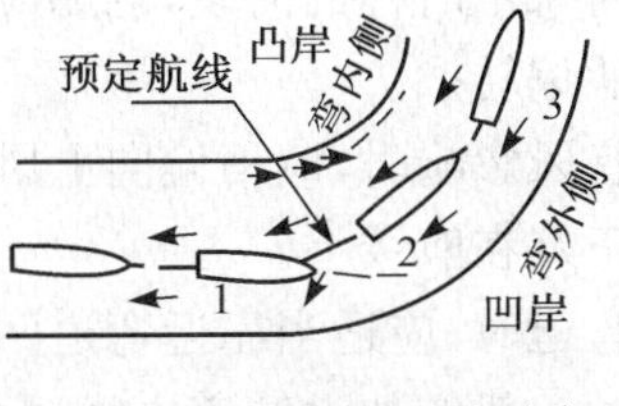

图6-1-1　顶流过弯

2. 顺流过弯

过于靠近凹岸航行时，船首将被排开，船尾被吸拢，使船产生转头而横越水道；反之，过于靠近凸岸，船首会受到弯嘴回流的作用而偏转，同时船尾也受到流压，使船冲向凸岸，见图6-1-2。

在顺流中过弯，应保持在水道的中央，使船尾坐着流，沿着弯势依次操舵转过，顺流中速度不易控制，舵效比较迟钝，为保证顺利过弯，可以提前停车淌航，在到达弯段前突然加车，以提高舵效。

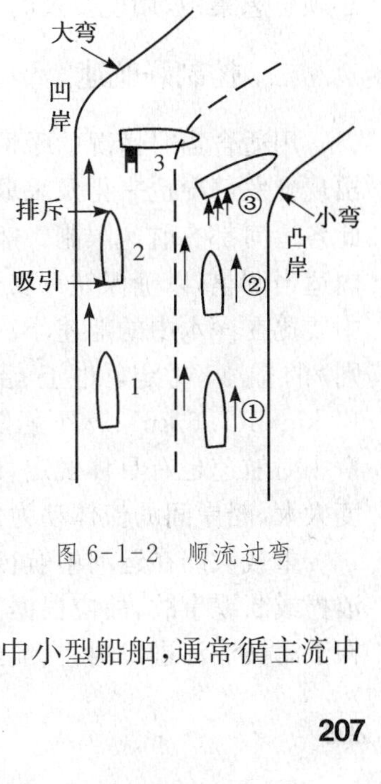

图6-1-2　顺流过弯

三、弯曲水道中的船舶操纵注意事项

船舶接近弯曲水道航行时，应加强瞭望，密切联系，了解航道上的船舶动态。一般应尽量避免在弯曲处会船。当估计有可能正好在弯曲处会船时，通常逆水船应及早控制船速，待对方船舶安全驶过后再过弯。过弯操纵时应注意，对于吃水较小的中小型船舶，通常循主流中心航道的右侧行驶，只要水深足够，距岸留有一定安全余量即可。深吃水船舶顶流过弯时，因为凸岸侧水深浅，而凹岸侧具有较强的压拢且流速快，所以如果太靠近岸侧一边行驶，将可能导致船舶陷入困境，甚至触碰码头、岸壁。弯曲水道过弯时，能否正确发挥车舵作用是操纵成败的关键。不论是顶流过弯还是顺流过弯，用舵时都应注意保持船舶转向的连续性。尤其对于重载深吃水船舶，由于这类船舶起转不易、停转难，因此更应重视操舵与船舶应舵的规律。早用舵，早回舵，舵角根据船首偏转快慢加以调整，保证船首连续慢转。

任务3　运河中的船舶操纵

运河航道狭窄，甚至某些地段船舶只能单程航行，水深也不大，对船舶航行带来一定的困难。因此，应备车、备锚，挑选操舵技术好的舵工操舵，并准备一艘艇，以便必要时放艇系缆。夜间可用探照灯照亮航道和两岸。

一、保持在航道中线上航行

在河床基本对称的运河中航行时，应保持船位在河面的中线上，则两岸对船的推力与吸力趋于平衡，操纵将比较容易，只需少量左右相等的舵角即可保持所需航向。

在河床不对称的河段，船舶应驶在航道的中线上，否则就可能出现由于岸推、岸吸而产生船首的偏转。

当有风影响时，应稍偏向上风一边。当用小舵角或左右相等的舵角即能稳定航向时，说明船舶正好在航线上。

过弯道时，应适当靠近弯道凹岸的一边行驶，如航线掌握得当，可以不必用舵，船沿弯道自然转过。船舶如沿航道中线过弯，要用舵转过，如靠近凸岸一边过弯，则往往出现船首冲向凹岸一边的危险现象。

船在运河中航行，受浅水和水域宽度的影响，加上航速限制，舵效比海上差得多，操舵时必须思想集中，用舵要及时、准确。

二、控制好航速

用适合当时情况的缓慢速度航行，能有更多的时间进行瞭望、判断，采取避让措施，一旦出现突发情况也来得及采取应变措施，必要时可加车以增加舵效而船速又不会立即加快，因此各运河都有航速限制。船舶的实际航速应根据船舶的载况、风流影响等在限制航速范围内适当调整，以确保航行安全。但必须注意，用主机转速来推算航速时，同样的转速在浅水中要比在深水中的船速小。如船舶在苏伊士运河中航行，必须遵守其《苏伊士运河航行规则》的航速规定，北上船队的载货油船和散货船为 13 km/h（7 kn），普通船为 14 km/h(7.6 kn)；南下船队为 14 km/h(7.6 kn)。又如船舶在上海黄浦江中航行，在其港章中对航速也有具体规定，即顺流航行不超过 8 kn；逆流航行不超过 6 kn。运河航行中如速度太大，船岸间的流体动力作用增强，情况严重时甚至有搁浅或触碰的危险。

重载大船在运河中航行，虽已符合最高的规定，但对于邻近停靠的船只，还会发生船吸、浪损或断缆事故，故应根据具体情况执行适当的航速和最低航速的要求。例如，重载大型船在上海黄浦江进口时，当航经张华浜码头、共青苗圃、系船浮筒、定海桥和江南造船厂一带时，宜用最低维持舵效的航速为妥。

确保船舶最低要求的操纵需要速度过小，则保向及旋回性下降，在有流的水域操纵时，更易陷入困境，因此应确保船舶在江河中航行的舵效。

如果发现船速太快需减速时，应逐渐地减下来，否则突然停车或大幅减速，舵速急剧下降，舵效大受影响，船可能发生偏转。减速如需采用倒车，应先驶到中线上，即使出现偏转尚有纠正的余地。

三、偏转的产生与克服

在受限水域中航行。往往由于操舵不稳、速度突变、海底不平、水深变浅或偏离航道中线等原因，使船突然偏转。这种现象在人工运河中更易发生。克服偏转的措施必须十分迅速和果断，否则会酿成事故。

1. 单推进器船克服偏转的措施

一般偏转时可用满舵纠正。根据需要可瞬时地加车以助舵效，待船摆正后立即减速。偏转迅速时可用倒车，但应选择适当的时机。例如，大角度向左偏转，用右满舵不能克服，则船首冲向左岸，艏受左岸影响，又被推向右，而艉被吸向左岸，其结果使船向右岸冲去。此时，应全速突进、左满舵，当艏停止或即将停止右偏时，全速倒车，继续左满舵，而推进器倒车横向力可防止船尾甩向右岸，此后再开进车将船驶到航线上。假如开始时是向右偏转，则倒车横向力将增加艉甩向左岸的力量，因此，先用左满舵，当艏停止或即将停止右偏时，全速倒车。这时，倒车的横向力可防止艉被吸向右岸，并减弱艏向左偏的力量。

另一种克服严重偏转的有效方法是在减速的同时抛下偏转相反一舷的锚，利用短链拖锚，可防止冲向对岸。

2. 双推进器船克服偏转的措施

一般的偏转可将偏转相反一舷的车停住，并向偏转相反一舷操舵，当艏停止偏转并开始向相反一舷转动时，将停止的车开进车，用舵驶入中线。如果在克服最初的偏转后，船首向另一舷偏转很快，此时可将偏转相反一舷的车倒转。

低速时发生偏转，可将偏转一舷的车加速，另一车减速或停车，并用满舵配合。高速时发生偏转，应将偏转相反一舷的车全速倒车，另一车减速或停车，同时用满舵配合。这种方法可以减少冲力，改善操纵条件。

四、运河中会船

有的运河，如基尔运河、巴拿马运河的某些航段，航道宽度和深度比较大，两船对驶而过，只要双方配合得当，影响并不明显；而在苏伊士运河中，则影响较大，因此只能在规定的湖泊中会船。如果特殊情况下会船，一般都是一船系缆，让另一船驶过。

(1) 系缆：系缆靠岸时，应尽量不用倒车，一般约在 1 n mile 前就需减速。有风时，若条件许可应靠下风一边。操纵性能差些的船靠岸时，可将船停在中间，用艇带好缆后再绞拢。双车船应注意螺旋桨不要碰及岸壁。除有流及强顶风外，一般只需带 2 根横缆即可。

(2) 他船驶过时使系缆船剧烈摇荡而无法用缆稳定，为克服这种摇荡，必须松掉前后缆，用车舵抵消之，否则易造成两船尾部相碰，双车船只能用外舷车，以防碰坏螺旋桨。

(3) 驶过船必须以慢速保持在航道的中线上航行。这样，虽与系泊船距离较近，但可避免船舶过分靠近另一岸而出现岸壁效应。

五、狭窄入口处的操纵

港口防波堤、船闸或运河入口的口门往往很窄，且常受到横风、流的影响，给操纵带来困难。进口操纵时，一般应按下述方法操纵：

（1）将船的航线选在与口门连线中心成直角的方向上，见图6-1-3。

（2）在较远的距离即应走上预定的航线，并保持一定的风、流压差角。

（3）当船首接近口门时，将船首拎直，使船首尽可能靠拢上风一侧进入口门。

（4）当船首通过口门后，为防止船尾压向下风侧，应立即加车用舵将船尾甩向上风，顺利通过口门。

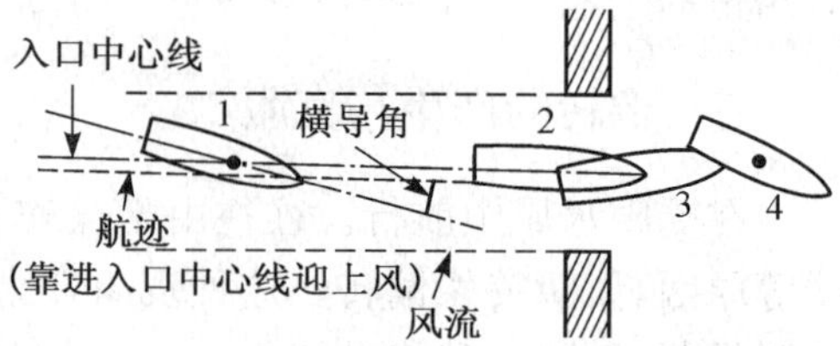

图6-1-3　狭窄入口处的操纵

横风、流通过口门时，船速不能太小，否则风、流压差角过大，会给进口操纵造成更大困难。

任务4　桥区水域的船舶操纵

一、桥区河段的航行条件

1）原有航行条件发生变化

（1）缩减航道尺度，见图6-1-4。

（2）在桥区范围内出现不正常水流。

（3）流向与桥梁水平垂线交角的影响，见图6-1-5。桥梁水平垂线与主流流向的夹角不宜太大，最好不超过9°，否则主流就形成一股强大的横流，使船舶在驶过桥孔的过程中发生

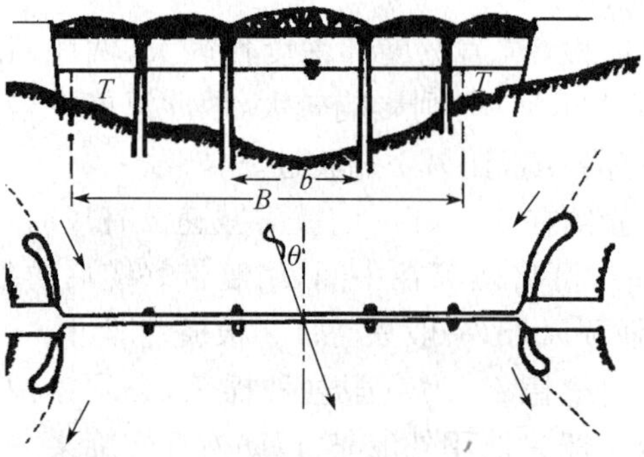

图6-1-4　桥区水域航行条件的变化

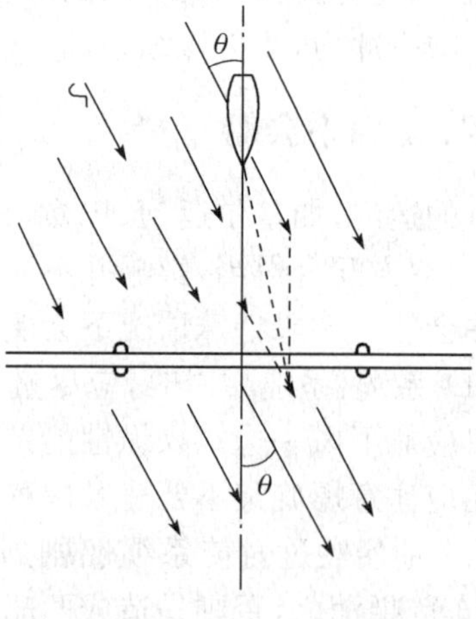

图6-1-5　桥区水域水流条件变化

显著的偏移,甚至发生事故。

2）为保护船舶过桥安全,必须认真做好改善航行条件的工作

(1）完善航标。

(2）制定桥区交通安全管理规则。

二、过桥须知

(1）桥区航道情况及通航特点。

(2）助航标志的相对位置、灯色、闪次及与桥、岸物标(灯光)在船前进中的相对位移。

(3）桥区航道内的流速、流向及其对船队的影响。

(4）各种风向、风力对船队的作用。

(5）减小船舶横移,尽量从桥孔正中驶过。

(6）为减小船舶横向偏移,船进入两墩后通常加车快速通过。

(7）船舶下行过桥时舵效差,横流中不易控制,注意及时调整船位与航向。

三、桥区河段操纵要领

在进入大桥水域前,应向主管机关的 VTS 中心报告船舶动态;船舶通过大桥通航孔及其对应的桥区航道时,采用导标导航法,按照桥区航标的引导航行;船舶在单向通航的通航孔及其对应的桥区航道内航行时,应当尽可能在通航孔和航道中间行驶。船舶在双向通航的通航孔及其对应的桥区航道内航行时,应当尽可能靠近其右舷的航道一侧行驶,并与大桥桥墩保持适当的安全距离。

备车航行,加强瞭望,船长在驾驶台指挥,轮机长在机舱值班。提前与过往船舶加强联系,互相通报船舶动态,协调通过顺序。

船舶在桥区航道及其通航孔内航行,禁止追越、掉头、横越等妨碍其他船舶安全的行为。船舶在大桥水域进行靠、离泊作业,应选择合适时机进行,并及时向过往船舶通报船舶动态,避免妨碍他船航行;在大桥水域码头停靠船舶,应落实各项安全措施,防止断缆,危及大桥安全。

除主管机关公布的锚地水域外,大桥其他水域禁止船舶锚泊;在大桥水域锚地锚泊的船舶,应保持备车状态,值航行班,防止发生走锚,危及大桥安全;非自航船舶在大桥水域锚地锚泊时,必须保持足够的安全距离并配备足够数量和功率的拖船值守。

船舶当配备大桥水域的最新航海图书资料,并保持有效的通信值守,配备 AIS 的船舶应当正确使用,并保持其处于正常工作状态;船舶在大桥区域内航行要遵守港口主管机关的管辖,听从指挥,并熟悉大桥水域相关的大桥水域交通管理航行规定;要注意计算大桥的净空高度以及富余水深对船舶的影响,保证船舶安全航行。

各船舶要熟悉《中国海区可航行水域桥梁助航标志》的相关知识,以及大桥水域的气象、水文情况,控制好风流压差角。

四、桥区河段引航技术

1）基本方法

(1）挂高船位,减小与流向的夹角。

(2) 掌握船位,发现异常及时纠正。

一旦发现异常,应迅速判断船位偏移方向,及时纠正,如果船位偏移严重,无法纠正,过桥无把握时,应及时掉头,将船位提高后再掉头下驶。当船舶从大桥上游以一定夹角与大桥斜交过桥时,船首刚达桥墩,应迅速调向摆艉,使船身与大桥成正交通过。如因某种特殊原因,船位横移难以校正,有碰撞桥墩危险时,应果断用舵偏离桥墩,使船沿下流一侧的桥孔过桥,但必须及时报知大桥监督站。

2) 大风天过桥时的注意事项

(1) 了解当地气象台站台的风情预报及当时的实际风力,当风力超过过桥的规定标准时,应选择安全锚地避风。当风力虽在规定标准的许可范围,但由于船队受风面积大、功率小,无把握过桥时,应采取抛锚避风措施。

(2) 紧沿桥区航道上风一侧。

(3) 发现船位漂移,应立即纠正,多向上风一侧调向,必要时将浮标关在一侧航行。

▲经验之谈——狭水道中的用车要领

用车是否得当对船舶安全具有重大影响,是驾引人员必须掌握的基本功。港内发生的船舶碰撞或触碰事故,大多出于对距离、时间估计不足或用车不当引起的。尤其像上海黄浦江这样复杂的江河水道,有时只要早停或倒车早开出几秒、车叶少转或多转几转,或许就可避免一场严重事故。因此,在用车问题上,需要慎重对待并给予应有的重视。

由于船舶在江河中航行,其外界的环境和条件不断发生变化,故车速也应随之变化,使之相适应,否则本来正确的车速就可能变成错误或危险的车速。例如,一艘重载货船在顺涨潮流进上海黄浦江吴淞口,原先用微进,应该说是适当的。但由于避让出口船,船位未能控制好,被涨潮流压近防波堤,待发现时已较晚。在此情况下,惟有果断地改用前进三甚至再进三,才是唯一正确的用车操船方法。若操船人员仍然犹豫不决,不敢开快车,就会丧失用车时机,发生碰撞防波堤的严重事故。一旦用快车冲出险境,转危为安后,应及时减速,不然会违章超速,形成新的危险局面。

任务评价

评价内容		评　价　标　准	权重/%	分项得分
任务完成情况	任务 1	狭水道中的基本船舶操纵要领	20	
	任务 2	通过弯曲水道的船舶操纵要领	20	
	任务 3	运河航行时的船舶操纵要领	20	
	任务 4	桥区水域的船舶操纵	30	
职业素养		能够联系实际阐述特殊水域中船舶操纵技能	10	
总分			评价者签名:	

任务拓展

1. 船舶在弯曲水道、运河、桥区航行时的典型事故案例分析(事故案例由教员自行选定)。

2. 船舶在狭水道航行时的典范案例分析(典范案例由教员自行选定)。

3. 船舶在狭水道航行时如何进行避让操纵?

4. 船舶在狭水道航行时车、舵、锚如何配合运用? 依据是什么?

模块 2　岛礁水域的操船

模块描述

岛礁水域的航行条件特殊而复杂，船舶操纵时稍有不慎就会酿成触礁沉船事故，因此全面的知识与正确的技能显得格外重要。本模块涵盖岛礁水域的特点与船舶操纵特别注意事项、岛礁水域的操纵要点、岛礁水域的导航法与避险法等任务，要求学生以掌握岛礁水域操船技术为核心，系统地掌握岛礁水域操船的知识技能。本模块的学习对《船舶定位与导航》课程相关内容学习作一个铺垫。

学习目标

1. 了解岛礁水域的航行条件；
2. 牢记岛礁水域船舶操纵特别注意事项；
3. 熟练掌握岛礁水域的操纵要点；
4. 学会运用岛礁水域的导航法与避险法。

工作任务

任务 1　岛礁水域的特点与船舶操纵特别注意事项

任务 2　岛礁水域的操纵要点

任务 3　岛礁水域的导航法与避险法

导　入

1. 设想船舶在岛礁区航行不慎的后果。
2. 《船舶定位与导航》中的避险方法常常用于什么场合？

知识准备

一、利用海水颜色判断水深

珊瑚礁常出现于阳光可以照到的浅海区，故从高处望去可经由水色的变化发现浅礁、判断水深。但是，因为底质对透过光线的反射情况不同，尤其是当云映照于海面时或海面有微波时更是如此，所以单靠海水颜色识别海水的深度仍有困难。

前进中的船舶在其前方有低高度的太阳存在时，要想在前方发现珊瑚礁是很困难的。然而，背着太阳从高处观察海水颜色时，较深水域呈现紫蓝色，次深水域为蓝绿色，随着水深变浅将为淡黄褐色。

用水色判断水深大体上可循下述标准进行(H 为水深)

① 深紫蓝色 $H>70$ m；② 紫蓝色 $40\text{ m}<H<70$ m；③ 带紫的蓝色 $H\approx30$ m；④ 蓝色 $H\approx20$ m；⑤ 带白的蓝色 $H\approx15$ m；⑥ 蓝绿色 $H\approx10$ m；⑦ 黄绿色 $2\text{ m}<H<5$ m；⑧ 略带褐色 $H\approx2$ m。

二、识别岛礁水域水深时考虑阳光影响

(1) 当太阳高度较低斜向受光时，水深超过 20 m 呈现带黑的蓝色，广阔的水域为带白的蓝色，狭小的水域内可看到蓝色。

(2) 当太阳高度较高且为晴空时，如背向太阳可用望远镜识别左右各约 120°视野内水色的变化，最好的条件是左右各约 60°，并随太阳高度的降低而减少。

(3) 当船首前方的上空为晴空而本船为云影覆盖时最易识别。但薄云天或太阳相反的方向上有乱云、太阳光线被水面反射时，识别将很困难。

(4) 当云的移动较慢时，易将前方的云影误认为浅礁；若使用带色眼镜，则从易于发现浅礁看似乎以浅褐色镜片为好。

任务实施

任务 1　岛礁水域的特点与船舶操纵特别注意事项

在岛礁区航行中，在操纵方面有区别于一般水域航行时的特点。类似于南太平洋各岛和澳大利亚东北海岸附近水域的珊瑚礁(coral reef)，在我国南方诸群岛也很常见。

珊瑚礁多见于平均水温为 25～35 ℃，海流相对较强的热带水域，并易于在阳光可射入的较浅水域内发展起来。绝大部分珊瑚礁均以火山岛为基础发育而成，并有裙状、环状等多种形式。一般岸线向海的深度变化较为剧烈，因而可以接近航行；但因岸形、浅滩位置和水深等常与海图和航路指南有不同之处，这些地方又往往是热带低压发源地，故在多礁水域中航行时有许多值得重视的特点和注意事项。

1. 航行资料的精度不可盲目信赖

由于通航船舶较少，故测量较少，未测部分也多有存在，在海图上漏测的浅礁仍然不止一处，有些测点即使标有水深，其精度也不尽如人意，而且与现状肯定有很大的不同。

2. 航标系统极不完备

航路标志稀少，航标系统不完备，没有显著物标可供测定船位；在珊瑚礁附近尚缺少明显而突出的操舵导标和定位的物标。在岛屿附近如有急风暴雨天气，雷达图像有时也难以识别。

3. 测深与确认船位困难

岛礁海域中视野变窄，视程变差，一般情况下利用连续测深进行航迹推算较为困难。如果测深记录中有海底深浅变化较大的记载，则必须注意该处附近必有礁石存在。夜航于无航标的多礁海面更需高度警惕。

4. 多礁海域的海流和潮流复杂

海流、潮流资料严重缺乏是岛礁海域航行困难的重要原因；而恰在该水域的水深变化很大，潮流、海流强而复杂。由外洋驶入珊瑚礁礁湖内时，在进口附近潮流对船舶运动影响较

大,而且由于浪涌从外向内扑来,给船舶保向带来很大困难。可是一进入礁湖内水面变得平静,而且潮流也小很多。

5. 需要实行严密的瞭望

为及时发现礁石,严密的瞭望应按下述要求进行:①应在高处进行瞭望;②应保持连续测深以便及时发现浅礁所在;③应根据海水颜色判断附近的水深;④应派懂得珊瑚礁知识的人员担任瞭望工作。

任务 2　岛礁水域的操纵要点

一、及时运用车舵确保船舶随时处于安全位置

在岛礁水域中,由于缺乏显著物标或航标,无论是航迹推算或定位等工作以往均存在很大困难。如今可利用 GPS 接收机很容易定出准确船位。在此基础上还可将多次核定的测深数据标注在相应位置处,以便再次驶经该海域时用作参考。

船位定出后,再根据实际观察和测定,运用已有的航路图志,对照陆岸的形状,使船不断驶进岛礁水域。

二、岛礁水域操船

为能避离浅礁位置,应保持在礁区航行时连续做好雷达观测和测深,以便及早发现并采取措施。雷达观测可以发现水平线上浅礁处出现的位置,但适淹的浅礁只有通过视觉(破碎的大浪浪花)、听觉(破碎的浪花声)去发现。

尽可能在保向前提下减速航行,还应注意不致造成因流致漂移而触浅。

做好应急准备工作,正确实施抛锚。首先使船舶顶风慢进,边测深边通过礁区;然后将链送至锚泊所需水深的长度,使船舶后退;待锚抓住礁(珊瑚)面再慢慢松出锚链,并在越过礁面的较深水域处锚泊。

在珊瑚礁水域采用一般抛锚法抛锚时,锚可能由于与珊瑚底的撞击而受损。另外,也有锚抓住珊瑚较深而难于起锚的情况。若在锚能滑落的斜面上抛锚,也可能根本得不到应有的抓力。对于上述问题,在选择抛锚位置时均应给予足够的关注。

任务 3　岛礁水域的导航法与避险法

一、导航法

1. 浮标导航

在海图上按照浮标所示的航道,量出同侧相邻浮标间的航向与航程,然后顺着浮标逐个通过。一般在这种水道,各航段的航线多与浮标线相平行,并保持一定的安全距离通过,当到达一个浮标后,可根据通过下一个浮标所需的正横距离选择浮标的舷角确定航向。当有风流影响时需配以适当的风流压差,水流的方向和大小可通过观察临近浮标的水花与倾斜方向作出判断。浮标导航时,通过每一个浮标时均仔细核对,并记下其名称及通过时间,同时推算出到达下一个浮标的时间。在晚上过这种航道时,特别注意背景亮光对所需浮标的

观测。

2. 人工叠标导航

在狭窄航道，特别是进出口地段，一般都设置导航叠标。航行时，应将船舶保持在前叠标的串视线上。当发现远标在近标之左(右)时，则船已偏在导航串视线之左(右)。在叠标导航中，当转向下一组叠标时应结合本船的旋回性能选择恰当的转向施舵点，并且还要考虑风、流影响。

3. 自然叠标导航

就地利用山峰、岛屿、建筑物等自然物标，组成叠标，其导航方法与人工叠标相同。但选择叠标时应选孤立、明显、细长的物标，且两标间距大而前标近的叠标。

4. 开视、闭视导航法

见图 6-2-1，6-2-2 和 6-2-3。

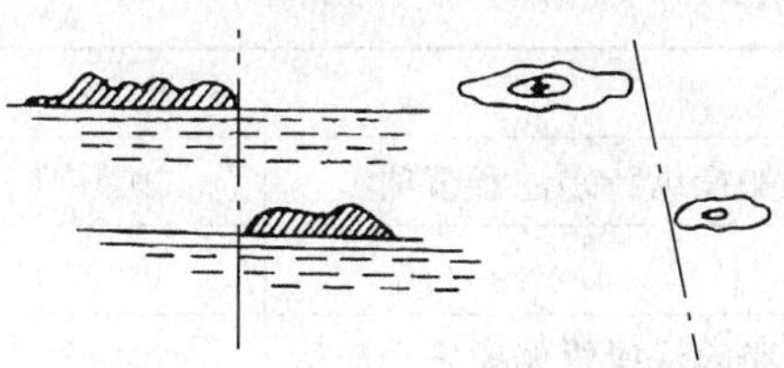

图 6-2-1　开视与闭视导航

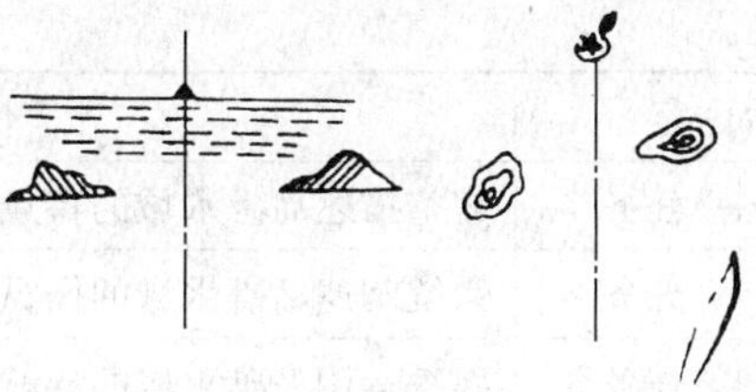

图 6-2-2　串视导航

5. 单标方位线导航

此法选航线前方或后方的一个明显特标作导标，航行时保持罗经方位不变，则船在导航线上，若“方位增大，施右舵；方位减少，施左舵”的方法纠正，见图 6-2-4。

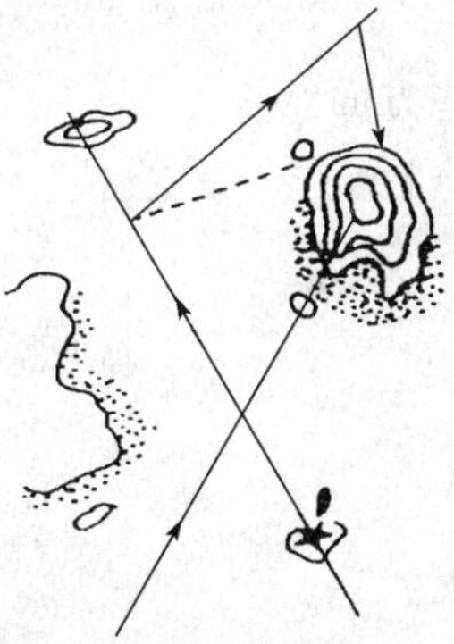

图 6-2-3　前后物标导航

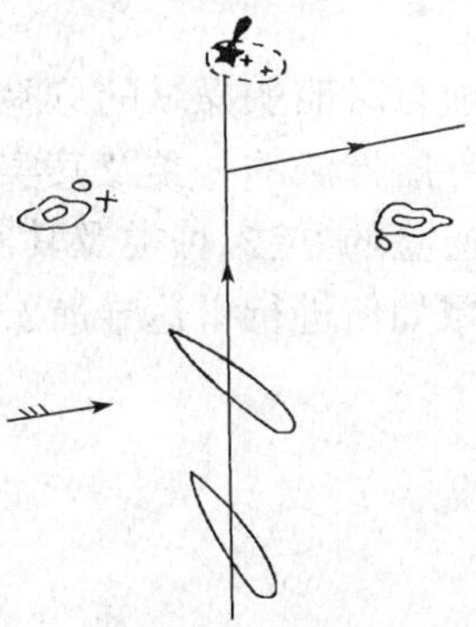

图 6-2-4　单标方位线导航

二、避险法

1. 方位线避险

应选取障碍物附近并在海图有准确位置和容易辨认的物标，最好是在航线的两端。由该物标作避险方位时，应与障碍物之间留有足够的安全距离。航行中保持该物标的罗经方位始终小于(或大于)避险线的罗经方位，即可安全避开该障碍物，见图 6-2-5。

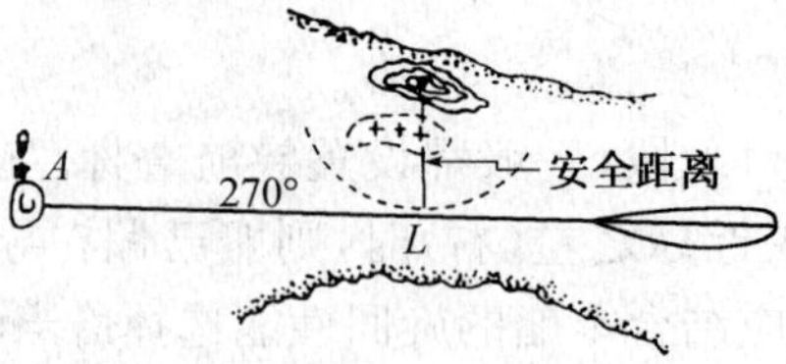

图 6-2-5　方位线避险

2. 距离圈避险

在障碍物附近选一物标，以该物标为圆心，以适当的安全距离为半径作一圆弧，航行中，以仪器或目测该物标的距离，始终保持船舶在该距离外，即可避开障碍物。

任务评价

评价内容		评 价 标 准	权重/%	分项得分
任务完成情况	任务 1	完整描述岛礁水域的特点与船舶操纵特别注意事项	30	
	任务 2	系统阐述岛礁水域的操纵要点	40	
	任务 3	熟练运用岛礁水域的导航法与避险法操纵船舶安全航行	20	
职业素养		能够把《船舶操纵》与《船舶定位与导航》中的相关内容融会贯通	10	
总分			评价者签名：	

任务拓展

1. 岛礁水域航行时船舶操纵的危险性体现在哪些方面？
2. 岛礁水域导航方法的种类及其实施步骤？
3. 岛礁水域避险的方法、种类及其实施步骤？
4. 在岛礁水域如何进行雷达导航？

模块3　冰区水域的船舶操纵

模块描述

船舶在冰区水域的航行的首要障碍物是冰，如果操作不当，冰对船体、车舵的危害程度可想而知，因此冰区水域的船舶操纵的正确性显得格外重要。本模块涵盖冰情探测、冰区航行准备工作和冰区船舶操纵等任务，要求学生以掌握冰区操船技术为核心，系统地掌握冰区水域操船的知识技能。

学习目标

1. 了解冰区的航行条件；
2. 识记冰区操纵的准备工作；
3. 熟练掌握冰区水域的航行与停泊操纵要领。

工作任务

任务1　冰情探测
任务2　冰区航行准备工作
任务3　冰区船舶操纵

导　　入

1. 我国冬季的冰区常常出现在哪些海域?
2. 设想一下冰区航行会遇到哪些困难?

知识准备——冰区知识

从航海观点看，冰区分为冰山与海冰。每年10月—次年3月北半球海冰分布很广，可达北纬40°。我国每年11月—次年3月在渤海和辽东半岛附近海面有冰冻，最盛期为1—2月，冰厚可达1 m以上。冰山是海上的冰在风流和浪的作用下堆积起来或极地附近陆上的冰群断裂坠入海中的浮冰。海冰是海上生成的冰，在风浪和水流作用下破碎成冰块。

一、冰山(ice berg)

冰山与海水冻结而成的海冰不同，它是南北两极周围山麓的冰河和冰棚崩塌滑落而浮落于海洋的巨大冰块，多为淡水冰。沿阿拉斯加湾的冰河的小冰山，南界的平均位置在

58°N，个别的可达 40°N。临近北大西洋航线的冰山多为格陵兰及其周围岛屿冰河流出的冰山，沿拉布拉多尔寒流南下，然后进入暖流，漂流到 6 月末。南极的冰山有时也进入太平洋、印度洋航线，威胁船舶安全。

冰山浮于海面以上的部分只不过是其整体的 1/8～1/7。因此，船舶在其附近航行万不可认为是外形很小的冰山，应对其整体有充分的估计和戒备，尽量远离。

冰山按其大小可分为：

冰山(berg)——直径超过 30 m；

小冰山(berg bit)——直径为 6～30 m；

冰岩(growler)——直径为 2～6 m。

二、海冰(sea ice)

海冰为海水冻结(低于−1.9 ℃)的生成物，系海水冰。

冰群从其生成过程看有以下名称：

(1) 冰晶(ice crystal)——薄片状的结晶；

(2) 冰泥(ice slush)——浮于海面的初期极薄冰层；

(3) 软冰(sludge ice)——由冰泥固结的软冰层，直径 3～30 m，成圆盘状，对低速航行船舶无碍；

(4) 荷叶冰(pancake ice)——较软冰略大，结冰气温下 2～3 日可达 30 cm 左右厚度，直径约为 1.8 m 以下；因其相互接缘，故船舶以常速航行将损伤外板或推进器。

在风浪和潮流的影响下，海岸或冰原破碎而成为冰块，称为冰群(pack ice)。有的冰群较为平坦，但与冰相互挤压重叠冻结为冰丘(ice ridge)。因此，冰群是浮冰(float ice)聚集，具有各种形式海冰的水域的总称。

冰群按其大小可分为：

(1) 碎冰(brush)——直径 $D<2$ m；

(2) 块冰(block)——$2<D<10$ m；

(3) 小型浮冰(small floe)——$10<D<200$ m；

(4) 中型浮冰(medium floe)——$200<D<1\ 000$ m；

(5) 大型浮冰(giant floe)——$1\ 000<D<9\ 620$ m(5 n mile)；

(6) 冰原(ice field)——$D>5$ n mile。

三、冰量

冰量指的是冰群在海面上的覆盖量。通常采用十分法度量出视界范围内海上浮冰覆盖的比例数，冰量占十分之几的即称为几度冰量。从船舶在冰区中航行的困难程度看，冰量有以下名称(八级)：无冰 1/10；散冰<1/10；稀冰 1/10～3/10；疏冰 4/10～6/10；密冰 7/10～8/10；集冰 9/10～10/10；满冰 10/10；坚冰 10/10。坚冰与满冰冰量一样，只是当流冰的冰块间重新冻结在一起时称为坚冰。冰量大小表示用于船舶在冰区中航行困难程度，当冰量在 1/10 以下时，船舶可自由航行；冰量为 1/10～5/10，船舶不能按预定航向航行；冰量在 5/10～8/10 时，船舶有航行障碍；冰量在 8/10 以上时，无破冰船支援无法单独航行。

四、冰的色调与硬度

生存期较长的冰比初生冰硬度大，淡水冰比海水冰硬，冰的硬度可通过冰的色调识别。

灰色或铅灰色调（多为冰泥），软；纯白色调（多为荷叶冰），稍硬；白色带青色调，硬；铁青色、荤色或灰绿色，最硬。

任务实施

任务1　冰情探测

一、冰山的探测

（1）使用雷达能否发现冰山决定于回波的强度，这与冰山的大小和反射面的角度有关。露出水面3 m以上的冰山，可探知距离往往只有2 n mile左右；水面上高度不足0.3 m者则难于观察到；而高大的冰山则可在10 n mile以外观测到。

（2）在晴朗的白天，大冰山的视距可达10 n mile以上。在晴朗的黑夜，用肉眼能在1/4 n mile以外看到，用望远镜可在1 n mile处见到。夜间，如月亮与冰山都位于船舶前方，有冰山也难于发现；如月亮处于和冰山相反方位上，则冰山视距几乎与白天相同，也可凭借其上空呈黄白色的冰光作出判断。

（3）驶入风力急剧减缓，浪涌也突然减低（波高2～3 m的波浪也将在接近冰原1 km以内安静下来）的水域，驶入海水温度急剧下降（例如，由15～20 ℃急降至0～2 ℃）的水域，则说明在2 n mile左右有冰山，并已逼近。

（4）发现本船发出的汽笛声有回声，或有大浪击壁发出的声响，则说明可能有大冰山。

冰山对船舶航行威胁极大，必须引起操船者的高度警觉。

二、海冰的探测

冬季在高纬度水域（北半球每年10月—次年3月，40° N以北；南半球4—9月，50° S以南）应按时收看冰情传真图和收听冰情预报。此外，还应加强瞭望，谨慎驾驶，并根据下列信息判断是否已驶近冰区：

（1）冰光（ice blink）是被雪和冰覆盖的表面所反射的太阳光线在其上空云底空间所看到的现象。雪的反射光白而明亮；冰的反射光则为黄白色，下部明亮而上部暗淡，其高度因冰的远近而异。白天当天空有云时，云底部呈白色，无冰水域或陆地上空则呈灰色。

（2）冰区边缘往往出现浓雾，并有少量冰块漂流。

（3）风浪突然减弱或浪涌突然减弱而风力无减，如上风方向无陆地则表明可能有冰区。

（4）水温降低预示可能正在接近冰区。处于非寒流中的船舶如发现水温为1.1 ℃左右，则距冰区在100～150 n mile之内；水温若在0.5 ℃，则距冰区已不足50 n mile。

（5）虽远离陆地却发现海豹、海狮或海鸟等，则预示附近有冰区存在。

（6）听到冰的撞击或挤压声，说明冰区已经临近。

任务2　冰区航行准备工作

(1) 参阅航路指南、冰情报告及其他资料，摸清冰区的规律及其特性。

(2) 船上应备有足够的备用燃料、淡水和食物。

(3) 检查船体结构，特别是船首部分，必要时在艏尖舱内加撑纵向和横向的冰梁，以增大强度。

(4) 检查排水设备及救生设备，使其处于良好技术状态，并检查、充实堵漏器材以应急用。

(5) 卸除船旁水线附近的突出物，如铁环、舷外排水孔罩盖、水压式计程仪皮托管等。

(6) 空载或载货不多时，应调节货物、压载水、燃油、淡水，使螺旋桨全部没入水中且艉倾1～1.5 m最为适宜。若为B级冰区加强船舶，宜保持船首吃水在轻载水线以上大于1 m，重载水线以下大于0.5 m。其目的在于：①使船舶具有良好的破冰能力和操纵性能；②保护船体、桨、舵；③提高稳性；④避免船底海水阀门被碎冰堵塞。

(7) 配载方面：应把不怕潮湿或不贵重的货物尽量装载在第一舱和其他舱内底层，并使货物与外板保持一定的间隙以便于外板的堵漏和修理；装载甲板货时，预先考虑甲板结冰而使重心升高、稳性下降，并应保证甲板排水畅通。

(8) 防冻工作包括：①保持航行中的航行灯、室外磁罗经以及陀螺罗经复示器照明灯光昼夜常开；②救生艇淡水桶只能装置其容量的3/4，并用帆布包妥或暂移室内；③草包裹住集装箱底脚，放出法兰螺丝之螺杆套筒中残水；④关闭货舱通风筒，防止冷气入内存水结冰；⑤放尽消防水管残水后再关闭，冲锚链水的出口阀应常开；⑥放尽室外淡水管，冲洗管内残水或用稻草包扎；⑦上层边水舱、边水舱与前后尖舱水量不超过满舱的85%；⑧双层底水舱内的存水量至多为其容量的95%，其空气管和测量管在双层底舱顶以上部分绝不允许有存水。

(9) 桅顶加设瞭望台，并与驾驶台建立通信联系。

(10) 配备专用物资：保暖衣被、护目色镜、破冰斧等。

(11) 使主机冷却器中输出的热水可在进水阀处循环，以免进水阀被冰阻塞时导致主机停转。

任务3　冰区船舶操纵

一、迂回航线的选择

在航线上有冰山、冰群时，只要情况许可，最好采取迂回航线，以免遇到障碍和困难。即使有冰的水域很广，迂回航线在航行时间和燃料消耗上还是比穿过冰区要少得多，当然也更加安全。

根据冰情预报，通过本船的瞭望，尽早探清冰区的范围及可航的水域；如能看到冰区的边缘时，可沿其上风侧的边界航行。

二、进入冰区

冰量在 5/10 或 6/10 时，在冰块之间常可找到通航水道，只要冰厚不超过 30 cm，就可以通航。冰量在 6/10 以上时，船舶行动比较困难，应争取破冰船引航。船舶驶进冰区时，要通过仔细瞭望，选择适当的地点、时机和方法：

（1）从冰区的下风侧进入比上风侧安全。上风边缘冰块密集，在有涌浪时碎冰流动，容易损坏船体。

（2）涨潮冰易结聚，退潮时碎裂。当厚冰随流快速漂移时，应等待缓流或无流时进入。

（3）当海面涌浪较大或有 5 级以上横风时，不宜进入。

（4）冰区的边缘是不规则的，应选择有舌状突出之间较平坦处进入，这里受浪的影响也较小。

（5）进入冰区时应保持船首与冰缘垂直，并将冲力降到最小。当船首顶住冰块时，再逐渐增加车速，推开冰块，驶向冰块松散的方向。

三、通过冰区

进入冰区后，在冰中航行时，应注意下列各点。

（1）根据冰量正确选择航速：冰量 4/10～5/10 可常速航行；冰量 6/10～7/10 应慢速航行；冰区夜航应较白天为低；能见度不良应大量降速（至可保持舵效为止）。

（2）有离岸风时，近岸边常有可航水道；有向岸风时，不能从冰的靠岸一边通过。

（3）通过冰区时最好少改变航向。如被大冰块挡住去路而用船首冲击未能使冰破碎时，应立即退出。倒车前，正舵，先用短暂的进车，将艉部的碎冰排开，再开倒车后退。待船后退接近碎冰时停车，让惯性把船带进碎冰，然后再进车，利用冲势在冰中撞出一条通路，一次不行，可反复几次。冲撞时，要严格掌握冲势，及时停车，并保持船首与冰块正面相撞。与雪混合的软而厚的冰，不易撞碎，要避免被冰困住。

（4）冰区航行，要增加艏尖舱及污水沟的测量次数，并注意海底阀可能被冰堵塞。

（5）冰中转向，切不可一次用 30°舵角，要用小舵角慢慢转过，每次改向 5°～10°以防舵及螺旋桨损坏。在冰中无法前进而需脱离时，从原路驶出较为便利。

四、冰困后的措施

破冰前进中，若船的前部被冰夹住而不能进退时，应立即按下列方法使船脱出，否则船将随冰漂流，可能漂到危险水域，或船体被冰毁坏。

（1）全速前进，左右满舵，以使船首有所松动，然后再用快倒车正舵退出。

（2）交互排灌各压载水舱的水，使船身左右或前后倾侧，以松动船身。

（3）用铁橇将压在船首下边的冰块敲碎，再用竹篙把船旁的冰块推向后方。

（4）在船尾抛下冰锚（冰锚抛法见后），带缆绞船，并配合倒车。

（5）上述方法均失败后，可试用炸药爆炸使艏起浮。船首被冰困住，可在艏前方或艏左右用炸药爆破冰块。先用 0.5 kg 的炸药放在直径为 15 cm 的冰孔中，炸出一个小洞，在其中再放 4 kg 的炸药，它的爆炸力已经足够。

冰困中，不论是采取脱险措施还是等待破冰船或气候转佳，都应保持螺旋桨和舵的转动，以免艉后的水道被冰封住。

五、破冰船护航

一般非冰区航行专用船舶，在冰量超过 6/10 时，最好使用破冰船导航。编队时把船壳较弱、功率较小的船放在船队的中部，船间的距离一般保持 2～3 倍船长。后船要密切注视前船的信号，调整两船的间距，当前船减速而后船来不及停住惯性冲力时，可转离前船的航迹避免碰撞。

护航中的航速，当冰量小于 4/10 时，可维持 8 kn 速度，冰量每增加 1/10 就减速 1 kn。

护航发生困难时，可以由破冰船拖航，拖带中，一般用 10～15 m 长龙须缆。拖缆最好从锚链孔中穿进，再用木棒穿过拖缆的琵琶头，卡在锚链筒的口上。

在坚冰中拖航时，压力很大，当破冰船经过后，水道立即封闭，要使被拖船的艏与破冰船的艉紧挨在一起，二者形成一体，此时破冰船的操纵较为困难。

六、冰区锚泊

冰中下锚应选择薄冰或碎冰的浅水区，锚链长度不超过 2 倍水深，否则将会发生被冰困住或断链等事故。锚泊中，锚机和主机应随时处于准备状态，必要时可起锚驶离。

在岸边的冰上或海中冰群的边缘可以抛冰锚带缆停靠，先在冰上挖好槽，将长为 0.07 m，宽为 0.25 m，高为 2 m 的硬木块冰锚放入槽中，套上缆绳，再浇上水，使冰锚与水冻结在一起。

七、冰区靠泊

港内结冰时，常因船身与码头间冰块堆积而不能靠拢，应令拖船在泊位边来回破冰，然后驶靠。

(1) 如泊位下端有余地，可对准泊位后端，向码头靠拢，带头缆至泊位前端较远的桩上，绞头缆，进车，外舷舵，使船首紧贴码头扫过，将碎冰排挤出去。当船首到达前端位置时，如里当尚有少量浮冰，则可带上前倒缆及艉缆，开进车，利用排出流将碎冰排出，再逐步靠上船尾。

(2) 如泊位后端无余地应将船首先对准泊位前端插入，带好头缆、倒缆及艉缆，用进车外舷舵，并在拖船顶推协助下，挤压里舷的积冰，然后再用排出流将碎冰排出。按上述方法反复进行多次，可逐渐将冰挤碎排出，使船尾靠拢。

八、冰区停泊

由于船舶与流冰冰块漂移速度有差别，会产生船与冰之间的撞击。为保持车舵，停泊船应以艏顶流冰方向，用合适的速度插入一片碎冰组成的流冰群中，应尽量插入深一些，约 1/2 船长；冰况中等、功率大的船可插入深一些，约 2/3 船长，但切勿在大冰块之间停泊。

停泊船应不时缓速前进，将艉附近的冰块赶走，以保持艉部不被困住；同时也应适当地用车进退左右用舵，以减少冰与船壳冻结在一起的机会。

不论流冰群漂向何处，如附近有浅滩与暗礁，在冰中停泊的船位将艏向着海或安全的地方，以便随时驶离。如在漂向浅滩或暗礁，则应奋力退出原插入之处，另寻安全停泊处所。

临时性停泊往往不能在固定冰的海岸上靠泊，但可以在较小些的浮冰块上使用冰锚停泊。必须在事前对浮冰的走向及沿线附近水深有足够的把握，确认安全后方可进行。

任务评价

评价内容		评价标准	权重/%	分项得分
任务完成情况	任务 1	冰情探测	20	
	任务 2	冰区航行准备工作	20	
	任务 3	冰区船舶操纵	50	
职业素养		能够从冰区水域航行案例中提炼出经验教训	10	
总分			评价者签名：	

任务拓展

1. 搜集与分析冬季我国北方港口水域附近航行的典型实例。
2. 搜集与分析高纬度水域冰区航行的典型实例。

模块4　分道通航制和船舶交通管理水域的船舶操纵

模块描述

本项目的特点是在船舶操纵时重点考虑特殊水域内的交通、水道及其海况等特殊环境和情况，要求学生能根据船舶的内外部条件，运用适当的手段和方法控制船位、航向，使船舶安全通过上述特殊水域。

学习目标

通晓分道通航制规定，正确摆放船位、选择航向、控制航速，正确避让。

工作任务

任务1　在分道通航制和船舶交通管理水域操纵船舶的注意事项

任务2　在分道通航制和船舶交通管理水域中的操纵要点

导　入

1972年《国际海上避碰规则》有关分道通航制的规定(第十条)

1. 本条适用于本组织采纳的分道通航制，但并不解除船舶遵守任何其他各条规定的责任。

2. 使用分道通航制区域的船舶应：

(1) 在相应的通航分道内顺着该分道的船舶总流向行驶；

(2) 尽可能让开通航分隔线或分隔带；

(3) 通常在通航分道的端部驶进或驶出，但从分道的任何一侧驶进或驶出时，应与分道的船舶总流向形成尽可能小的角度。

3. 船舶应尽可能避免穿越通航分道，但如不得不穿越时，应尽可能用与分道的船舶总流向成直角的船首向穿越。

4. ①当船舶可安全使用邻近分道通航制区域中相应通航分道时，不应使用沿岸通航带。但长度小于20 m的船舶、帆船和从事捕鱼的船舶可使用沿岸通航带。②尽管有本条①项规定，当船舶抵离位于沿岸通航带中的港口、近岸设施或建筑物、引航站或任何其他地方为避免紧迫危险时，可使用沿岸通航带。

5. 除穿越船或者驶进或驶出通航分道的船舶外，船舶通常不应进入分隔带或穿越分隔线，除非：

(1) 在紧急情况下避免紧迫危险；

(2) 在分隔带内从事捕鱼。

6. 船舶在分道通航制区域端部附近行驶时，应特别谨慎。

7. 船舶应尽可能避免在分道通航制区域内或其端部附近锚泊。

8. 不使用分道通航制区域的船舶，应尽可能远离该区。

9. 从事捕鱼的船舶，不应妨碍按通航分道行驶的任何船舶的通行。

10. 帆船或长度小于 20 m 的船舶，不应妨碍按分道通航行驶的机动船舶的安全通行。

11. 操纵能力受到限制的船舶，当在分道通航制区域内从事维护航行安全的作业时，在执行该作业所必需的限度内，免受本条规定的约束。

12. 操纵能力受到限制的船舶，当在分道通航制区域内从事铺设、维修或起捞海底电缆时，在执行该作业所必需的限度内，免受本条规定的约束。

知识准备

分道通航制指用分隔线、分隔带等方法把依相反或接近相反方向行驶的航行船舶分隔开的一种制度。分道通航制的实施，对改善水上交通秩序，避免碰撞事故的发生效果显著。分道通航制尤其运用于狭水道、沿岸海域、江河、港口附近等通航密度较大的海区。世界上许多通航稠密的海区都建立分道通航制区域，部分已被 IMO 采纳。

在被 IMO 采纳的分道通航制区域内航行，必须遵守《国际海上避碰规则》第十条和有关的地方规则；在尚未被 IMO 所采纳的分道通航制区域内，也应遵守其主管机关对分道通航制区域所作的具体规定。

任务实施

任务1　在分道通航制和船舶交通管理水域操纵船舶的注意事项

▲教学建议：自主阅读理解

(1) 及时收听和改正航海通告，研究、查核最新海图，特别注意水深、浮标的变动情况，熟悉分道通航制和交通管制及其附近水域的各种情况。

(2) 备车航行，以便随时控制航速，根据情况加派瞭望人员。

(3) 检查船舶操舵系统、声光信号设备、助航仪器是否正常，以确保安全。

(4) 严格遵守分道通航制和交通管制等各种航行规定。

(5) 近岸航行应减速，防止浪损。

(6) 确认船位，走规定的通航分道，尤其在横流地段，更应经常观察前后方物标，及早发觉偏航并纠正。

(7) 大风浪常造成浮标移位、漂失或灯光失常、熄灭，故航行中对浮标不应盲目信赖，可利用前后浮标之间的方位及本船的航向或其他浮标、陆标进行定位核对。

(8) 通过每一浮标时均要进行核对、记下其名称与正横时刻，以防错认或遗漏。根据前一浮标距离和航速推算到达下一个浮标所需的航行时间。同时根据船与浮标之间的横距，确定下一个航向，或者采用推迟或提早转向的办法，使船舶驶在预定航线上。转向后还必须核对下一个浮标的相对方位或舷角，以防认错。

▲知识链接：航海学中的浮标导航技术

(9) 应选视线良好、平流、交通较疏时刻通过涨落流较强的区域，航行中应掌握流向、流速及其变化，正确配以流压差。

(10) 夜航或能见度不良时应加强瞭望并开启雷达或 ARPA，避让时仍需再次确认水面环境和情况。

(11) 驶于浅水区域应连续测深，保证足够富余水深并选高潮通过，应减速航行，向浅水侧施舵，制止艏向深水侧偏转。

▲问题：为什么要向浅水侧施舵？提示：斜坡效应

(12) 航行中转向或变速后应核对舵角指示器、车钟、转速表，防止船的动态与发令效果不符。

任务 2　在分道通航制和船舶交通管理水域中的操纵要点

1. 航线标绘要顺着船舶的总流向，并取分道的中线为宜

众所周知，通航分道往往比较狭窄，加之船多拥挤，受风浪影响和避让他船等原因，不能使船舶始终走在预定的计划航线上，故需要经常地定位和修正偏差，而航线标绘宜取通航分道中线为宜。切忌为图省事和方便，在分道内有几个航向变动的情况下，往往以一直向线代之；或在分道内确定转向点和端外区域驶进和驶出时，不考虑与船舶总流向的角度问题。在遇有追越他船、避让、转向等情况时，尤其在狭窄和浅点多的区域（如马六甲海峡的一拓浅滩）就难有足够的回旋余地。

▲思考：从避碰角度考虑，航线取中线是否有助于增进航行安全？

2. 认真瞭望观测，注意连续定位

分道通航区内船多拥挤，船速快慢不一，受风流影响明显，这就需要值班驾驶员做到认真瞭望和观测，连续定位，随时掌握自己的准确舱位和他船动态，熟悉和了解分道区域内明显的、重要的定位航标，正确处理好避让和定位的关系，切忌偏重定位而疏忽避让。在夜间，由于在灯光的反向散射和岸边背景亮光的影响以及能见度较差的情况下，视力对船舶动态的判定和距离的估计都可能有误差，更需要保持正规的瞭望和观测，以便及早采取对策，避免险情出现。

3. 在转向、交叉警戒区内要小心谨慎，并采用安全航速

分道通航制区域内根据需要还设立有交叉警戒区，当接近到转向点和航经这些区域时，应特别谨慎和小心，除应弄清他船的动态和意图外，还应采用安全航速行驶，尤其当本船处于追越他船状态时更要注意。切不可自以为船速快，就盲目穿越两船中间，要充分考虑到可能出现的意外情况，视需要和实际采用灵活措施，如提前或推迟转向时间等，以达到避免本船和他船构成紧迫局面。切忌机械地按海图标示点转向，或在刚追越过他船船首后即改向，应按避碰规则的要求做到驶过、让清，并考虑他船在航行操作上的困难。

▲经验技巧：为确保转向后船位落在计划航向上，船位偏左，推迟转向；船位偏右，提

前转向。

4. 及时用 VHF 沟通联系，协同避让

在分道通航区内航行，常因船多密集和可航水域的限制，往往会形成你追我赶、各不相让的局面，尤其在转向点附近，狭窄地段和分道交叉区域，有时会出现几艘船齐头并进的情况，由于相互间距离太近、相对位置变化和操舵不稳等原因，极易形成紧张和危险的局面。及时运用标准航海用语与他船沟通联系，做到互相配合，协同避让，显得相当重要。（知识链接：在通航分道内，慢速未必就是安全航速，有时会造成不必要的追越局面。）

任务评价

评价内容		评　价　标　准	权重/%	分项得分
任务完成情况	任务 1	在分道通航制和船舶交通管理水域操纵船舶的注意事项	40	
	任务 2	在分道通航制和船舶交通管理水域中的操纵要点	50	
职业素养		能够流畅地阐述知识，展示技能	10	
总分			评价者签名：	

任务拓展

从操船角度，在综合考虑吨位、船速、水深、岸距、船间距等因素的前提下，提出预防船间效应、岸壁效应和浅水效应的有效方案。

	船速	岸距	船间距
预防船间效应的措施			
预防岸壁效应的措施			
预防浅水效应的措施			
预防综合效应的措施			
大吨位船在浅区特别注意的事项			

项目七 大风浪中的船舶操纵

核心概念

波浪要素;波浪遭遇周期;横摇;纵摇;垂荡;台风;抗台操纵

项目描述

项目涵盖船舶在风浪中的运动、大风浪对船舶的危害、大风浪中的航法、抗台操船等内容。大风浪中操船的好差直接关系到船舶的安全,因而本项目是课程的重点,要求学生通过学习和实践,能够熟练掌握船舶在大风浪中的操纵要领。

近年来,各航海国家根据近期天气预报设计大洋航线,避开大风浪区航行,取得一定的效果。在沿海航行中,遇到大风浪,可以择地避风,免遭风浪袭击。但在海上复杂多变的自然环境中,要想完全避免遭遇风浪是不可能的。

学习目标

1. 掌握船舶在风浪中的运动规律;
2. 熟练掌握船舶在大风浪中的航法;
3. 熟练掌握抗台操船要领。

工作任务

任务 1　缓解船舶在波浪中摇荡的措施探索
任务 2　大风浪对航船造成的危害认知
任务 3　大风浪中的操船方法
任务 4　避离热带气旋的船舶操纵

导　入

1. 汽车在大风中行驶，会面临什么样的危险？试想船舶在大风浪中航行，会面临什么样的危险？

2. 船舶在大风浪中航行，面临的危险更大、更多，想想为什么？

3. 台风会造成什么样的危害？试想台风对船舶航行的安全会造成哪些威胁？

知识准备

一、波浪概述

▲教学建议：自主学习，教员辅导

为保证船舶在大风浪中的航行安全，首先，必须了解风浪；其次，要了解船舶在风浪中的运动；然后针对风浪对船舶作用的规律采取正确的操船措施，从而达到安全的目的。

1. 波浪的要素

波浪是水质点在外力作用下形成的波动运动。在深水中波浪的水质点以一定的速度作轨圆运动，其波形以某一速度传播出去，而水质点本身并不随波形移动。水质点的轨圆运动方向，当处于波蜂时，与波的传播方向相同；处于波谷时，则与波的传播方向相反。这种波的波峰比较陡峭，波谷比较平坦，因此称为坦谷波。表征波浪特征的几何要素见图 7-1。

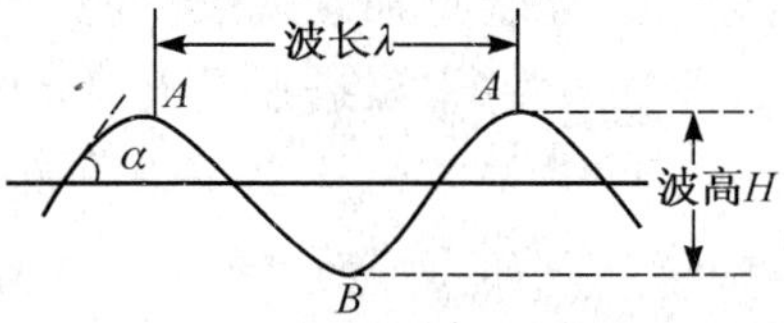

图 7-1　波浪要素

波高 H 为波形最高点与波形最低点之间的垂直距离，m；

波长 λ 为 2 个相邻的波峰或波谷间的水平距离，m；

波速 V_W 为波形向前移动的速度，m/s；

波浪周期 τ 为质点每回转 1 次所需时间，s，即波形向前传播 1 个波长所需的时间；

波面角 α(wave slope angle)为波形的切线与水平线间的夹角；

陡度 δ(wave steep nees)为波高与波长之比，表示波的陡峭程度，$\delta=H/\lambda$。

根据摆线理论，可以得到下列坦谷波的波速、波浪周期与波长间的关系式：

$$V_W=\sqrt{\frac{g\lambda}{2\pi}}$$

$$\tau=\sqrt{\frac{2\pi\lambda}{g}}$$

$$\lambda = \frac{g}{2\pi} \cdot \tau^2$$

由上述公式，得到坦谷波的波速和波浪周期与波长间的关系如下：

$$V_W = 1.25\sqrt{\lambda} \tag{7-1}$$

$$\tau = 0.8\sqrt{\lambda} \tag{7-2}$$

$$\lambda = 1.56\tau^2 \tag{7-3}$$

波浪的大小和风力、风时以及海区的广度、深度有关，风力大、风时长、海区广又深，则波浪大。有关各海区不同季节的波浪要素可从气象书籍和航路指南中查出。大洋中最容易产生的波浪的波长是 80～140 m，周期为 7～10 s，最陡的波的倾斜度为 1/10，一般为 1/40～1/30。

海上波浪实际上是不规则的，它们由各种不同波长、波高和陡度的波组成。经观测统计表明，其中有 1/10 波的波高是平均波高的 2 倍，称为最大波高（$H_{W/10}$）；有 1/3 波的波高是平均波高的 1.6 倍，称为三一平均波高或有义波高（$H_{W/3}$）。人们在海上目测的波高很接近有义波高。

有义波高（$H_{W/3}$）可以估算最大有义波的波长

$$\lambda_{最大有义} = 60H_{W/3} \tag{7-4}$$

有义波高（$H_{W/3}$）还可以用来估算最大能量波的波长

$$\lambda_{最大能量} = 40H_{W/3} \tag{7-5}$$

根据这 2 个波长可以估计出某船在该不规则波中航行时的摇荡情况。

2. 波形的变化

1）浅水区的波形变化

波浪从深海向浅海接近时，由于水质点的垂直移动受阻，水质点的运动轨迹将由圆形变为椭圆形，同时，由于回转运动与海底之间的摩擦阻力使波速降低。在浅水域中，波速只随水深变化，但波浪的周期不变，因此，当波速减小时，波长变短，波高增大，而且海岸的倾斜越急，这种变化越剧烈。此外，由于波谷与海底的摩擦部分的行进速度变缓，而波峰的行进较快，使波峰向前卷起，同时在行进中破碎，这种波浪俗称为开花浪，对船舶的冲击力较大。

2）干扰引起的波形变化

当从大海远处袭来的大浪与本海区相反方向的波浪相遇，或袭来的波与该处的反射波相互干扰时，形成合成波，它的波速变得很小，而波高可能增加一倍，这种波浪俗称为三角浪，对小型船舶危害较大。

由于风向的变化，使所产生的 2 个不同方向的波浪形成某一交角时，就会发生波高作周期性变化的群波。在海上经常遇到周期性的 3 个或 5 个大浪，随后又出现几个小浪，这就是周期性群波。通过仔细观察，掌握海浪的规律，就能够选择在较小的波浪时进行操纵，这较为有利。

二、大风浪航行的准备工作

▲教学建议:课外阅读

航行中的船舶应处于适航状态,当预测到有大风浪来临时,必须采取相应措施,检查并保证做好下列工作:

1. 保证水密

(1) 检查甲板开口封闭的水密性,必要时进行加固;

(2) 检查各水密门是否良好,不用的一律关闭拴紧;

(3) 将通风口关闭,并加盖防水布;

(4) 天窗和舷窗都要盖好,并旋紧铁盖;

(5) 锚链筒盖好,防止海水灌进链舱。

2. 排水畅通

(1) 检查排水管系、抽水机、分路阀等,保证处于良好工作状态;

(2) 清洁污水沟(井),保证黄蜂巢畅通;

(3) 甲板上的排水孔应保持畅通。

3. 绑牢活动物

(1) 吊货设备、主锚、舷梯、救生艇筏以及一切未固定的甲板物件都要绑牢;

(2) 散装货及烧煤要扒平;

(3) 各水舱及燃油舱应尽可能注满或抽空,以减少自由液面;

(4) 舱内或甲板装有重件货物时,应仔细检查加固,必要时加固绑扎。

4. 做好应急准备

(1) 保证驾驶台和机舱、船首、舵机室在紧急情况下通信联络畅通;

(2) 检查应急电机、天线、舵设备等处于良好状态;

(3) 保证消防和堵漏设备随时可用;

(4) 保证人身安全,如拉扶手绳、甲板铺砂等;

(5) 加强全船巡视检查,勤测各液体舱及污水沟等。

5. 空船压载

空船在大风浪中有很多不利之处,例如,风压增大倾侧力矩,保向性下降;拍底增大,空转加剧,失速严重,易发生横摇谐振等。为确保航行安全,应进行适当的压载,以提高船舶抗风浪的能力和改善船舶的性能。

空船压载量在夏季应为夏季满载排水量的50%;冬季为夏季满载排水量的53%。在吃水差方面,既要防止空转,又要减轻拍底,一般以艉倾吃水差1.5~2.0 m较为理想。货船上压载,除利用压载水舱和深水舱外,还可以选择艏艉宽度较窄的舱,如有轴隧的艉舱就更好。压载时,要注意减小自由液面的影响,还要保证排灌畅通。

任务实施

任务1　缓解船舶在波浪中摇荡的措施探索

一、船舶在风浪中摇荡的运动类型

船舶在波浪作用下，沿着和围绕着通过船重心的 x, y, z 轴作直线运动和回转运动，见图 7-2。各摇荡运动的名称为：

x 轴——纵荡（surging）和横摇（rolling）；

y 轴——横荡（swaying）和纵摇（pitching）；

z 轴——垂荡（heaving）和艏摇（yawing）。

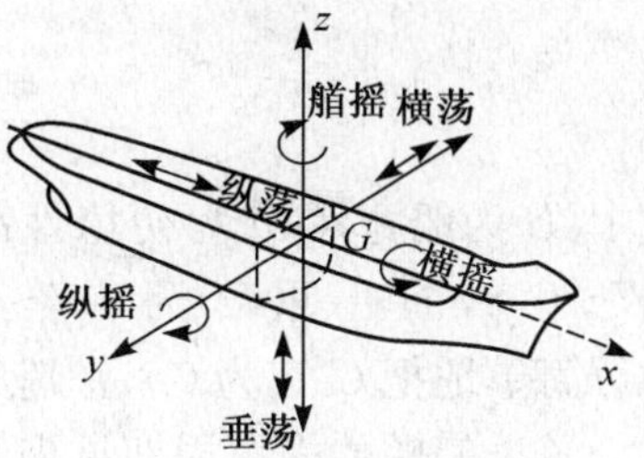

图 7-2　船舶在波浪中的摇荡运动

船舶在波浪中的摇荡运动，是波浪的强迫摇荡与船舶本身固有的摇荡相结合的复合运动。这种摇荡运动由于受到水阻力的阻尼作用，因而是逐渐衰减的。摇荡的强度取决于波面角的陡度、波浪的周期、船舶本身的摇荡周期与船舶尺度和波长的比例关系。

对船舶安全有威胁的摇摆是横摇、纵摇和垂荡。

二、横摇对船舶的安全威胁认知

1. 横摇摆幅的估测

船舶在规则波中的强制横摇摆幅可以近似地用下式表示

$$\theta = \frac{\alpha_0}{1-\left(\frac{T_r}{T_E}\right)^2} \qquad (7\text{-}6)$$

式中：α_0 为最大波面角，$180°\times H/\lambda$；T_r 为船舶自由横摇周期，s；T_E 为波浪遭遇周期，s。

从上式可见，船在波浪中横摇的大小，除与最大波面角有关外，主要取决于船舶本身的自由横摇周期与波浪的遭遇周期之比。

当 $T_r/T_E<1$，即船舶横摇周期比波浪遭遇周期小，则船舶横摇较快，甲板与波面保持平行，很少上浪，但船体所受惯性力较大。

▲通俗解释：船舶横摇得快，当波浪想上甲板时，船舷已经摇走了。

当 $T_r/T_E>1$，即船舶横摇周期比波浪遭遇周期大，船舶横摇慢，与波浪不协调，船舶易与波浪撞击，甲板上浪较多。

▲通俗解释：船舶横摇得慢，波浪易上甲板。

当 $T_r/T_E\approx1$，二者的周期接近相等，船舶摇摆最剧烈，横摇角越摇越大，将会导致船舶倾覆，这种现象称为谐摇运动。当 T_r/T_E 为 0.7～1.3 时，为谐摇区，船舶在配载和航行时应避开谐摇区。

船舶在规则波中谐摇时的横倾角可用下式估算：

$$\theta = 7.92\sqrt{\alpha_0} \tag{7-7}$$

在海上遇到的波浪多为不规则波。船舶在不规则波中的横摇摆幅，在谐摇区内规则波稍小，而谐摇区外则比规则波大，因此在谐摇区用规则波估算的谐摇摆幅是安全可行的。

2. 船舶自由横摇周期认知

船舶自由横摇周期 T_r 是指船自一舷横倾到另一舷，又自另一舷回到起始横倾位置所需的时间。各类船舶横摇周期都有规定的数值范围。一般船舶的横摇周期可用下列近似公式估算

$$T_r = C_r \frac{B}{\sqrt{GM}} \tag{7-8}$$

式中：B 为船宽；GM 为初稳性高度；C_r 为自由横摇周期系数，客船为 0.75～0.85，货船为 0.7～0.8，油船（重载）为 0.7～0.75，油船（空载）为 0.74～0.94，渔船为 0.76～0.88。估算时可简单地把 C_r 定为 0.8。超大型油船的横摇周期，空载时都在 6 s 以下，满载时在 14 s 以上。各类船舶的横摇周期见表 7-1。

表 7-1　各类船舶的横摇周期

船舶种类	横摇周期 T_R/s
客船 500～1 000 t	6～9
客船 1 000～5 000 t	9～13
客船 5 000～10 000 t	13～15
客船 10 000～30 000 t	15～20
客船 30 000～50 000 t	20～28
货船（满载）	9～14
货船（压载）	7～10
拖船	6～8

3. 波浪遭遇周期认知

波浪遭遇周期 T_E 是指船舶航行时，波浪相对于航行船舶的周期，其估算式为

$$T_E = \frac{\lambda}{V_w + V_S \cos\psi} \tag{7-9}$$

式中：V_w 为波速；V_S 为船速；ψ 为船首遭遇波浪的夹角，顶浪为 0°，顺浪为 180°，横浪为 90°。

4. 减轻横摇的措施

1）改变船舶初稳性高度

船舶在确定航线后，根据本航次各海区季节可能经常遭遇的波浪周期的特点，在配载时调整初稳性高度 GM，从而改变 T_r，使船舶因有横摇周期 T_r 避免与波浪周期一致而谐摇。一般在稳性可能的条件下，使船舶固有横摇周期适当大些，以避免谐摇。

2）改变航向和速度，从而改变波浪遭遇周期

根据式 7-8，7-9，若改变遭遇浪向角 ψ，航速 V_S 或同时改变遭遇浪向角和航速，就能改

变波浪遭遇周期 T_e。若能使 $T_r/T_E>1.3$ 或 $T_r/T_E<0.7$，避开谐摇区，即可减轻横摇。

当船舶横向受浪时，即 $\psi=90°$ 或 $270°$ 时，船舶横摇剧烈，仅仅改变航速，无法避开发生谐摇的阴影区域范围，因此只有改变遭遇浪向角(即航向)，才能缓解剧烈横摇。

3）防止急剧的突然倾斜

如果船舶在波浪中左右对称横摇时，突然受到倾斜力矩作用出现的不连续摇摆，向一舷大幅倾斜的现象，称为突然倾斜。

突然倾斜会产生过大的横摇角，引起甲板大量上浪、货物移动和增加自由液面的冲击力。这些现象损害船舶稳性，从而增大船舶倾覆的危险。这是船舶横摇中影响船舶安全最坏的现象之一。

容易引起突然倾斜的主要原因是复原力矩的不足和倾斜力矩过大。如初稳性高度 GM 小，货物移位；强风或大浪袭击；大风浪中大舵角旋回时或急速回舵时产生的倾斜。因此，为避免突然倾斜，应从 2 方面着手：一方面在开航前妥善配载和系固货物，保证足够的稳性；另一方面，对于航行中的船舶，应通过改变航向和航速以减轻横摇来达到目的。

三、缓解纵摇的措施

纵向受浪时，因为船舶的纵摇质量惯矩和水的阻尼力矩很大，同时纵向稳性也较大，所以在波浪的作用下产生的纵摇摆幅比横摇的小，纵倾角一般不超过最大波面角。由于船首尾形状不对称，一般船在迎浪航行时，同时发生纵摇和垂荡，纵摇能引起垂荡，垂荡也能引起纵摇。

1. 船舶固有纵摇周期

船舶固有纵摇周期可用下式估算

$$T_p = C_p \cdot \sqrt{L} \tag{7-10}$$

式中：T_p 为船舶纵摇周期，s；L 为船长，m；C_p 为纵摇周期系数(客船取 0.45～0.55，客货船取 0.54～0.64，货船取 0.54～0.72，油船取 0.81～0.91)。

2. 影响纵摇摆幅的因素

1）波长与船长之比 λ/L

λ/L 对船舶相对纵摇振幅影响最大。当 $\lambda/L<3/4$ 时，即 $L>1.3\lambda$，正如大船航行在波长短的波浪中，纵摇振幅小于 0.6，纵摇角较小；当 $\lambda/L<2/3$，即 $L>1.5\lambda$，纵摇振幅最小，纵摇振幅小于 0.4；当船长远小于波长时，正如小船遇长波，船舶纵摇振幅很大，不论船速如何，无法避免。根据 Lewies 的研究，在大洋波浪中，当 $1<\lambda/L<2.5$ 范围内时，纵摇和垂荡剧烈。

2）船速

船速的增加，纵摇增强。但当 $T_p/T_e>1.2$ 时，在任何船速下，纵摇摆幅都不会太大。

3）船舶固有纵摇周期 T_p 遭遇周期 T_e 之比 T_p/T_e

T_p/T_e 对纵摇的影响，实际上在一定程度上也反映船长与波长之间关系以及船速对纵摇的影响。

当 $T_p/T_e>1$ 时，T_p 较大时，正如船舶迎着短浪航行或航速较大，而纵摇较小。

当 $T_p/T_e<1$ 时，即船舶迎着长浪航行或船速很低，或顺浪航行，则船随波而摇，沿着波

面运动纵摇摆幅较小。

当 T_p/T_e 接近于 1 时，纵摇摆幅较大，发生纵摇谐摇。

4）航向对纵摇的影响

顺浪航行时，因为相对航速减小，使波浪遭遇周期 T_e 增大，更加偏离纵摇固有周期，$T_e > T_p$，所以纵摇不会太大；迎浪时，因为相对航速增大，使波浪遭遇周期 T_e 减小，很可能接近 $T_e \approx T_p$，容易发生谐摇，所以相对纵摇摆幅较大。因此，顶浪航行时，纵摇剧烈。

四、缓解垂荡的措施

当波浪通过船体时，随着浮力的周期变化，使船体作上升和下降的垂荡运动，波高越大，垂荡越激烈。上下运动时水对运动的阻力很大，使运动很快衰减。

1. 垂荡周期与垂荡振幅

船舶固有垂荡周期 T_h 可用下列近似式估算

$$T_h \approx 2.4\sqrt{d} \tag{7-11}$$

式中：T_h 为船舶垂荡周期，s；d 为船舶平均吃水，m。

船舶的垂荡周期和纵摇周期很接近，后者稍大于前者。一般船舶均具有 $T_R > T_p > T_h$ 的关系，后二者约为前者的一半。

▲回答：空载船必须经过压载后才能航行，为什么？

2. 影响垂荡振幅的因素

(1) 波高：波高越大，垂荡振幅越大。

(2) 波长与船长之比 λ/L：当 $\lambda/L \leqslant 3/4$ 时，不论其他条件如何，即使谐摇，垂荡振幅也是很小的；当 $\lambda/L \geqslant 1$ 时，即小船遇到长浪，不论是否发生谐摇，都不可避免地要发生较大的垂荡。

(3) 船舶固有垂荡周期与遭遇周期之比 T_h/T_e：当 T_h/T_e 较小时，垂荡振幅也小，船舶随波作周期性的升降；当 T_h/T_e 接近 1 时，垂荡谐摇，垂荡振幅达最大值；当 T_h/T_e 大于 1 时，垂荡振幅又将减小。总的看来，由于垂荡运动具有高阻尼性，即使出现垂荡谐振也不会有很高的相对垂荡振幅。

(4) 船速：当 $\lambda/L \leqslant 3/4$ 时，航速的影响较小，即使谐振，垂荡幅值也是很小的；当 $\lambda/L \geqslant 1$ 时，即小船遇到长浪，不论是否发生谐摇，都不可避免地要发生较大的垂荡。航速越高，垂荡越激烈。

任务 2　大风浪对航船造成的危害认知

船舶在航行中产生的六维运动，其中横摇影响到船舶的稳性，有可能引起货物移位，导致大角度横倾以致船舶倾覆；纵摇会导致降速，还会引起船首上浪而使甲板货、设备损坏，同时纵摇使船体特别是船前部受到波浪冲击，导致船体受损。此外，纵摇引起螺旋桨空转，给主机、船体造成损害；垂荡往往与纵摇同时发生，造成船舶失速，主机功率得不到充分利用，如垂荡和纵摇相位相差不大，则会引起船舶激烈的拍底、上浪、螺旋桨空转；艏摇对船舶在风浪中的保向性有重大影响，尤其在斜顺浪航行时，艏摇明显，危险时会导致船体打横。

一、拍底

船舶在纵摇和垂荡中，升起后下落的船首与向上运动的波浪撞击的现象，称为拍底，又称砰击。它使船首底部，甚至整个艏垂线后 1/4 船长区域和波浪表面发生冲击，产生很大的应力，将导致船首部结构损伤。此外，拍底时船体发生急剧的振动。

产生拍底的原因：$\lambda/L\approx1$；$d/L<5\%$；F_r 为 0.14～0.21 易发生拍底；方型系数及棱型系数大的船，易拍底。

缓解拍底措施：减速 $F_r\approx0.1$，可减拍底；艏吃水大于 1/2 满载吃水；调整航向与航速。

二、甲板上浪

顶浪航行中，船舶剧烈纵摇和垂荡，船首经常出现在越过波谷后就遭遇到波峰，船首浸入波浪中，海水大量涌上艏部甲板。甲板上浪影响船舶稳性，船体上层建筑遭到破坏，如装有甲板货时，易损坏绑扎索具导致货物移动，适航性、安全性显著下降。

甲板上浪与船首干舷高度、船速、波高以及 T_e/T_p 有关。干舷系数越大（即在波高、波长、船长相同时，船首干舷越大）时，甲板上浪区域减小。船速或波高减小，甲板上浪区域也减小。T_e/T_p 在 1.2～1.4 范围内，甲板上浪容易出现。因此，为缓解甲板上浪，在操船方面，减速将大大减轻甲板上浪，同时调整船舶迎浪状态寻找良好的遭遇角。

三、艉淹、冲浪与打横

顺浪航行中，当船尾陷入比船速快的波谷时，波浪打上船尾甲板的现象，称为艉淹。顺浪时，船舶与波浪间的相对速度小，波浪通过船身所需的时间长，从这点讲，海浪打上甲板的机会就多，尤其当 $\lambda\approx L$ 以及 $V_w=V_s$ 时，艉淹最为剧烈。

船舶位于波峰前部时，可能被波浪加速而骑在波峰上，这种现象叫"冲浪"。冲浪时的波浪作用力可能使航向发生突变，发生打横。

顺浪航行时，除容易产生艉淹外，当船尾处于比船速快的波浪前倾斜面位置时，波浪对船体产生一个突增的转艏力矩，使船舶航向极不稳定，并可能使整个船体横置于波浪上，这种现象称为打横。打横时，一瞬间产生很大的横倾，海水大量从舷侧涌上甲板，产生倾覆力矩，严重时会导致船舶倾覆。船速与波速相等时，以及航向稳定性较差的船舶，顺浪航行时最易出现打横。为避免这种危险局面，应改变船速，使其与波速产生差异，同时应尽可能采取各种措施提高船舶航向稳定性。

四、螺旋桨空转

剧烈的纵摇和垂荡，使船尾作剧烈的垂直上下运动，螺旋桨的一部分或全部就会周期性地露出水面，这种现象称为螺旋桨空转，俗称打空车。空转时，桨叶露出水面部分负荷减小，转速剧增，从而使推进效率显著下降，船速下降。同时，对船舶极为有害的是使主机受损，螺旋桨、轴系和船体产生很大的振动，受到很大的冲击应力，并可导致损坏。

空船状态时容易发生空转现象，风速越大，船尾吃水界限值增加，相同风速时船长越大，船尾吃水界限值可适当减小。为减轻空转现象，船舶在大风浪中航行时，空船压载时最大吃水，根据经验应满足，夏季时排水量达夏季满载排水量的 50%，冬季时排水量达夏季满载排水量的53%。在航行中,可通过减低转速以免主机、轴系产生过大的应力,并且调整航向和航速以减轻船舶纵摇和垂荡,从而达到减轻空转现象的目的。

五、空载船在大风浪中航行的弊端与措施

1. 弊端

一般货船空载航行时,由于吃水浅、干舷高、受风面积大,在风浪中易发生激烈的摇荡,对船舶操纵性和安全性均会产生不利影响,往往会使空载船舶陷于十分危险的状态。空载船舶航行的种种弊端概括如下:

(1) 空载船舶因受风面积增大,导致船舶所受的风动压力、风力转船力矩、风力倾侧力矩均增大。由此,使船舶自然失速增加;船舶漂移速度和风压差增加;船舶保向操纵困难;船舶横摇增大,从而可能导致倾覆。

(2) 空载船舶因吃水浅,舵叶和桨叶部分露出水面,致使舵力减小、推进效率下降。若纵摇剧烈,还会产生严重的螺旋桨空转现象,导致船体振动和船速下降。

(3) 空载船舶以一定航速在恶劣海况中顶浪航行,船舶的纵摇和垂荡剧烈,致使船舶严重拍底、船体振动显著,设备和仪器也易受损。

(4) 空载船舶往往 GM 值较高,横摇周期较短,易产生大角度横摇,生活环境和工作条件恶化,而且空载时横摇周期与波浪周期相接近,容易产生谐摇,船舶的安全性变差。

(5) 空载船舶在大风浪中航行,由于风速越大,航速越慢,则风压差越大。为保向所需的压舵量也越大,从而减小舵力保向范围,船舶操纵性变差。

2. 措施

为减轻空载船舶航行时的弊端,必须采取压载措施。尽管船舶空载时吃水状态会受船型、船种、主机、螺旋桨、航程、季节、航行区域和气象水文等条件的影响,但仍应尽量满足如下要求:

1) 空载船舶压载应以排水量为标准

在通常情况下,夏季时的空载排水量,应压载到夏季满载排水量的50%;而冬季时的空载排水量,应压载到夏季满载排水量的53%。

为保证船舶吃水能满足压载后的要求,空载时船舶的压载水、燃料油和淡水的总质量应达到夏季满载排水量的25%左右。

在某些特殊情况下需向货船的货舱内注入海水压载时,可选择较后面的货舱,因有轴隧有利于减少自由液面和维护稳性,同时还能增加船尾吃水,防止舵叶和桨叶露出水面,提高船舶的操纵性能。

有的油船虽有压载水舱,但在空载时,由于风浪较大,压载水舱的容积不足或要求多压载时,也可向油舱压水。通常压载到全部油舱容量的2/5,大风浪中至多压载到全部油舱容量的2/3。由于油船在空载时成中拱状态,首先应向舯舱注水。为调整前后的吃水差,装完舯舱后再向艏艉舱注水,然后依次向舯舱的前部或后部间隔一个舱注水,直到满足前后吃水要求为止。

2) 空载船舶压载应以船尾吃水为标准

艉倾有利于防止螺旋桨空转,但也会使拍底剧烈,因此最好能在防止空转的范围内增加吃水。艉倾吃水差应小于船长的2%,一般货船以艉倾 $1\%L$ 为宜。

任务3　大风浪中的操船方法

▲教学建议:在情景意识中分析研讨

如前所述,船舶在大风浪中航行,不论与风浪处于何种相对位置,都会给船舶带来困难。例如,横浪中由于船舶的横摇周期与波浪的周期很接近,容易丧失横稳性,此时,改变速度也无济于事,因此不得不采取顶浪航行。顶浪时,巨浪的冲击会造成拍底、甲板上浪和打空转而损坏船体、设备、舵和螺旋桨。如果为缓和浪的冲击而改作顺浪航行时,又将出现大浪淹艉,舵效极度下降而被打横,仍然十分危险。因此,必须采取措施,减轻船舶的摇摆,缓和波浪的冲击,以等待海面恢复平静,或采取积极手段,尽早驶离大风浪海区。广大海员从大风浪操船实践中总结出以下方法可供参考。船舶可以根据本船的船型、稳性、吃水、货载和海域等条件,择一而用。

一、偏顶浪航行与Z形航法

在大风浪中航行时,为避免船首受顶浪航行时过大的冲击,减轻横摇、纵摇以及减缓打空车的剧烈程度,而且又不致使船舶偏离航线过多,可采取偏顶浪Z形航法。但应注意保持舵效,以免形成横浪。通常以2～3个罗经点斜向迎浪,并在界限速度以下的船速,向左(或右)侧航行一段时间后,再向另一侧航行,如此反复进行。这种方法一般适用于风浪不是很大的区域,因为大型船舶在6～7级风时,船首2～3个罗经点斜顶浪航行,可有效抑制横摇和纵摇,而船舶仍能保持一定速度前进。当风浪较大、摇荡加剧时,应主动降速,以避免船体承受过大的应力。

二、滞航(heave to)

以能保持舵效的最小速度将风浪放在船首2～3罗经点的方位上斜向迎浪前进的方法,称为滞航。船舶实际上多处于缓进状态,个别船由于轻载或受风面积较大等原因,处于不进甚至微退的状态。滞航中采取的航向,应根据风浪的变化进行调整,航向要随着风向的改变随时调整、选择最佳的风浪舷角,并保证有足够的舵效,有效控制艏向,以免被打成横浪。

滞航有利于缓解船舶纵摇、横摇、拍底、甲板上浪、波浪对船首的冲击,使船滞留在原地附近,以等待海况的好转。对于下风侧海域不大充裕、船长较长、船首干舷较高的船舶采用此法最为有利。滞航中要根据风浪的情况选择最佳的风浪舷角,以减轻船舶的摇摆,并根据风浪的变化及时调整航速,保证有足够的舵效,以免被打成横浪。

由于船首迎浪,不能完全避免拍底和甲板上浪。若船长较长或船首干舷较高的船舶,且下风处海域不太充裕时,采用此法最为有利。

在通常情况下,压载状态航行的船舶,当遇到6～7级风时,就可认为属于大风浪航行;而风力达8～9级时,则可考虑滞航。对于满载船舶,8级风以上可认为大风浪航行,风力若增强至9～10级时,顶浪航行感到困难,出于安全考虑可由顶浪、斜顶浪改为滞航。

▲问题与思考:滞航为什么能减缓摇荡?

三、顺浪航行(scudding)

顺浪航行指船舶在大风浪中以船尾斜向受浪航行的方法。顺航时降低波浪对船的相对速度,大大缓解波浪对船舶冲击。由于可以保持较高的船速,有利于摆脱风浪区。但顺航时,对于小型船舶、舵面积小的船、船尾突出或干舷较低的船、艉倾较大的船舶、保向性差的船,容易产生艉淹或打横,故不宜顺航,必要时可在船尾曳其他物件(如大缆等)提高保向性。甚至还会产生打横状态。当船速接近波速时,小型船还会使横稳性急剧下降。当在顺浪航行中产生偏转现象时,通常需使用大舵角加以克服,必要时还需采用调整船速的方法,以改变船速与波速的关系。因此,顺航对于船尾干舷高、快速、保向性能好的大型船舶较为合适。

滞航中经不起波浪袭击的船舶,宜改用顺航。顺浪航行的船舶由于纵荡的原因可以保持相当的速度,有利于摆脱大风浪海域或台风中心。此外,当满载大型船舶在滞航中仍经不起波浪冲击时或者在压载状态下,当风力超过 9 级时,通常改用顺航的方法。

要注意,船长与波长相近、船速又与波速接近时,则极易发生艉淹及打横等非常危险的现象;船长小于等于波长的船舶也较严重;波长大大超过船长或小于船长时,船舶能平稳地航行。因此,当遇到不利情况时,应果断地改变船速,使二者的速度产生差异,并选择 1～2 罗经点的受浪角,以减轻艉淹和打横的现象。

▲问题与思考:顺浪航行的前提条件是什么?

四、漂滞(lie to)

船舶停止主机随风浪漂流称为漂滞。当主机或者舵机发生故障时,将被迫漂滞。当滞航中不能顶浪、航中保向性差及船体衰老的船,也可主动采取漂滞。

漂滞中,波浪对船体的冲击力会大大减小,甲板上浪也不多。只要船舶保持水密,有足够的稳性,就可以渡过大风浪。但由于船体向下风有一定的漂移速度,故在下风侧必须有宽阔海域,空载或压载时尤应注意。船舶一旦漂滞,极易陷入横浪或接近横浪的状态,这时横摇剧烈,会引起货物移动,并丧失稳性。因此,只有当船舶具有良好的稳性和水密性,方可主动采取漂滞方法。

漂滞时应采取措施避免横浪,并尽可能保持船首迎浪状态。这时,可在船首送出单锚或双锚,出链长度应考虑到锚机的负荷能力,不宜太长。若当时环境下松锚有困难,可将船首大缆送出,以产生水阻力,稳住船首,对防止横向受浪起到一定的作用。

▲问题与思考:漂滞中抛拖锚是否可行?

五、大风浪中掉头的方法

▲教学建议:画图分析

大风浪中掉头是一项较为困难和危险的操作,必须认真、谨慎地对待。一般来说,从顶浪转向顺浪较为容易和安全,而从顺浪转向顶浪比较困难和危险(特别是空载船)。在大风浪中,不论是在何种情况下掉头,都必须在掉头前详细地观察海面的风浪情况及其变化规律,并做好充分的掉头准备,特别应注意本船的稳性(包括货物的积载和移动的可能性以及自由液面的影响等)。事先通知机舱备车和做好随时变速的准备,改换熟练的舵工操舵。总之,应谨慎操纵。掉头必须做好:

(1) 选择海面较为平静时机掉头：海浪变化是有规律的，一般三四个大浪之后必接七八个小浪，俗称“三大八小”。据此规律，当最后一个大浪刚刚过去，就应立即开始掉头。要抓紧海面较为平静的一段时间，渡过横风和横浪的危险阶段，并争取在下一组第一个大浪到来前掉头完毕。

(2) 力求使操舵引起的横倾角与波浪引起强迫横摇角的相位错开，避免因相位一致而引起过大的横倾，危及船舶安全。当船身转至横浪时，若回转引起的横倾角与波浪的横倾角相位一致，则过大的横倾将危及船舶的安全，并且横向受浪时，容易出现横摇谐振越加危险，因此必须谨慎操纵。

(3) 开始时慢速中舵（15°左右），掉头过程中适时使用快车满舵，这样可以使前冲惯性小，减小船舶转向中的横倾角，同时保证舵效，既可缩短船身横向受浪的时间，又可缩短掉头时间。

(4) 从顶浪转向顺浪：在掉头前应适当减速，转向应在较平静海面到来前开始，以求较平静海面来临时正好转到横浪。此后可配合主机突进、用满舵，加速完成后半圈掉转；从顺浪转向顶浪比较危险，主要是在后半段掉转比较困难，必先降速减低惯性冲力，等待时机，以求后半段掉转在较平静的海面进行。后半段旋转应尽可能迅速，否则大浪来到便难以转向顶浪；为此，可根据情况采用主机突进的措施，以增加舵效，加速掉转。

(5) 若因在掉头中判断失误，造成在掉转过程中遇上大浪，而处于危急局面时，应注意两忌：一忌强行掉转，二忌急速回舵，甚至操相反方向的满舵，这是十分危险的操作。正确的措施应及时减速并缓慢地回舵，恢复原航向，再等待时机。

任务4　避离热带气旋的船舶操纵

▲教学建议：联系“气象观测与分析”中的抗台知识与技能开展教学

一、判断台风动态

台风是一种具有巨大破坏力的灾害性天气，它会带来狂风、巨浪、暴雨和暴潮。若对台风防御或抗台不当，不仅小型和结构较差的船舶会遭受严重损害，即使是结构较好的大型船舶也难免受其损害。因此，必须高度重视台风对船舶造成的危害性，及时掌握国内外气象台报台风的信息，综合分析和判断台风的动态，尤其重要的是台风生成以后的移动路径（即台风中心方位和距离的判断）、移动速度、风力强度和台风中心与船位之间的关系等情况，果断决定船舶是按原航向继续航行，还是迂回避台（即避离台风中心的方法）或者驶向附近港口锚地避台。航行在台风区的船舶，只有明确台风的动态和本船在台风中的部位后，才能根据船舶的抗风性能，采取有效措施避开台风中心，否则盲目行动必将陷入被动局面，造成更大的困难。在迂回避台的操船过程中，应力求保持船舶离开台风中心 200 n mile 以外（通常风力为 5～6 级，气压不低于 10^5 Pa），至少保持 100 n mile（风力 8 级），这对设备较好、结构较坚固的船舶来说，还不至于难以控制。沿海航行船舶遇到台风袭来应及早驶入避风锚地。航行在大洋上的船舶必须改变航向和航速，避开台风中心。

大洋航行时，为避免进入台风中心范围，可根据气象预报和现场观测资料，估计出台风的大概移动方向和移动速度，然后结合本船的航向和船速进行海图作业，以确保船舶在离开台风中心 200 n mile 以外航行。由于所估计的台风动向与实际有一定的误差，因此在进行海图作业时，可用图上所画出的台风前进方向线为基础，再画出一个危险扇形。其半径等于在 2 次收听气象预报时间间隔内，台风可能前进的最大距离；其宽度等于从台风前进的方向线向左右两侧各 30°～40°的范围。这个范围就是所估计的台风前进方向中可能存在的误差。这个危险扇形就是在 2 次气象预报时间内台风中心可能到达的区域。船舶应尽量避免进入这个区域内。

例如，某日 0600 时某船船位在 A 点，航向 090°，收到气象预报，台风中心位于 B 点，正以 5 kn 的速度向 315°方向移动。气象台第二次预报台风的时间将是 1200 时，如图 7-3 所示的扇形就是 0600 时—1200 时之间台风中心可能到达的范围。当将该危险扇形画在海图上后，船舶就必须在 0600 时—1200 时的时间内，通过改变航向，设法避离这一危险区域。在 1200 时，再次收听气象预报，并在海图上画出台风新的位置后，用上述同样方法画出 1200 时—1800 时的危险扇形，并继续进行避离，直至完全脱离台风影响后，才能重新回到正常的航线上航行。当船舶在沿海地区航行，若船舶的抗风性能较差，可直接驶向附近良好避风港口(锚地)避台。

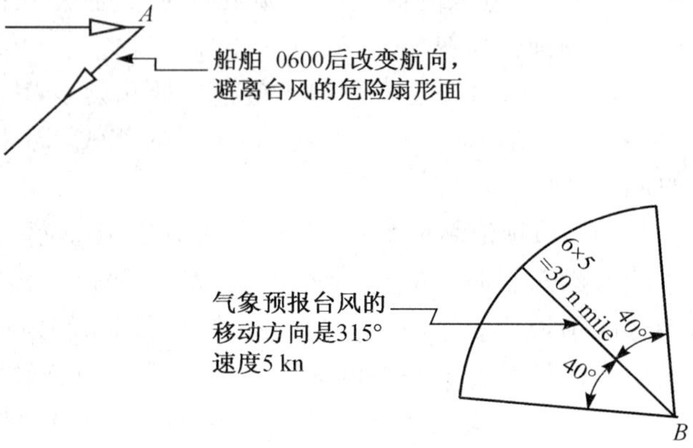

图 7-3　船舶避离台风扇形

二、判断本船在台风中的相对位置

船舶一旦陷入台风圈后，还应根据风向转变并结合气压变化，正确判断船舶处于台风范围内的具体半圆或象限的位置。在北半球水域，台风右半圆内的风雨波浪较左半圆激烈，这是因为低气压气旋逆时针旋转，与其本身的前进运动相叠加而造成的。航行在台风区的船舶，只有在确实掌握台风的动态和本船所处台风的部位后，才能据以采取有效措施避开台风中心。

如在北半球，风向顺时针方向变化，如先吹北风后转东风北，再转东风，则处在台风的右半圆(危险半圆，dangerous semicircile)，其中若气压下降，则处于右前象限(危险象限)；若气压上升，则处于右后象限。风向逆时针方向变化，如先吹西北风，后转西风，再转西南风，则处在台风的左半圆(可航半圆，navigable semicircle)，其中若气压下降，则处于左前象限；若气压上升，则处于左后象限。风向稳定少变，或虽有变动但忽而顺时针转、忽而逆时针转，说明船处在台风路径上，其中风力渐增、气压下降，则本船处在台风的进路上(台风的前面)；风力渐减、气压回升，则本船则处于台风的后面；无风且气压显示最低值，甚至可见晴天而海面为相当高的三角浪的情况，则说明本船已处于台风眼内，见图 7-4。南半球水域与北半球相反，称右半圆为可航半圆，而称左半圆为危险半圆。

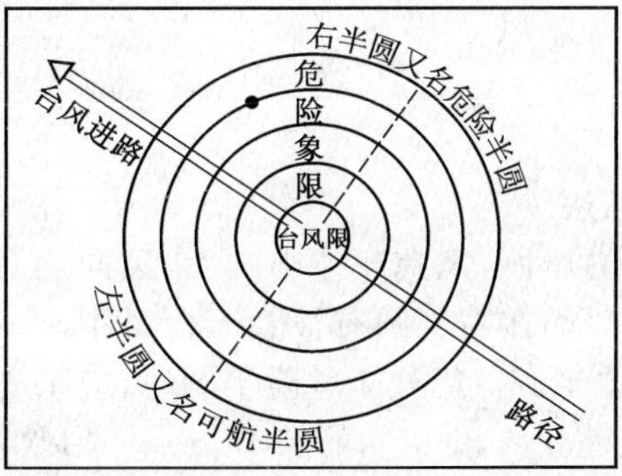

图 7-4　台风危险半圆、可航半圆和进路

三、台风袭来时的紧急措施

在上述正确判断台风动态的基础上，船舶应根据交通运输部《船舶防台技术操作规定》的要求制定出整个防台计划和部署。它包括迂回避台、锚地避台或陷入台风卷后的抗台等船舶操纵措施，并认真地抓紧、抓好防台计划中的5个环节，即台风季节来临前对船舶设备的系统检查；台风来临前的具体预防措施；台风袭击中的紧急措施；台风过后的检查和恢复工作以及台风过后的经验总结。

台风中心接近，风力增加到8级以上的时候，应被认为"在台风袭击中"。这时，除值班人员坚守岗位和空班船员编成抢险救护小组轮流值班待命外，还应根据具体情况采取下列各项措施：

(1) 每小时应记录一次气象，并认真分析从传真天气图和航行警告电传(NAVTEX)所得到的信息，标绘于航行总图上，抓住时机适时避离台风圈。还应每小时探测一次全船各舱底水。

(2) 机舱必须保持主副机、舵机等的正常运转，紧密配合驾驶台工作。电台以及电航仪器也应处于良好的工作状态。

(3) 注意人身安全。在甲板上工作的人员，其领口、袖口、裤脚均应扎紧，系妥保险绳，必要时还应穿妥救生衣。

(4) 在航行中，若船舶已陷入台风圈，应尽一切努力避免卷入台风中心区域，航行中还应该注意以下各点：

①调整船速和航向，避免船舶摇摆周期和波浪周期相一致。②顶浪航行时，应适当减低船速，必要时可滞航，等待大浪过后再加车，避免船首或船尾与狂浪正面撞击。③甲板货物、舱内重大件货等，应及时派人检查和加固绑扎，若抢救无效时，可决定抛弃，并将情况详细记入航海日志。④避免横浪航行，一旦船舶在大风浪中打横，立即加车满舵改变航向。⑤顺浪航行时，要尽量防止风浪直冲船尾，以免螺旋桨和艉轴受损。⑥尽量避免掉头，若形势所迫，必须掉头，应慎重考虑稳性，并做好必要准备，绝不可贸然进行。⑦当接近海岸或浅滩时，应提高警惕，必要时应减速，在较浅水域漂滞，可适当松出锚链；必要时选择适当部位撒油镇浪。

(5) 靠泊码头或系带浮筒船舶，也应备车待用，并随时关注系缆、碰垫的情况，必要时可加系保险缆。

(6) 台风中心过境时，应利用台风眼内短暂无风的时间，进行必要的抢救和预防工作，以抵御下阶段风向相反的狂风暴风。

四、避台操纵

1. 危险半圆内避台操纵法

在北半球，台风路径的右半圆，风速比左半圆大，风向逐渐向右转变（顺时针方向），船舶在右半圆有被卷入台风中心的危险，所以右半圆称作危险半圆。船处于危险半圆时，应采取与台风路径垂直的方向全速驶离，即以右艏舷 15°～20°顶风全速避离。其相对航迹见图 7-5 中船的虚线。

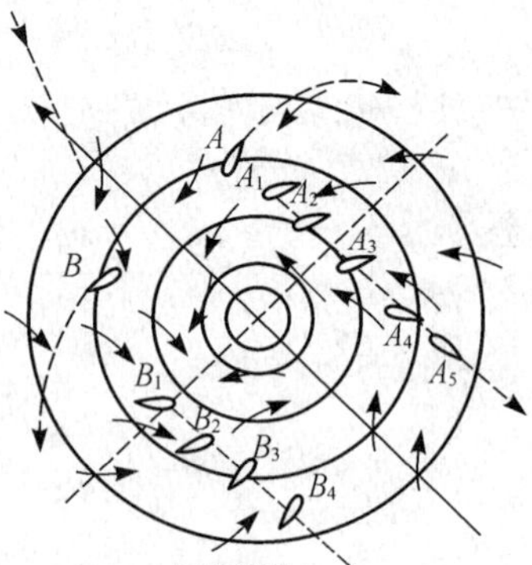

图 7-5　避离台风的操船方法

如果风浪已十分猛烈或者由于前方有陆地等的阻碍，不能全速驶离时，可以采取右艏顶风滞航使船处于几乎不进不退的状态。它的相对航迹见图 7-5 中的 A_1，A_2，A_3 的虚线，随着台风中心的前移而避离台风区。

2. 可航半圆内避台操纵法

北半球的左半圆，风向与台风移动路径相反，逐渐左转（逆时针方向），风力比右半圆小，船舶被压入台风中心的危险少，此时，应使右艉受风驶离台风中心，其相对航迹见图 7-5 中 B 船的虚线。直到风力由大变小，气压由低变高，则台风中心已过。

如前方没有充分的避离余地，则可改使右艉受风，顶风滞航。其航迹见图 7-5 中 B_1，B_2，B_3…的虚线。

3. 在台风进路上的操纵方法

船在台风进路上时，风向不变，气压下降，台风中心即将来临，此时在北半球应使船尾右舷受风顺航，迅速驶入可航半圆后，依照可航半圆内操纵方法进行，直至气压回升，风力变小，离开险区。

应当说明的是，船在南半球的危险、可航半圆的划分和避台操纵，与北半球恰好相反。

五、船舶避台注意事项

1. 航船避台注意事项

航行中收到有关台风的预报时，是按原航向继续航行还是迂回避台，或者是应驶向附近港口避台，应考虑以下各点并作出决断：

（1）台风的规模和进路、估计风浪发展的状况。

（2）台风中心与本船之间的距离，台风进路与本船航线是否交叉，距台风中心最近会遇距离如何，本船将处于其危险半圆还是可航半圆。

根据航行经验，由于低气压的接近，当气压下降每小时超过 1 hPa 时，应引起高度重视；气压下降量每小时超过 2 hPa 时，应根据情况改向避开，改向方向应与台风所在一侧反向。

（3）附近有无避风港口，本船与该港间的距离。

（4）有关船舶耐航性（sea keeping quality）的考虑。这里所说的耐航性，指在某种海况下使预定船速降低达到最小，船体和船货不受任何损伤，能够安全而且相对舒适地进行航海的性能。

（5）台风是一种灾害性的自然现象，只要做好充分准备，大家齐心协力，采取正确措施，就能战胜它；反之，思想上不重视，不收听气象预报，不仔细观测风向、风力和气压等变化，又不做好准备，必然造成临时惊慌失措，陷入危险境地。

（6）下决心，定措施，必须留有余地，不要满打满算。例如，台风预报本身存在误差，有时往往超出预料等。因此，在估计台风的动态和本船在台风中的位置时，应把自己放在不利的地位，在避台时间上宁早勿迟。

▲经验体会：台风的运动规律随着季节而变化，它的移动速度由慢到快，转向后进入中纬度地区再次加快，这是台风的共性；但台风的运动是受台风本身环流的大小和活动地区高低压的分布情况所支配的；北半球个别台风的移动路线可能窜向低纬度，弯几弯，不先向西北偏西方向行进，有的一直向偏东方向移动。在掌握台风共性的基础上，仍需注意当地台风预报，并利用船上仪器亲自观测，作出判断，才能立于不败之地。

2. 系泊船避台注意事项

▲教学建议：课外阅读归纳

（1）靠在码头上遇台风来临，要对自己的处境进行分析。如港内防风浪条件良好，涌浪不会太大，台风引起的水位上涨不至于使船发生危险，本船的受风性能也较好，则可以留在泊位上抗台；反之，应离泊出港抗台。在决定留或离的问题上，应当听取港口当局的意见。

（2）在码头上抗台时，应：①增加带缆，特别是强风向方面更应加强；各缆应受力均匀，带缆点尽量分散，缆系长一点可以增加位能，缆绳的磨擦部位要妥善包扎、涂油以防磨损。②码头与船体之间增设碰垫。③空船必须增加压载，减少受风面积，增加船体运动的水阻力。④如果强风向来自外舷，则可在船首、尾外侧抛锚以缓和风浪的作用。⑤将船首系靠在出港的方向，并做好必要时能离开码头的准备。例如，抛外舷锚或向外侧浮筒系缆等。

（3）系浮避台时，系单浮筒比较有利，它能随时保持船首迎风，可以用锚链系浮，加长锚链，或增加系缆，只要浮筒锚不移位，是可以系浮抗台的。必要时还可抛另一锚来制止偏荡。

系双浮筒时，除非浮筒方向与最大风力的方向基本一致外，最好改为系单浮筒。不可能时，应驶离泊位，去锚地或港外抗台。

（4）锚泊船舶在台风袭击中，应备妥主机，并派驾驶员和水手各一人，携带对讲机在船首看守锚链；驾驶台应根据锚链方向和受力情况，动车和操舵，以减轻锚链负荷，防止走锚、断链的危险。

任务评价

评价内容		评　价　标　准	权重/%	分项得分
任务完成情况	任务 1	描述缓解船舶在波浪中的摇荡措施	20	
	任务 2	识记大风浪对航船造成的危害	20	
	任务 3	掌握大风浪中的操船方法	20	
	任务 4	熟练掌握避离热带气旋的船舶操纵	30	
职业素养		能够提炼大风浪中操船的基本要领	10	
总分			评价者签名：	

任务拓展

当船舶处于南半球时，请以填写表格的形式，回答船舶避台操纵的方法：

	风向	脱离	滞航
船在右半圆			
船在左半圆			
船在台风进路			

项目八
应急操船与船舶搜救

核心概念

海损事故；船舶碰撞；船舶搁浅；船舶火灾；船舶搜索；船舶救助

项目描述

由于主客观原因，船舶有时会遭遇到意外的海上灾难，使船舶及货物处于危险的境地。这时船长及船舶驾驶人员应采取应急的操船措施并及时组织船员进行抢救或请求救援，以减轻海难造成的损失。

应急操船、搜索救助工作开展的好，能挽回危险局面，将事故损失控制在最低限度，因而要求学生通过学习和实践，在发生事故时能够果断、迅速、正确地采取操纵措施，能够搜救遇难船舶与人员。项目包括碰撞、搁浅触礁、火灾、弃船、搜救(含海上拖带)等内容。

学习目标

1. 当面临事故时能够果断、迅速、正确地采取操纵措施，将损失控制在最低限度；
2. 熟练掌握搜救遇难船舶与人员的操船要领；
3. 养成沉着冷静、正确决策的心理素质。

工作任务

任务 1　船舶碰撞前后的应急操船
任务 2　船舶搁浅和触礁前后的应急操船
任务 3　船舶发生火灾时的应急操船
任务 4　船舶搜救技术训练

导　入

1. 在危害性和补救措施方面,汽车相撞与船舶相撞有哪些区别?
2. 船舶搁浅和触礁的异同点是什么?
3. 在灭火条件方面,与陆地灭火相比,船舶灭火的困难体现在哪些方面?
4. 搜索与救助遇险船舶与人员时,最重要的一点是什么?

知识准备

1. 船舶旋回的知识与技术:如何在最短纵距内,改向 90°;
2. 紧急制动技术:如何在最短纵距内把船停住;
3. 消防知识与技术:防火、灭火的通用知识、措施和技术。

任务实施

任务 1　船舶碰撞前后的应急操船

一、船舶碰撞前的紧急操船

由于船舶的大型化和航速的提高,如果在航行中两船发生碰撞,其后果是灾难性的。因此,船舶海上航行时,在任何时候均应用视觉、听觉以及适合当时环境和情况的一切有效手段保持正规的瞭望,以便对局面和碰撞危险作出充分的估计,并及早采取大幅度的避让行动,避免紧迫局面的形成。不论因何种原因构成两船的紧迫局面,每一船舶均应采取最有助于避免碰撞的行动,以避免碰撞的发生。当碰撞不可避免时,每一船舶也应运用良好的船艺采取最有效的行动减小碰撞的损失,诸如采取紧急倒车刹减船速,减小碰撞的动能,避免船中或机舱附近被他船船首撞入等。

▲提问与思考:A. 从力学角度说明船舶碰撞的灾难性?
　　　　　　　B. 在最短距离内停船或避开他船的有效措施?

二、船舶碰撞后的处置

船舶发生碰撞后,每一船舶应及时判明当时的情况,采取应急操船措施、实施应变部署,根据所判定的情况决定下一步的措施。

1. 判明情况

船舶发生碰撞后，根据当时当地的情况对碰撞损失作出正确的判断，从而采取相应的措施，对于挽救船舶和保障人命安全均具有决定性的意义。

为迅速而冷静地判明损坏程度和部位，除现场检查外，还可根据两船的大小、碰撞前的相对速度、碰撞角度的大小、碰撞的部位、风流的方向和海面波浪的情况等估计损坏的程度。

在远离海岸的大海上发生碰撞时，由于船舶往往以全速行驶，碰撞的后果往往是灾难性的，被撞船的船体会遭受严重的损伤，甚至波及2个舱区，导致船舶大量进水而沉没。在狭水道中航行，由于船速的差异，在追越的过程中长时间并行，如操纵不当会引起船间作用而导致碰撞，往往造成船体的损伤。在海上如与漂流物发生碰撞，碰撞处往往在船首及其水线附近。

2. 碰撞后的应急操船措施

1）当本船船首撞入他船船体时

不论在撞入前是进车或已经采取倒车措施，在撞入后，都应首先开微速进车顶住对方，待对方采取防水应急措施，并征得同意后方可倒车脱出。脱出后，应滞留在附近，一方面检查本船的损伤情况，另一方面随时准备给予对方各方面的救援，当确信对方已经脱离危险可以继续航行时，本船方可离去。

碰撞后，为使本船能与对方船体靠紧以减少进水量和防止滑出，有时可互用缆绳系住，并配合用车，保持顶住对方破洞的状态，如情况紧急而附近又有浅滩，经对方同意后，可顶向浅处搁浅。

图8-1　船舶碰撞实景

2）当本船船体被他船船首撞入时

应尽可能使本船停住，消除前进或后退的惯性以减少进水量，关闭破洞舱室前后的水密装置，当各项堵漏器材准备妥当后方可同意对方倒车脱出。

当船舶不是两舷同时受损的情况下，应尽可能操纵船舶使其破损的部位处于下风侧。

3. 碰撞后的应变部署

碰撞后若本船破损进水，应立即发出堵漏警报信号，实施堵漏应变部署。

1）查明漏损情况

大副和水手长应检查全船，派木匠测量各舱污水沟和水舱的水位，通知机舱测量油舱油位，迅速测定破洞的位置、大小及进水情况并及时向船长报告。其他人员按应变部署奔赴指定岗位。

2）保证水密和排水

当破损部位确定后，应立即关闭破洞四周的水密门窗，并通知机舱全力排水。

3）堵漏

碰撞的部位多位于舷侧水线附近，破洞较大时，需用堵漏毯紧贴洞口以限制其进水，为增加堵漏毯的强度，可在堵漏毯中插入几根钢管，使用2根过底索。见图8-2。挂上堵漏毯后再根据破洞的大小，采用堵漏板或制作水泥箱，灌注水泥堵住漏洞，然后排除舱内积水。由于破洞舱室大量进水，必须对浸水邻近的舱壁进行加强，以抵抗过大的水压力，防止舱壁破损而波及相邻舱室。图8-3为对舱壁加强的情况。

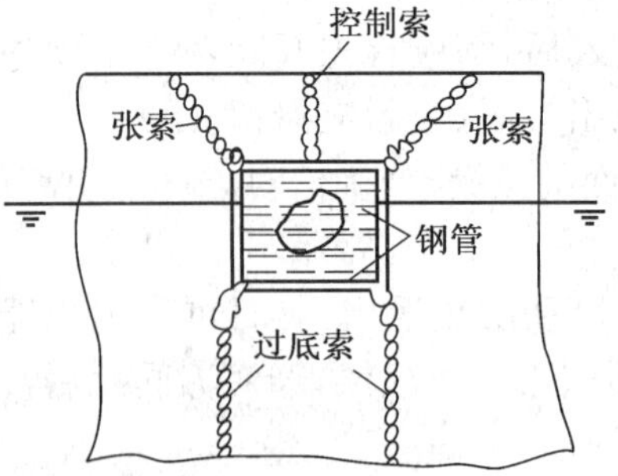

图8-2　堵漏毯加强

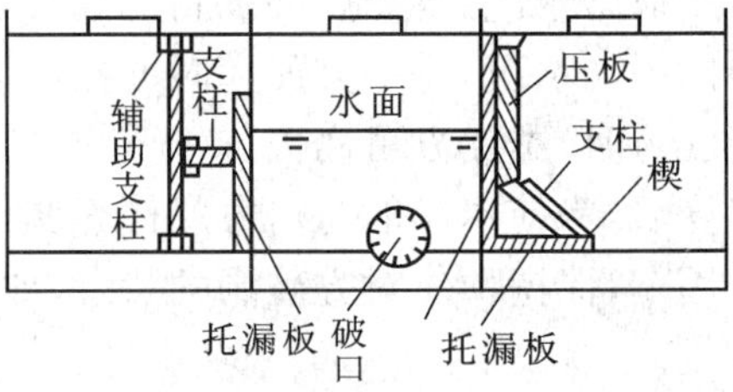

图8-3　舱壁加强

4）调整纵横倾

船舶进水后必然导致纵横倾的变化，应详细测量各油、水舱的情况，利用排出、注入、移驳等方法保持船舶的平衡。值得注意的是，采用注入法会减小储备浮力和稳性，使用该法应特别谨慎。

5）抛弃货物

在下列情况下应采取抛弃货物的措施：

(1）因进水可能引起货物着火；

(2）因进水可能引起货物急剧膨胀；

(3）为保持稳性；

(4）为保留储备浮力或减少进水量。

4. 续航、抢滩或弃船的一般决策

船舶发生碰撞经全面检查后如主辅机情况良好无损，船体破损部位经过堵漏、加强后进水得以控制，因破损进水经过纵横倾的调整后计算具有正稳性及一定的保留浮力，救生设备完好无损，可考虑继续航行至最近的港口进行检查修理。如不能自力航行时，可考虑采取拖航。如碰撞后大量进水，排水的速度跟不上进水的速度，而又无法进行堵漏，预计有沉没危险而附近又有浅滩时，可考虑采取抢滩措施，以保存船舶及货物，减少损失。当堵漏无效而又无滩可抢，船舶有沉没危险并将危及船员生命安全时，船长经周密和慎重的考虑后可决定弃船。

▲回答问题：A. 用简练语言概括续航应同时满足哪些条件？

B. 应该弃船时没弃船的后果是什么？

三、碰撞后续航的注意事项

船舶碰撞受损后，如继续航行操纵应十分谨慎，并做到：

（1）减速航行，密切注意进水的变化情况并应详细地记录；

▲为什么？

（2）航线设计宜取近岸航线并需勤测船位；

▲为什么？

（3）密切注意气象变化，查明邻近海域可供避风的锚地，风力增大应立即择地避风；

（4）应与附近海岸电台及公司保持密切联系，使公司及时掌握本船位置及航行情况；

（5）保护好损伤部位，尽量使之处于下风侧，经常针对风浪来向调整航向和航速；

▲为什么？

（6）风浪大时尽量减少船舶的摇摆，无法继续航行时可考虑利用海锚及撒油镇浪。

▲为什么？

四、抢滩及其注意事项

选择抢滩地点时需要全面、周到地考虑下列因素：

1. 底质

泥、砂或砂砾均可，但软泥要防止下沉而难以脱浅，活砂底则不易固定。此外，附近应无礁石。

2. 风、流、浪

尽可能选择潮流较小的场所，并应在高潮后落潮的时间为宜。应选择港湾内能避大风浪的处所，或风、浪影响小的当地盛行风的下风侧。

3. 水深

无论高、低潮，水深应大于轻载吃水，小于型深，保证甲板始终露出水面。

4. 坡度

为避免船体受损、不易搁牢或堵住机舱海水阀，影响冷却水循环，坡度应适当。理想的坡度大小可参照下水滑道的比例，即小型船 1∶15，中型船 1∶17，大型船1∶19～1∶24，可将抢滩点处两等深线深度之差与两等深线间距之比加以判断。

▲回答问题：为什么船舶吨位越大，坡度越小？

5. 四周环境

四周环境应便于固定船舶，应让出航道以利于施救工作进行。

选定抢滩地点后，可按下列步骤进行抢滩和出滩作业：

（1）抢滩前应打进压载水，并将船舶吃水差调整到与坡度相适应，便于船体既能稳固地搁在滩上，又有利于出滩。

（2）一般以船首上滩为好。船首抢滩时，应保持船身与岸线垂直，慢速接近，适时停车，以便船体缓慢地擦滩而上为度，速度过大，易损坏船体且不利于出滩。

(3) 随着船首上滩时,可抛下双锚,以便稳定船身且有助于出滩。若抛锚将影响抢滩效果,也可在抢滩后,用拖船、救生艇或重吊将锚向后抛出。

(4) 抢滩后应争取在下一高潮来临前将破洞堵好。如自身无法办到或气象即将变坏时,应毫不犹豫地申请救助单位协助将破洞补好,然后驶往附近安全锚地或港口作进一步修复。

(5) 出滩时,打掉压载水,等高潮来临时收绞双锚,配合开倒车,船舶将缓慢出滩。

任务2 船舶搁浅和触礁前后的应急操船

一、搁浅或触礁的紧急措施

航行中的船舶不论因何种原因致使搁浅或触礁不可避免时,切忌惊慌失措,应设法采取减轻搁浅程度防止船体损伤扩大的措施:

(1) 及时倒车或抛锚减小船的冲力;

(2) 尽量避开礁石;

(3) 宁使船首受损也要保护好舵和推进器;

▲为什么?

(4) 当船已搁住时应立即停车、迅速查明情况,然后决定是自力脱浅还是请求外援,切忌盲目用车,否则容易造成扩大船体损伤,损坏舵、推进器和主机等,造成损伤的进一步扩大,甚至造成船舶的迅速沉没。

二、搁浅后的措施

1. 查明搁浅情况

搁浅后应立即查明下列情况:

(1) 船位:利用可靠物标测定准确的搁浅船位,间隔一定时间后必须复测,并把船位标在大比例尺海图上。

(2) 船舶吃水:测出搁浅时的船舶六面吃水,记下时间、潮高以及高低潮时间,以便计算损失的排水量。

(3) 周围水深及底质:测量船边水深可自船首向两舷每隔 10 m 测一个点。测量船体周围的水深应从船边开始以辐射方向进行,并记录下时间、潮高及高低潮时间,借以判断搁浅的部位,决定脱浅的方向。

在测深的同时,还应采样海底底质,底质不仅影响摩擦力,而且底质及海底坡度还影响锚的抓力。

(4) 搁浅损伤情况:测量双层底、污水沟及前后尖舱的水位,以确定船体损伤程度及位置。同时还要继续这种测深,以调查进水量的增加程度。如有破损,应采取与碰撞后一样的措施实施堵漏和排水。如无法排出,应将进水量作为增加的排水量来计算。

(5) 潮汐和潮流:根据当地的潮汐资料,编制出高潮潮时与潮高表。同时要设立临时潮标,以取得实际资料。潮流的方向和大小应按时做好记录。

(6) 气象情况:测量搁浅时的风向、风力及海面状况,收听并分析近期的天气预报,争取在天气变坏前设法救船脱险。

(7) 舵和推进器的情况：搁浅后舵和推进器是否受到损伤，以及主机和辅机的情况如何。

以上情况以及准备采取的措施，应以最快的通信方式报告公司及代理人，以便取得他们的指导并协助办理有关事宜，将其详细地记录在航海日志中。

▲思考：为什么搁浅或触礁后的首要措施是查明情况？

2. 保护船体

船舶搁浅后应避免情况继续恶化，即防止船体在风、浪和潮流的作用下继续运动，确保船体的安全。

一般船舶在搁浅后可能会发生 3 种危险情况：即墩底、向岸漂移和打横。当船舶搁浅后，如有风浪的话，涌浪在船边不断地起伏，则将使船体受到墩底与继续向岸更浅处漂移的危险。墩底将损坏船体甚至使船身断裂。如船首一端搁浅时，因风、流或浪的作用力不可能与艏艉线方向一致，则将使船以搁浅处为支点进行旋转，从而使船打横，这时船的受浪面积将逐渐增大而更易向岸上推移。另外，搁浅中的船舶还有船身倾斜、船体承受过大的应力等危险。

搁浅后的船舶若在短时间内不能安全脱浅，应采取措施使得固定船体，其方法主要有用锚固定法和灌水坐浅法 2 种。

1) 用锚固定法

搁浅后可以利用本船所配备的锚、锚链及各种缆绳来固定船体，以防止船舶被风、流或浪打上海岸或造成横浪的危险，并缓和波浪造成的纵摇和垂荡。

固定用锚的配置应根据实际需要确定。当船身与岸线垂直时，视实际需要，船首、尾可在与搁浅船艏艉线 45°的方向上抛锚，艉后所需配置的锚则要从固定船体和有利于出浅 2 方面进行配置。当船身与岸平行时则应重点考虑抗御涌浪和潮流的影响，不但需要在艏艉 45°方向上，而且更需在受力可能较大的方位上(顶流方向、迎着涌浪的方向)配以重锚长链，使之在固定船体中发挥主要作用。一般抛锚配置的方法见图 8-4。

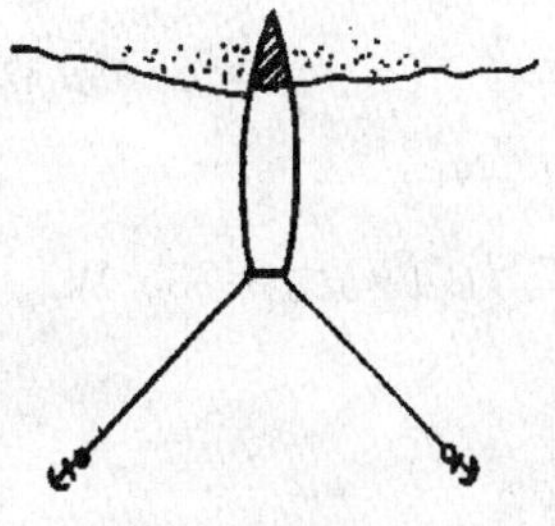
(船首搁浅时)

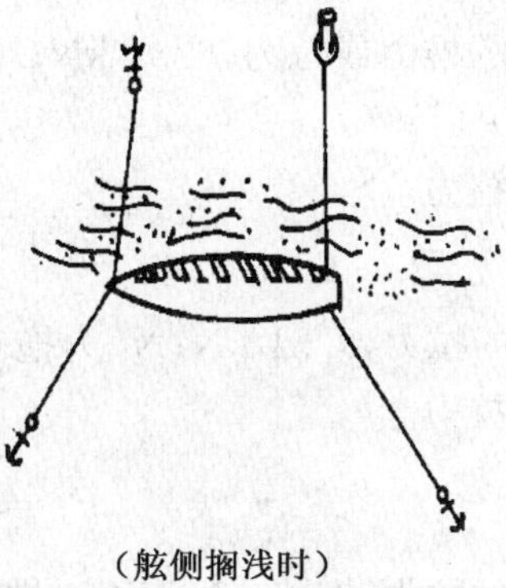
(舷侧搁浅时)

图 8-4　船体固定法

大型船舶的锚重、锚链质量都很大，抛锚配置需要大功率的拖船协助。中小型船舶则可借助机动救生艇运锚，与锚的连接也可借助钢缆来实现。为保证锚能发挥足够的抓力，出链

(缆)的长度应足够。

2) 灌水坐浅法

如果船舶是搁在礁石上,为防止受波浪纵摇和垂荡的作用产生墩底造成船底破漏,除按上述方法固定船体外,还应将各压载水舱注满水,使船能够牢固地坐于海底。如果注满水舱的方法还不能达到上述目的,则应考虑将部分货舱注入海水,采用局部货舱注水时应注意相邻舱壁的加强。

3. 脱浅拉力的估算

当船舶搁浅后决定是否能够脱浅时,应对脱浅所需的拉力以及可供脱浅的拉力进行估算。

1) 脱浅时所需的拉力

脱浅时所需的拉力,可按下式估算

$$F = f \cdot \Delta D \tag{8-1}$$

式中:F 为脱浅所需的拉力,9.81 kN;ΔD 为因搁浅而损失的排水量,t;f 为船底与海底的摩擦系数,底质为软沙时可取 0.30,底质为坚硬的砂砾时取 0.50,底质为岩石时取 0.80~2.00。

损失的排水量 ΔD 为

$$\Delta D = 100\text{TPC} \cdot (d - d_1) + \sum P \tag{8-2}$$

式中:TPC 为每厘米吃水吨数,t/cm;d 为搁浅前的六面平均吃水,m,要根据离港前的平均吃水减去途中燃料、淡水和物料的消耗量而产生的吃水变化;如海水密度发生变化,则应进行相应的修正;d_1 为准备脱浅时的六面平均吃水,m,应根据搁浅后观测的六面平均吃水,加上至准备脱浅前的潮差变化;$\sum P$ 为各舱进水量的总和,t。

2) 可供脱浅的拉力

(1) 主机的推力或拉力

$$F_p = 0.01N \tag{8-3}$$

式中:F_p 为主机的推力或拉力,9.81 kN;N 为主机的功率,马力(1 马力=735 W),倒车时的拉力内燃机按 60%计算。

(2) 拖船的拖力

$$F_t = (0.01 \sim 0.015)N_t \tag{8-4}$$

式中:F_t 为拖船的拉力,9.81 kN;N_t 为拖船的功率,马力(1 马力=735 W)。

(3) 绞锚的拉力

$$F_a = (3 \sim 5)W_a \tag{8-5}$$

式中:F_a 为绞锚的拉力,9.81 kN; W_a 为锚质量,t。

4. 脱浅方法(自主学习)

当确信船舶没有严重破损,脱浅后不致沉没,脱浅操作不致进一步损坏船体,经计算,可供脱浅的拉力大于脱浅所需的拉力,船舶能够脱浅且脱浅后可以继续航行时,可考虑进行以下脱浅操作。

1）自力脱浅

（1）候潮脱浅。不在高潮时搁浅，船体只有轻微的损坏，艉部又有足够的水深，则可等待下一个高潮时争取起浮脱浅；必要时利用车、舵、锚配合协助脱浅。一般做法是在高潮前1 h动车，用本船主机倒车脱浅，当快倒车无效时，可改用半进车配合左右满舵来扭动船体，然后再快倒车脱浅，在需要时应在用倒车的同时配合绞锚，利用强大的锚抓力协助脱浅。如底质是泥沙，倒车时应注意泥沙可能在船体周围堆积妨碍脱浅。

（2）移载脱浅。如船舶一端或一舷搁浅，而另一端或另一舷有足够的水深，则可移动压载水、淡水、燃油或货物进行脱浅。脱浅前必须经过严格的计算，以免脱浅后产生过度的纵倾或横倾，使船舶发生危险。在一舷搁浅而海底又陡峭时，则不宜用此法。

▲回答问题：运用移载法脱浅时如何预防新的事故？

（3）卸载脱浅。如估算调整纵横倾后，仍不能自力用车、舵、锚脱浅，则也可以进行卸载脱浅。卸载应考虑迅速、方便和损失最小的原则。首先应考虑打出压载水，卸去多余的淡水，其次考虑卸去能漂浮海面而又不易受损的货物。卸载的数量应是主机拉力、拖船拖力、绞锚拉力和移载等不足的数量。卸载前，应进行严格的浮力、稳性、纵倾和横倾的计算。

2）外援脱浅

船舶搁浅后，如果车叶、主机损坏或船体损坏严重已经失去漂浮能力或经过计算所需的脱浅拉力太大无法自力脱浅时，应毫不犹豫地请求外援，以求尽快脱浅。申请外援时，应预先计算脱浅所需的拖力、拖船的数量和功率。

救助船可协助固定船体、堵漏排水、移载、过驳、用大型打捞浮筒增加搁浅船的浮力、冲挖船底成渠，并可提供强大的拖力以协助脱浅等。

在救助船到来后，搁浅船应向救助船提供下列的资料和情况：

（1）船舶资料，如主要尺度、总布置图、原来的载重吨数、静水力曲线图等；

（2）货物的性质、质量及其分布情况，各油水舱的分布及数量；

（3）搁浅前后的吃水以及搁浅后的吃水是否曾经有过变化等；

（4）搁浅前的航向、航速及搁浅的时间、现在的船首向等；

（5）主机、辅机、甲板机械的功率及情况；

（6）搁浅后曾采取的措施和收到的效果以及对救助工作的建议；

（7）船位、船边的水深及当地的潮汐情况等。

任务3　船舶发生火灾时的应急操船

▲提示：重点在发生火灾时的应急操船

船舶发生火灾或爆炸后，应立即采取下列措施：

（1）立即发出消防警报，通报全船并立即进入应急消防部署。

（2）迅速了解火源的地点、火势及其来源。

（3）根据火源地点，按风的相对方向适当地操纵船舶，使火源处于下风，即火在船尾，迎风行驶；火在船首，顺风行驶；火在船中附近，旁风行驶，如有可能，则应尽量降低船速和减小船舶的摇摆，避免急剧转向，以免加剧火势。

（4）采取下列的灭火措施：

① 立即切断通往火灾现场的油路、电源等。

② 将发生火灾舱室中的所有门窗、通风口、通道等全部关闭，阻止空气流通，避免火势扩大。

③ 根据火灾的性质，使用适当的灭火器材和设备。利用注水或灌水灭火时，应注意船舶的浮力、稳性和横倾情况，及时排水。

④ 防止灾情的扩大。受火势威胁的舱室，应将易燃、易爆物品和危险货物移开，并使隔舱壁降温。

⑤ 灭火后不要急于开舱，防止复燃。

⑥ 确认灭火措施无效且船舶毁灭已经不可避免时，可以弃船。近岸航行时也可以抢滩，但应尽快做好人命救助和其他应急措施。

⑦ 及时将火灾事故的全部情况通报船舶所有人和有关方面，必要时请求救助。

任务 4　船舶搜救技术训练

一、海上救助遇险者的操船

▲提示：本部分将讨论海上有人落水时和从遇难船舶上救助人员的救助操纵问题。

1. 救助落水者的操船

航行中落水的船员或旅客，其体力消耗很快，尤其是在低温水域更是如此。表 8-1 为不穿着保护服的落水者在不同水温中的可生存时间。因此，必须在尽量短的时间内将落水者救起。

表 8-1　不穿着保护服的落水者在不同水温中的可生存时间

海水温度/℃	可生存时间/h	海水温度/℃	可生存时间/h
<2	<3/4	10～15	<6
2～4	<1.5	15～20	<12
4～10	<3	>20	视疲劳程度

1）人员刚落水时的紧急处置

（1）发现者应投下就近的救生圈、自发烟雾信号；夜间应抛下自亮灯浮救生圈。

（2）停车并向落水者一舷操满舵，摆开船尾，以免船尾和螺旋桨打到落水者。

（3）发出人员落水警报，进入人员落水应急部署。

（4）派专人携带望远镜登高瞭望，不断报告落水者的方向。

（5）在向船长报告的同时，通知机舱备车，运用适合当时情况的操纵方法操纵船舶驶近落水者，并准备放艇救助。

（6）放艇救助。如海面平静，应尽早放下救生艇，不要等待船完全停住。按照有关的规定，国际航行的船舶的救生艇降落装置应能在船舶有 5 kn 余速时将救生艇降落至水面。如海面有风浪时，应将船舶驶至落水者的上风侧，从下风舷放下救生艇，救生艇下水后，尽快从落水者的下风靠拢落水者。放艇时注意艇的纵倾角应低于 5°，艇的升降索摘钩应同时进行或先摘后钩，并系好系船索。

2）驶近落水者的操船方法

人员落水后，应根据当时的情况操纵船舶驶近落水者，以便放艇救助。驶近落水者的操船方法如下。

（1）单旋回（single turn）：①向落水者一舷操满舵；②距落水者方位尚剩20°舷角时操正舵并紧急停船；③如落水者难于视认，则应在改向250°时回正舵，一边停船一边努力寻找落水者。

本法是救助刚刚落水者而紧急操船的最有效方法，救出人员的速度最快，救活的成功率也最高。见图8-5。

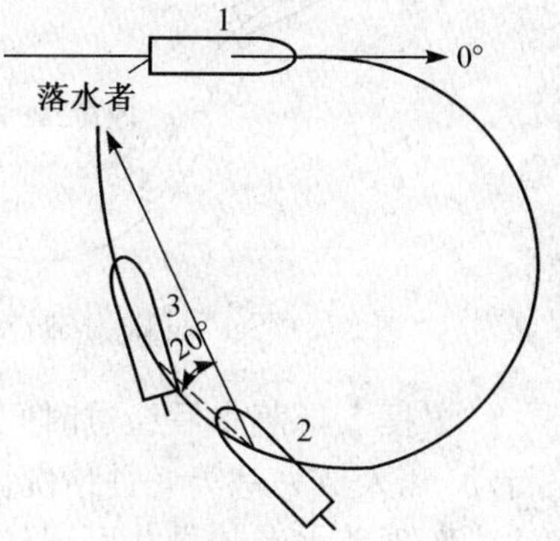

图8-5　单旋回操船法

▲为什么？

▲注意：本法适用于能够看见落水者的情况。

（2）双半旋回（double turn）：①向落水者一舷操满舵，旋回180°并保持该航向航行；②当落水者方位达正横后30°处再一次操满舵旋回180°；③向落水者的上风处定向驶近，适时降速，接近落水者。

该法耗时较长，但能较为准确地回到落水者附近。见图8-6。

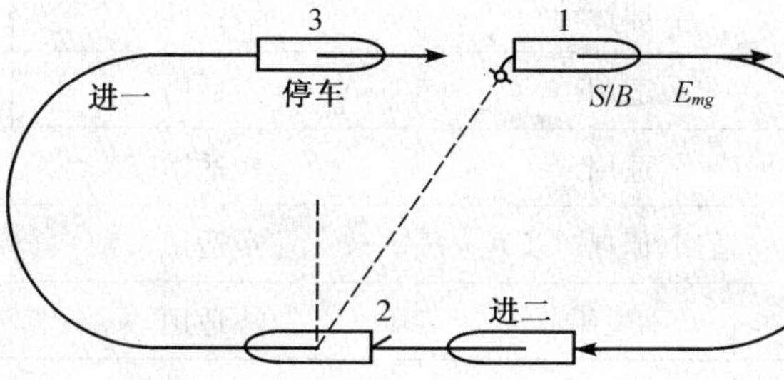

图8-6　双半旋回操船法

▲注意：本法适用于能够看见落水者的情况。

（3）Williamson旋回（Williamson turn）：①向落水者一舷操满舵；②当转向角达到60°时操相反一舷满舵；③船首距原初始航向的相反航向差20°时回舵；④把定在初始航向的相反航向上向前搜索，发现落水者适时进行停船操纵以接近落水者。

该法能够准确地把船舶带到落水者的位置，在夜间或能见度不良时是有效的接近落水者的操船方法，但该法的所需时间较长。见图8-7。

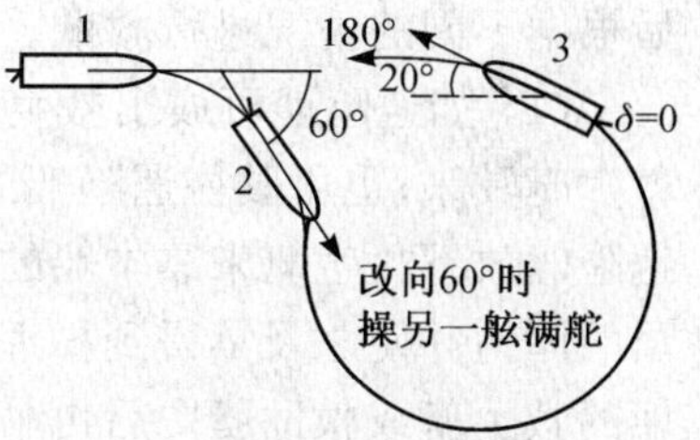

图8-7　Williamson旋回操船法

（4）Scharnow旋回（Scharnow turn）：①向任一舷操满舵；②当船舶改向达240°时操另一舷满舵；③船首距原初始航向的相反航向差20°时回舵；④把定在初始航向的相反航向上向前搜索，发现落水者适时进行停船操纵以接近落水者。见图8-8。

该法返回原航向不够准确，不适合于人员落水后立即行动的场合。但该法在人员失踪时采用，其旋回距离短，可节约时间。与 Willlamson 旋回相比，Scharnow 旋回可以节省 1～2 n mile 的航程，见图 8-9。

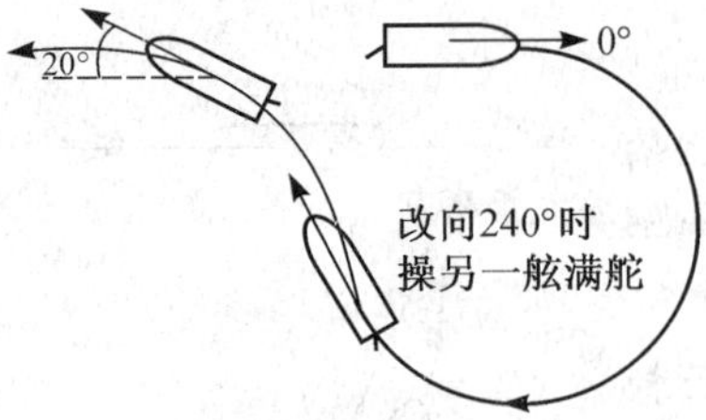

图 8-8 Scharnow 旋回操船法

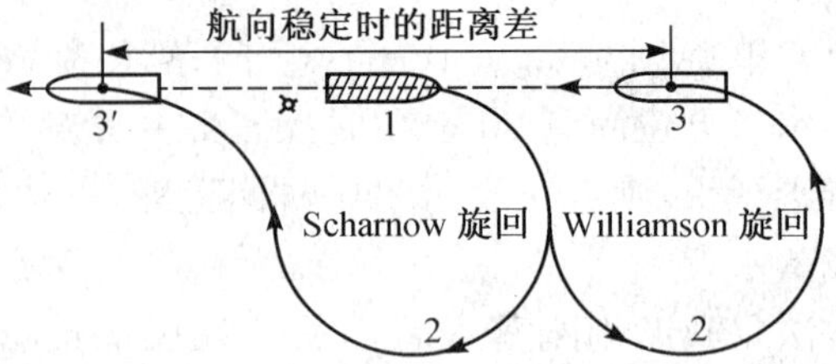

图 8-9 Williamson 旋回与 Scharnow 旋回的比较

根据人员落水后经过时间的长短，可分为立即行动、延迟行动(经过一定时间延迟后才行动)和人员失踪等 3 种情况。在不同的情况下应选择前述最适用的接近落水者的操船方法。发现落水者较早并可视认时，可采用单旋回或双半旋回；发现落水者尚及时但采取行动较晚、落水者难于视认时，应采取 Williamson 旋回；而 Scharnow 旋回则适用于人员失踪。表 8-2 列出上述 4 种操船方法的适用情况。

表 8-2 四种驶近落水者操船方法的适用情况

操船法	立即行动	延迟行动	人员失踪
单旋回	适用	不适用	不适用
双半旋回	适用	较适用	不适用
Williamson 旋回	适用(但耗时长)	最适用	适用(但耗时长)
Scharnow 旋回	不适用	不适用	适用

2. 救助遇难船舶上的人员

▲教学建议：自主学习教员辅导

船舶在救助遇险船舶或救助艇上的人员时，应考虑本船以及被救船或艇的漂移速度，然后根据不同的情况进行救助。

(1) 如遇险船可放出救生艇或救生筏时，本船应驶往遇险船的下风侧停留，并等待对方救生艇驶来；也可驶往遇险船的船首或船尾的近距离处，使本船位于遇险船的上风，更便于遇险船放下救生艇来靠本船的下风舷；然后利用起重设备将艇筏一起吊上船，以节约遇险人员的体力并使之及早得到护理，如艇太重或救生艇无吊放装置时，可将遇险人员转移到救助船的救生艇或救助艇中后再吊起。

(2) 需要本船放艇时，本船应驶抵遇险船的上风一侧，自本船的下风侧放下救生艇；在收艇时，本船应绕航至遇险船的下风侧，等待救生艇驶靠本船下风舷后，再行收起。

(3) 对于漂浮在海面上的遇险人员，一定要注意他们的体力业已耗尽，很可能已经没有力气做任何的攀登动作。尽管如此，仍应在舷边张挂救生网，供遇险人员攀附，并在网的 2 个下角各连接一根吊索通过吊柱及滑车引向起货机，缓慢将遇险人员吊起。

对于在舷边救助遇险人员，应选择在船舶的中部，远离推进器，干舷低，有吊杆起重设备的地方。有条件时，应尽可能多放一些救生索、单人座板、救生裤、绳索、吊货网络等物，以便吊起。对于远离舷边的遇险人员，可用抛绳枪把带浮体的救生索抛给他们攀附，再将他们拉到舷边吊上船。

如有大批遇险人员漂在水中，救助船可拖曳带有救生圈或救生衣等浮力较大的缆绳在漂浮者上风处低速围绕其回转，让人员攀附其上再设法吊起。当然，如有可能由救助船放下救生艇将漂浮在水中的遇险人员逐个救助上艇，再吊上大船是最好的办法。

(4) 如风浪大或其他原因，人员无法离开遇难船时，可以用抛绳枪或其他方法在两船间带好缆绳，用救生裤使人员骑在上面转移到救助船上。见图 8-10，救生裤用滑车挂在两船间的大缆上，拉动另一条系在滑车上的回收索，就能往返渡送遇险人员离船。当风浪大在两船间绷紧大缆有困难时，可直接在水面上用救生裤渡送。

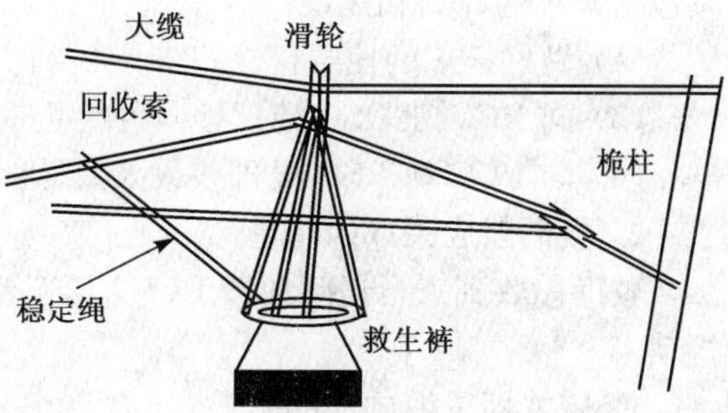

图 8-10　用救生裤渡送遇险人员

二、IMO《国际航空和海上搜寻救助手册》中的程序与应用

▲教学建议：阅读后提炼要点

SOLAS 公约规定：船长在海上由任何方面接到遇险中的船舶或飞机或救生艇筏的信号时，应以全速前往遇险地援助遇险人员，如有可能并应通知他们正在前往援助途中。如果该船长不能前往援助或因情况特殊认为前往援助不合理或不必要时，他必须将未能前往援助遇险人员的理由载入航海日志。

IMO 制定的《国际航空和海上搜寻救助手册》(IAMSAR) 目的在于给救助船、遇险船的船长尤其是救助船的船长如何实施救助提供指导。手册包括搜寻救助活动的调整、遇险船应采取的措施、救援船应采取的措施、搜寻救助专用飞机的援助、搜寻计划及其实施、搜寻终止、通信及飞机在海上遇险共 8 章内容。这里简要地介绍搜寻的组织、救助船的行动、搜寻计划、搜寻模式及其实施、搜寻的终止等内容。

1. 搜寻的组织

IMO 航行安全委员会的全球搜救计划中，将世界海域划分为 13 个海区，并要求一个沿岸国政府负责搜集海上紧急信息，建立通信联络，提供搜救服务，并协调同一海区内各政府间和相邻海区之间的搜救服务。西北太平洋海区由日本负责。海区内的各沿岸国家设立自己的搜救协调中心 (Rescue Coordinate Centre, RCC)（我国为全国海上安全指挥部），并在本国沿海各分管海域设立救助分中心 (Rescue Sub-Centre, RSC)。

搜救协调中心收到遇险信号后应立即派出搜救力量，并指定现场指挥 (On-Scene Commander, OSC)。现场指挥最好由专业的救助船或飞机承担，如果现场没有专业救助船或专业救助船不能赶往现场时，也可以从现场附近的其他船舶中产生一艘海面搜寻协调船 (Coordinator Surface Search, CSS) 承担协调任务。一般情况下，第一艘到达现场的船舶最适合担任该项工作，但通信设备要求比较全。

OSC 和 CSS 的职责是：

(1) 履行 RCC 和 RSC 下达的搜寻计划；

(2) 根据现场情况调整计划并通知RCC和RSC；

(3) 定期向RCC和RSC报告搜救的进展，报告的内容不限于天气海况和采取的措施，应包括未来的计划和建议；

(4) 做好详细的搜寻记录；

(5) 向RCC和RSC建议搜救的终止；

(6) 向RCC和RSC报告获救人数、姓名等以及需要进一步的救助及救助类型等。

2. 救助船应采取的措施

救助船收到来自遇险船或RCC，RSC，CSS或其他船舶转发的遇险信号后，应采取下列行动：

1) 应立即采取的行动

(1) 回答遇险信号，并转发遇险信号；

(2) 用无线电测向仪测定遇险船的方位，并继续保持收听；

(3) 将本船的船名、船位、航速、预计到达时间、本船与遇险船的方位通报遇险船；

(4) 继续在500 kHz，2 182 kHz，VHF16频道等遇险通信频率保持不间断的收听；

(5) 用视觉、听觉以及其他一切有效手段保持正规瞭望。

2) 做好接受遇险人员的准备

(1) 船舷两侧自艏到艉各系好一条缆绳，以供艇筏来靠；

(2) 最低开敞甲板的两舷各准备好撇缆、绳梯、爬网，还应指定有关船员准备下水救助遇险人员；

(3) 两舷各准备一根吊杆，吊货索端连接好一个吊货盘或网兜，以便从水中救起遇险人员；

(4) 准备一只救生筏，放在水中作登船站用；

(5) 准备好担架和医药物品设施；

(6) 使用本船救生艇时，做好放艇准备，预先定好与本船联系的信号；

(7) 抛绳设备和必要的系艇索应预先备妥，以便与遇险船或艇筏建立联系。

3) 接近现场时的行动

(1) 充分利用无线电测向仪把握遇险船筏的方向；

(2) 开启雷达进行有效的瞭望，搜寻遇险船筏；

(3) 夜间使用探照灯或其他照明，以便遇险船筏发现本船；

(4) 发现任何情况，立即向CSS报告，或直接向RCC，RSC报告。

3. 搜寻计划

如不能从岸上机关得到搜寻的基点时，海上CSS应通过计算遇险者的漂流值，确定搜寻的基点和搜寻的区域，并向参加搜寻的船舶和RSC或RCC通报。

1) 确定搜寻基点时应考虑的因素

(1) 通报遇险的时间和船位；

(2) 各救助船到达遇险船船位的时间；

(3) 救助船到达之前的时间内，遇险船及其艇筏的漂移量；

(4) 救助船抵达现场前，已经飞抵现场的搜寻和救助飞机所作的情况估计；

(5) 参照无线电测向仪和其他方法获得的资料。

2）初始搜寻阶段的最可能存在的区域

初始搜寻阶段，遇险船最可能存在的区域，是以搜寻基点为中心、以 10 n mile 为半径所画圆的外切正方形区域，见图 8-11。

4. 搜寻模式及其实施

可供使用的搜寻模式有：

1）扩展正方形搜寻（expanding square search）

见图 8-12a，这是用于单船搜寻的一种模式。从基点开始，逐步扩展正方形的边长进行搜寻。如有可能，最好在基点处投下一艘救生筏或其他漂浮标志以观测漂移速度。此后，它可用作整个搜寻过程的基点标志。图8-12b是扩展搜寻操船法（海图）。

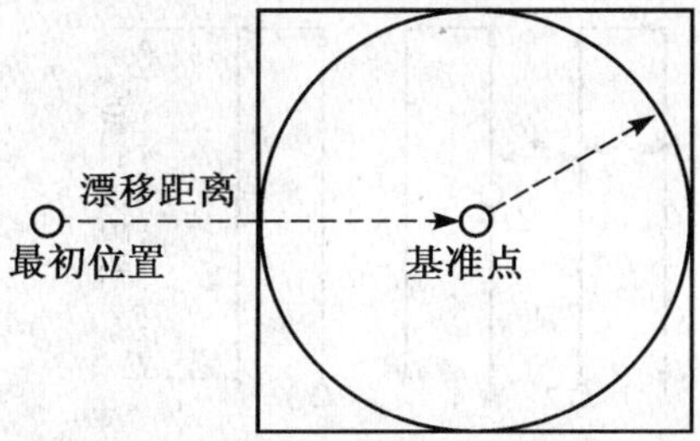

图 8-11　初始搜寻遇难船舶最可能的区域

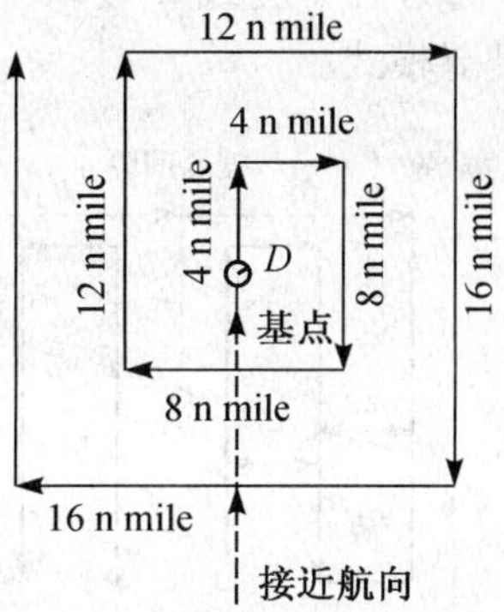

图 8-12a　扩展正方形搜寻操船法

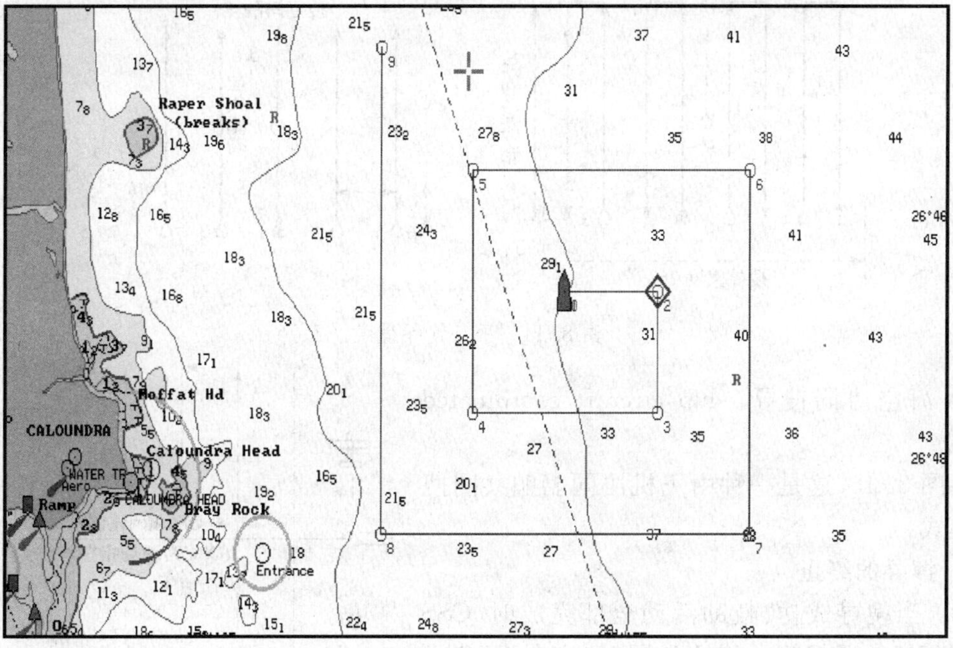

图 8-12b　扩展搜寻操船法（海图）

2）扇形搜寻(sector search)

见图 8-13，这也是用于单船搜寻的一种模式。当搜寻目标的可能存在区域较小时，如有人落水或曾看到过搜寻目标，但随后不久又丢失等情况，就是宜于实施扇形搜寻的情况，而且发现目标的可能性也比较大。

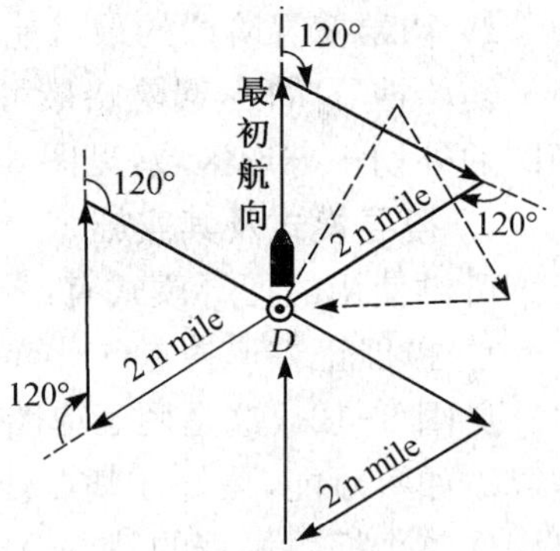

图 8-13　扇形搜寻模式

搜寻中船舶的改向角均为 120°，分 2 段进行。前一段搜寻结束时(图中实线航迹)，应马上右转 30°，进入后一阶段搜寻（图中虚线航迹)。

3）平行搜寻(parallel search)

见图 8-14，有 2 艘或 2 艘以上的船舶参与搜寻时，可采用平行搜寻模式。

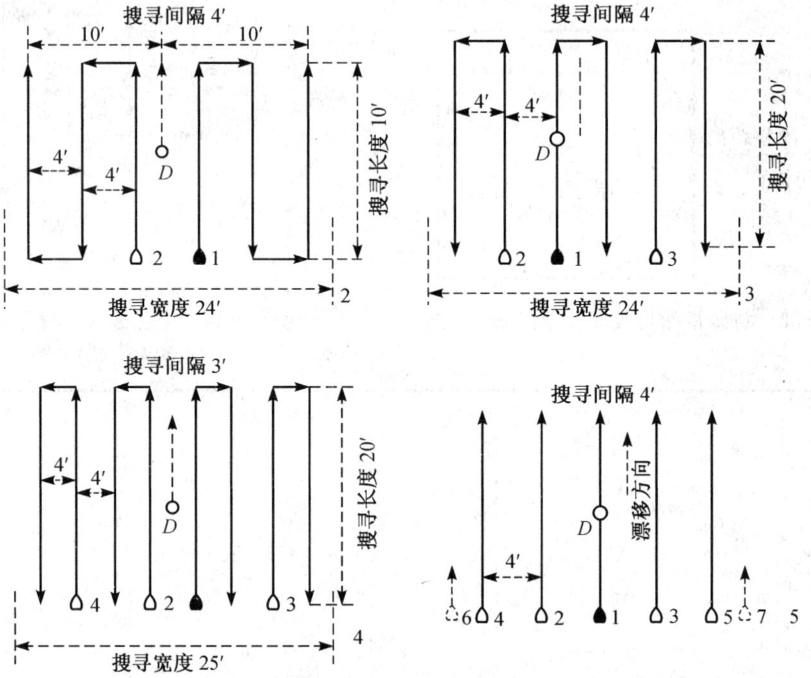

图 8-14　平行搜寻模式

4）海空协同搜寻(ship/aircraft coordinated search)

见图 8-15，这是一种由飞机协同船舶共同搜寻的模式。

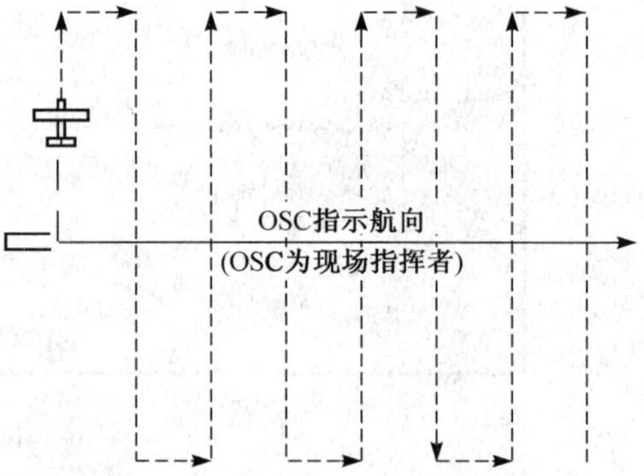

图 8-15　海空协调搜寻模式

5. 搜寻的终止

(1) 当搜寻成功、救助活动全部完成时，CSS 在向全部船舶通报搜寻终止的同时，应向 CRS 或 RCC 报告搜寻终止以及有关收容生存者的情况、是否需要医疗援助等情况。

（2）搜寻不成功时

当搜寻未取得预定结果时：

①决定停止搜寻时应认真考虑：生存者存在于搜寻区域之内的可能性；在已搜寻的区域之内若搜寻物标万一还存在，可以发现该搜寻物标的可能性，搜寻船舶和飞机在现场滞留的时间；生存者在当时的气温、水温、风、浪等实际条件下得以生存的可能性等。②CSS应与其他救助船、岸上的搜寻和救助机构协商，最后由 RCC 宣布终止搜寻。CSS 向其他救助船通报停止搜寻并请其恢复原航向，并发电文给在搜寻区域内的所有船舶继续保持瞭望。

三、弃船准备和弃船应急措施

当船舶发生碰撞、触礁等事故，经积极抢救无效，事态恶化，确已无法保全船舶，并将危及船上人员的生命安全时，船长经周密和最终的考虑后，可以决定弃船并发出弃船警报信号和遇险求救信号。但是，除紧急情况外，弃船应报经船舶所有人同意。

当听到弃船警报信号后，除"途中固定值班人员"外，全体人员应立即穿着救生衣，按应变部署规定的职责到艇甲板做好准备工作，待命放艇。在弃船前应着重做好以下几个方面的准备工作：

（1）电台负责人应在发出弃船警报信号后，仍在电台值守，发出遇险求救信号，同时做好弃船的准备工作，直到船长通知后撤离。

（2）机舱固定值班人员在听到弃船警报信号后仍应坚守岗位按令操作，在得到完车的通知后，在轮机长的领导下，抓紧做好锅炉熄火放气、关停发动机和机舱内正在运转中的其他一切设备、关闭海底阀和各个应急遥控油阀等弃船安全防护工作，再携带规定物品撤离机舱登艇。

（3）按应变部署表的规定，由专人做好下列工作：

① 降下国旗并携带登艇。

② 销毁秘密以上等级的文件。

③ 由专人分别携带航海日志、轮机日志、电台日志和电台执照、车钟记录簿、出事地点及附近的有关海图、船舶证书、船员名册和旅客名册、救生艇电台、雷达应答器、望远镜、救生圈、手持式无线电对讲机、现金和账册、货运单证等物品登艇。

④ 封闭油舱在甲板上的呼吸口，以免船舶沉没后燃油溢出污染海洋环境。

（4）放艇前，艇长应检查工作就绪后向船长汇报：

① 艇底塞是否塞牢。

② 淡水、食品是否充足。

③ 机动艇燃油柜是否装满燃油，发动机试车是否正常。

④ 各种属具是否齐全。

⑤ 各种吊艇装置的技术状态是否良好。

⑥ 是否准备好艇的艏艉系缆。

⑦ 船边有无影响艇筏降落的障碍物。

（5）放艇前，船长应向艇长布置下列事项：

① 本船遇险地点。

② 发出的遇险求救信号是否有回答。

③ 可能遇救的时间、地点。

④ 驶往最近陆地或交通线的航向、距离及其他有关指示。

(6) 做好放艇准备后，由船长下令放艇。放下救生艇或救生筏后，首先组织旅客安全离船登艇，然后安排船员有秩序地登艇，船长应在确信全船无任何人员后方可登艇离船。人员登艇后，应迅速在离开难船 200 m 以外集合。离船后，船长对全体船员和旅客仍保持有完全的责权。

任务评价

评价内容		评 价 标 准	权重/%	分项得分
任务完成情况	任务 1	描述船舶碰撞前后的应急操船要领	30	
	任务 2	描述船舶搁浅后的应急操船要领	20	
	任务 3	识记船舶发生火灾后的应急操船要点	10	
	任务 4	识记船舶搜救技术程序	30	
职业素养		具有事故防范和应急的情景意识	10	
总分			评价者签名：	

任务拓展

研读“海上拖带操船技术”

海上拖带指普通船舶在海上拖带遇险船舶的情况。对非专业拖船的船舶来说不是一件寻常的事，必须运用良好的船艺及船舶操纵技术，才能达到安全拖航的目的。

一、拖带前的准备

为了达到安全拖带的目的，必须做好拖带前的各项准备工作。这些准备工作包括拖缆的准备、拖缆的传递、系结和确定合适的拖航速度等。

1. 拖缆的选择

拖缆一般用锚链、钢丝缆或尼龙缆组合而成，要求有一定的长度和适当的质量，并能形成一定的悬垂部分，使之具有充分的缓冲作用。

1) 拖缆的长度

拖缆有适当的长度，有利于缓解因拖船和被拖船运动不协调而产生的冲击张力，也有利于缓解被拖船的偏荡。

根据海上拖带的实际经验，拖缆的长度可按下式来进行估算

$$S = k \cdot (L_1 + L_2) \tag{8-6}$$

式中：S 为拖缆的长度，m；L_1 为拖船的长度，m；L_2 为被拖船的长度，m；k 为系数，$k = 1.5\sim$

2.0,拖带速度高时取大值。

2) 拖缆的悬垂量(dip)

长度、质量足够的拖缆,就能在拖船与被拖船之间形成悬链线,其悬垂量与拖缆长度和拖带速度有关。适当的悬垂量可以起到缓冲作用,防止拖缆在风浪中受到顿力,但是悬垂量过大,在浅水中容易拖底。

在深水的洋面上拖航时,悬垂量宜保持达拖缆长度的6%,务必使拖缆的中部没入水中。根据经验,当海面平静时拖缆的悬垂量应不少于8 m,风浪较大时拖缆的悬垂量应不少于13 m。

根据锚链的悬垂部分长度与悬垂量的关系,可以得到拖缆长度 S 与悬垂量 d 之间的关系为

$$S=\sqrt{d(d+2R/w)} \tag{8-7}$$

式中:R 为被拖船的阻力,9.81 kN;w 为每米拖缆在水中的质量,kg。

当悬垂量不足时,应采取加粗拖缆或采用钢丝缆与锚链的组合拖缆以弥补悬垂量的不足,见图8-16。当采用钢丝缆与锚链的组合拖缆时,锚链的长度可按下式计算

$$\Delta L=K\cdot c/d(L-L_1) \tag{8-8}$$

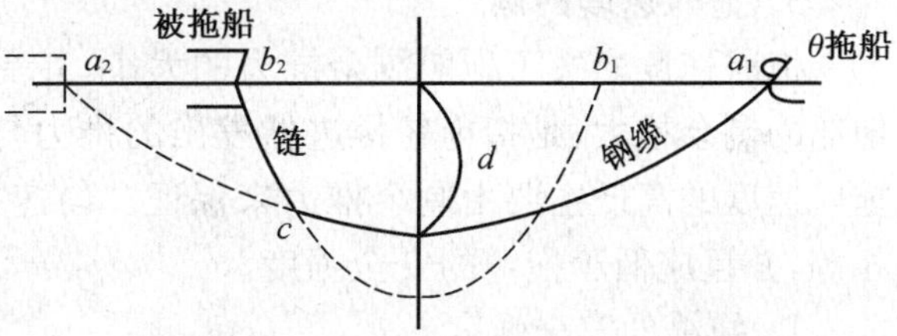

图8-16　组合拖缆

式中:ΔL 为锚链长度,m;K 为系数,软钢丝缆取0.11,特软钢丝缆取0.13;c 为钢丝缆的周长,cm;d 为锚链的直径,cm;L 为所需的钢丝缆的长度,m;L_1 为组合拖缆中拟用的钢丝缆长度,m。

2. 拖缆的传递与系结

1) 接近被拖航的遇难船

为送上拖缆,接近被拖船可按以下方式进行。

(1) 横风作业无困难时可横风接近,见图8-17中的 A_1,A_2。本船以与被拖船航向大体一致的方向从上风舷驶近被拖船,即图中的 A_1 的接近方法,适用于本船横向漂移速度大于被拖船的横向漂移速度的情况。若本船的横向漂移速度小于被拖船的横向漂移速度,则应采用 A_2 的接近方法。

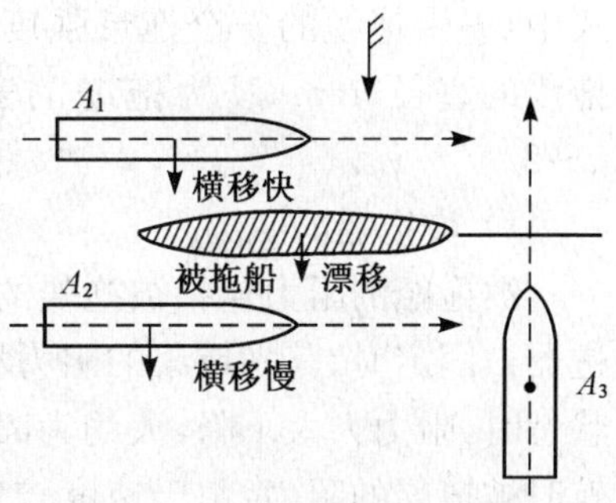

图8-17　接近被拖船的方法

(2) 当横风接近有困难时,也可采取 A_3 的顶风驶近被拖船待拖一端的方法接近,而且更为主动并易于控制,也便于拖缆的传送。

2) 拖缆的传递方法

(1) 使用抛绳枪:该枪可抛出撇缆的最远距离达230 m。在本船按 A_1,A_3所示方法驶近时均有很好的效果。按 A_2 所示方法接近时,使用该枪时应适当减小两船间的横距,或者由被拖船使用抛绳枪抛出撇缆。

(2) 救生艇送出：该法适用于如图中 A_1 所示的接近方法。当拖船驶往被拖船的上风位置后停住，造成下风侧相对平静的海面后，在拖船下风侧放下救生艇，在救生艇上积放一部分引缆和拖缆，救生艇一边驶向被拖船，一边松出艇上积存的缆绳，当接近被拖船时，由被拖船抛下撇缆将救生艇上的引缆拉上被拖船。

大风浪中使用救生艇送缆有困难时，也可通过从上风放出救生圈或救生浮的方法，利用它将撇缆送出后，再进行拖缆的系结。

3) 拖缆的系结

拖缆的系结应满足牢靠、应力分散和便于松绞等要求。为分散应力，拖缆应先围绕甲板室、舱口或桅柱等，再在另一舷缆桩上各绕一圈，然后在第二副缆桩上绕 8 字。为便于松出和绞进拖缆，应预先准备好制索器。

在拖缆通过的导缆孔或锚链筒的地方应用帆布、麻袋等包扎后涂以牛油，拖航中还应定时加油。甲板室及舱口的转角处，要用木板衬垫以减小急折。舱口的围板内要用坚固的木方加强。钢丝缆或锚链与甲板摩擦部分，要垫以木座板。

3. 拖航速度的确定

拖航速度取决于拖船剩余推力的大小，并受到拖缆强度和被拖船的阻力的限制。所谓拖船的剩余推力，是指拖船推进器发出的推力与拖船阻力的差值，即提供给被拖船的拖力，拖航速度的高低主要由剩余推力来保证。匀速拖带中，拖船的剩余推力应与被拖船的阻力相等，并且应低于拖缆的安全强度。

1) 拖缆的安全强度

拖航中作用于拖缆的负荷为被拖船的阻力、拖缆的阻力以及拖船与被拖船间的速度差造成的冲击力等。拖缆的安全强度可按下式估算

$$T = \eta C^2 / N \tag{8-9}$$

式中：T 为拖缆的安全拖带强度，9.81 kN；η 为拖缆的强度系数，钢丝缆可取 0.045；C 为拖缆的直径，mm；N 为拖缆的安全系数，近距离拖航可取 4；长距离或有风浪影响时取 6～8。

2) 被拖船的阻力

被拖船的阻力包括被拖船的摩擦阻力、剩余阻力、被拖船推进器的阻力（当被拖船的推进器被固定时，其螺旋桨的阻力相当于一个圆盘的阻力，其值相对较大，当螺旋桨处于游离状态时，阻力大大下降，大约为固定时的 1/3）以及风浪流等造成的附加阻力等。在静水中拖航时被拖船的阻力，由于速度较低，故摩擦阻力几乎占总阻力的绝大部分。因此，在傅汝德数小于 0.15 时的拖航速度下，被拖船的总阻力可按摩擦阻力的 1.1 倍估计，不会出现较大的误差。

静水中被拖船的阻力 R 可按下式估算

$$R = \Delta^{2/3} \upsilon^2 / K \tag{8-10}$$

式中：R 为被拖船的阻力，9.81 kN；Δ 为被拖船的排水量，t；υ 为拖航速度，kn；K 为系数，可取 3 000～4 000。

3）拖航速度

（1）最大拖航速度：由于拖缆的安全强度 T 已经由拖缆的尺寸所决定，而 R 必须小于 T，因此有拖缆的强度，即可按式 8-10 估算出拖航时允许的最大拖航速度。

（2）拖航速度的实用控制尺度：拖航中判断已有的拖航速度是否适当，是由所使用的拖缆出水程度确定的。拖航中保持拖缆有符合要求的悬垂量，即说明拖缆所受的张力仍处于合理的状态之内。因此，不论是海面平静还是在风浪中拖航，只要保证拖缆有足够的悬垂量，则该拖航速度就是合理的拖航速度。一旦拖缆露出水面即应减速以缓解拖缆所受的冲击。

（3）实际拖航速度的范围：大洋中拖航时，除风浪因素另作考虑外，一般情况下拖带运输船舶时，速度常控制在 6～8 kn，而拖带大型驳船、大型钻井平台等物体时则速度多控制在 3～4 kn。在拖航中应充分考虑风、浪、流等气象条件的影响。

二、拖带中的船舶操纵

1. 起拖时的增速

起拖应在两船拖缆牢固系结后进行。浅水中应注意拖缆的送出不要拖底，不要造成过大的悬垂量。

起拖时应使用微进车，并尽可能反复使用停车、微进，在保持拖缆有一定悬垂量过程中使被拖船逐步加速；起速达 2 kn 时，可分段加速，每段增加速度量以 0.5 kn 为好，以便保持拖缆的悬垂量；直到达到预定的拖航速度为止。

2. 改向大幅度改向必须

分段进行，应避免 20°及以上的改向，尤其是低速拖航中因有潮流、涌浪的影响，故每次改向量不宜超过 5°，无风流时每次可按 5°～15°转过。拖船每次改向前需待被拖船确实驶入拖船现在的航向后，才可以采取新的改向措施。在估计掉头区域或旋回水域时，必须将拖船、被拖船的船长及拖缆长度一并考虑进去。

3. 拖航中被拖船偏荡的抑制

拖航中，被拖船偏荡问题将严重影响拖航的稳定性，其增大拖缆的张力，加剧拖缆的磨损和应力集中现象，并偏离拖带航线。抑制偏荡的措施有：

（1）尽可能使被拖船尾倾，以增加其航向稳定性。但不宜采用注入压载水的方法以免减小保留浮力，特别是船体受损的船舶，应尽量使船舶保持正浮状态。

（2）降低拖航速度以减小偏荡力。

（3）在被拖船的艉部拖曳一漂浮物可起到稳定其航向的作用。

（4）调整拖缆的长度，适当地缩短拖缆的长度可以增加拖航中的稳定性。

（5）改变拖缆的系结方法，如在拖缆上增加抑制索，可以起到减小偏荡的作用。

4. 拖缆长度的调整

调整拖缆长度的目的有二：一是减小被拖船的偏荡；二是使两船在波浪中的摇摆比较协调，减小拖缆所受的冲击张力，见图 8-18。

在浅水中或在降低拖航速度时，为防止拖缆拖底，拖缆的长度应适当缩短；在狭水道航行时，为改善其操纵性能，拖缆的长度也应适当缩短。

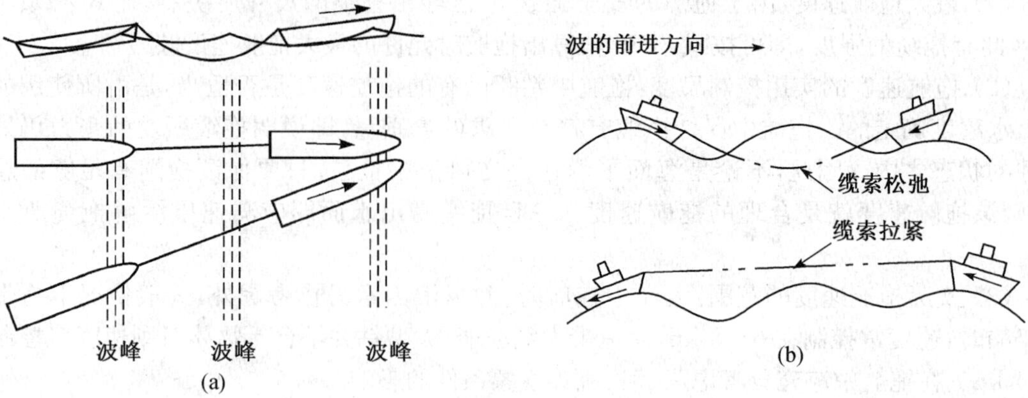

图 8-18　波浪中适宜的拖缆长度及两船的协调摇摆

5. 拖航中的减速、停车和解拖

拖航中的减速和停车，应逐渐进行，使拖缆不至于因张力突然下降而下垂过多。停车后拖缆张力逐渐减小，如被拖船排水量很大则可能冲向拖船，此时，拖船应微速前进，待张力减小后再停车。解拖缆应在两船均已静止，一齐抛锚后进行。抛锚时被拖船应注意勿使锚链和拖缆发生绞缠，如有绞缠的可能时则应先将拖缆缩短或收起。

6. 大风浪中的拖航

大风浪中拖航，应尽可能采取滞航方法航行。采取该法航行，一般情况下不论拖船、被拖船，在顶浪航行中易出现的拍底、打空车、上浪等现象均将有所缓解。但是，当拖航确实危及拖船和被拖船安全时，也可解掉拖缆停止拖航，双方进行漂滞，待风浪好转后再继续拖航。

▲问题与思考：应急拖带与普通拖带的异同点？

碰撞事故案例分析

一、综述

2004 年 4 月 18 日 1010 时左右，中国香港籍散货船“大西洋商人”轮(M/V ATLANTIC TRADER)与巴拿马籍集装箱船“现代荣耀”轮(M/V HYUNDAI GLORY)在上海港长江口 276 号灯浮附近水域发生碰撞，造成“大西洋商人”轮左舷船首受损，“现代荣耀”轮左舷船壳严重破损，第 7 燃油舱所载燃油部分泄漏的重大水上交通事故。

2004 年 4 月 3 日，“大西洋商人”轮从澳大利亚 TOWNSVILLE 港装载 27 747 t 废钢和 5 003 t 锌粉驶往中国张家港，开航时艏吃水 9.5 m，艉吃水 9.95 m。

“现代荣耀”轮装载 1 088 个集装箱从上海港外高桥一期 2# 泊位开航，计划驶往深圳盐田港，艏吃水 9.45 m，艉吃水 9.55 m，7 号燃油舱有 80 t 燃油。

天气海况：阴；能见度良好；风向东南风；风力 3～4 级；潮汐为涨潮流；流速 1 kn 左右。

图 8-19　“大西洋商人”轮

图 8-20　“现代荣耀”轮

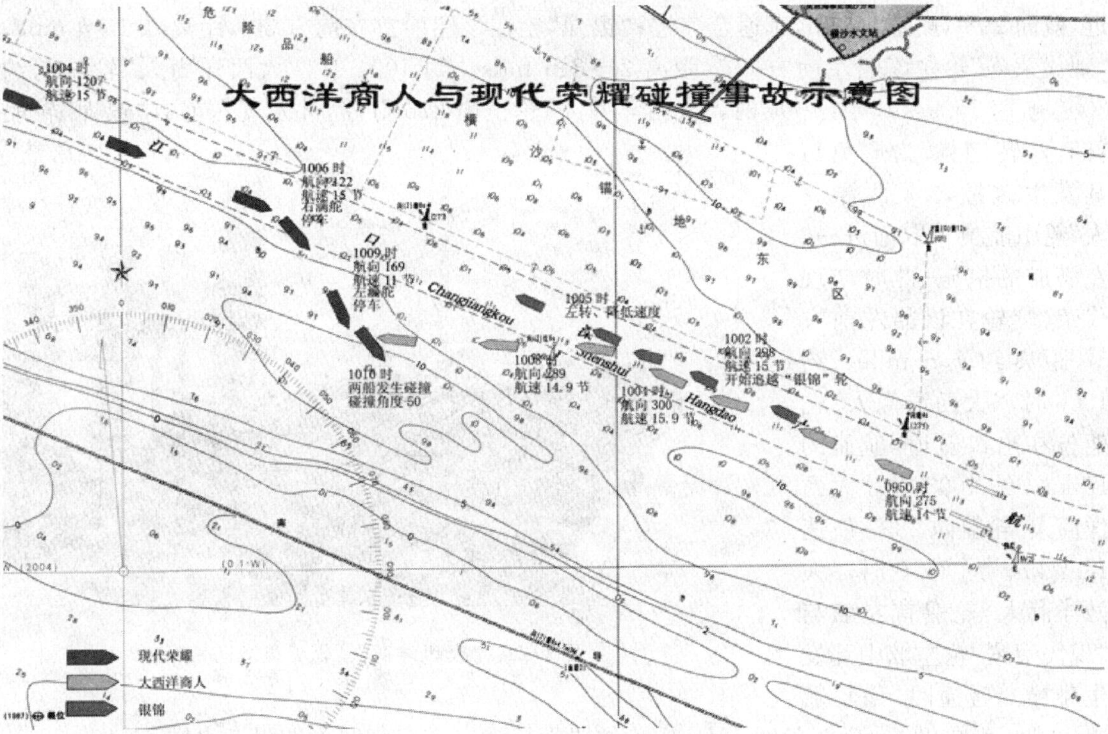

图 8-21　事故发生前后海图轨迹

二、"大西洋商人"轮船舶操纵过程回放

4月18日0600时左右，该船抵达长江口水域。约0710时，引航员在31°03′.8N，122°25′.9E附近水域登船，拟引领该船至长江口宝山交接中心。此时，驾驶台有5人，分别是船长、三副、1名水手、1名管事和引航员；驾驶台打开2部ARPA雷达，量程为1.5～3 n mile；2部甚高频无线电话打开，守听频道为16和69频道；引航员使用自己的GPS-GMS导航系统。约0730时，"大西洋商人"轮通过251灯浮，航向270°，航速7 kn左右，右正横251灯浮距离约100 m。该船向吴淞VTS报告船位。约0923时，"大西洋商人"轮通过269灯浮，航向280°，航速14.5 kn；为保证1130时该轮能够抵达宝山交接中心，引航员决定追越前船。约0928时，"大西洋商人"轮过270灯浮，航速约14.5 kn，在其前方约1 n mile处有同向进口的"金盛"轮，在"金盛"轮前方约1 n mile处有另一艘同向进口的"银锦"轮。此时，引航员向吴淞控制中心报告：本船欲追越前面的"金盛"轮和"银锦"轮；吴淞控制中心回复：注意与前面的2条船协调好。约0930时，"大西洋商人"轮引航员要求用海速航行，此时航速14 kn，航向275°，同时该船追过了"金盛"轮。约0937时，"大西洋商人"轮过271灯浮。约0945时，"大西洋商人"轮引航员通过VHF 06频道与右前方同向进口的"银锦"轮联系，拟从该船的右舷追越，"银锦"轮不同意。约0946时，"大西洋商人"轮过273灯浮。约0950时，"大西洋商人"轮过275灯浮。约1000时，"大西洋商人"轮引航员与"银锦"轮联系，希望从该船的左舷追越，"银锦"轮同意，但答复本船航速较慢，舵效较差。同时"大西洋商人"轮与左前方的出口船"现代荣耀"轮取得联系，双方约定在"大西洋商人"轮追过"银锦"轮后，两船左舷交会。约1002时，"大西洋商人"轮用左舵开始追越"银锦"轮，船位在航道中心线附近，航向298°，航速15 kn，车速全速进；"银锦"轮在该船船首右前方30°，距离0.16 n mile；"现代荣耀"轮在该船左前方30°，距离2～3 n mile。约1004时，"大西洋商人"轮航向约300°，航速15.9 kn。约1005时，"大西洋商人"轮正横276灯浮，并发现右前方"银锦"轮船首有左转趋势，为避免与其发生碰撞，"大西洋商人"轮引航员采取前进一、左满舵的措施；此时，"现代荣耀"轮在该船左前方5°，距离约1 n mile。约1006时，"大西洋商人"轮船位在出口航道，航速约15 kn。约1008时，"大西洋商人"轮航向289°，航速14.9 kn。约1010时，"大西洋商人"轮船首左舷与"现代荣耀"轮左舷中部发生碰撞。碰撞时，该轮航速14 kn，航向276°，碰撞角度50°。碰撞位置为长江口276灯浮上游附近水域31°16′.89N，121°49′.023E处。

图8-22 "大西洋商人"轮受损情况

三、"大西洋商人"轮碰撞后损失情况

①船首左舷破损，左锚及 30 m 锚链丢失；②球鼻艏有损坏。

四、"现代荣耀"轮船舶操纵过程回放

2004 年 4 月 18 日 0745 时，"现代荣耀"轮船长上驾驶台做好开航前准备工作。约 0805 时，上海港引航管理站引航员上"现代荣耀"轮，拟引领该轮到长江口 1 号引航作业区。约 0900 时，从上海港外高桥一期 2 泊位开航，开航时，在该船左舷艏艉各有 1 艘拖船协助，驾驶台有 4 人，分别为引航员、船长、值班驾驶员（三副）和 1 名舵工；驾驶台有 2 部 ARPA 雷达，量程分别为 3 n mile 和 6 n mile；两部甚高频无线电话开启，在 VHF 06 和 VHF 09 频道守听。引航员上船时，随身携带一台配有 GPS-GMS 定位功能的电脑，并处于使用状态。约 0910 时，2 艘拖船作业结束离开；此时，该船航速 3 kn，航向 090°，车速微速进，转速 40 转。约 0939 时，该轮经过圆圆沙灯船，并向吴淞控制中心报告船位，航速 14 kn，航向 113°，车速前进三，转速 62 r/min。在该轮前方 0.3 n mile 左右有一艘出口外轮，正横距离 400 m 左右。约 0945 时，该船车速 76 r/min，航速 15 kn 左右。约 1000 时，"大西洋商人"轮引航员通过 VHF 06 频道与"现代荣耀"轮联系，确定在"大西洋商人"轮追越"银锦"轮完毕后各自靠右，左舷交会。约 1004 时，该轮航行至长江口 278 灯浮水域附近，右正横 278 灯浮 100 m，航速保持全速前进，航速 15 kn，航向 120°左右；引航员通过视觉发现有大量船舶进口，同时位于 276 灯浮附近水域的"大西洋商人"轮正在追越其前方的进口船"银锦"轮，该船位于出口航道内，与本船相距 1.5 n mile；随后，该轮改航向 116°。在"大西洋商人"轮追越"银锦"轮过程中，当"大西洋商人"轮船艏右正横"银锦"轮驾驶台时，"现代荣耀"轮引航员发现"大西洋商人"轮船首向左偏转对着本船航行，并有碰撞危险。于是，"现代荣耀"轮通过 VHF06 频道呼叫"大西洋商人"轮，要求其向右转向。由于"现代荣耀"轮的甚高频无线电话一直处在发射状态，该船未听到"大西洋商人"轮回答。约 1006 时，"现代荣耀"轮保持全速前进，航向约 122°，航速约 15 kn，该船采用右满舵以避让"大西洋商人"轮。约 1009 时，"现代荣耀"轮航向 169°左右，航速 11 kn，并采取停车和左满舵措施进行避让。约 1010 时，"现代荣耀"轮左舷舯部与"大西洋商人"轮船首左舷发生碰撞，碰撞位置在长江口 276 灯浮上游附近水域 31°16′.89N，121°48′.902E 处，碰撞时该轮航速 7 kn 左右，航向约 150°，碰撞角度约 50°。碰撞后，"现代荣耀"轮船长命令全船检查船舶受损情况和人员受伤情况，并要求机舱将受损油舱内的燃油驳运至右舷油舱。

五、"现代荣耀"轮碰撞后损失情况

①左舷水线以上有一长 60 m，宽 5 m 左右的破口；②左舷水线以下有一长 50 m，宽 0.5 m左右的破口；③左舷 7 号燃油舱破损，约 30 t 燃油泄漏。

图 8-23 “现代荣耀”轮受损情况

▲解决问题

写出 2 000 字的《事故分析报告》,主要内容包括:①事故原因;②事故责任;③应汲取的教训;④感想。

参 考 文 献

[1] 薛满福，杲庆林. 船舶操纵与避碰(船舶操纵)[M]. 北京：人民交通出版社，2012.
[2] 赵月林. 船舶操纵[M]. 大连：大连海事大学出版社，2000.
[3] 陆志材. 船舶操纵[M]. 大连：大连海事大学出版社，2000.
[4] 薛满福，李伟. 船舶结构与设备[M]. 大连：大连海事大学出版社，2011.